比較家族史学会　監修

家族研究の最前線②

出会いと結婚

平井晶子
床谷文雄
山田昌弘
編著

日本経済評論社

シリーズ「家族研究の最前線」によせて

比較家族史学会は、一九八二年に発足し、創立三五年を越えました。本学会は、社会諸科学・人文諸科学の専門分野の異なる家族研究者によって構成された「学際的な学会」であり、時代と地域の比較を軸にしながら、これまでにも『事典　家族』の編纂など、学際的学会の特徴を生かした独自の研究成果を世に問うてきました。

家族は、十九世から二十世紀に至るまで比較的安定した時を過ごすことができましたが、二十世紀末から世界的に劇的な変動を起こすようになりました。ことに、先進諸国で起こった少子化という大きな人口転換に家族がさらされ、さらに成熟を続ける資本主義や、グローバル化する社会のなか、家族をめぐる社会環境も大きく変わってきました。家族は国家や市場から自律した集団であることを求められるよりも、これまでの諸々の家族機能が市場や国家に埋め込まれていくようになってきました。また、多様に展開する「家族」関係のなかに生活の共同を見いだし、そのなかに親密な〈絆〉を求めようとする人々も数多く存在します。このような状況の下で、シリーズ「家族研究の最前線」が企画されました。

時代と地域の比較を通じて家族研究を進めていくというこれまでの学会の姿勢は変わることはありませんが、変動する社会のなかで新しい視点からの家族研究が求められています。本シリーズの刊行を端緒に、新しい家族研究が進展することを望みます。

二〇一六年七月

比較家族史学会

目次

第3部　日本の結婚の歴史的展開

序章　歴史と比較から読み解く日本の結婚

平井晶子

はじめに

かつて〝結婚〟がこれほど問題になったことがあるだろうか。

一九九六年、山田昌弘（本書の編者、第1章執筆）により『結婚の社会学――未婚化・晩婚化はつづくのか』が著され、結婚が先延ばしにされるだけではなく、結婚をしない・できない状況が広く知られるようになった[1]。未婚化が少子化を引き起こしていることもあり、結婚への視線はますます熱くなった。

未婚化・晩婚化が注目されて二〇年、比較家族史学会では「出会いと結婚」をテーマにシンポジウムを開催し（二〇一六年）、あらためて歴史と比較から現在の結婚を照射してみた。未婚に注目が集まる今、とりわけ「出会い」を切り口に、徳川期からの変化、フランスやイタリア、イスラム社会との対比のなかで、現代日本の結婚を考えた。

本書は、そのシンポジウムを土台に編集した比較家族史学会監修のシリーズ「家族研究の最前線」の第二弾である[2]。シンポジウムで扱いきれなかった問題群（再婚の現代的意義、親族論における結婚の基礎的概念、明治民法や現憲法の結婚の位置づけ）についてはそれぞれ補論としてまとめている。

1　今、あらためて結婚の始まりを問う

皆婚社会の溶解

一九九〇年代に広く認識されるようになった未婚化現象は今も加速しながら進行している。二〇一五年現在、五〇歳時点で一度も結婚したことのない人の割合（生涯未婚率）は、男性二三％、女性一四％に達しており[3]、すでに男性のおよそ四人に一人、女性のおよそ六人に一人が結婚しない人生をおくる社会になっている。しかも今後さらに未婚率の上昇が見込まれる。

未婚化が始まる前、少なくとも国勢調査が始まった大正時代（一九二〇年）から高度経済成長が終わる（一九七〇年）まで、日本の生涯未婚率は三％にも満たない低さだった。日本は九七％以上の人が結婚する皆婚社会であった。結婚はするべきもの、しなければならないもの、して当然のものであり、本人にとっても親にとっても結婚圧力は強かった。

一九九〇年代の未婚化論

結婚を当然とする社会は一九七〇年を過ぎ、なぜ崩れたのか。

上述の『結婚の社会学』において、山田は、結婚に求めるものが変わらないなか、それを実現できる経済成長がなくなったため、結婚ができない層が増え未婚化が進んだと説明する[4]。男性は、「イベント」である結婚を円滑に進めるため「自分の人生のコースを邪魔しない」相手、すなわち「かわいい、自分がコントロール可能な女性」（年下で、収入や学歴が自分より下）を配偶者に求める。それに対し、女性はよりよく「生まれ変わる」ために結婚する。した

がって、経済力のある相手（経済力を保障する学歴や所属企業で選別）を求める。[5] 高度経済成長期は、右肩上がりに経済が成長することで両者の希望は実現可能であり、高い結婚率が維持できた。しかし、一九七四年からの低成長下では女性が求める、経済力のある相手を見つけることが難しくなり、その結果未婚化が進んだ。[6]
その後、加藤彰彦により全国家族調査データ[7]を用いた多変量解析が行われ、未婚化・晩婚化の要因が定量的に検討された。[8] 未婚化の要因が、①女性の自立か、②出身階層が高いためか、③マクロ経済の悪化によるものかが検証された。そして加藤がたどり着いた結論も「マクロ経済の悪化」であった。マクロ経済が順調であれば、男性が「フリーター」層でも「大企業雇用者や公務員の男性に近い結婚可能性を享受できる」が、経済成長率が下がると結婚のチャンスに階層間格差が拡大し、未婚化が進んでいるからである。[9]
両者はアプローチが異なるものの、経済の低成長が未婚化をもたらしたという同じ結論にたどり着いた。一九八〇年代、男女雇用機会均等法が施行され、バブル経済に沸き、女性の活躍が喧伝された。この「失われた二十年」に入る前の華やかな時代に長期的な経済の低成長を理由とする未婚化が進んでいた。

変化する家族意識？　変化する男女の役割？

これらの議論は男女が配偶者に求めるものが変わらない前提で、それを実現する経済基盤の不足が未婚化を推し進めたと説明する。はたして一九七〇年以降、家族意識や男女の役割意識に変化はなかったのか。

見田宗介は「近代の矛盾と『解凍』」を著し、低成長期に入る直前の一九七三年の二十代の若者と、未婚化が進んだ二〇〇三年の二十代の若者の意識を比較し、あらゆる意識のなかで家族やジェンダーに関する意識がもっとも変わったと総括する。[10] 見田の分析を一〇年延長し、二〇一三年までの変化で追跡した大澤真幸も「身体に関連した意識」と「家族システム、親密圏についての意識」がもっとも変化したと結論づける。[11]

表序－1　家庭の理想像

（単位：％）

	1973年	2003年
父親は一家の主人としての威厳をもち、母親は父親をもりたてて、心から尽くしている　〈夫唱婦随〉	18	5
父親も母親も、自分の仕事や趣味をもっていて、それぞれ熱心に打ち込んでいる　〈夫婦自立〉	17	28
父親は仕事に力を注ぎ、母親は任された家庭をしっかりと守っている　〈性別役割分担〉	40	6
父親はなにかと家庭のことにも気をつかい、母親も温かい家庭づくりに専念している　〈家庭内協力〉	23	59

出典：見田［2011］の表4（160頁）。

見田がまとめたように（表序－1）、一九七三年には「父親は仕事に力を注ぎ、母親は任された家庭をしっかりと守っている」性別役割分担型の家族が理想とされたが、このような「家族のシステムとそれに連動するメンタリティ」は解体し、二〇〇三年には「父親はなにかと家庭のことにも気をつかい、母親も温かい家庭づくりに専念している」家庭内協力型の家族が支持を集めるようになった[12]。

未婚化が進行するなか若者の抱く家庭像は変わり、昭和の亭主関白な父親像は過去のものとなった。しかし、ここで新しく主流となった家族は「夫＝経済力、妻＝ケア労働」の分業を残した家族であり、欧米で進んできた共働きを基本とする家族ではなかった。

結婚・家族の変わらなさ：全国家族調査（ＮＦＲＪ98／ＮＦＲＪ08）より

変化が注目された家族意識であるが、その中身は完全な性別役割分担から性別分業に基づく家庭内協力への変化にすぎなかった。では、家族や結婚の実態は変わったのか。

一九九八年から実施されてきた全国家族調査（ＮＦＲＪ98[13]）を用いて家族の経年変化を検討した稲葉英昭は、予想に反して家族の内部構造の安定性は変わらないと総括する[14]。ただし、安定しているのは私たちが標準家族と考えてきた「初婚継続家族」であり、「非初婚継続家族」（離別や死別を経験した家族）が量的に拡大していること、この「非初婚継続家族」の量的拡大にこそ、現代的特徴があると指摘する。

同じく全国家族調査データを用いて結婚の変化を検討した藤見純子は、見合い結婚から恋愛結婚へという結婚のかたちの変化に注目し、「恋愛結婚の普及は、夫婦の年齢差の縮小以外に何をもたらしたのか」について、戸籍、結婚式、仲人の有無、披露宴などを考察した。[15] 藤見も、戦後の五〇年間（一九九八年まで）に「決定的といえる変化はみられたとはいいがたい」と結婚の変わらなさを指摘する。

長らく戦後の家族は変わったと言われてきた。専門家だけではなく一般にも家族は変わったと思われてきた。しかし、客観的な分析では家族の変わらなさばかりが浮かび上がる。

本書の構成

現代は家族・結婚の変わらなさと、未婚や離別の増加という新しい傾向が同居する時代であり、後者が増えることで社会の構造が著しく変わってきた。この新しい局面を迎えた結婚をとらえ直すため、本書では、社会学（第1章、第3章、第4章）、人口学（第2章、第9章）、民法学（第5章、補論1）、人類学（第6章、第7章、補論2）、地理学（第8章）、民俗学（第10章）、歴史学（補論3）など、さまざまな視点から「出会いと結婚」を考察する。「出会い」についての狭義の専門家は第1章執筆の山田のみかもしれないが、いずれも各分野で結婚や家族を研究してきた第一人者であり、研究会、シンポジウムを通して相互の成果を楽しみながら執筆へとつなげてきた。

第一部「現代日本の結婚」では、標準家族が変わらないなか、「非主流層（未婚者や非結婚継続者）」の増大が社会に大きなインパクトを与えている、という現代について、非主流層を含めた結婚の流れを再構成しつつ（第2章、第3章）、今後の展開を描きだす（第1章）。

第二部「世界の結婚」では、まずアジアのなかの日本の位置（第4章）、次に脱近代的結婚の先進国と目されるフランスの事例（第5章）、さらに西欧のなかでは脱近代的結婚の後進国といわれるイタリアの事例（第6章）、最後に第三の軸としてイスラム社会の新展開（第7章）を扱う。

第三部「日本の結婚の歴史的展開」では、見合い結婚以前に遡り、（変わらない現代とはちがう）結婚の変化の歴史をたどる。徳川農村でいかにして通婚圏が拡大していったのか（第8章）、徳川海村での結婚登録のタイミングがどう変わったのか（第9章）、自分たちで選ぶ（恋愛）結婚からいかにして見合い結婚が普及したのか（第10章）。「見合い」以前の結婚が何を求め、どのような手続きで、どのように選択されたのか、各時代にタイムスリップしたような厚い記述が展開される。

本論は具体的な事例を用いた議論を中心に据えたため、結婚とは何か、婚姻の法的規定がいかに変化してきたのかなどについては、十分な議論を組み込むことができなかった。そのかわり、結婚の意味をめぐっては、レヴィ＝ストロースの基本構造論の紹介からその現実的展開の妙味まで、補論2「人類学における結婚の諸概念をめぐって――内婚・外婚・イトコ婚」（小池誠）で展開している。また、婚姻法については、補論1「法律学から見た再婚の意義」（床谷文雄）、補論3「明治民法と改正要綱における『出会いと結婚』」（蓑輪明子）において、アクチュアルな視点から現状と課題、思考の道筋を提示する。これらも含め「出会いと結婚」を考える一助になれば幸いである。

2　戦後の変化は何だったのか

一枚の図が作りだした結婚イメージ再考

戦後の結婚をめぐる最大の変化といえば「見合い結婚から恋愛結婚へ」が挙げられよう。この変化を象徴的に示しているのが、本書第2章の図2-2（49頁）である。戦中・戦後直後はほとんどが「見合い」であったが、高度経済成長が始まると「見合い」が「恋愛」にとって代わった、この図はこのように理解されてきた。また、一九三五年から始まるこの図は「昔の結婚は見合い結婚だった」という誤解も植えつけた。図は大正以前について何も語っておらず、語る意図もないが、読み手は勝手に過去を想像し、描かれていない時代についても「見合い結婚だった」と理解した。つまり、この図は見合い結婚から恋愛結婚へという日本の結婚イメージを作り上げた。

では、この図はどのようなデータから作られたのか。第二章「出会いと結婚の半世紀――人口学からみた変化と連続性」（中村真理子）では「見合い結婚」と「恋愛結婚」のなかみを探る。とりわけ定義が難しい恋愛結婚のなかみを吟味する。

この図のもとになったデータは現代も続いている出生動向基本調査である。中村は、①恋愛結婚とカテゴライズされているものが「結婚相手と出会ったきっかけ」に対する回答の、「学校で」「友人や兄弟姉妹を通じて」「職場や仕事の関係で」などの合算であること、②この図は「結婚した人」のみを対象にしていることに注目する。そして、図2-2の恣意性を排除し、かつ未婚者も含めた新しい「戦後における出会いの変化」を示す図を作り直した。その代表が図2-9「パートナーシップ構成の年齢推移：2つの出生コーホートの比較（女性）」（60頁）である。

この図2-9では、一九五〇年代生まれの女性（一九五六～六〇年生）と一九七〇年代生まれの女性（一九七一～七五年生）を取り出し、年齢ごとのパートナーシップ関係（未婚、離別、出会い方を含む）を図示する。X型に見合い結婚から恋愛結婚へ移行する図2-2にくらべると相当複雑でわかりづらいが、特定の世代の実態を丁寧に描き、さらに二世代の変化と連続性を示すには必要な複雑さである。

その複雑さを読み解き、「見合い」と「職場で」という従来型の結婚経路が衰退したにもかかわらず、「友人の紹介」や「学校で」「アルバイトで」「旅先・街で」という当事者主体の出会いが増えていないこと、すなわち「見合い」や「職場で」にかわる新たな経路が確立していない現実を描き出した。

つまり、戦後の「出会い」は「見合い結婚から恋愛結婚へ」変化したのではなく、「見合い」や「職場で」の出会いが衰退するなか、それにかわる新たな経路が確立されなかったことにこそ、その特徴があるとまとめている。これまでの分析は増え続ける未婚者を含めなかったため「出会い」の変化の本質を読み違えてきたのである。

恋愛感情はどこへ向かうのか：ヴァーチャルな関係とリアルな関係

恋愛結婚が劇的に増えたわけでもなく、若者の恋愛そのものも活発なわけでもない。とすれば親密な他者と取り結ぶ感情（仮に恋愛感情と呼ぶ）はどこに向かうのか。第1章「日本の結婚のゆくえ」（山田昌弘）では、結婚する人／しない人の二極化に加え、若者の恋愛感情そのものが二極化し、恋愛やセックスに興味のない若者が増えているとの現状認識から[16]、恋愛感情のゆくえが議論される。山田は、恋愛やセックスに興味を持たない若者はペットやアイドルなどに親密な感情を持つ傾向が強くなっており、これが「結婚のゆくえ」の一つのかたちと考える[17]。

このヴァーチャルな対象に向かう感情はアジアでは広がりを見せるが、欧米では共感が得られない。現実の世界でもアジアではメイドカフェなどが展開しているが、欧米では受け入れられない。親密性のゆくえはアジアと欧米で別のルートをたどるのではないか、これが山田の見通しである。

もう一つの「標準家族」

結婚が二極化する一九七〇年代以降、新たに展開してきた結婚がある。国際結婚である。高度経済成長が終わり、皆婚社会が溶解するなか、従来通りの「標準家族」を求めるエネルギーは国境を越えアジアに向かった。第3章『ナショナルな標準家族』としての日本の国際結婚」（賽漢卓娜）では、国際結婚の展開を概観するとともに、長年のフィールド調査をもとに、国際結婚が本格化して三〇年が過ぎたことの意味を問う。

ちょうど未婚化が始まった一九七〇年代、アジア出身の農村花嫁が登場する。一九九〇年代には都市部でも同様の国際結婚が拡大する。二〇〇〇年を過ぎると量的な拡大は収まるものの、現在もなお多くの女性が結婚移民としてアジアから日本にやってくる。

賽漢卓娜は、アジアからの結婚移住女性によって形成されてきた国際結婚家庭が新しい家族であるにもかかわらず、結果として従来の「標準家族」の役目を果たしている点に注目する。日本人夫は「標準家族」を目指してアジアから妻を迎え、日本社会も「標準家族」の枠のなかに国際結婚家庭を押し込めようとしてきた。賽漢卓娜は、国際結婚に見られる異文化の困難さやその魅力を理解することなく、日常を進めてきた国際結婚家庭や日本社会の問題性を指摘する。そして、すでに日本国内で三〇年が経過する「もう一つの標準家族」の実情を受け止め、移民受け入れの三〇年として位置づけ直すことを提案する。

戦後の変化と新たな「出会い」としての再婚

戦後の日本では、家族らしい家族をみようとする限り大きな変化はなかった。せいぜいが完全性別役割分業から性別分業を基盤とする家庭内協力家族への変化であった。しかし、この変わらなさの背後で離婚や再婚で生み出される家族（「非初婚継続家族」）や、未婚者が急増し、社会の構成を変えていた。あまり変化を感じなかったのは、アジアからの結婚移民による国際結婚家族を「標準家族」に押し込め、未婚者（パラサイト・シングル）をその親たちが支えてきたからである。

しかし、これらの変化をなかったことにできた時代は終わりを迎える。等身大の現実が否応なく迫ってくる。補論1「法律学からみた再婚の意義」（床谷文雄）で論じられているように、新たな出会いのパターン（再婚）がもつ意義はますます大きくなる。変化の部分を把握する学術的アプローチを確立するとともに、すばやい対応が求められる。

3　比較からみる日本の結婚

長らく欧米の後を追ってきた日本社会であるが、一九九〇年代以降、夫婦関係（カップル関係）に関わる領域で違いが顕著になってきた（第1章参照）。「近代家族」的関係から解放され多様化する西欧と、「近代家族」的関係を維持し、家族形成層と非形成層に二極化する日本である。欧米、とりわけヨーロッパは多様なカップル関係を認めることで高いカップル形成率を維持するが、多様なカップル関係が広がらない（好まない、あるいは認めない）日本では未婚化が止まらない。そして、日本のような未婚化現象は韓国や台湾でも進んできた。

東アジアと西欧の差は伝統社会の違いが生み出したものなのか、アジアのなかで日本の結婚はどう位置づけられるのか、これが第二部「世界の結婚」の主題である。

アジアのなかの日本

落合恵美子によるとアジアには二つの典型的な結婚があるという[18]。一つは中国やインドで顕著な家父長的結婚で、もう一つは東南アジア（とくにタイ）で顕著なフレキシブルな結婚である。家父長的結婚は①家族のなかで年長者の力が強く、個人、とりわけ女性の意志決定の余地が小さく、②夫方居住を基本とし、③離婚はよしとされない、おもに父系社会でみられる結婚である。他方、フレキシブルな結婚は①結婚登録や婚姻儀礼より二人の性的関係から始まる結婚で、②双方が実家と強いつながりを維持し、③離婚や再婚は頻繁に行われる。フレキシブルな結婚は脆弱ともいえるが、母方親族が集住している母方居住が多いため、離婚しても暮らしに困るわけではなく日常生活は変わらず継続されることが想定される。アジアの伝統的結婚は、この二つの極のどこかに位置づけられるものであり、日本はちょうど中間ぐらいと考えられる。

この図式は従来のさまざまな研究を積み重ね描いたものであるが、第4章「アジア七地域における『出会いと結婚』の諸相」（伊達平和）は、これを個票データを用いた定量的方法で検証する。ヨーロッパではしばしばみられる定量的な国際比較の手法であるが、アジアの家族についてはなかなか進んでこなかった。近年、国際プロジェクトの進展により可能になったアプローチである。[19] 具体的には、日本・韓国・中国・台湾という東アジア四か国と、ハノイ、バンコク、クアラルン・プールという東南アジアの三都市の比較である。

伊達は良質な定量データによる七地域比較というだけではなく、異なる社会の出会いと結婚を把握する指標の策定方法にも革新性をもたらした。「見合い結婚から恋愛結婚へ」の単純化された図式は日本で「誤解」を招いたが、同じ問題が国際比較の場合にもついて回る。伊達は見合い結婚や恋愛結婚という表現を避け、「自分で」配偶者を見つけた割合と親の影響力を指標に地域や時代の差を求める。

東南アジアでは「自分で」配偶者を選択する割合が高く、東アジアでは低い。日本は東アジア的ではあるが、そのなかでは「自分で」が多く、両者のあいだに位置づけられる。

この東南アジア、日本、（日本を除く）東アジアの差をみると、結婚を規定するものが近代化のスピードや進捗状況の影響だけではなく、伝統的要素も深く関連していることが感じられる。第1章「日本の結婚のゆくえ」で親密性のアジア的展開が論じられたが、ここでもアジアを意識することでみえる世界が浮かびあがる。

西欧の多様化する結婚

家族の近代化は、近代家族を生み出しそれを標準家族とみなすことでライフコースの均質化を推し進めてきた。それに対し脱近代化は、多様化に代表される動きであり、個々人がライフコースを選択して生きることを認める社会である。

では、多様化した社会の結婚は具体的にどのようなものなのか。第5章「フランスにおけるカップル形成と法制度選択」（大島梨沙）では、パートナー関係のかたちを選択できるフランスについて、どのような選択肢があり、どのような理由で人々がそれらを選択しているのか、そもそもなぜ選択肢が必要になったのかが論じられる。パックスという制度は日本でもよく知られているが、私たちは日本の法律婚や事実婚を前提に理解しがちである。第5章で示される選択肢のあるカップル関係を踏まえると、そもそもカップルになること／それを解消すること、法がそれを保障することの意味が日本とはまったく違うことに気づかされる。

また、選択肢があることの前提としてフランスの婚姻が非常に重いことにも驚かされる。手続きも、義務も、効果も重い。現在でも法律婚をするには役所で挙式をあげなければならない。離婚はずいぶん簡便になったが、それでも弁護士を立て厚い書類を作成しなければならない。離婚に際し面倒な手続きが求められるのは義務を履行させ、効果を有効にするためである。たとえば離婚により経済的困難に陥ることがわかっている場合、収入のある方は足りない方へ生活費を支払う「離婚後給付」がある。離婚後も弱者の権利を守るための法である。日本でも裁判まですれば一定の効果が得られるかもしれないが、多くの場合、義務の履行よりも離婚の成立を優先し、何ら保障が得られない形での決着を選んでしまう。

このようにフランスと日本では結婚と離婚の基本設計が違う。そしてフランスではこの重い制度に唯々諾々と従うのではなく、必要に応じて義務を保障してもらうべく、パートナー関係に関する手続き上の選択肢を増やしてきた。

大島の議論に歴史的展開を加えると、フランスの結婚の変化（ライフコースの多様化を求める変化）は長い時間をかけて進めてきた大きなプロジェクトの現在地であることがわかる。そもそも西欧近代はキリスト教からの解放を求める歴史であり、世俗化への歩みであった。当然、結婚（家族）についても教会からの解放を求めてきた（はじめからキリスト教が結婚を規定していたわけではないが、キリスト教が浸透していく長い歴史のなかで、結婚が秘蹟と位置づけられ、教会で神に誓うイベントとなった[20]。それ以来、結婚は教会が取り仕切り、教会が認めることで成立し、教会が認めない限り離婚はできない制度となった)。そして結婚の世俗化を達成すると、次は離婚の合法化、中絶の合法化と、彼らは自分たちの選択肢を広げる方向に制度を変えてきた。第5章で論じられる同性婚の合法化や事実婚の制度化もこの変化の延長線上にあるといえるだろう。

フランスでは順調に進んできた多様化であるが、このような変化はヨーロッパで一律に進んできたわけではない。第6章「ほどける結婚——イタリアにおける同居カップル増加からみる結婚の意味と変容」（宇田川妙子）で議論されるイタリアの結婚はフランスとはずいぶん違う。

個人主義の強い北西ヨーロッパとは違い、イタリアは親族の紐帯が強い南欧の代表格である[21]。子どもは成人後も独立を強要されることはなく、結婚まで親元で暮らすことがふつうである。近年は若者の失業率が高くパラサイト・シングルが社会問題化し、未婚率が高く出生率が低い。最近まで、「同居」などカップル関係が多様化する傾向もみられず、日本に似ているといわれてきた。そのイタリアでもカップル関係に変化の兆しが到来した、というのが第6章である。人類学者である宇田川は、R町で長年フィールドワークを行い、ある家族の生き方を長年見続けてきた。その二世代におよぶ結婚事情から今のイタリアを切り取る。

従来、地域の教会でコミュニティの人たちに見守られて行うのがイタリアの結婚であった。その結婚には「カップルの性的関係や家族・親族との関係だけではなく、個人の自立の表明や、国家、ローカル・コミュニティ、教会などによる社会的な承認の機会」（186頁）など様々な機能が付与されていた。若者の「同居」が広がり、親世代がそれを受容していくなかで、それらが「ほどけ」始める。宇田川はイタリアの事例を通し、その重層的な動きを描き出す。

経済力がないから結婚できない、というイタリアの状況は一見すると日本と同じようにもみえる。しかし彼らは結婚を「ほどく」ことで、カップル形成を維持する方向へ舵をきった。「将来のより良き暮らし」のために結婚を先延ばしにし、結果として未婚で生きる日本とはここに来てベクトルが違ってきた。

イスラム家族における結婚の変容

ヨーロッパではフランスでもイタリアでも結婚がほどけてきていた。アジアではこのようなほどける動きがみられるのか。第7章「フィリピン・ムスリムの家族形成にみる連続性と多様性」(渡邉暁子)では、大半がカトリック教徒であるフィリピンにおけるムスリムの結婚に注目する。

渡邉によると、双系的親族組織をもち母方居住中心のフィリピン社会は、もともと親や年長者が配偶者を選ぶ「縁組結婚」が主流であったが、この三〇年の社会変化のなかでカトリック社会であれ、ムスリム社会であれ「恋愛結婚」が主流になった。

ただし、ムスリム社会では「自分で」配偶者を選ぶことが認められ、異なる民族、宗教、国籍の人との結婚が認められるようになってもムスリム婚が実践され続けてきた。すなわち「自分で」という出会い方は、(いずれの社会でも多かれ少なかれそうであるが)だれでもいいというわけではない。ムスリム社会での「自分で」には、第4章で指標とされた「親の影響」(家族の納得や家族の合意)が無理なく入り込む。

フィリピンのイスラム社会ではヨーロッパのようなほどける結婚はみられなかったが、結婚前の改宗などのやり方で現代に適応しつつ家族や自分の「譲れないもの」を守る新しい傾向が見えてきた。ムスリムほどわかりやすいかたちではないかもしれないが、東アジアにおける「自分で」にはさまざまな「親の影響」が分かちがたく結びついているだろう。「親の影響」は従来の欧米との比較ではみえない(みない)領域であり、アジアのなか(また南欧との比較)で考えることでみえてきた視点である。

表序－2　東北日本、中央日本、西南日本の結婚パターン

	東北日本 （下守屋・仁井田村）	中央日本 （西条村）	西南日本 （野母村）
初婚年齢(男)	20.8歳	28.8歳	31.1歳
初婚年齢（女）	16.7歳	22.5歳	25.3歳
（初婚の）離婚割合	33.6%	9.7%	11.3%
村内婚率	32%	21%	92%

出典：落合［2015］の表序－3（27頁）より抜粋。

4　変転する日本の「伝統」的結婚

日本の伝統的結婚

日本の伝統的結婚は、民俗学や歴史人口学が明らかにしてきたように、地域差が極めて大きい。結婚には、嫁入り婚（婿入り婚）以外に、ツマドイ婚やアシイレ婚など多様な形態があり[22]、初婚年齢や離婚率、村内婚姻率なども東北日本、中央日本、西南日本など、地域差が大きい（表序-2）。アジアとの比較においても、日本は家父長的結婚とフレキシブルな結婚の中間に位置づけられるが、その位置は日本の地域差とも連動する。

結婚の地域差は結婚が一連のプロセスであることとも関係している[23]。キリスト教社会の結婚は教会での誓いにより瞬時に成立するが、実家から婚家への成員権の移行を結婚とみなす日本では、移行期間の長さや結婚のタイミングの違いにより初婚年齢や離婚率が変わってくる。しかも移行期間は完全に成員権が移行しているわけではなく両方の親族に所属することから、結婚の解消が容易になる。これが高い離婚率として表れる。初婚年齢が低く、離婚率が高い東北農村は、移行の初期段階を結婚とみなし、その後の長い移行期間に離婚が頻発する。逆に、結婚の後期段階を結婚とみなす中央日本では結婚後の移行期間が短く離婚の出現率は低くなる（表序-2参照）。しかも、このような結婚の地域性は高度経済成長期まで弱まりながら続いてきた。

徳川期の結婚

徳川時代、庶民の結婚はどのように執り行われていたのか。第8章「十九世紀の越後国から陸奥国への遠方婚からみた地域変化」（川口洋）では、奥会津地方の事例が詳述される。結婚に至る手続き、嫁の親に支払う「祝金」の額、嫁に期待する労働などが、ドラマをみるように詳細に描かれる。とりわけ人口減少が著しい陸奥国で、性比のバランスが悪く女性不足が深刻化するなか、商圏でつながりのある越後からたくさんの女性を呼び寄せる新しい展開の様子が示される。十九世紀に入り商品作物の栽培が盛んになるなか、女性労働力が従来以上に重要になるが、村内でも地域内でも女性は足りない。これまでの二倍以上の「祝金」を支払い、越後から女性に来てもらう。

嫁として奥会津地方へ来る女性たちは必ずしも若いわけではない。三十代後半で嫁に来た女性も含め、（結婚が長年続いても）子どもが産まれていないカップルが半数にものぼる。必ずしも跡継ぎを産むために嫁を迎えたのではない。越後国から配偶者を受け入れた背景には「生産活動の活性化、女性労働力需要の急激な拡大、末端消費の拡大、商品流通に関わる地域間交渉の活性化といった地域変化が観察された」（本書、285頁）。

では、この時代、結婚するのに感情は問題にならなかったのか。そうとはいえないだろう。なによりこの時期の離婚率の高さは気に入らなければ離縁することの表れである。[24] また、川口は本シンポジウムの全体討論において、大工、石工、屋根葺き職人（茅手）をはじめ手に職を持った男性、村から村へ移動しながら生きていける男性が、村の女性のところに婿入りした例を紹介し、あえて村に残って結婚したということは、そうしたいと決断させる何かがあったのではないかと説明する。

徳川期に始まる結婚の標準化

地域差の大きい結婚であるが、標準化への動きもみられた。西南海村の事例をもとに、結婚の変化を扱ったのが第

9章「近代移行期における西南日本型結婚パターンの変容」(中島満大)である。アシイレ婚があったと思われる地域での結婚登録や離婚発生のタイミングの変化に注目し、標準化への動きを読み取る。

中島が対象とする肥前国の海村ではもともと子どもの出生登録と同時に結婚登録が行われることが多かった。当然、婚外出生も多かった。ところが、時代が下るにつれて出生より前に結婚登録するケースが増え、幕末にはほとんどの結婚が出産より前に登録される(図9-1、302頁)。

中島が扱う変化は、第8章の川口が議論する社会経済的変化の要請に対応する変化とは違う。意識や規範の変化である。当時を生きた人びとに結婚意識の変化が実感されていたかどうかは分からないが、結婚登録は子どもが産まれてからでいいという認識から、結婚登録は出産を待たずにするものに変化していた。明治民法が制定されるどころか、明治時代が幕を開ける何十年も前から標準的な結婚へ、登録方法の変化が始まっていた。しかも、これと類似の変化は幕末の東北農村における離婚期間の短縮化でもみられた。高い離婚率は維持しつつ、離婚するなら五年以内という規範の浸透がみられたからである[25]。

つまり、結婚のかたちのなかの、東南アジア的なフレキシブルな要素が少しずつ後景に退き、家父長的な要素が前景に出てきたということか。

近代における見合いの普及

この変化がいっそう表面化してくるのが明治民法制定以降、大正・昭和初期である。

明治後半から大正時代に生まれた男女の五五〇〇件の聞き書き資料を用い、第10章「近代日本の出会いと結婚——恋愛から見合へ」(服部誠)では、出会いから結婚までの経緯が語られる。まず明治期の共同体における「恋愛」がどのように取り結ばれたのか、それに対して親はどのような影響を与え得たのか、与え得なかったのか、なぜ「気楽に」配偶者選択ができたのか、生の声から再現される。そして、大正・昭和を迎えると自分たちで選んでいた結婚が徐々に減り、新しいかたちとして「見合い」が登場し、受容される様子が描かれる。

徳川期もそうであったように、日本では離婚が忌避されることはなく、結婚はやり直しのきくイベントであった。ところが、離婚を「野蛮」とみなす西欧文化が支配的になると、配偶者選択は失敗できないイベントになる。そこで相手を見定める必要が高まり、親が口を出しはじめる。また、階層差が広がるなか、家の釣り合いを見定め、少しでも良い暮らしを求める心情が現れる。そのことが、親が影響力を強める見合い結婚の浸透を後押しした。本人の意志を無視するわけでもなく、親が強権を発動したわけでもなく「子どものため」「良い暮らしのため」に親子ともに見合いへの変化を受け入れていった。現代につながる「より良い相手」を求める結婚、より良く生まれ変わるための結婚のはじまりである。

明治民法の婚姻規定、それからの解放としての現憲法

二十世紀に入ると現実に見合い結婚が増えていった日本であるが、実態が変わる前に制定された明治民法では、結婚がどのように規定されていたのか（民法が制定されたからといって、すぐに庶民の結婚にダイレクトな影響を与えたとは考えにくいが、「家」的な規定が少なからず人々の行動を規定するようになったことは想定できる）。

補論３「明治民法と改正要綱における『出会いと結婚』」（蓑輪明子）では、明治民法の婚姻規定がどのような「家」の論理で形成されていたか、その「家」からの解放を意図した現憲法第二四条の婚姻規定に、なぜこれほど個人を尊重する文言が書き込まれたのか、それらの精神が簡潔に紹介される。

本書は出会いに焦点を当て結婚の変化や文化的多様性を検討したため、「見合い」や「恋愛」という個人の選択、親（家族）の選択という色彩が強くなっており、国家が介入する要素については部分的にしか触れることができな

かった。しかし、結婚の法的規定は、手続き上の扱いを超えて、国家が個人をどのように位置づけるのかを示す極めて重要なポイントである。しかもこれは過去の問題ではなく、補論3で蓑輪が論じているように現在の極めてアクチュアルな問題を含む。

私たちはこれからどのような社会をめざすのか、現在の選択を考えるうえで過去を踏まえる意義は大きい。明治民法の「個人と家族」の関係がいかなる精神から生み出されたのか、その明治民法を踏まえて現憲法がどのような社会をめざしたのか、具体的な婚姻の規定から再検討することが重要になる。

むすびにかえて

ヨーロッパをみていると、家族や結婚（カップル関係）は近代的なものから脱近代的なものへ、大きな流れに沿って変化してきたようにみえる。はたして日本はどうか。

近世末からフレキシブルな結婚の要素が弱まり家父長的要素が強まる。その後、見合い結婚が普及したが、戦後になると一昔前に新しかった「見合い」が古い伝統となり恋愛結婚が取って代わった。しかし、恋愛結婚が増えても「より良き相手」を求める「なかみ」は「見合い」時代と変わらず、カップル関係そのものが低調になった。

家族形成のど真ん中にありながらどこかつかみ所のない結婚、その歴史的展開、現在の課題、未来のかたちを多角的に捉え直そうと「他流試合」を試みたのが本書である。専門分野にとらわれず、専門外の方にも分かる平易な表現で議論をどこまで深められるのか、それぞれに挑戦した成果である。ぜひじっくりと味わっていただきたい。

注

(1) 山田［一九九六］参照。
(2) 本シリーズの第一巻『家と共同性』［加藤ほか 二〇一六］では家を比較と歴史から再検討している。合わせてご参照いただきたい。
(3) 国立社会問題人口問題研究所編『人口統計資料集 二〇一七（改定版）』の表6－23参照。（http://www.ipss.go.jp/syoushika/tohkei/Popular/Popular2017RE.asp?chap=0 最終アクセス二〇一七年八月）
(4) 山田［一九九六］参照。
(5) 山田［一九九六］、四二頁。
(6) 山田［一九九六］、七九頁。
(7) 全国家族調査は一九九八年から一〇年おきに実施されている全国規模の家族に関する質問紙調査である。詳しくは渡辺・稲葉・嶋﨑編［二〇〇四］参照。
(8) 加藤［二〇〇四］参照。
(9) 加藤［二〇〇四］、五五～五六頁。
(10) 見田［二〇一二］参照。
(11) 大澤［二〇一五］参照。
(12) 見田［二〇一二］、一六〇～一六一頁。
(13) 渡辺・稲葉・嶋﨑編［二〇〇四］参照。
(14) 稲葉［二〇一二］参照。
(15) 藤見［二〇〇九］、七〇頁。
(16) 現代日本のセックス嫌いの傾向について定量的アプローチから分析を行った小林盾（Kobayashi 2017）は、二十代、三十代の男性にはセックス嫌いが増加する傾向にあると山田の議論を補強する考察を行っている。
(17) Yamada［2017］参照。
(18) Ochiai［2015］参照。
(19) 国際プロジェクトの詳細は第4章の謝辞参照。
(20) 阿部謹也［二〇〇七］『西洋中世の男と女』（筑摩書房）などを参照。

（21）西欧の伝統的家族の地域性についてはエマニュエル・トッド［一九九二、一九九三］（石崎晴巳訳）『新ヨーロッパ大全（上・下）』（藤原書店）などを参照。
（22）ツマドイ婚とは、結婚後も数年から十数年の間、妻が実家で暮らし夫が通う結婚であり、最終的に妻は夫方へ移動する婚姻形態を指す。ツマドイ婚やアシイレ婚については本書第9章、第10章、八木［二〇〇二］、中島［二〇一六］参照。
（23）落合［二〇〇四］、本書第9章参照。
（24）「三年子なきは去る」との慣用表現があるが、現実には子どもの有無にかかわらず離婚は頻繁に生じていた［平井　二〇〇八］。
（25）平井［二〇一五］参照。

参考文献

〈日本語〉

稲葉昭英［二〇一一］「ＮＦＲＪ98／03／08から見た日本の家族の現状と変化」『家族社会学研究』第二三巻第一号。

稲葉昭英他編［二〇一六］『日本の家族1999-2009：全国家族調査［ＮＦＲＪ］による計量社会学』東京大学出版会。

大澤真幸［二〇一五］「変容のもっとも鋭敏な部分」同編『身体と親密圏の変容（岩波講座現代７）』岩波書店。

落合恵美子［二〇〇四］「歴史的に見た日本の結婚」『家族社会学研究』第一五巻第二号。

落合恵美子［二〇一五］「徳川日本の家族と地域性研究の新展開」落合恵美子編著『徳川日本の家族と地域性』ミネルヴァ書房。

加藤彰彦［二〇〇四］「未婚化・晩婚化と社会経済的状況」渡辺秀樹・稲葉昭英・嶋﨑尚子編［二〇〇四］『現代家族の構造と変容：全国家族調査［ＮＦＲＪ］による計量社会学』東京大学出版会。

加藤彰彦・戸石七生・林研三編著［二〇一六］『家と共同性』日本経済評論社。

中島満大［二〇一六］『近世西南海村の家族と地域性——歴史人口学から近代のはじまりを問う』ミネルヴァ書房。

平井晶子［二〇〇八］『日本の家族とライフコース』ミネルヴァ書房。

平井晶子［二〇一五］「東北農村における結婚パターンの変容」笠谷和比古編『徳川社会と日本の近代化』思文閣出版。

藤見純子［二〇〇九］「夫婦のかたち・結婚のかたち」藤見純子・西野理子編『現代日本人の家族：ＮＦＲＪからみたその姿』有斐閣。

見田宗介［二〇一一］「近代の矛盾の『解凍』」『定本　見田宗介著作集Ⅵ』岩波書店（初出［二〇〇七］『現代思想』10月号）。

八木透［二〇〇一］『婚姻と家族の民俗的構造』吉川弘文館。
山田昌弘［一九九六］『結婚の社会学——未婚化・晩婚化はつづくのか』丸善出版。
渡辺秀樹・稲葉昭英・嶋﨑尚子編［二〇〇四］『現代家族の構造と変容：全国家族調査［ＮＦＲＪ］による計量社会学』東京大学出版会。
〈英語〉
Kobayashi Jun [2017] "Have Japanese People Become Asexual? : Love in Japan," *International Journal of Japanese Sociology*, 26–1.
Ochiai, Emiko [2015] "Marriage practices and trends," in Quah, Stella R. ed., *Routledge Handbook of Families in Asia*, Routledge.
Yamada, Masahiro [2017] "Decline of Real Love and Rise of Virtual Love: Love in Asia," *International Journal of Japanese Sociology*, 26–1.

第1部

現代日本の結婚

第1章　日本の結婚のゆくえ――困難なのか、不要なのか

山田 昌弘

はじめに

二十一世紀に入った日本社会においては、結婚する人が減少しているだけでなく、同棲や恋人がいる人の割合も減少している。さらに、若者の恋人を形成する意欲も低下していることがさまざまな調査で示されている。つまり、結婚も含めた男女交際が不活発化している。一方欧米では、結婚は少なくなっているが、同棲など結婚という形をとらない交際関係（同性同士も含む）は多様化を伴い活発になっている。

近代社会が構造転換しているなか、日本や東アジア諸国では、結婚自体が困難になる一方、欧米社会では結婚は不要であるという意識が広がっている。

近代社会における結婚の意味、そして、戦後の日本の結婚、恋愛の様相を歴史的にとらえ、欧米社会の状況と比較しながら、現代日本社会における結婚の様相を考察していきたい。

1　結婚の意味の時代変化

結婚のミニマムな定義

まず、ここで結婚の定義をしておく必要がある。人間の性的関係のペアリングに基づく恒常的関係（日本語では夫婦と呼ばれる）が、結婚の基盤にある。つまり、恒常的な性的なペアリングを形成するイベントを結婚といっておく。そのような意味での結婚は通文化的、広くいえば、「つがい」の形成という意味で、鳥類や哺乳類にもみられるものである。

文化人類学の知見によると、結婚に相当する関係性は通文化的にみられる（ポリネシアのようにそれがはっきりしない社会があるという報告例は存在している。棚橋［二〇〇三］参照）。そこでは、「排他的性関係」「嫡出原理（子どもの社会的位置づけの正当化）」が共通点としてあげられている。

排他的性関係とは、婚姻関係にある二人の間で特権的に性関係が正当化されることである。もちろん、セックスレス夫婦という概念があるように、必ずしも現実に性関係が行われている必要はなく、また、結婚外の性関係を排除するものではない。近年は、ゲイ・カップルの結婚を法的に認める国も出てきたように、異性に限ることはないし、また、一夫多妻、一妻多夫のように、一人にとってその関係が複数存在している場合もある。

嫡出原理は、生まれた子どもが父親（母の配偶者）の子として、その社会において認知され社会のなかに位置づけられるというものである。結婚によらないで生まれた子どもは、さまざまな社会的不利益が与えられる場合が多い。

民族誌的視点、そして、多様化する現代社会の視点からいえば、さまざまな「結婚」に相当するあり方があるため、これをミニマムな共通点としておく。

結婚の個人的機能

結婚が性的なペアリングであることから、結婚する個人にとって、結婚には「経済的」そして「心理的」な帰結をもたらす。

①　経済的には、結婚相手は共同生活の相手となる。そして、婚姻関係にある二人は、身分、職業階層、生活水準、名誉などが同一のものとなる。これには、民族史的にはナヤール族（結婚相手と共同生活をおくらない民族）、現代社会では別居結婚などの例外がある（Beck & Beck [2011]）。

②　心理的には、結婚相手は、恋愛・親密性の相手、つまり、セクシュアリティ、親密性、情熱的感情（ロマンス）などの充足を行う相手となり得る。これを広義の「親密性」と呼んでおく。これには、多くの例外がある。

そして、①、②のどの要素を、どの程度「夫婦」間で重視するかは時代、文化によって異なる。たとえば、前近代の多くの社会では、夫婦の生活は大家族など親族システムに包摂されており、親密性は夫婦の要件とはならず、性的満足は男性においては婚外で充足可能であった。近代社会における結婚は、結婚がもたらす二つの帰結、経済的共同性と親密性をその要件とする（規範化する）ことで、結婚の帰結を「純化している」社会ともいえる。

結婚の社会的機能

性的ペアリングである結婚（婚姻）は、二人の人間が属している親族集団（氏族、イエなど）を結びつける機能を持っている。ただ、その機能は、近代社会においてはミニマムになっている（親族との交流等はあるが、親族との交流がないからといって結婚が成り立たないわけではない）。

前近代社会では、結婚は、レヴィ＝ストロースが分析したように、生殖相手を親族間で交換するイベントととらえることができる（Levi=Strauss『親族の基本構造』）。近親婚禁忌により、親族集団の再生産のためには、家族の外部から生殖相手を得る必要がある。それゆえ、結婚は必然的に家族や親族を結びつけるイベントとなる。

近代社会では、結婚は、「新しい家族」を形成するイベント、つまり、個人のイベントである側面が強まった。親族の拘束を離れ、結婚は、個人の欲求充足、自己実現の手段とみなされる。しかし、社会全体としては、自らの再生産をするためには、結婚（正確には結婚に続く出産）が不可欠なのである。

ここに、近代社会の大きな矛盾が生じる。結婚（それに伴う出産）は個人が決定するものとしながら、社会全体の再生産を個人の決定に依存するという事態が出現しているのである（近年の日本政府の結婚支援と、支援に対する批判がそれを表している――たとえば『現代思想　婚活のリアル　二〇一三年九月号』）。

2　近代的結婚

近代社会の特徴

近代社会の最大の特徴は、個人化である。それは、いわゆる「伝統社会的規範」が緩み、社会生活が個人の選択に委ねられる部分が増大する社会である（Giddens, Beck など）。その特徴を社会経済的、心理的、人間関係にみていこう。

社会経済的には、将来にわたる生活が自動的に保証されない社会が出現する。前近代社会では、世代を超えて存続する家業によって、人々の生活は生涯にわたって保証されていた。しかし、近代社会になって、伝統的家業が衰退し、企業社会が勃興する。多くの人は、雇用者として働く社会が到来する。それは、職業選択の自由化という側面、つまり、親の職業を継承する必要がなくなる代わりに、自分で生活手段としての仕事をみつけなければならず、生活が保証されない社会となった。

心理的には、アイデンティティが自動的に保証されない社会が出現する。前近代社会では、伝統的宗教、コミュニティなどが生涯にわたる自分の存在意義、人生の意味を感じることを保証していた。しかし、近代化以降、宗教やコミュニティが衰退することによって、自分の人生の意味が保証されない社会が出現した。つまり、実存主義哲学者による「存在論的不安」の出現である（Giddens [1991] [1992]）。その存在不安を解消するために、自分を承認してくれる相手を自分で見つける必要がある社会となった。これを「親密性」と呼んでおく。

個人化は人間関係にも及ぶ。伝統的に与えられた人間関係ではなく、自分で自ら人間関係を選んだり、選ばれたりする社会となった。ということは、誰からも選ばれないリスクも引き受ける社会になったということである。

近代化が結婚にもたらす意味

近代化の影響が結婚に及ぼす影響を考えてみよう。

フランツ・ショーターが描いたように、配偶者選択が親の統制から離れ、徐々に個人の選択に委ねられる傾向が強まる（Shorter [1975]）。そして、理念的には、若者は、結婚によって新しい家族を形成し、親から独立して生活することが求められるようになる。

その結果、夫婦家族（核家族）が生活共同と親密性の単位となる。夫婦は、経済的に独立した単位であると同時に、存在論的不安の解消のためのアイデンティティの源泉となる。すると、結婚は単に夫婦を形成することだけではなく、共同生活の相手と親密な相手（これを自分のアイデンティティを承認してくれる相手と読み替えてもかまわない）を得ることになる。

さらに、近代社会は、夫婦家族に特権的な位置づけを与えている。それは、結婚によって形成された家族以外の共同生活を例外とみなし、家族以外との恋愛、性関係や親密な関係を制限したからである。そのため、結婚できなければば、生活に支障を来し、親密な相手を得ることが不可能ではないにしろ、困難が生じる。

つまり、近代化によって、結婚は、個人にとって決定的に重要なイベントへと変貌する。前近代社会では、結婚しなくても、家業共同体でもある親族共同体に所属していれば、生活とアイデンティティが保証された（山田［二〇一四］）。しかし、近代社会では、結婚は、経済的、心理的に不可欠な相手を選び合うイベントになったのである。

近代的結婚の特徴

近代社会においては、結婚は次の二つの要素が結合したイベントとして「理念的に」理解されるようになる。

① 恋愛結婚

好きな人と一緒になること、つまり、自分を生涯にわたってお互いに存在論的に承認しあう相手と新しい生活を築くこと。その結果、結婚は、存在的安心が得られるだけでなく、親密性や恋愛感情、性的満足など親密な相手に付随する情緒的満足を得られる関係を作り出すイベントとなる。

② 独立した生活共同体の形成

結婚は、二人で生活共同体を形成するイベントとなった。その中には、子育ても含まれる。近代初期は、性別役割分業による生活（子育て）共同体、つまり、男性が家計を支え、女性が家事育児などケア労働を主に担う家族が一般的であった。結婚は、そのような家族を作り出し、経済的生活を安定させるイベントである。


このように、近代社会は、二つの意味で、結婚は、人が心理的、経済的に生活するために人生の上で不可欠のイベントとなった。独身でいることは、心理的、経済的二つの意味で大きな困難に直面することになる。自分を承認してくれる相手、親密な相手が存在しない状態、自分を経済的に支えてくれる人がいないという困難である。

ただ、この近代的結婚に人生上重要な二つの要素（アイデンティティ確認と経済生活）が含まれていることが、さまざまな問題を引き起こすもととなり、実際に近代社会の構造転換とともに、結婚が二つに引き裂かれる原因となったのである（山田［一九九四］）。

近代社会における結婚の条件

近代社会で、夫婦が「親密性の単位」であると同時に、「経済生活の単位」であること、そして、配偶者選択が個人で行われる（相手を選ぶ、拒否する自由がある）ことから、結婚相手に対して制約が大きくなる。これは、前近代社会では、大きな問題にならなかったことである。

まず、夫婦は、親密性の単位であるから、互いに自分の存在を肯定してくれる存在になる必要がある。相手に対してお互いに愛情をもてるかどうかが基準となる。これが、第一の制約である。

そして、結婚は、新たな経済生活のスタートである。すると、結婚後の予想される生活水準が、結婚に期待する生活水準を超える必要がある。これは、いわゆるイースタリン仮説とロジック的には同じである。しかし、イースタリンは、経済不況という一時的な要因を考察したのであって、構造的な変動を考慮に入れていない。そして、経済に構造的変動が起きたことが、現代日本社会において、結婚危機が生じている原因なのである。

3　戦後日本家族と結婚の状況

戦後から高度成長期の結婚

第2節で述べた意味で、近代的結婚が日本に普及したのは、戦後から高度成長期にかけてである。

戦前は、経済的には、家業をもとにした伝統的イエのもとで生活しており、多くの結婚は取り決め結婚によって女性がイエに入る（嫁取り婚）という形をとっていた。心理的にいえば、夫婦関係というよりも、イエに所属することがアイデンティティ、つまり、他者からの承認を保証していた。経済的にいえば、男性は、家業を営んでいる限り、誰と結婚しても経済状況は変わらない。一方、女性は自分の出身のイエの生活状況と同程度のイエに嫁ぐのが一般的であった。

戦後日本で、欧米からもたらされた近代家族のありかたを戦後型家族と呼んでおこう。それは、心理的には憲法に書かれているように、両性の合意のみに基づく結婚であり、それは、お互いが好きになった相手と結婚するという「恋愛結婚」をモデルとしていた。そして、経済的には、「夫は主に仕事で、妻は主に家事で、豊かな生活を目指す」というものであった。

そして、高度成長期に成人した若者の結婚率はたいへん高かった。当時の若者の九七〜八％が結婚した。また、離婚率も低下したので、結婚生活が継続する確率も高まった。それは、心理的、経済的に結婚にふさわしい相手と出会う条件がととのっていたからである。

戦後ほとんどの人が結婚できた理由

まず、経済的要因をみてみよう。戦後から高度成長期は、経済成長が著しい時代であった。それゆえ、新生活を始めるに当たって、その障害が少なかった。

まず、結婚後の経済生活に期待する水準が高くなかったことがあげられる。高度成長期の若者が育った家族はまだ零細自営業が多く、生活水準が低かった。そして、高度成長期までは、地方の若者は、学卒後親元を離れ都会で一人暮らしや寮生活をするものが多かった。収入は低いため、単身者の生活水準が低かった。結婚後期待する生活水準は、現在送っている生活水準に規定される面が大きい。

一方、結婚後期待される生活水準は、現在の生活水準を上回ることが期待できた。高度成長期は、大多数の若年男性の収入が安定しており、かつ、年功序列賃金によって将来の収入の増加が見込まれた。また、農業や零細自営業の跡継ぎ男性でも政府の保護政策によって、その経営基盤は安定し、収入の増加がもたらされた。

つまり、夫が主に稼ぎ、妻には収入がない専業主婦という形の家族であっても、女性は、若年男性の誰と結婚しても、期待以上（現在の生活以上）の生活を送ることが可能に思えた。それゆえ、結婚が促進されたのである。

次の出会い要因に移ろう。結婚にはお互いに好きな人と出会うことが必要である。経済の高度成長期にはその条件が揃っていた。まず、恋愛結婚と言われる人の大多数は、職場や学校、友人や兄弟の紹介で出会っている。積極的に活動しなくても、未婚の男女が集まるこのような場が多かったので、自然に出会うことが可能だったのである。そこで出会えなかったときも、見合いとして、結婚相手が紹介された。戦後の見合いでは、「拒否権」がある。親が取り決めて相手を決めるということではなく、親や親戚、職場の上司等が相手を紹介するのが、当時の典型的な見合いであり、気に入らなければ断ることが可能であった。つまり、見合いでも、相互に相手を選び合うというプロセスが存在している。嫌いな相手とは見合いしても結婚しないので、お互いに「好き」で結婚相手を選び、将来は互いを心理的に不可欠な相手だと思うことが可能だったのである。

このように、戦後から高度成長期（一九五五～一九七三）にかけては、出会うチャンスがあり、結婚後の生活水準の上昇が期待できたが故に、大多数の若者は結婚しようと思えば、結婚することができた。それが、九七％程度（一九四〇年生まれの生涯未婚率三％程度）という皆婚状態が作られたのである。

4　近代結婚の危機と欧米社会の対応

近代社会の構造転換・ニューエコノミーと性革命

近代社会の深化の結果、近代社会の構造転換が生じている。それは、近代社会が本来備えていた個人化、自由化のトレンドが進行して、従来とは質的に異なった社会が出現している（Giddens [1990], Beck [1986], Bauman[2000] など）。

そのなかで、経済の質的変化の帰結として「若年男性雇用の不安定化」と心理面として、「性革命」が、結婚を考察する際に、押さえておく必要があるトレンドである。

経済構造の転換

経済分野では、ニューエコノミーと呼ばれる経済システムが、グローバル化とともに世界に広まっている。欧米では一九八〇年代より、日本やアジア新興国では一九九〇年代以降、この傾向が顕著である。それは、経済のサービス化、グローバル化とともに、若年男性雇用が不安定化し、かつ、収入が二極化したことにある。これは、欧米や日本で一般的であった、夫が妻子を経済的に養うという性別役割分業型家族を、多くの若者が形成することを困難にする。一方、女性の職場労働への進出によって、自分で経済的に自立可能な女性も出現する。といっても、若年女性の多くは低収入状態にとどめ置かれるので、女性間の収入格差も拡大する。橘木は女女格差と呼んでいる（橘木［二〇〇八］）。

この結果、若年者では、男性も女性も収入格差が生まれる。これが、結婚に大きな影響を及ぼす。結婚後予測される生活水準が期待する水準に達しない傾向が強まるのである。その場合、結婚して生活水準が低下することをどう受

表1－1　生活水準と結婚の関係

	結婚に期待する生活水準	結婚後予想する生活水準	
近代Ⅰ	低い	高い	結婚促進
近代Ⅱ	高い	低い	結婚抑制

け止めるかが、人々の結婚行動を左右するのである。
このロジックを表1－1に示しておこう。

性革命、家族の規制緩和

続いて、一九六〇年代から欧米で始まる「性革命」、および「離婚の自由化」に示されるカップル関係の自由化が、結婚に影響を及ぼす。あらゆる伝統的規範の根拠が崩れ、結婚を前提としなくても、性関係を含んだ恋愛を楽しむことが可能になった。また、各国で離婚に関する規制緩和が行われ、嫌いになった相手と離婚する自由が認められるようになった。

この結果、結婚は、二つの方向から危機にさらされる。一つは、好きになった人と親密なコミュニケーションをもつために、結婚という形をとる必要はなくなったこと。もう一つは、離婚の自由化によって、結婚が必ずしも親密な関係の永続を保証しなくなったことである。結婚というイベントと親密な相手を得る、継続するという関連性が薄れるのである。アンソニー・ギデンズの言葉を借りれば、「相手を選び合っていることだけ」が親密性の根拠になる（Giddens [1991]）。結婚は親密性の根拠にも保証にもならない時代になった。

経済生活と親密性の矛盾の顕在化

ここで、近代的結婚の基本であった、「経済生活」と「愛情」の間の矛盾が顕在化する。
経済の変動により、近代的結婚の要であった「妻子を養って生活を送れる男性」の割合が減少する。その結果、従来の形では経済生活の単位としての結婚をスタートすることが難しくなる。一方、性革命により、結婚と「親密性」が切り離される。

つまり、経済生活と親密性が個人化し、別々に追求されるものになる。これが、近代社会の個人化の帰結である。近代結婚は、経済生活と親密性、双方、手に入るものとして追求されてきた。しかし、それが別々に追求されるものとなったとき、結婚は困難になると同時に不要になるのである。

その困難性が顕著になるのが日本の状況であり、その不要性が顕著になるのが欧米諸国である。

欧米の対応――結婚の減少と同棲の増加

簡単に欧米の状況を述べよう。北西ヨーロッパやアメリカでは、結婚の「不要性」が強調されることになる。男女とも経済的自立を求められるなかで、結婚という形をとらずに、親密性の形成を優先する。その結果、結婚が減少する代わりに、同棲が増大する。そして、同棲するなかで、子どもも産まれるので婚外子率が高まる。

経済生活は、男女ともに働くだけでなく、政府の経済支援のもとで、生活を保持していくことが求められてきた。そのなかで、旧来の形をとる結婚も、同棲に続く形で選択されることになる。

少なくとも、西ヨーロッパ諸国では、結婚という形にこだわらない恋愛交際が、一般的になっているようにみえる(たとえば、ジョリヴェ［二〇〇二］、岩本［二〇一五］)。

純粋な関係性と世界家族

親密性の究極の形が、ギデンズによって提唱された「純粋な関係性」という理念であり(Giddens [1992])、そして、ベックが指摘した「世界家族」(Beck&Beck [2011])なのである。ベックはお互いが遠距離で別々に生活しながら、スカイプやメールなどでコミュニケーションしている家族の形態を、そう名付けた。つまり、共同生活の要素を極限に取り除き、純粋に「相手を選んでいる」ことのみによって、お互いの関係性を確認しているのであり、純粋な関係性が具現化した究極の形態ともいえる。これは、第5節で述べる、日本で発達しているバーチャル化した親密性とも通底している。

5　日本の結婚危機

日本の対応――経済生活を優先

一方、日本では、近代的結婚の困難性を強調する方向に進んだ。それは、近代的結婚（恋愛結婚であり性別役割分業家族が基本）に固執しているのが大きな理由である。それは、夫が主に働いて家計を支えるという傾向が未だ強固である。現実に、子どもを育てながらフルタイムの仕事につく環境が未だ整っていないという現実がある。そして、結婚後は、主に男性の収入で暮らす意識は男女とも根強い。

図1-1は、筆者がかかわった未婚者に対する二〇一〇年の調査である。図から読み取れるように、女性の結婚相手に求める年収に、現実の未婚男性の収入が追いつかないという現実がある（約三分の二が年収四〇〇万円以上を男性に求めるが、それ以上を稼ぐ未婚男性は、四人に一人しかいない）。また、「恋愛は結婚に結びつく」そして、結婚による親密性の保証という意識がいまだ強く、特に近年、「恋愛結婚規範」が強まっているという調査報告もある（谷本［二〇〇八］、谷本・渡邊［二〇一六］）。経済的意味での結婚のハードルが上がると、同時に、恋愛のハードルも上がってしまうのが現実である。

そして、日本の未婚者の大部分は、筆者が「パラサイト・シングル」と名付けたように、親と同居している（山田［一九九九］）。国立社会保障人口問題研究所の出生動向調査でも、一八歳以上の未婚者の約七割は親と同居している。つ

図1-1　結婚相手に望む年収と現実の未婚男性の年収の比較

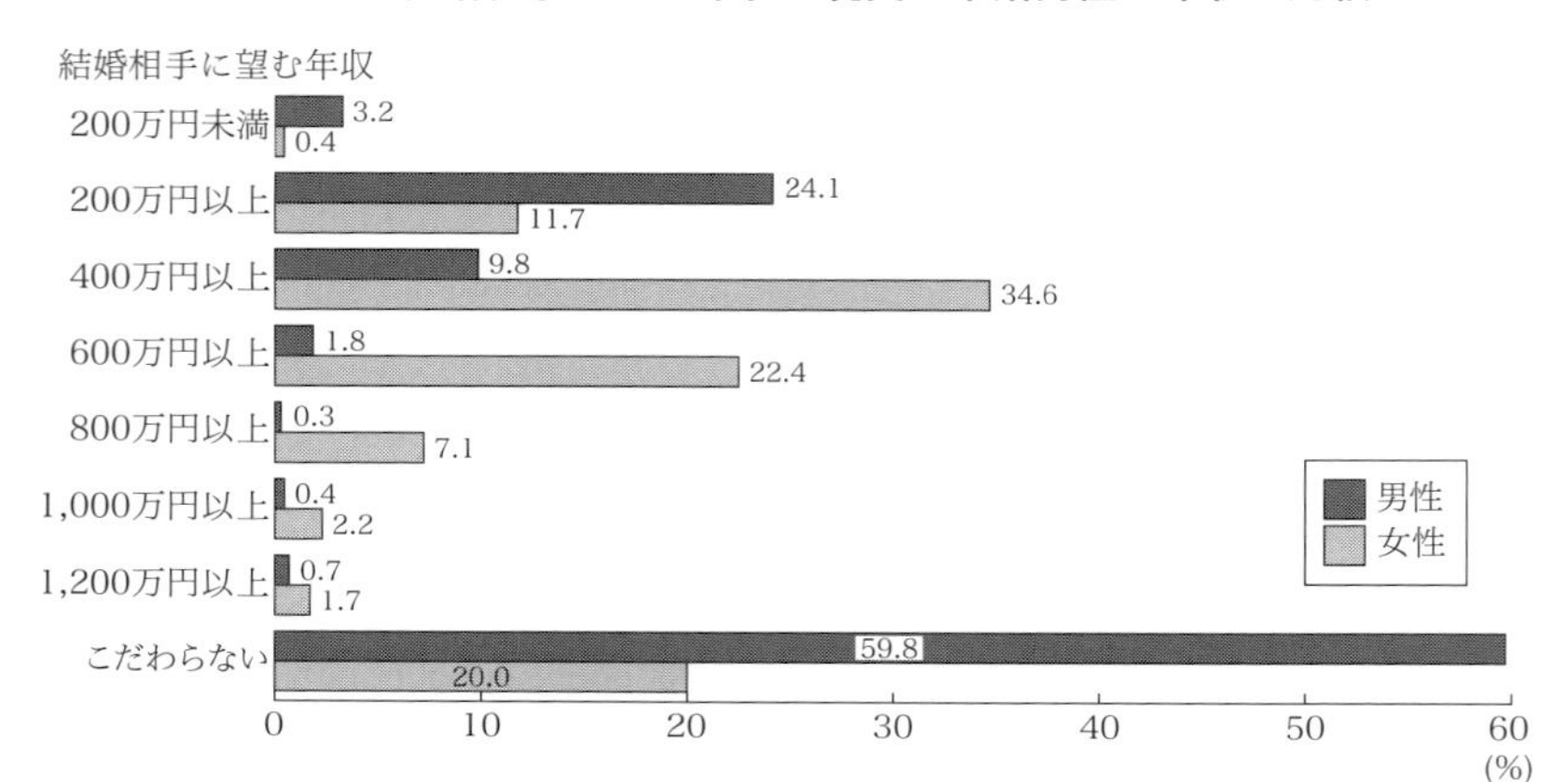

出所：明治安田生活福祉研究所・「生活福祉研究」74号。データは2010年の「結婚に関する調査」（全国ネット20～39歳、4120名の未婚者が回答）。

まり、経済的に自立して生活しているわけではなく、親と生活を共同することによって、生活水準が高い。結婚して、年収が低いまま、新しい生活をスタートさせると、現在の生活水準よりも落ちてしまう。それゆえ、親元にとどまり続けることを選択するのである（山田［二〇一六］）。

結婚できる人とできない人への分裂

このような状況が続いているので、日本の若者は、結婚して伝統的な家族生活をスタートさせられる人と、未婚でとどまる人への分裂が生じているようにみえる。

おおむね、収入が安定した男性と彼と出会った女性は、一九九〇年以前と同じように、結婚をして、新しい生活をスタートさせ、伝統的（主に男性が外で働き、女性が主に家事をする）結婚をする。しかし、収入が安定しない男性は、結婚難に陥る。その裏側に、収入が安定した男性と結婚したいが出会わずに、未婚にとどまる女性が増える。

図1-2　年齢別未婚率の推移

（2015年　30-34　男47.1, 女34.6、　50歳男23.4, 女14.0）

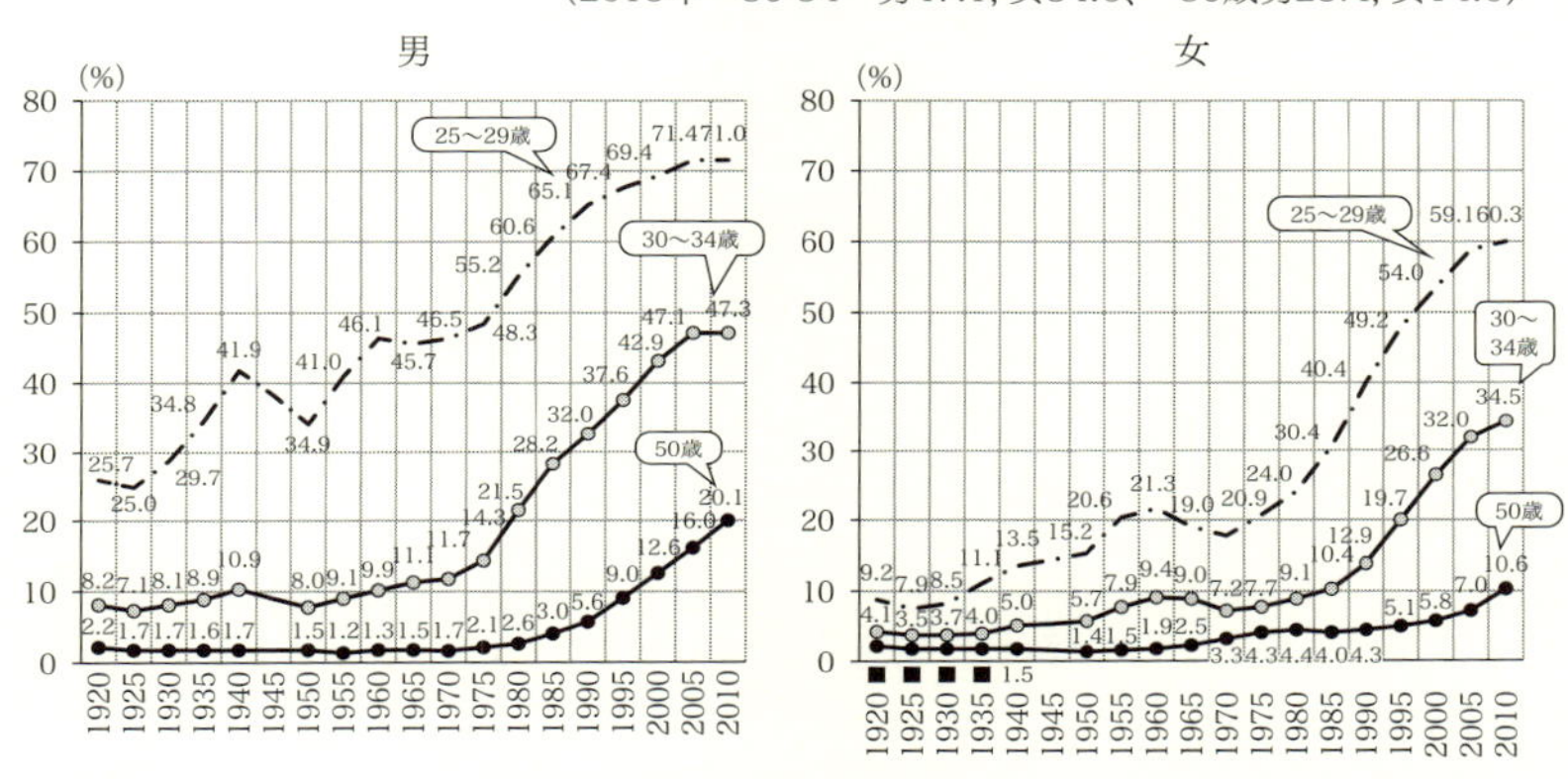

注：配偶者関係未詳を除く人口に占める構成比。50歳時の未婚率は「生涯未婚率」と呼ばれる（45～49歳と50～54歳未婚率の平均値）。
出所：区区税調査（2005年以前「日本の長期統計系列」掲載）。

日本では、結婚の経済的「必要性」の意識が強いゆえに、逆に、結婚の困難が強まるという事態が生じている。

結婚難、恋愛が低調に

結婚が徐々に困難になっている状況を統計で確認しておこう。図1-2のように、二〇一五年で、未婚率は一九七五年以降高まっている。三十代前半では、ほぼ男性の二分の一、女性の三分の一が未婚である（国勢調査）。また、「同棲率」も、二〇一五年の時点で一・八％ときわめて低い。

それだけではない。二〇〇〇年頃から、未婚者の中で、交際相手がいるものの割合が減少している（表1-2）。さらに、交際意欲も減退している（表1-3、国立社会保障・人口問題研究所の出生動向基本調査）。

その理由としていくつか考えられているが、結婚に結びつかない恋愛は時間やお金のムダという意識がみられる。それでいて結婚意欲は未婚者の八五％（国立社会保障・人口問題研究所の出生動向基本調査）と高止まりしているので、交際を経ないで結婚を目指す未婚者が相当数増えていることを意味する。

表１－２　交際相手保有率の推移

	1992	1997	2002	2005	2010	2015
男性						
恋人がいる	26.3	26.2	25.1	27.2	24.6	21.3
交際中の友人がいる	19.2	15.3	11.3	14.0	9.4	5.9
女性						
恋人がいる	35.5	35.4	37.0	37.0	34.0	30.2
交際中の友人がいる	19.5	15.9	12.4	12.4	11.9	7.7

出所：国立社会保障・人口問題研究所、第16回出生動向基本調査2015。

表１－３　交際相手がいないものの交際意欲

	2010	2015
交際相手がない未婚者で交際相手を希望する割合		
男性	53.1%	45.7%
女性	51.9%	44.0%
未婚者で結婚を希望する割合		
男性	86.3%	85.7%
女性	89.4%	89.3%

出所：国立社会保障・人口問題研究所、第16回出生動向基本調査2015。

親密性の分散化

結婚の経済的必要性が強いために、日本では、結婚が困難になっている。では、今まで結婚が提供していた親密性は、どのように満たされるのだろう。結婚していない未婚者のなかでも、恋人がいない、持つつもりがない人が増えている。

私は、彼らの多くは、従来結婚によって満たされるはずであった親密感情を、さまざまな対象に分散させているのではないかと考えている。そもそも、結婚によって、親密性、ロマンス、性欲全てを満足させなければならないというのは、近代社会が作りだしたイデオロギーであった。ある人とは日常的コミュニケーションを楽しみ、ある対象にロマンス感情を感じ、別の人と性関係を楽しむ。だから、恋人や配偶者がいたとしても、対象を分散化させるケースは多いだろう。日本では、セックスレスの夫婦が多く、それに不満を感じない人も多い。コミュニケーションを楽しみながら、セックスはなし、もしくは配偶者以外の関係で満足している人もいるだろう。

親密性に関しては、親やきょうだい、友人などが考えられる。とくに、日本では

表1-4　内閣府調査

あると答えたもの10000人対象、20-39歳

メディアの中のキャラクターや登場人物に恋をすることがありますか				
	既婚	恋人あり	恋人過去あり	恋人経験なし
男性	5.3	7.5	8.0	14.6
女性	13.5	18.0	18.1	30.2
身近にいないタレントやアイドルに恋をすることがありますか				
	既婚	恋人あり	恋人過去あり	恋人経験なし
男性	7.3	9.7	10.3	11.3
女性	15.6	18.3	20.2	25.3

独身者の親同居率が高い。成人未婚者のほぼ八割が親と同居している。また、同性の友人同士で親密的関係になることがためらわれることがないので、親密関係に不自由することは少ないだろう。また、筆者は、ペットを家族とみなす人々を調査したことがあるが、そこでは、「自分を必要とし、大切にされる」という関係性が構築されていた（山田［二〇〇四b］）。男性の場合は、日本では、キャバクラやクラブなど、自分の感情をシェアするための場を提供するサービス業が発達しており、いわば親密性を買うことができる。

性欲の場合も、男性にとっては性風俗産業が存在するし、ポルノグラフィーへのアクセスも容易である。

バーチャル恋愛

では、ロマンティックな気分はどのような形で満足されるのだろうか。ここに、バーチャルな恋愛関係が登場してくる。

二〇一〇年の内閣府の「結婚・家族形成に関する調査（対象二〇～三九歳の男女）」で、「メディアの中のキャラクターや登場人物に恋しているか」という質問に、男性九・一%、女性一三・五%がイエスと回答している（表1-4）。うち、二十代の交際経験がない未婚者では、男性一六・一%、女性三三・一%にまで跳ね上がる（ちなみに既婚男性であれば数%にすぎない）。

男性であればAKBのようなアイドルやポルノ女優、女性であれば宝塚やジャ

ニーズ・アイドル、ドラマのスターやミュージシャンなど、メディアのなかのロマンス対象は多岐にわたる。さらに、アニメやゲーム、コミックなどの架空のキャラクターに恋愛感情を抱く人も存在する。

そして、この傾向はアジアにも広がっている（Yamada [2017]）。これが東アジア諸国で「婚外子の増大なき少子化（Ochiai [2013]）の帰結だと考えられる。

日本の結婚の将来

近代社会が構造転換して、近代的結婚がすべての人にとってできなくなったとき、欧米では、結婚を不要にする方向に進んだ。一方、日本（そして、東アジア諸国）では、近代的結婚が困難になるなかで、従来通りの結婚をする人と、それができない人への分裂が起きているようにみえる。欧米のように新しい親密性のあり方を目指す動きは存在するが（牟田［二〇〇九］）、統計的数字を動かすようにはなっていない。そのような違いはどのように生じるのか、今後の課題としたい。

主要参考文献

〈外国語〉

Bauman, Zigmunt [2000] *Liquid Modernity*, Cambridge: Polity（森田典正訳［二〇〇一］『リキッド・モダニティ』大月書店）.
Beck, Urlich [1986] *Riskogesellshchaft*, Frankfurt: Suhrkamp（東廉・伊藤美登里訳［一九九八］『危険社会』法政大学出版局）.
Beck, Urlich [2007] *Weltriskogesellshaft*, Frankfurt: Suhrkamp（Cronin, Ciaran (tr.) [2007] *World at Risk*, Polity）.
Beck, Ulrich & Beck-Gernsheim, Elisabeth [1990] *Das ganznormale Chaos der Liebe*, Frankfurt: Suhrkamp（Mark Ritter and Jane Wiebel（tr.）[1995] *The Normal Chaos of Love*, Polity Press）.
Beck, Ulrich & Beck-Gernsheim, Elisabeth [2001]（Camiller, Patric（ed. & tr.）[2002]）*Individualization*, London: SAGE Publica-

tions.

Beck, Ulrich & Beck-Gernsheim, Elisabeth [2011] *Fernliebe*, Frankfurt: Suhrkamp（伊藤美登里訳［二〇一四］『愛は遠く離れて』岩波書店）.

Beck, Ulrich & Giddens, Anthony & Lash,Scott [1994] *Reflexive Modernization*, Stanford: Stanford University Press（松尾精文・小幡正敏・叶堂隆三訳［一九九七］『再帰的近代化』而立書房）.

Cancian, Francesca [1987] *Love in America*, New York: Cambridge University Press.

Giddens, Anthony [1990] *The Consequence of Modernity*, Stanford: Stanford University Press（松尾精文・小幡正敏訳『近代とはいかなる時代か？』［一九九三］而立書房）.

Giddens, Anthony [1991] *Modernity and Self-identity*, Stanford: Stanford University Press（秋吉美都・安藤太郎・筒井淳也訳［二〇〇五］『モダニティと自己アイデンティティ』ハーベスト社）.

Giddens, Anthony [1992] *The Transformation of Intimacy: Sexuality, Love and Eroticism in Modern Societies*, Cambridge: Polity Press（松尾精文・松川昭子訳［一九九五］『親密性の変容』而立書房）.

Ochiai, Emiko [2013] ‘The Logics of Family and Gender Changes in Early 21st-Century East Asia’ Cho Joo-hyun（ed.）*East Asian Gender in Transition*, Seal: Keimyung University Press.

Giddens, Anthony [1999] *Runaway World*, London: Pfofile Books（佐和隆光訳［二〇〇一］『暴走する世界』ダイヤモンド社）.

Shorter, E., [1975] *The Making of the Modern Family*, New York: Basic Books（田中俊宏・岩橋誠一・見崎恵子・作道潤訳［一九八七］『近代家族の形成』昭和堂）.

Yamada, Masahiro［2017］“Decline of real love and rise of virtual love: love in Asia,” *IJJS*, vol. 26. The Japan Sociological Society.

〈日本語〉

岩本麻奈［二〇一五］『パリのマダムに生涯恋愛現役の秘訣を学ぶ』ディスカヴァー21。

落合恵美子［一九九四］『21世紀家族へ』有斐閣。

ジョリヴェ、ミュリエル（鳥取絹子訳）［二〇〇一］『フランス新・男と女』平凡社。

橘木俊詔［二〇〇八］『女女格差』東洋経済新報社。

棚橋訓［二〇〇二］「過剰なる性の誤解」服藤早苗・山田昌弘・吉野晃編『恋愛と性愛』早稲田大学出版。

谷本奈穂［二〇〇八］『恋愛の社会学』青弓社。

谷本奈穂・渡邊大輔［二〇一六］「ロマンティック・ラブ・イデオロギー再考」『理論と方法』第三一巻第一号。

筒井淳也［二〇〇八］『親密性の社会学』世界思想社。

牟田和恵編［二〇〇九］『家族を超える社会学』新曜社。

山田昌弘［一九九四］『近代家族のゆくえ』新曜社。

山田昌弘［一九九六］『結婚の社会学』丸善。

山田昌弘［一九九九］「愛情装置としての家族」目黒頼子・渡邊秀樹編『家族（講座社会学２）』東京大学出版会。

山田昌弘［二〇〇四a］「家族の個人化」『社会学評論』第五四巻第四号。

山田昌弘［二〇〇四b］『家族ペット』サンマーク出版。

山田昌弘［二〇〇五］『迷走する家族』有斐閣。

山田昌弘［二〇〇七］『少子社会日本』岩波書店。

山田昌弘［二〇一四］『家族難民』朝日新聞出版。

山田昌弘［二〇一六］『結婚クライシス』東京書籍。

第2章　出会いと結婚の半世紀──人口学からみた変化と連続性

中村　真理子

はじめに

現代日本人の結婚は「見合い結婚から恋愛結婚へ」の変化として要約されてきた。しかし近年、未婚化がいっそう進展するなかで、交際相手のいない未婚者の急増という、これとは一見矛盾するような現象が顕在化してきている。恋愛結婚への変化と男女交際の衰退はどのように結びついているのだろう。本章では、これまで個別にとらえられてきた未婚者の交際のあり方と既婚者の結婚相手との出会い方を総合的にとらえて詳らかにすることで、現代日本におけるパートナーシップ形成の全体像を描き出したい。

未婚男女の交際行動──とくに交際相手のいない未婚者の増大──をめぐっては、すでにさまざまな議論が行われている。しかし通常生涯に一～二回程度に限られる結婚経験と異なり、恋愛・交際経験は多数回に及びうるうえ、時代や社会によって表れ方の異なる「交際」をとらえることの難しさもあり、議論が錯綜しがちである。とはいえ、どのような議論であっても日本人の恋愛・交際・結婚を論じている以上、統計的事実との整合性は担保されなければならない。本章は、長期にわたり実施されてきた全国レベルの大規模社会調査データとシンプルな人口学的手法を用いて、「出会いと結婚の半世紀」を統計的に記述し、学術的な議論のための土台を提供する。

以下では、最初に第1節で、一九七〇年代以降の未婚化・晩婚化の進展を概観する。つづく第2節では、（1）結婚した夫婦の出会い方と（2）未婚者の交際行動の年次推移を記述したうえで、（3）両者を総合して、出会いから交際を経て結婚へと至るプロセスの歴史的変遷を、出生コーホート（出生世代）間比較により、描き出す。さらに第3節では、結婚によって形成された夫婦の特徴とその後のライフコースについても検討して、過去半世紀における出会いと結婚の変化と連続性を要約したい。

1　未婚化・晩婚化の進展

女性の出生コーホート（出生世代）ごとに年齢階級別の未婚者割合を示すと図2-1のようになる。未婚者とは過去に一度も結婚を経験したことがない者を意味するので、この図からは同じ年次に生まれた女性が十歳代から二十歳代、三十歳代へと年齢が高くなるにつれ、結婚経験のある者の割合が増加し、未婚者の割合が減少していく過程を読み取ることができる[1]。

一九四一〜四五年生まれの女性では、二〇〜二四歳の未婚者割合は約七〇％、二五〜二九歳では約二〇％、三十歳代では一〇％以下、四十歳代では五％以下であった。つまり、一九四〇年代前半に生まれた女性の八割ほどが二十歳代のうちに結婚を経験しており、結婚経験のないまま四十歳代を迎える女性の割合は五％程度にすぎなかった。このコーホートから、一九四六〜五〇年、一九五一〜五五年、一九五六〜六〇年生まれへと、近年になるにつれ、二十歳代、三十歳代の未婚者割合が徐々に増加しており、初婚のタイミングが遅れていく様子をみてとれる。ただし、四十歳代の未婚者割合は一〇％以下のままほとんど変わっておらず、三十歳代までに大多数の女性が結婚を経験していたことがわかる。

図２－１　出生コーホート別にみた年齢階級別の未婚者割合（女性）

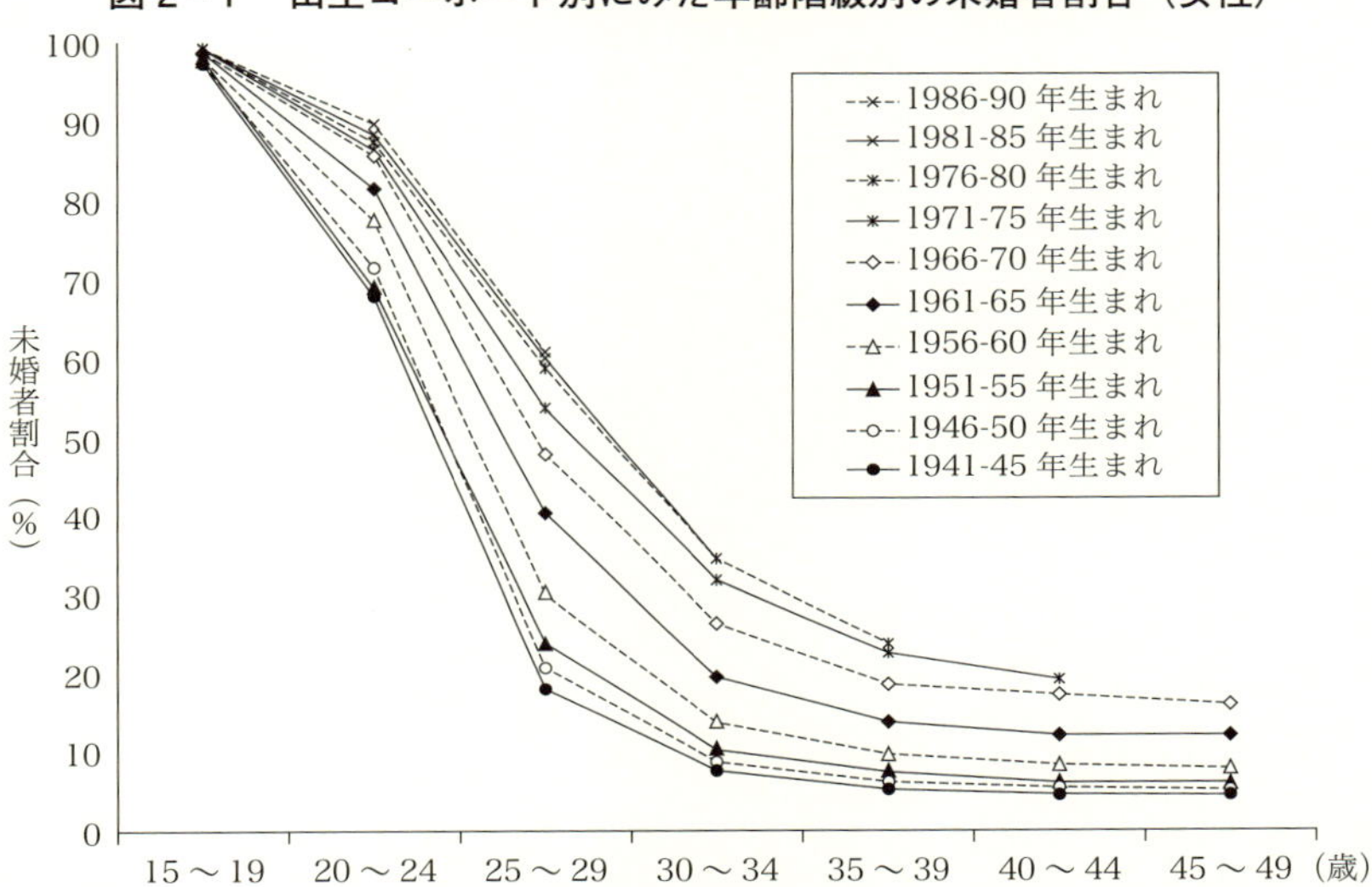

注：国勢調査（1960年～2015年実施）の年齢階級別、配偶関係別人口からもとめた。なお，国勢調査は調査の実施年における10月１日時点の情報を集めているので、出生コーホートの起点となる日も10月１日である。よって、たとえば「1941～45年出生コーホート」は、厳密には「1940年10月～1945年９月出生コーホート」となるが、本稿ではわかりやすさを優先して図中の表記に改めている。
出所：国勢調査。

しかし一九六一～六五年生まれになると、二十歳代、三十歳代だけではなく、四十歳代の未婚者割合が上昇する。この世代では四十歳代の未婚者割合が一〇％を上回り、その後の一九七一～七五年生まれでは四〇～四四歳の未婚者割合は約二〇％、およそ五人に一人の水準にまで達する。一九六〇年代以降に生まれた女性では、初婚タイミングの遅れとともに生涯未婚率[2]の増加もみられるようになった。

その後、一九七六～八〇年生まれでは、二〇～二四歳の未婚者割合は約九〇％、二五～二九歳では約六〇％、三〇～三四歳では約三〇％となっている。一九八〇年代生まれでは、三十歳代以降の動向はまだ明らかではないものの、十歳代から二十歳代の未婚者割合は一九七六～八〇年生まれとおおよそ同じ水準である。

よく知られているように、高度成長期以降、結婚の時期の遅れ（晩婚化）と結婚を経験しない者の増加（未婚化）が進んできた。しかし晩婚化と未婚化は同時に進んできたわけではなく、一九四〇年代から一九五〇年代生まれの女性で晩婚化が始まり、一九六〇年代から一九七〇年代生まれにおいて、未婚化の傾向が顕在化するようになったのである。

2　出会い・交際・結婚——歴史的変化

(1)データと方法

「見合い結婚から恋愛結婚へ」は、現代日本人の結婚の変化を要約する命題として一般に流布している。その根拠としてしばしば引用されるのが図2-2の「結婚年別にみた、恋愛結婚・見合い結婚構成の推移」である。この図は出生動向基本調査[3]により作成されたものであるが、このグラフを解釈する際にはいくつか留意しなくてはならない点がある。

まず、このグラフにいう「恋愛結婚」は、恋愛結婚を直接測定したものではなく、夫婦の出会いのきっかけに関する回答を再分類したものである。出生動向基本調査では第八回調査（一九八二年実施）以降、有配偶女性に対して現在の配偶者と知り合ったきっかけについて複数の選択肢から一つを選択する形式で回答を求めている。[4]図2-2では、そのうち「見合いで」および「結婚相談所で」と答えた場合を「見合い結婚」として分類し、それ以外の「学校で」「職場や仕事の関係で」「幼なじみ・隣人関係」「学校以外のサークル活動やクラブ活動・習いごとで」「友人・兄弟姉妹を通じて」「街なかや旅先で」「アルバイトで」と回答した場合を「恋愛結婚」と便宜的にみなしているにすぎない。[5]

つぎに、一九七七年実施の第七回調査では、夫婦の結婚が「見合い」「恋愛」「その他」のいずれに当たるかを三択で質問している。そして、この第七回調査の結果から一九七四年以前に生じた見合い結婚・恋愛結婚の割合を遡及的に算出している。それゆえ、一九七四年以前の数値と一九七五年以降の数値（第八回調査から第一五回調査）では質

図2-2　結婚年別にみた恋愛結婚・見合い結婚構成の推移

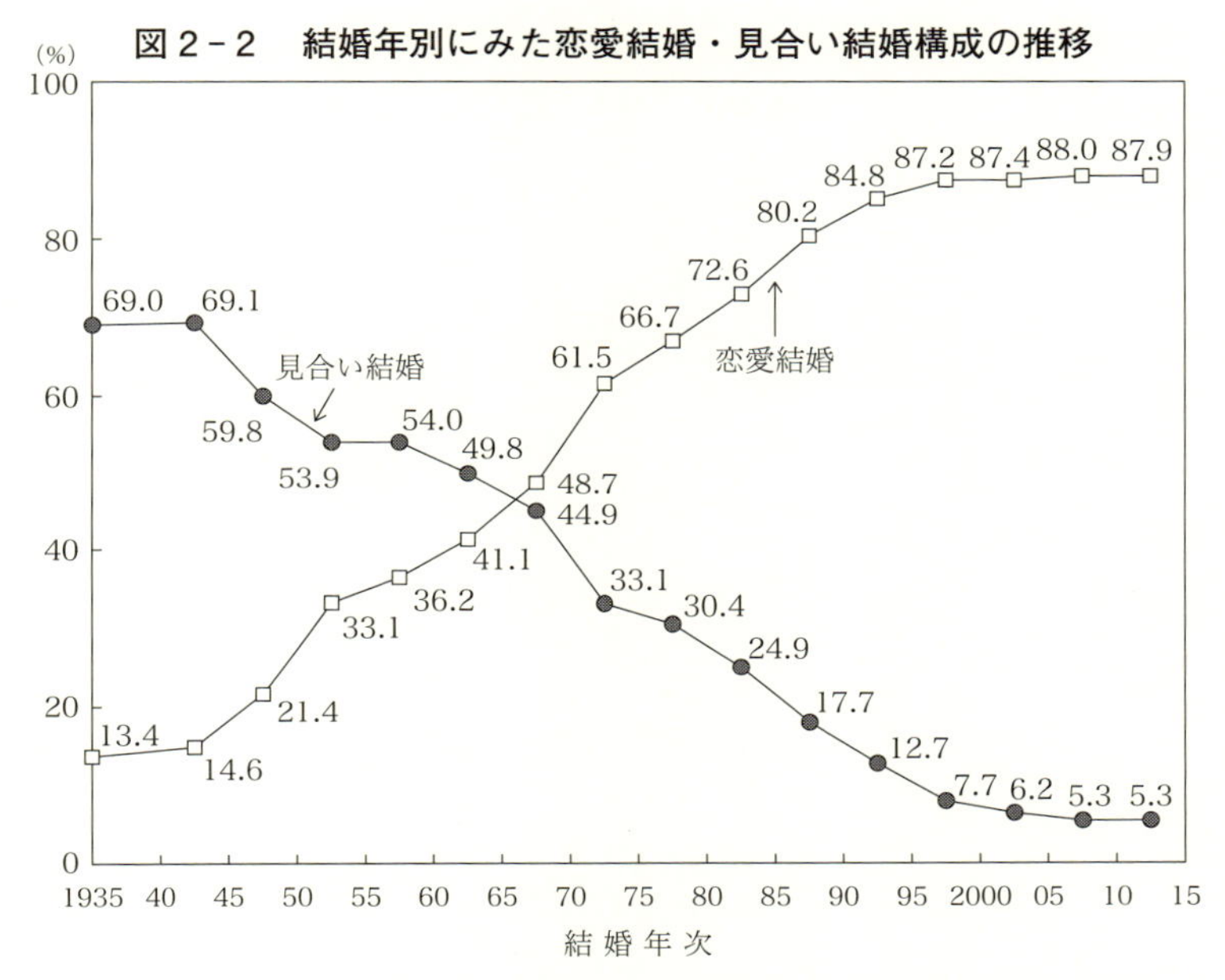

注：集計対象は初婚どうしの夫婦。第7回調査（1930〜39年から1970〜74年）、第8回調査（1975〜79年）、第9回調査（1980〜84年）、第10回調査（1985〜89年）、第11回調査（1990〜94年）、第12回調査（1995〜99年）、第13回調査（2000〜04年）、第14回調査（2005〜09年）、第15回調査（2010〜14年）による。集計方法については本文を参照。
出所：国立社会保障・人口問題研究所（2017）。

問方法だけでなく、結婚から調査への回答までの年数も大きく異なる。自らの結婚が「見合い」か「恋愛」のいずれかであるかという認識は、多分に主観性を含むため時間経過とともに変化する可能性がある。また「恋愛結婚」という言葉自体が普及していなかった可能性のある時期（特に戦前〜戦中）に経験された結婚に対して、この概念を事後的に適用していることにも注意しなくてはならない。実際、図2-2には直接掲載されていないが、一九四九年以前では二割近くが「その他・不詳」である。

さらに、図2-2では、一九八〇年代以降に進行した未婚者の増加――とくに交際相手のいない未婚者の増加が考慮に入れられていない。前節でみたように未婚化・晩婚化が急速に進展したことを踏まえれば、「見合い結婚から恋愛結婚へ」は、現代日本人の結婚の変化を要約する命題としては、コインの一面しか反映しておらず不十分である。

そこで、本節では以上の問題点を考慮した分析を行う。すなわち、①「夫婦の知り合ったきっかけ」別の集計を示して、結婚相手との出会いのきっかけと出会いの場の歴史的変遷を確認する。その際、一九七〇年代前半以前の見合い結婚については、一九六六年と一九七三年に実施された人口動態統計社会経済面調査[6]が直接的に「見合い」結婚か「恋愛」結婚かを尋ねているので、このデータを第七回出生動向基本調査データと併用し、調査実施年の直前に生じた結婚を対象に集計する。②国勢調査の配偶関係別人口（未婚、有配偶、離別・死別の割合）を用いて、出生動向基本調査の未婚者の交際状況のデータと夫婦の出会い方のデータとを接合し、女性の出生コーホート別の集計を行うことで、出会いから結婚に至るプロセスの歴史的変化を明らかにする。

⑵結婚相手との出会い方

図2-3は、調査の実施年次別に結婚相手との出会い方の構成比――出会いのきっかけと出会いの場――を示したものである。見合い結婚の割合については、折れ線グラフで表示している。なお、一九六六年の人口動態社会経済面調査は全国調査ではないため、図2-3には「見合い結婚」の割合が最も高い「町村」と最も低い「大都市」の数値を掲載した。また、一九八二年以降は出生動向基本調査の「見合いで」と「結婚相談所で」を合わせた値である。

一九六六年に結婚した夫婦のうち、見合い結婚の夫婦の割合は大都市では四〇%、町村では六四%であった。日本全国の割合を直接知ることはできないが、大都市であっても「見合い結婚」が約四割を占めているので、四割から六割の間であったと考えてよいであろう。一九七三年の人口動態統計社会経済面調査と一九七七年・八二年の出生動向基本調査の結果はいずれも三〇%強であったことから、見合い結婚の衰退は、一九七〇年代初頭までの高度経済成長期における低下と、一九八〇年代以降の低下の二段階からなるようだ。その結果、二〇〇〇年代に入ると、見合い結

図2-3　結婚相手との出会いのきっかけの構成・見合い結婚の割合の年次推移

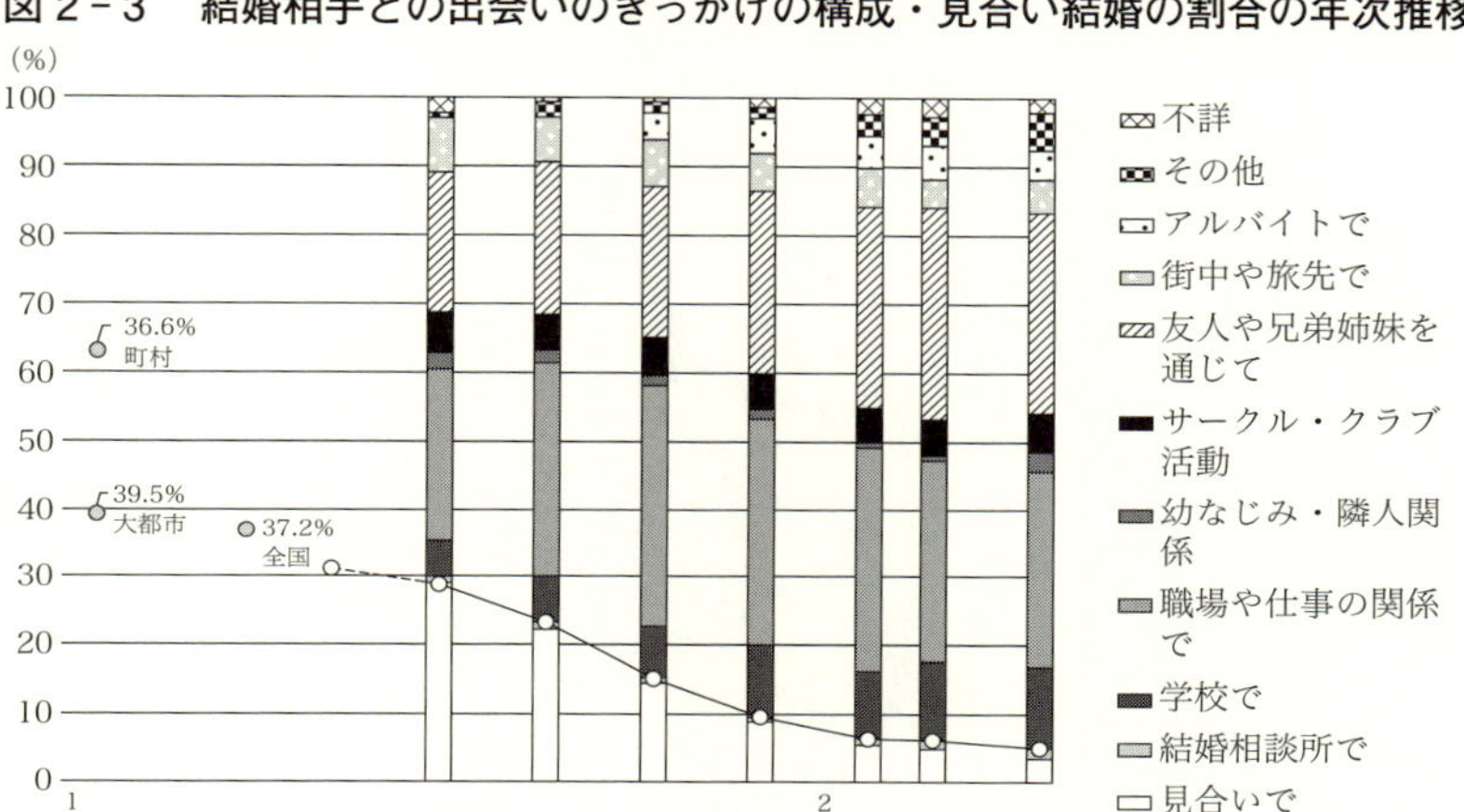

注：いずれの調査年次においても、初婚どうしの夫婦が集計対象。ただし、以下のように年次によって条件が異なる。1966年（人口動態社会経済面調査）は、1996年の５月から７月にかけて婚姻届を提出した、双方が日本人で初婚どうしの夫婦。1973年（人口動態社会経済面調査）は、全国で1973年５月28日及び29日に婚姻届を提出した、双方が日本人で初婚どうしの夫婦。1977年から2010年（第７回～第14回出生動向基本調査）は、調査時点で妻が50歳未満で、調査の実施直前の５年間に結婚した夫婦。

出所：1966年、1973年は人口動態社会経済面調査（昭和41年、昭和47年）。1977年から2010年は出生動向基本調査データ（第７回調査～第14回調査）。

婚の割合は一割に満たない水準となった。また、図2-2では見合い結婚に分類されていた「結婚相談所で」知り合った夫婦の割合は、いずれの年次においてもごくわずかであることに注意されたい。いわゆる「婚活ビジネス」が喧伝されるようになった二〇一〇年においてもその値は二％程度にすぎない。

一方、図2-2で「恋愛結婚」に分類された出会い方のうち大きな割合を占めるのが「職場や仕事の関係で」である。社内結婚を多く含むこのタイプは一九八二年の二五％から一九九二年の三五％へと増加したものの、その後は二〇一〇年の二九％まで減少傾向をみせる。ついで大きな比重を占めるのが「友人・兄弟姉妹を通じて」であり、一九八二年の二一％から二〇〇五年には三一％まで増加している。

さらに二〇〇〇年代以降は、新たな傾向として婚前妊娠結婚の増加が指摘されている。

二〇一〇年時点において妻が二〇～二四歳かつ初婚の夫婦の約三割が婚前妊娠結婚との推計もあり[7]、結婚の最終的な意思決定が妊娠を契機におこなわれていることがうかがわれる。

以上のように、出会いから結婚に至るプロセスは、見合い結婚や職場結婚のように、身近な社会によって出会いの場が設定され、交際や意思決定が枠づけられるようなあり方から、そのプロセスの大半が結婚の当事者自身に委ねられる方向に進んできたのである。とはいえ「街なかや旅先で」「アルバイトで」など、自らが主体的に結婚相手を求めて行動するタイプ――それゆえ身近な社会や他者によって出会いの場や機会が提供されないタイプ――の恋愛結婚は過去も現在も一割に満たない少数派である点に注意しておきたい。

⑶未婚者の交際行動

図2-4は、出生動向基本調査により、一九八〇年代以降の二十歳代未婚女性の交際相手の有無と男女交際のタイプを調査年次別に示したものである[8]。まず「恋人として交際している異性がいる」女性の割合は、二十歳代前半では一九八七年の三一%から二〇〇五年の三八%まで増加した後、ほぼ同水準で横ばいに推移しているのに対して、二十歳代後半では一九八七年の二五%から二〇〇二年の三四%まで増加したあと、減少傾向に転じて二〇一〇年には三一%になっている。これに「婚約者がいる」を加えると、二十歳代前半では一九八七年の二七%から二〇〇二年の三九%への推移、二十歳代後半では一九八二年の二三%から二〇〇二年の四二%、二〇一〇年の三七%への推移である。

つぎに「友人として交際している異性がいる」女性の割合をみると、一九八二年から二〇一〇年の間に、二十歳代前半では四五%から一一%へと四分の一に、二十歳代後半では三九%から一四%へと三分の一に大きく減少している。「友人として交際」とはひとくちにいえば、同僚・クラスメート以上、恋人未満の友達関係であるが、具体的には次のような関係を意味する。未婚者どうしの男女関係においては、デート関係を開始したとしても、すぐに相互に認め

図2－4　20歳代未婚女性の男女交際（1982〜2010年）

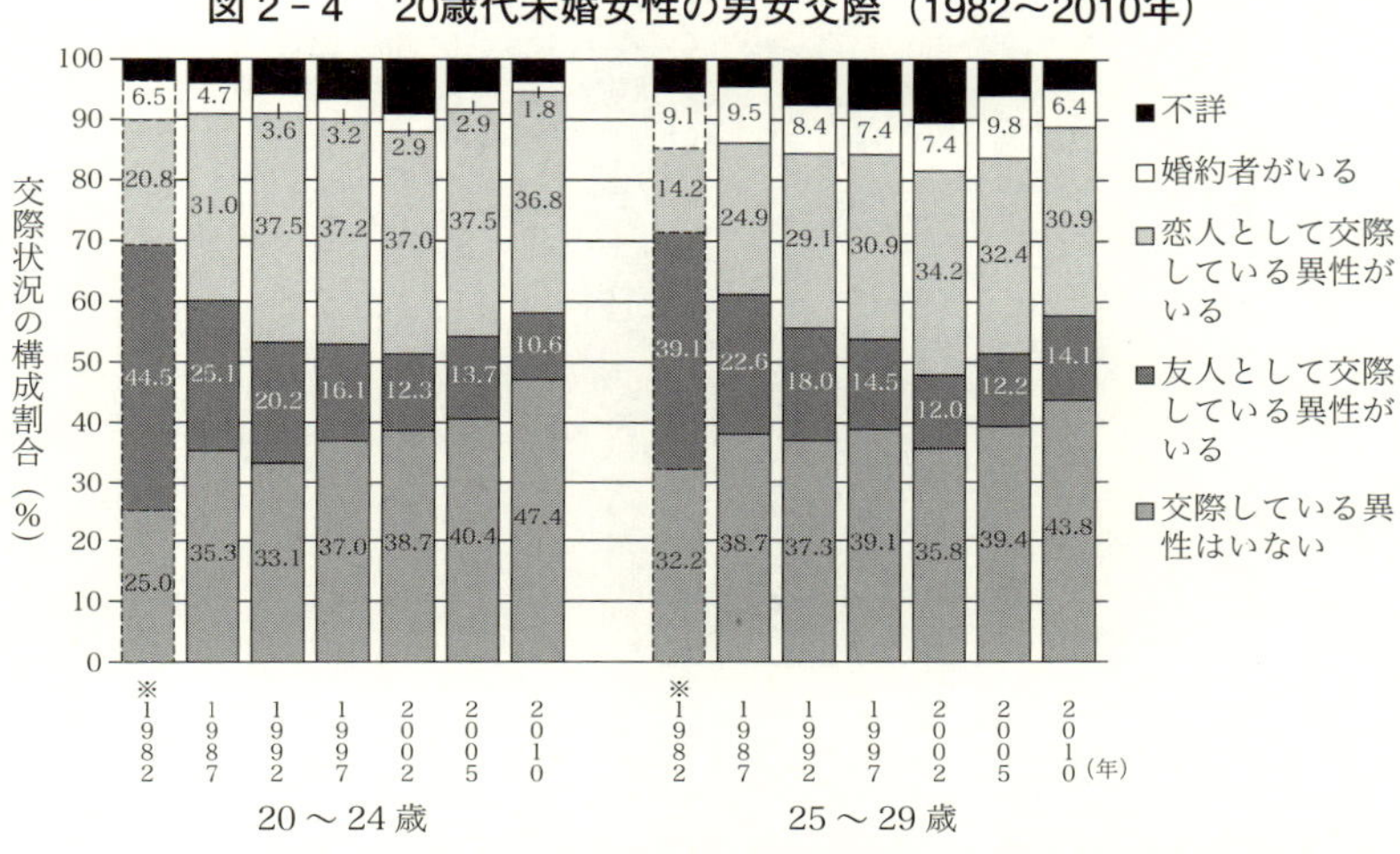

注：集計対象は未婚女性。1982年は第8回調査、1987年は第9回調査、1992年は第10回調査、199
年は第11回調査、2002年は第12回調査、2005年は第13回調査、2010年は第14回調査から集計。第8回調査と第9回調査以降では調査票で提示される回答選択肢が異なっているため、1982年は参考値として掲載した。詳細は本文ならびに注6を参照。
出所：出生動向基本調査（第8回調査〜第14回調査）。

合う恋人関係に移行するとは限らず、片思いの期間や相性を確認する期間があることが想定される。それゆえ、ある時点で調査をすれば、未婚者の一定数はこうした男友達・女友達の関係にあると考えられるので、そのための回答選択肢が必要である。また、一九八〇年代以前においては、さまざまな形態のグループ交際が盛んであったといわれる。たとえば「夜遊び」「娘遊び」と称されるような民俗慣行（詳しくは第10章服部論文を参照）やサークル内部で男女混合の小さなサブグループをつくって行楽地に遊びに出かけるなどがそれである。

一方、「交際している異性はいない」女性の割合は、この二〇年あまりの間に、二十歳代前半では二五％から四七％へと倍増し、二十歳代後半では三二％から四四％へと一・五倍に増加している（二〇一五年の第一五回調査では二十歳代前半の五五・三％、後半の五六・一％へとさらに増加）。もっとも、この間若い女性たちの結婚意欲が低下しているわけではない。出生動向基本調査において「いずれ結婚するつもり」と回答した未婚女性（一八～三四歳）の割合は一貫して九〇％の水準で推移してきた[9]。二十歳代未婚女性の約半数が恋人未満のデート相手や男友達さえもっていないという結果は、未婚者による恋と結婚の相手探しが衰退していることを示唆している。

⑷見合い結婚の衰退と異性関係からの撤退

前述したように、一九八〇年代以降「見合い結婚から恋愛結婚へ」という認識が広く普及するなかで、配偶者選択は結婚の当事者自身に委ねられる方向へと進んできた。しかしながら、増加をつづける未婚者の交際行動をみると、恋人探しは活発化するどころか、むしろ衰退の傾向さえ示している。「見合い結婚から恋愛結婚へ」の変化と未婚者の交際行動の衰退という、表面的には矛盾してみえる二つの趨勢は、どのようなかたちで結びついているのであろうか。このことを明らかにするためには、既婚者と未婚者の動向を個別に検討するだけでは不十分であり、両者の動向を合わせて同時に把握する必要がある。

図2‐5から図2‐8は女性を対象として、既婚者の配偶関係と未婚者の異性関係の構成およびその内訳を、二十歳代前半から三十歳代後半へと至る年齢段階ごとに、出生コーホート別に集計して示したものである[10]。本章では女性の初婚に関心があるため、この図では初婚の継続者についてのみ配偶者との出会い方の内訳を表示し、離別や死別、再婚を経験した女性については、それぞれ「離別・死別（独身）」「再婚（有配偶）」として別のカテゴリーにまとめた。そのため以下にいう「既婚者」は初婚を継続している有配偶女性を指す。なお、図2‐5から図2‐8における出会い方とは、結婚に至るまでの経路として解釈されたい。通常、結婚は一時点で発生するイベントであるとみなされ、未婚状態の者は結婚を経験して、既婚状態に移行するととらえられる。しかしここでは、未婚者が結婚までにたどる経路によって、到達する状態が異なるとみなす。たとえば「職場や仕事の関係で」出会い、結婚に至った場合と、「学

図2-5　年齢段階別・出生コーホート別にみたパートナーシップ構成（20～24歳女性）

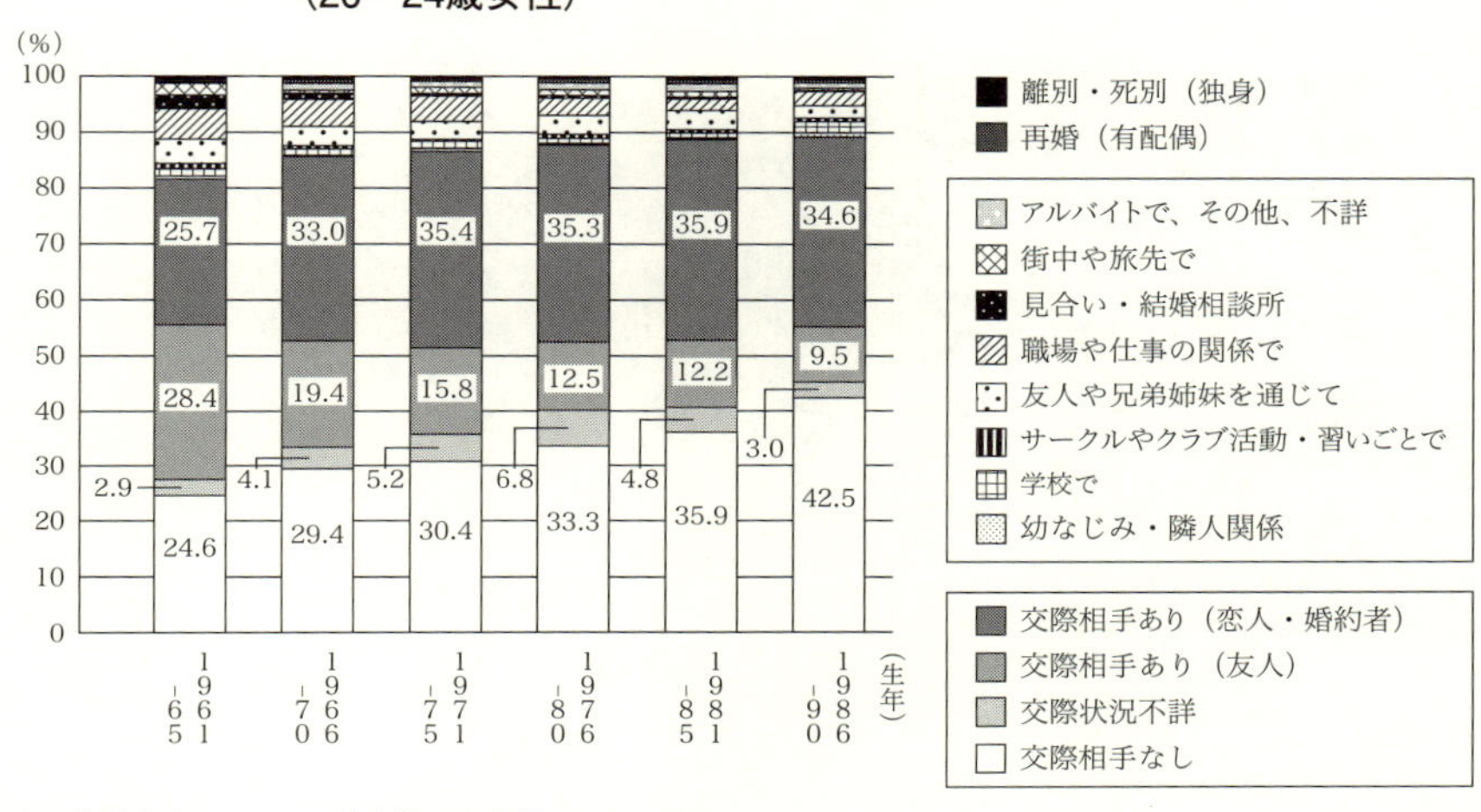

注：集計方法については本文注10を参照。
出所：国勢調査（1985～2010年）と出生動向基本調査（第8回～第14回）。

校で」出会い、結婚に至った場合とでは、異なった性質の既婚状態に移行したと考えるのである。このような見方をすることで、出生コーホートが下るにつれて、どのような出会い方をたどった結婚が減少・増加したのか、つまりは未婚化・晩婚化が進むなかで、どのような経路が衰退もしくは発展してきたのかをとらえることができる。なお、六本の出生コーホートの最年長の世代と最年少の世代の間には二五～三〇年の年齢差がある。この開きはおおむね母と娘の世代差に相当することに留意されたい。

まず二〇～二四歳の段階（図2-5）では、未婚者が大多数を占め、既婚者は二割（一九六〇年代前半生まれ）から一割（一九八〇年代後半生まれ）にすぎないため、前項でみた図2-4の左パネルと同様の趨勢――恋人のいる未婚者と異性関係をもたない未婚者への二分化、ならびに異性の友達関係の衰退――を容易に読み取ることができる。すなわち、恋人ないし婚約者がいる女性の割合は、一九六〇年代前半生まれの二六％から一九七〇年代前半生まれの三五％まで増加したあと、頭打ちとなり一九八〇年代後半生まれまで横ばいに推移している。一方、異性関係をもた

図２－６　年齢段階別・出生コーホート別にみたパートナーシップ構成（25～29歳女性）

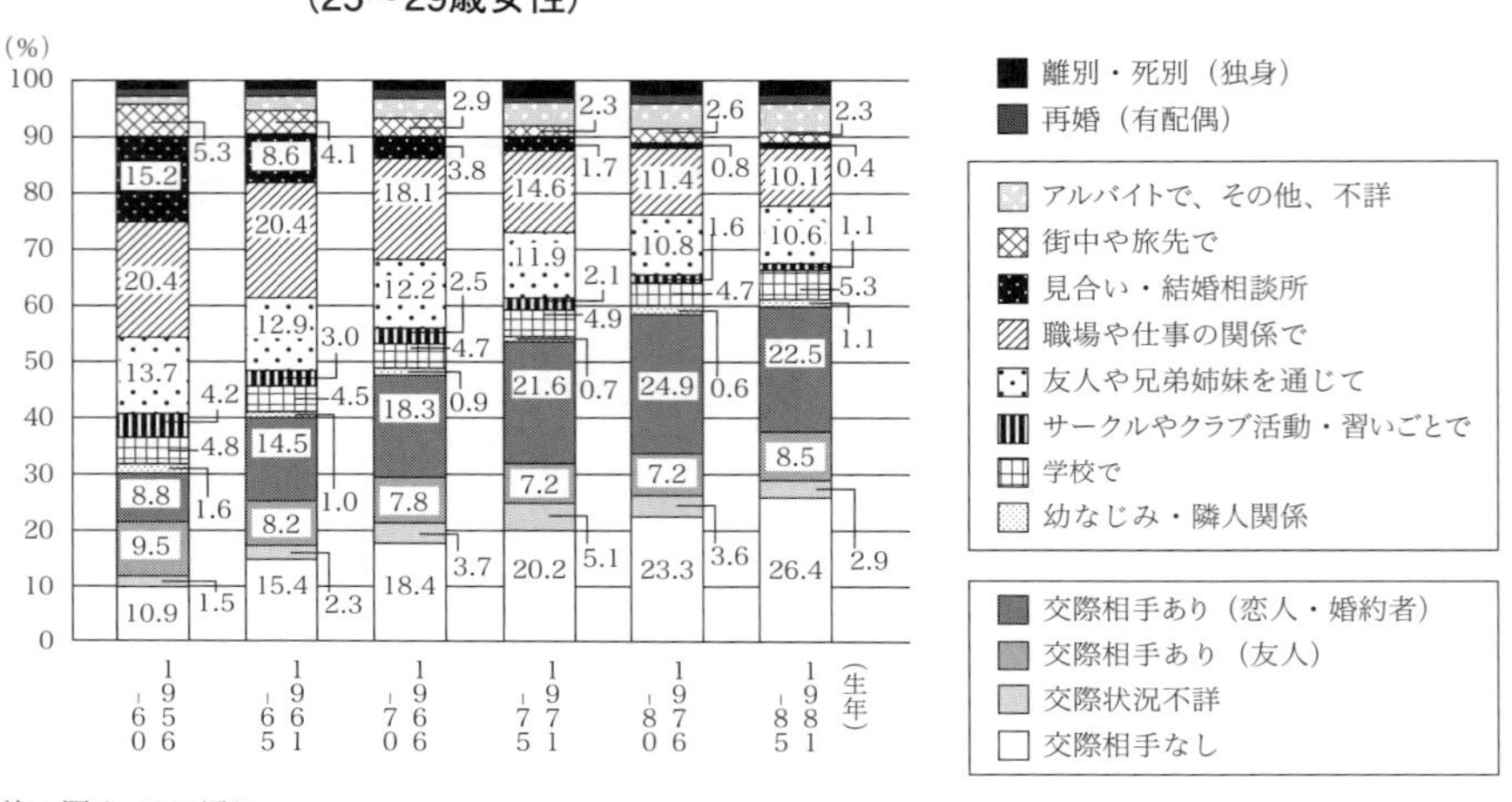

注：図２－５に同じ。
出所：図２－５に同じ。

ない女性の割合は、一九六〇年代前半生まれの二五％から一九八〇年代後半生まれの四三％へと増加したのに対して、男友達としての交際相手を有する女性は二八％から一〇％へと減少している。

つぎに二五～二九歳の段階（図２-６）をみると、一九五〇年代後半生まれでは既婚者が七割を占めるようになるが、一九八〇年代前半生まれの既婚者は四割に留まり、この間に未婚者割合が三〇ポイント増加したことを確認できる。全体として結婚が遅れるなかで、恋人や婚約者のいる未婚者と異性関係をもたない未婚者がいずれも二・五倍程度増加している。その一方で「友人として交際している異性がいる」と回答した者の割合は一割弱の水準のまま、出生コーホート間でほとんど変わっていない。未婚女性の交際状況は、交際相手がいない層と恋人・婚約者がいる層に二極化しているといえる。そして、後者の増加は、既婚者の減少にともなって生じていることから、「結婚に踏み切るまでには至っていない」層の増加として解釈することができる。これに対して「交際相手がいない」層の増加は、未婚者の交際行動の衰退傾向を示唆するものである。

図２－７　年齢段階別・出生コーホート別にみたパートナーシップ構成（30～34歳女性）

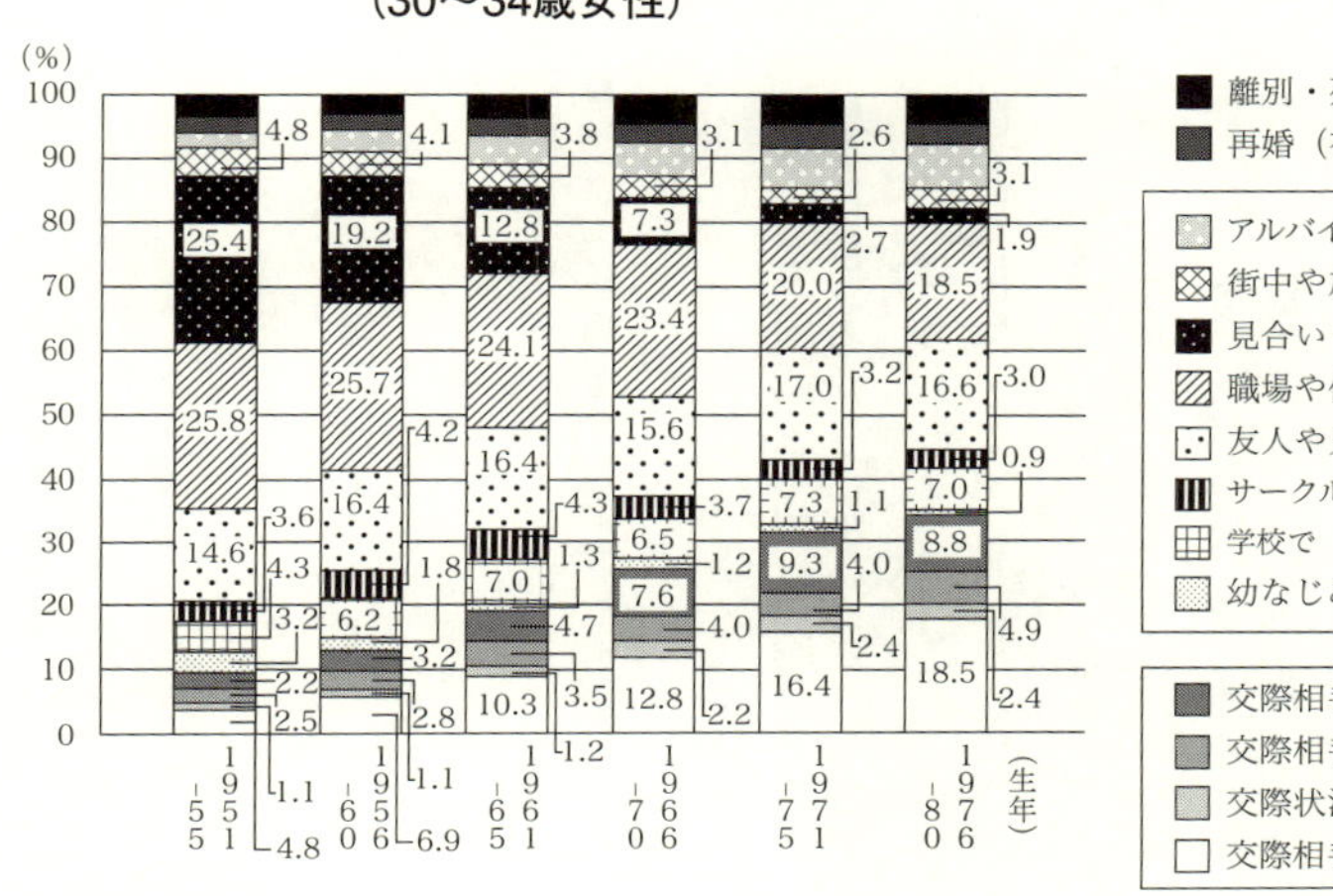

注：図２－５に同じ。
出所：図２－５に同じ。

一方、二五～二九歳の既婚者では、見合い結婚をした女性と職場結婚をした女性の減少が著しい。一九五〇年代後半生まれと一九八〇年代前半生まれを比べると、見合い結婚は一五％からほぼ〇％へと減少し、職場結婚は二〇％から一〇％へと半減している。友人や兄弟姉妹の紹介により配偶者を得た女性も一四％から一一％へと減少傾向にある。その他の出会い方はいずれのコーホートでも構成割合が小さく全体への影響も少ない。それゆえ、一九五〇年代後半生まれと一九八〇年代前半生まれの間で進展した二五～二九歳女性の晩婚化は、見合い結婚と職場結婚という、二つの出会いの経路が弱まったことによって引き起こされてきたといってよい。

三〇～三四歳の段階（図2‐7）になると、一九五〇年代前半生まれでは未婚者は一〇％にすぎないが、一九七〇年代後半生まれでは三五％が未婚である。後者のコーホートでは、交際相手のいない未婚者の割合が全体の一九％に達しているが、これは前者のほぼ四倍の水準である。一九五〇年代前半生まれと一九七〇年代後半生まれの既婚者を比べると、見合い結婚は二五％から二％への減少であり衰退が著しい。職場結婚の方は二六％から一九％への減少で、二五～二九歳の段

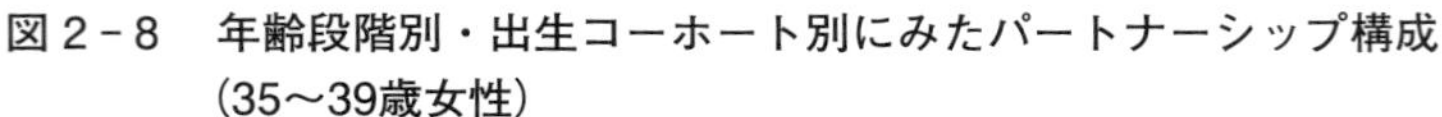

図2-8　年齢段階別・出生コーホート別にみたパートナーシップ構成（35～39歳女性）

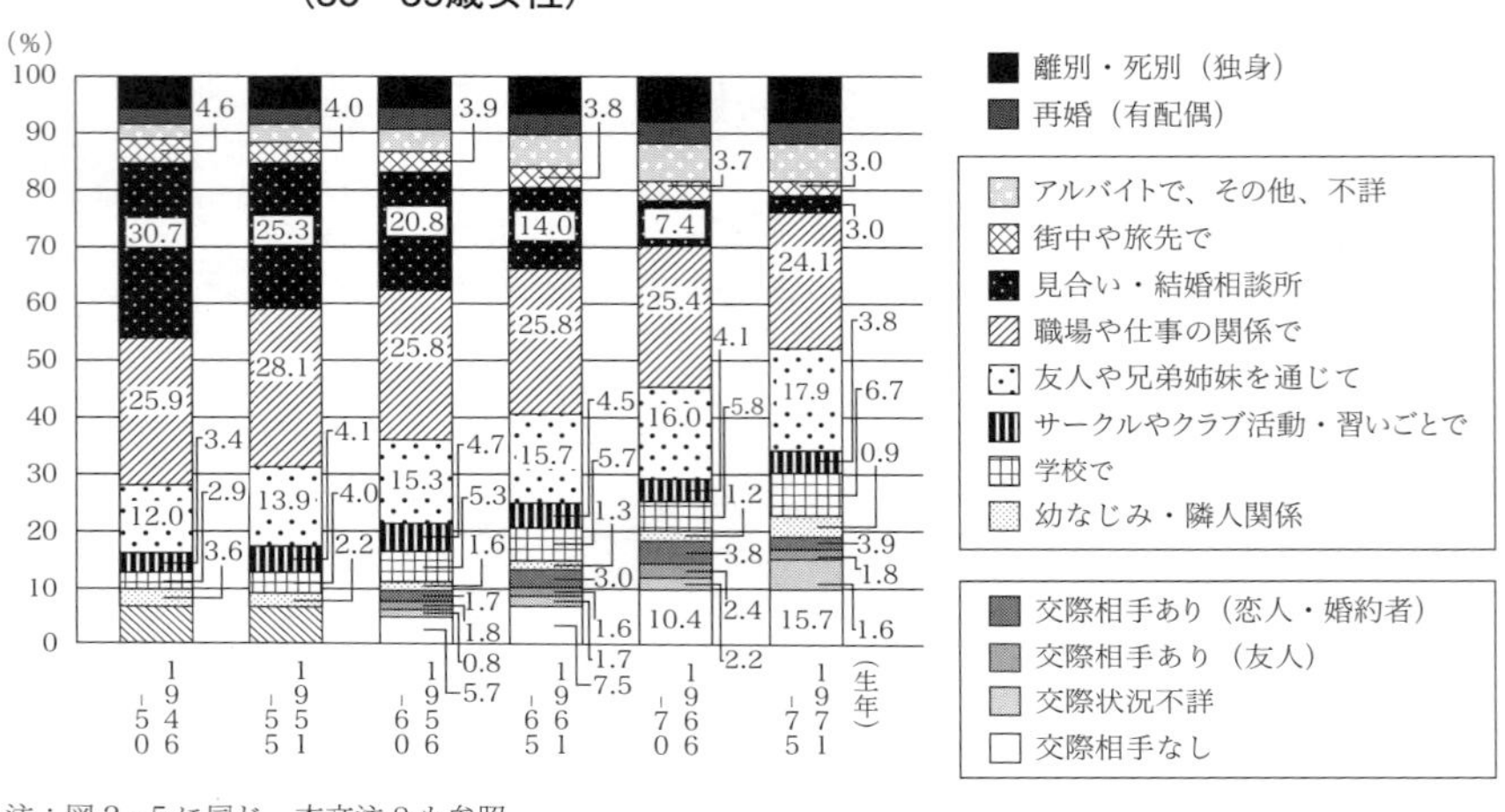

注：図2-5に同じ。本文注8も参照。
出所：図2-5に同じ。

階と比較すると下げ幅が小さい。

最後に三五～三九歳（図2-8）をみると、[11] 一九五〇年代後半生まれの女性でも未婚率が一割以下となり皆婚に近い状況であったのに対して、一九七〇年代前半生まれでは二三％が結婚を経験していない。これらの世代の間で未婚化が進展するなかで、最も減少したのが見合い結婚をした女性であり、最も増加したのが交際相手のいない未婚女性である。職場結婚の割合は若いコーホートにおいてキャッチアップが生じたために、この年齢段階では世代差がほとんどなくなっている。職場結婚は二十歳代においては弱まったものの、三十歳代では依然として重要な「出会いと結婚」の経路であることがわかる。その他の出会い方で結婚した女性の割合はおおむね横ばいか微増・微減の推移なので、未婚者の結婚意欲が依然として強いという前述の事実を踏まえれば、見合い結婚の衰退が交際相手のいない未婚者の増加をもたらしたと結論できる。

このことをわかりやすく示すために、図2-5から図2-8で二十歳代後半から三十歳代後半まで観察可能な二つの出生コーホート、すなわち晩婚化は進んでも未婚化は進まなかった一九五〇年代後半生まれと、未婚化を進展させた一九七〇年代前半生まれのグラフを抜き出して比較したのが図2-9である。二十歳代後半から三十歳代後半に至る過程を比較すると、見合い結婚の衰退分を補うことのできる単一の経路が存在しないこと、その結果として、未婚者のかなりの部分が結婚を望みながらも交際相手のいない状態におかれていることをみてとれる。そして、三十歳代後半以降になると、こうした女性たちは結婚への意欲を急速に失うのである。[12]

3　結婚後のライフコース——夫婦の特徴と家族形成における連続性

ここまで出会いから結婚に至るまでのプロセスに注目してきた。以下ではさらに結婚によって形成された夫婦の特徴とその後のライフコースについてもみておきたい。

(1)夫婦の組み合わせ

多様な属性をもつ独身者の中から男女一人ずつの結合が生じ、結婚によって一組の夫婦が形成される。このとき、男女の組み合わせは無作為に決定されるわけではなく、結婚が生じやすい組み合わせと生じにくい組み合わせが存在する。またその際、組み合わせの生じやすさとは別に、独身者の属性の分布自体の変動によって夫婦の組み合わせが影響を受ける点も考慮しなくてはならない。これらの点を踏まえつつ、夫婦の初婚-再婚の組み合わせと年齢差、学歴の組み合わせについて確認する。

人口動態統計[13]によれば、夫婦のどちらか、もしくは夫婦双方が再婚の夫婦の割合は一九六〇年代には一〇%程度であったが、二〇一六年には二五%を超えるまでに増加している。これは、離婚の増加とともに再婚が増えたことで、初婚結婚全体に占める初婚者どうしの結婚の割合が減少した結果と考えられる。また、夫婦の年齢差に注目すると、初婚

図2－9　パートナーシップ構成の年齢推移：２つの出生コーホートの比較（女性）

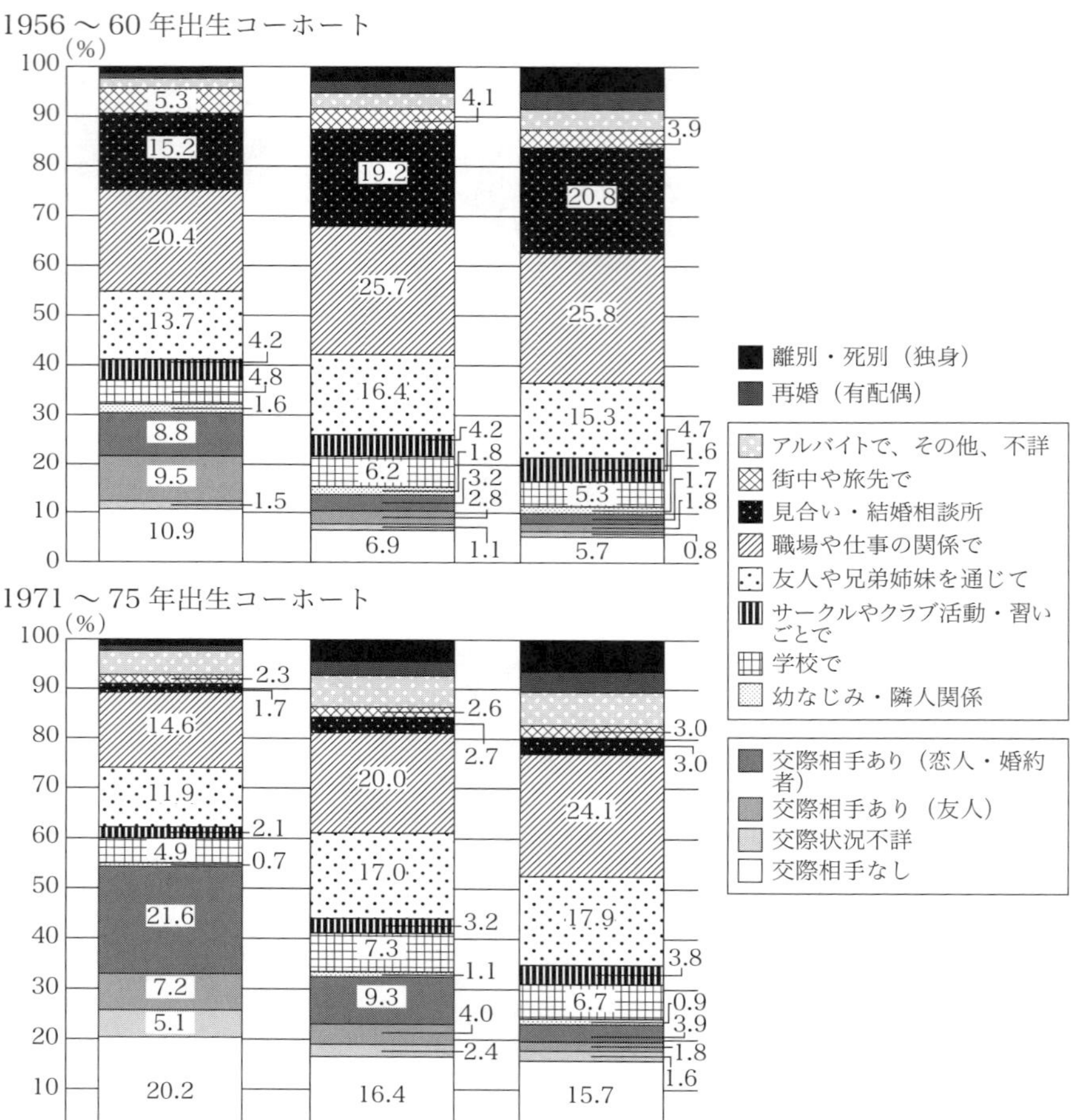

注：集計方法については本文の注10を参照。
出所：国勢調査（1985～2010年）と出生動向基本調査（第８回～第14回）。

表２－１　夫婦の学歴組み合わせ（1982～2010年）

（%）

妻学歴	夫学歴	1982年 第８回調査	1987年 第９回調査	1992年 第10回調査	1997年 第11回調査	2002年 第12回調査	2005年 第13回調査	2010年 第14回調査
中学	中学	5.1	2.2	2.1	1.4	1.3	0.9	1.0
	高校	3.4	1.9	2.3	1.6	1.6	1.6	2.1
	専修・専門	0.2	0.7	0.3	0.3	0.2	0.3	0.2
	高専・短大	0.2	0.1	0.1	0.0	0.2	0.1	0.0
	大学・大学院	0.7	0.6	0.2	0.1	0.2	0.4	0.4
高校	中学	5.5	4.0	3.5	3.4	2.9	2.7	2.7
	高校	30.1	25.7	29.8	27.3	22.0	19.5	15.4
	専修・専門	1.9	4.8	2.5	3.4	4.3	3.8	3.8
	高専・短大	2.0	1.9	1.8	0.9	1.4	1.4	1.4
	大学・大学院	9.2	12.0	10.2	8.5	5.9	6.2	7.3
専修・専門	中学	0.6	0.8	0.7	1.1	0.6	1.3	0.4
	高校	3.1	4.8	4.4	5.6	6.0	5.2	5.1
	専修・専門	4.3	2.2	2.7	2.3	4.5	3.2	3.8
	高専・短大	0.5	0.4	0.7	0.5	0.6	0.8	1.1
	大学・大学院	2.8	3.7	3.3	3.6	5.0	4.2	7.1
高専・短大	中学	0.9	0.4	0.1	0.3	0.6	0.7	0.4
	高校	5.1	5.6	6.4	6.8	9.3	7.5	6.1
	専修・専門	2.4	2.2	1.3	2.1	2.6	2.8	3.3
	高専・短大	1.9	2.0	1.6	1.4	2.0	2.6	1.9
	大学・大学院	11.1	13.2	14.7	15.3	12.4	12.9	9.4
大学・大学院	中学	0.0	0.1	0.1	0.2	0.1	0.1	0.1
	高校	0.7	0.6	0.9	1.3	1.9	3.0	4.4
	専修・専門	0.2	0.2	0.3	0.3	1.6	1.2	1.9
	高専・短大	0.2	0.1	0.3	0.5	0.3	0.4	1.0
	大学・大学院	8.0	9.6	9.4	11.8	12.4	17.3	19.8

注：集計対象は、調査の直近５年以内に結婚した初婚どうしの夫婦。
出所：出生動向基本調査（第８回調査～第14回調査）。

どうしの夫婦では、夫が年上で妻が年下の夫婦の割合が最も高く全体の五五%を占め、次いで妻が年上の夫婦が二四%、同年齢どうしの夫婦が二一%と続く[14]。夫が年上の夫婦が占める割合が高い傾向は戦後一貫して継続しているが、近年では夫婦で同年齢、もしくは妻が年上の夫婦の割合が上昇しており、夫婦の年齢差は縮小傾向にある。

また、表２-１は、結婚後五年以内の初婚どうしの夫婦を対象として、妻と夫の学歴の組み合わせの構成をみたものである。一九八〇年代には高卒者どうしの夫婦が全体の三割を占めており、最も高かった。その後、社会全体の高学歴化の影響から、二〇一〇年には大学・大学院卒どうしの夫婦が二割を占め、これが最頻のパターンになっている。もっとも、妻の学歴と夫の学歴の差という点に注目

図２-10　夫婦の学歴同類婚割合：1982～2010年

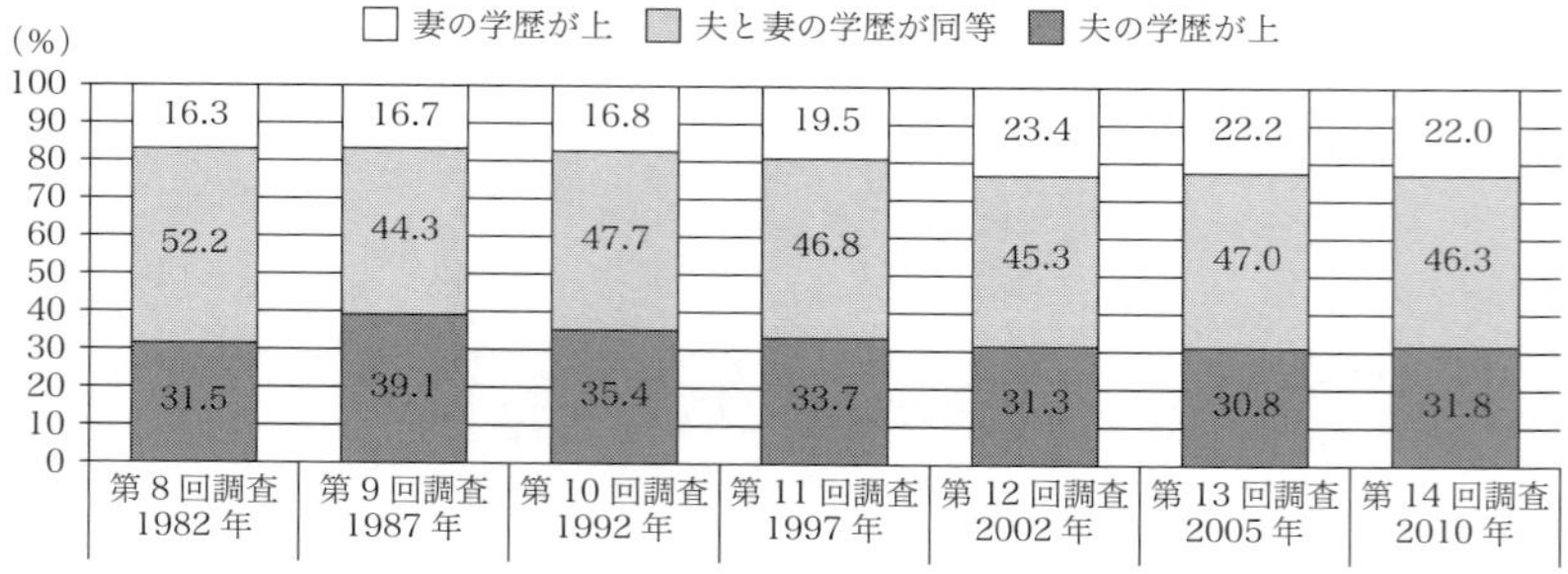

（％）

	第８回調査 1982年	第９回調査 1987年	第10回調査 1992年	第11回調査 1997年	第12回調査 2002年	第13回調査 2005年	第14回調査 2010年
妻の学歴が上	16.3	16.7	16.8	19.5	23.4	22.2	22.0
夫と妻の学歴が同等	52.2	44.3	47.7	46.8	45.3	47.0	46.3
夫の学歴が上	31.5	39.1	35.4	33.7	31.3	30.8	31.8

注：表２-１の結果を再集計。
出所：出生動向基本調査（第８回調査～第14回調査）。

すると、その組み合わせ——妻の学歴上方婚と下方婚のパターン——はそれほど変わっていない。一九八二年以降、初婚どうしの夫婦では、夫の学歴が妻よりも高い結婚が約三割、妻の学歴と夫の学歴が同じ結婚が四割から五割、夫よりも妻の学歴が高い結婚が約二割という構成が続いている（図２-10）。

(2)子どもの出生と妻の就業

結婚した夫婦の特徴には、再婚夫婦の増加、同年齢夫婦の増加、高学歴夫婦の増加など多少の変化が見られた。では、結婚後はどうだろうか。夫婦の出生行動と妻の就業の二点に注目してみよう。

まず、近年少子化がいっそう進展したにもかかわらず、結婚後の夫婦が子どもをもつ過程には大きな変化は見られない。実際、夫婦がもつ子どもの数を見ると、初婚どうしの夫婦が結婚後一五～一九年を経過した段階でもっている子どもの数（完結出生児数）は一九七〇年代から二〇〇〇年代にかけて減少はしてきたものの平均して二人を上回ってきた。二〇一〇年にはじめて二人を下回って一・九六人となったが、それでも平均二人に近い水準を維持している。もともと、日本では欧米諸国と比べて婚姻外での出生の割合が非常に低いことはよく知られてきたが、こうした傾向は弱まるどころか、むしろ近年では結婚の目的が子どもをもつという一事に収斂しつつあるとの指摘がなされている[15]。

さらに子ども数の分布についてみると、結婚後一五〜一九年時点で子どもをもたない夫婦は二〇一五年時点で六％に過ぎず、一人っ子の夫婦が一九％、二人の夫婦が五四％、三人以上の夫婦が二一％である。少子化の開始期に比べて、子どもをもたない、もしくは子どもを一人しか持たない夫婦の割合は増加傾向にあり、一方三人以上の子どもをもつ夫婦の割合は減少傾向にはあるものの、完結出生児数が一九七七年の二・一九人から二〇一五年の一・九六人への低下にとどまっているように、全体としては結婚後に夫婦が子どもをもつという状況は変わっていない[16]。

では、既婚女性の就業行動についてはどうだろうか。女性就業の戦後史は、女性が一度は就業するものの結婚とともに離職して子育てに専念した高度成長期の主婦化の時代、そして育児期を終えた後にパートとして再就業するという一九八〇年代以降のパート主婦化――M字型就業パターンの成立――の時代として要約できる。戦後日本は女性の社会進出の時代というよりも主婦全盛の時代であった[17]。その後じょじょに、二十歳代後半から三十歳代にかけての女性就業率は上昇してきたものの、これは未婚のまま就業を継続する女性の増加によって引き起こされた変化である[18]。それゆえ高度成長期以降の半世紀の間に、子育てをしながら就業を継続するというライフコースを歩む女性の割合はそれほど大きく増加していないということになる。

もっとも、二〇一五年に実施された出生動向基本調査では、初婚どうしの夫婦で、第一子出産前に正規雇用に従事していた妻が出産後にも就業を継続している割合が調査の開始以来はじめて五〇％を上回った。ここに、育児休業制度による女性就業パターンの変化の兆しを読み取ることもできるだろう。しかし、結婚時や婚約段階の離職や、結婚後に離職している者など広義の結婚退職を含めると、結婚前の正規雇用での就業を第一子出産後も続ける女性が少数派であることに変わりはない。もちろん、女性が主体的な選択を行った結果として離職しているのか、就業を継続することが困難で離職しているのか、といった点は十分検討しなくてはならないが、大多数の女性が結婚ないし出産のタイミングで離職してきたことは確かである。

おわりに

本章では、出生動向基本調査という、国立社会保障・人口問題研究所が長期にわたり継続してきた全国レベルの調査データを用いて、二〇世紀後半から二一世紀にかけての日本における「出会いと結婚」の全体像を描いた。ここから明らかになったのは、日本における結婚は、ある側面では大きな変化が進んできたものの、別の側面では連続性が維持されてきたという事実である。

最大の変化は、未婚化と晩婚化の進展であった。一九六〇年代以降に生まれた女性たちの間で、結婚が経験されにくくなったことは間違いない。これには、かつて隆盛した「見合い」もしくは「職場で」の出会いを通じて知り合い、結婚に至るという経路の衰退が関わっている。こうした経路の衰退は、単に結婚確率を低下させただけでなく、交際相手のいない未婚者を顕在化させた。

出会いから結婚に至るプロセスが大きく変化した一方で、結婚によって形成される夫婦の特徴、そして、結婚後の夫婦の行動にそれほど大きな変化はみられなかった。近年に生じた結婚であるほど、再婚夫婦（どちらかが初婚を含む）の割合が増加し、初婚どうしの夫婦の間では年齢差が縮小してきた点は指摘できるものの、学歴同類婚の傾向は基本的に維持されており、子どもの出生と妻の就業パターンにも顕著な変化はみられない。

換言すれば、「見合い結婚」と「職場結婚」という従来型の結婚の二大経路が衰退するなかで、これらのタイプ――出会いの機会や場が社会的に提供されるタイプ――とは異なる交際行動が未婚者の間で活発化することも、新しい結婚への経路が確立されることもなかったため、夫婦はもとよりカップル自体が形成されなくなっている。これが未婚化・晩婚化の実態である。交際相手がいない未婚者の増加は、「見合い結婚」と「職場結婚」の衰退によって、もともと盛んではなかった主体的なパートナーシップ形成の実態があらわになった現象とみることができる。

本章では、「出会いと結婚」についてデータに語らせるというアプローチをとったために、先行研究についてほとんど触れてこなかったが、最後にこれについて付言しておきたい。

まず、本章の分析は、岩澤美帆・三田房美［二〇〇五］による「職縁結婚の盛衰と未婚化の進展」に着想を得ている。この論文は、一九七〇年以降の初婚率の低下量を出会い方によって要因分解した結果、「見合い」と「職場や仕事の関係で」をきっかけとする結婚――「職縁結婚」と呼ばれる――の減少によって、初婚率低下の九割近くが説明できることを明らかにした。つまり、結婚への経路の変化が未婚化・晩婚化に影響している可能性が示唆された。しかしこの論文では、未婚者の交際行動の変化と未婚化・晩婚化の関連は定量的に扱われていない。

これに対して本章では、既婚者・未婚者を含む広義のパートナーシップ構成の全体像を描くという目的から、出生動向基本調査とともに国勢調査のデータを用いて配偶関係構成を推定し、既婚者については出会い方別の内訳を、未婚者については交際状況の内訳を求めて、出生コーホートごとに比較した。この作業により、見合い結婚や職場結婚の衰退と初婚率の低下との関連だけでなく、これらと交際行動の変化――とくに交際相手のいない未婚者の増加――との関連を視覚化することができた。この点が本章の特色である。

また、岩澤・三田［二〇〇五］の主たる関心は「男女の出会い、とりわけ職場を通じた出会い」にあり、論文タイトルでも「職縁結婚の盛衰」が強調されたために、分析結果としては、初婚率の「低下分の約五割が『見合い結婚』の減少によって、四割近くが『職場や仕事の関係で』の結婚（職縁結婚）の減少によ」ることを示しながらも、読者に対する印象としては、低下分の半分以上を占める見合い結婚の減少の重要性が霞んでしまった。本章では、全体を俯瞰する観点から、そうした印象の修正も図った。

とはいえ本章でも、見合い結婚や職場結婚の衰退が初婚確率に与える影響を多変量解析の手法を使って直接的に検証したわけではない。この点については、加藤彰彦［二〇一一］が、日本家族社会学会による全国家族調査（ＮＦＲＪ）の個票データを用いてイベント・ヒストリー分析を行い、マクロ経済成長を含む社会経済的要因とともに、見合い結婚や「仲人をともなう結婚」など、若者たちの結婚を支援する社会的慣習が、結婚の発生確率を上昇させる方向に統計的に有意な影響をもつことを実証している。

さらに岩澤［二〇一三］は、戦後日本の家族モデルを特徴づけた結婚を独自に類型化したうえで、死因別生命表という分析手法を用いて、未婚化・晩婚化とともに初婚率を低下させた結婚タイプとそうした趨勢に抗して、わずかではあるが初婚率を上昇させた結婚タイプに分類している。

以上の研究は、いずれも過去半世紀の日本人の結婚を客観的にとらえようと試みたものであり、本章では扱えなかった内容を多く含んでいる。本章とは相互補完的な関係にあるので、合わせて参照願いたい。

謝辞

本研究は、筆者が研究協力者として参加している文部科学研究費補助金（基盤研究（Ａ））「結婚・離婚・再婚の動向と日本社会の変容に関する包括的研究（研究代表者岩澤美帆、課題番号二五二四五〇六一）」における研究成果である。

本稿で使用した「出生動向基本調査」の個票データは、文部科学研究費補助金（基盤研究（Ａ））「結婚・離婚・再婚の動向と日本社会の変容に関する包括的研究（研究代表者岩澤美帆、課題番号二五二四五〇六一）」のもとで、統計法第三二条に基づく二次利用申請により使用の承認（平成二五年一〇月三〇日）を得ている。

本研究は、国立社会保障・人口問題研究所の岩澤美帆氏の研究成果に基づく部分が大きい。また本稿の執筆を進めるにあたり、明治大学の加藤彰彦氏から貴重なコメントをいただいた。両氏にはここに記して深く感謝申し上げます。

注

（1）なお、図２-１は国勢調査をもとに作成している。国勢調査では、配偶者は「届出の有無に関係なく，妻又は夫のある人」として定義されているため、内縁関係も有配偶（ここでは既婚者）に含まれる。

（2）五〇歳時点の未婚率を生涯未婚率と呼び、四五～四九歳と五〇～五四歳の未婚率の平均から求める。そのため図２-１から、直接生涯未婚率を知ることはできないが、四五～四九歳時点の未婚率と同様、一九六〇年代以降のコーホートにおいて上昇がみられることがわかっている。

（3）これは国立社会保障・人口問題研究所によって五年ごとに実施されている全国調査である。一九八二年に実施された第八回調査以降、独身の男女を対象とした独身者調査と有配偶女性を対象とした夫婦調査が行われている（第七回調査以前は夫婦調査のみ）。調査の詳細は同研究所によって毎回刊行されている報告書を参照されたい。

（4）「出会いのきっかけ」として提示されている選択肢は、「学校で」、「職場や仕事の関係で」、「幼なじみ・隣人関係」、「学校以外のサークル活動やクラブ活動・習いごとで」、「友人や兄弟姉妹を通じて」、「街なかや旅行先で」、「アルバイトで」、「見合いで」、「結婚相談所で」、「その他」である（図２-２では、出会ったきっかけが「その他」「不詳」は構成には含むが掲載は省略している）。調査回によって質問文ないし選択肢のワーディングが若干異なっている場合がある（たとえば第八回調査と第九回調査は「アルバイトで」を選択肢に含まない）。詳細は各回の調査報告書を参照されたい。

（5）国立社会保障・人口問題研究所［二〇一七］、三八頁。

（6）この調査は、人口動態現象に対する社会経済的要因の影響を把握、分析することを目的として、厚生省（現厚生労働省）により一九六二年から一九九二年まで実施された。本稿では、一九六六年（昭和四一年度）と一九七三年（昭和四八年度）に実施された婚姻をテーマとする調査の結果を参照している。集計に使用した質問項目では、「見合い結婚ですか。恋愛結婚ですか。」と尋ねて、「見合」「恋愛」のいずれかを選ぶ形式となっている。各調査回の概要は以下の通り。昭和四一年度調査は、北海道、山形、東京、新潟、兵庫、島根、愛媛、熊本から市区町村単位で調査対象地域を選定し、一九六六年の五月から七月にかけて婚姻届を提出した夫婦（双方が日本人かつ初婚）に対して戸籍窓口で調査票を配布、即時または郵送で回収を行った。調査対象は七三四〇組の夫婦で回収率は七三・二％。昭和四八年度調査は、全国で一九七三年五月二八日および二九日に婚姻届を提出した夫婦（双方が日本人かつ初婚）に対し、調査票を郵送にて配布・回収。調査対象となったのは九四〇三組の夫婦で、回収率は四九・四％である。その他、調査の詳細は調査報告書（厚生省大臣官房統計調査部［一九六八］『昭和四一年度人口動態統計社会経済面調査報告――婚姻』、厚生省大臣官房統計情報部［一九七四］『昭和四八年度人口動態統計社会経済面調査報告――婚姻』）を参照されたい。

（7）岩澤・鎌田［二〇一三］。

（8）第九回以降の調査では「あなたは現在、交際している異性がいますか」と尋ねて、四つの選択肢、すなわち「交際している異性はいない」「友人として交際している異性がいる」「恋人として交際している異性がいる」「婚約者がいる」から一つを選んで回答してもらっている。第八回調査では質問文は同じであるが、選択肢がやや異なり「婚約者がいる」「恋人がいる」「異性の友達がいる」「異性の友達はいない」の四つである。図2-4では、第八回調査の「異性の友達がいる」は「友人として交際している異性がいる」として、「異性の友達はいない」は「交際している異性はいない」として、「その他」は「不詳」に含めて集計している。

（9）国立社会保障・人口問題研究所［二〇一二、二〇一七］。

（10）図2-5から図2-9の集計は、以下の手順で行った。

①出生動向基本調査（第八回調査から第一四回調査）を用いて、独身者については未婚者と離死別した独身者に、有配偶者については初婚の継続者と再婚者離死別経験者に分類した。そして年齢階級別に、未婚者の交際状況の内訳と有配偶者の初婚継続割合、さらに初婚を継続している有配偶者については出会い方の内訳を求めた。

②一九八五年から二〇一〇年に実施された国勢調査の女性の年齢階級別、配偶関係別人口を参照し、ここに①で求めた未婚者の交際状況と有配偶者の初婚継続率、初婚を継続している有配偶者の出会い方の内訳を掛け合わせた。ただし、一九八二年（第八回調査）から二〇〇二年（第一二回調査）の間、出生動向基本調査は国勢調査実施の一年八か月後に実施されていたため、出生動向基本調査から算出した割合をそのまま国勢調査の人口に用いると二つの調査の実施タイミングのずれが問題になる。そのため一九八五年から二〇〇〇年の国勢調査に対しては、その国勢調査が実施される直前と直後に行われた出生動向基本調査から算出された値の平均値を求め、それを国勢調査時点の配偶関係別人口と掛け合わせることで補正を行った。（たとえば一九九〇年実施の国勢調査に対しては、一九八七年と一九九二年実施の出生動向基本調査から得られた値の平均値を掛け合わせている。）

③ここまでの過程から、国勢調査の実施年次ごとに年齢階級別の既婚者の配偶関係と未婚者の異性関係の構成およびその内訳が得られているので、最後にこれを出生コーホート別に組み替えた。たとえば、一九六一～六五年生まれの女性は、一九八五年には二〇～二四歳、一九九〇年には二五～二九歳、一九九五年には三〇～三四、二〇〇〇年には三五～三九歳として集計に表れていることになる。②から得られた国勢調査時点の横断的な分布の結果を、出生コーホートを基軸に並べ替えることで、出生コーホート間で二〇歳代から三〇歳代への移行過程の比較を行うことができるようにしたのである。

(11) 出生動向基本調査の第八回、第九回調査では、独身者調査の対象が一八～三四歳であったため、「一九四六－五〇年生まれ」と「一九五一－五六年生まれ」については、三五～三九歳時の未婚者の交際状況の内訳は不明である。

(12) 二〇一〇年に実施された第一四回出生動向基本調査によれば、未婚女性のうち「一生結婚するつもりはない」と回答した者の割合は、三〇～三四歳で九・三％（二〇一五年実施の第一五回調査では一三・一％。以下、カッコ内は第十五回調査の数値。）、三五～三九歳で一七・八％（二三・三％）、四〇～四四歳で三一・五％（三八・一％）、四五～四九歳で四五・一％（四二・一％）である。ちなみに未婚男性では、三〇～三四歳で一二・九％（一四・四％）、三五～三九歳で一六・五％（二一・六％）、四〇～四四歳で二〇・五％（三四・二％）、四五～四九歳で三〇・六％（四〇・四％）である（国立社会保障・人口問題研究所［二〇一二・二〇一七］）。

(13) 人口動態統計は、厚生労働省による出生届、死亡届、死産届、婚姻届、離婚届の集計から作成されている。そのためここでの結婚とは、届出のあった婚姻であり、内縁関係や同棲を含んでいない。

(14) 厚生労働省［二〇一七］『平成二八年度人口動態統計特殊報告――婚姻に関する統計』。

(15) 岩澤［二〇一七］。

(16) 国立社会保障・人口問題研究所［二〇一七］。

(17) 落合［一九九七］。

(18) 吉田［二〇〇四］。

主要参考文献

岩澤美帆［二〇一〇］「職縁結婚の盛衰からみる良縁追求の隘路」『結婚の壁』勁草書房。

岩澤美帆［二〇一三］「失われた結婚、増大する結婚――初婚タイプ別初婚表を用いた一九七〇年代以降の未婚化と初婚構造の分析」『人口問題研究』第六九巻第二号。

岩澤美帆［二〇一七］「少子化とその影響」国立社会保障・人口問題研究所編『日本の人口動向とこれからの社会――人口潮流が変える日本と世界』東京大学出版会。

岩澤美帆・鎌田健司［二〇一三］「婚前妊娠結婚経験は出産後の女性の働き方に影響するか？」『日本労働雑誌』第六三八号。

岩澤美帆・三田房美［二〇〇五］「職縁結婚の盛衰と未婚化の進展」『日本労働研究雑誌』第五三五号。

落合恵美子［二〇〇四］『21世紀家族へ』（第3版）有斐閣選書。

加藤彰彦［二〇一一］「未婚化を推し進めてきた2つの力――経済成長の低下と個人主義のイデオロギー」『人口問題研究』第六七巻第二号。

国立社会保障・人口問題研究所［二〇一二a］『わが国夫婦の結婚過程と出生力――平成二二年第一四回出生動向基本調査第Ⅰ報告書』。

国立社会保障・人口問題研究所［二〇一二b］『わが国独身層の結婚観と家族観――平成二二年第一四回出生動向基本調査第Ⅱ報告書』。

国立社会保障・人口問題研究所［二〇一七］『現代日本の結婚と出産――第一五回出生動向基本調査（独身者調査ならびに夫婦調査）報告書』。

吉田崇［二〇〇四］「M字曲線が底上げした本当の意味――女性の「社会進出」再考」『家族社会学研究』第一六巻第一号。

第3章 「ナショナルな標準家族」としての日本の国際結婚

賽漢卓娜

はじめに——国際結婚とは何か？

かつて、出会いと結婚は半径数十キロ以内で済まされていたことが多かったが、二十世紀には女性が国境を越え、海を渡り、男性のもとに結婚移住する波がいくどかあった。そのなかでも、二十世紀終わり頃、アジア域内で発生した国際結婚[(1)]による移住の波は大きな影響をもたらした。興味深いことに、近隣の共同体の男性と結婚する場合も、外国の男性と結婚する場合も、ほとんどのケースで女性が移動し、夫となる男性の故郷に移住する点では共通している。

本章では、日本人男性と結婚することで日本に移り住んだアジア人女性に焦点をあて分析する。現在、日本国内で日本人と国際結婚する七〜八割は、日本人男性と外国人女性の結婚であり、外国人女性のうち、大多数は中国やフィリピンをはじめとするアジア人女性である。日本人と結婚した後、一定期間を経過するなどの条件を満たしたものは永住者という在留資格が与えられる。これら永住者は近年急増傾向にある。また、難しい条件をクリアして日本国籍を取得する者も増大している。これらの女性について、英語では「marriage migrant」という表現がよく用いられており、日本語に訳すと「結婚移民」もしくは「結婚移住者」となる。厳密にいえば、「結婚移民」は、入国時に、申請する国の国民もしくは永住資格をもつ者と家族形成のために、合法な在留資格を得る側面に重きを置いている表現である。それに対し、「結婚移住者」は、結婚によって永久的によその土地に移り住むことであり、入国後の移住という形態をより重視した表現である。日本在住の日本人男性と結婚する外国人女性（帰化した元外国人もそうであろう）の入国時の在留資格を基準にすると、おおむね二種類に分けられる。一つは、家族形成（結婚）の目的で結婚移民として「日本人配偶者等」[2]の在留資格で入国した者である。たとえば、海外留学や海外赴任先で知り合ったり、国際結婚紹介所でお見合いを経たりして結婚に至ったケースである。もう一つは、「留学」「興行」等の在留資格で日本に入国して、後に日本人と出会い、結婚したケースで、結果的に結婚移民になる者のことである。本章では、両者を合わせて結婚移住女性と呼ぶことにする。ただし、状況によって、前者のみを区別し、「結婚移民」と呼ぶこともある。

本題に入る前に確認しておくべきことがある。国際結婚家庭も一枚岩ではなく、多様な階層性を有していることである。ジグムント・バウマンの議論に基づき、開内文乃は家族を①グローバル化に対応する、移動するグローバル・ファミリー、②近代国民国家内で守られている近代家族、③グローバル化のあおりで家族生活を剥奪されている家族、に階層化されていると議論している。[3]さらに、国際移動の観点からみれば、この三つの階層のうちの上と下、つまりグローバル・エリートと、どこにも帰属できないアンダークラスが、グローバル経済市場の変動に合わせて国境を越えて移動すると説明を加えた。国際結婚家族の階層は、このような三つの階層が大変参考になる。たとえば、日本人男性と結婚したアジア人女性を上記の移動の階層化に照らし合わせると、一部の大学院留学・就職組はグローバル・エリートに、一部の業者婚やエンターテイナーの結婚移民はどこにも帰属できないアンダークラスに属すると考えられる。

外国人女性を受け入れる形の国際結婚は、日本だけの現象ではなく、東アジアの社会現象となっている。日本、台湾、韓国における結婚移住女性のおかれた社会状況には共通した特徴がみられる。それは、①女性の地位が低い、②

受入社会の単一民族意識が強い、③欧米のような体系的な移民政策が存在しないといった点である[4]。

本章では、日本を中心に、自国民男性と外国人女性という階層性を帯びる国際結婚が、国家と社会のレベルにおいて、どのような矛盾を抱えているのかを検討していく。

1　日本の国際結婚の推移と現状

日本では、一九六五年から二〇一五年までの五〇年間で、最も多い二〇〇六年でも外国籍者との結婚は婚姻総件数の六・一％と一割以下であった。これは、多いのか、少ないのか、検討する余地がある。

海に囲まれ、海外との交流に制約がある日本ではあるが、国際結婚はその時の政治体制に左右されながら、朝鮮半島、中国、アジア諸国との間でも、そして来日した西欧人との間でも歴史上連綿と続いてきた。近代でいえば、一八七三年（明治六）に国際結婚に関する内外人民婚姻条規が、一八九九年に旧国籍法が制定され、日本人女性が外国人男性と婚姻すると国籍を失い、外国人女性が日本人男性と婚姻すると国籍を取得するという形で、妻の国籍と夫の国籍の同一性が保たれてきた。子どもの国籍は、父親が日本国籍であれば日本国籍になるという父系主義がとられていた。第二次大戦後の一九五〇年の国籍法では、女性の婚姻や離婚という身分関係と国籍の得喪は切り離されたが、子どもの父系主義は維持された。一九八四年には、男女平等の流れ、諸外国における国籍の父母両系主義採用の増加、女子差別禁止条約の締結等の理由から国籍法が改正され、父系主義ではなく父母両系主義を採用し、未成年期の二重国籍を容認した。そのため、国際結婚家庭の子どもについては日本国籍を有することが原則になり、国際結婚家庭にも変化がもたらされた。

一九八〇年代後半から一九九〇年代前半のバブル経済期には、労働力需要が生じ、経済の活性化とともに女性が社

表３－１　日本における国際結婚の推移

	時期（年）	名称	特徴	関連施策	時代背景
第Ⅰ期	1965〜74	国際結婚低発生期	女性の国際結婚優勢		高度経済成長期
第Ⅱ期	1975〜84	国際結婚低成長期	男女逆転	国籍法改正	低経済成長期
第Ⅲ期	1985〜90	国際結婚急成長期	男性の国際結婚優勢		バブル経済期
第Ⅳ期	1991〜97	国際結婚高水準維持期	男性の国際結婚横ばい	入管法改正	バブル崩壊期
第Ⅴ期	1998〜07	国際結婚再上昇期	男性の国際結婚激増	興行ビザの制限厳格化	失われた10年
第Ⅵ期	2008〜15	国際結婚退潮期	とくに男性の国際結婚下落	国籍法改正	リーマンショック、東日本大震災

会進出するようになったこと等も相まって、農村部での嫁不足などの問題が顕在化した。労働者としては、単純労働者は受け入れず[5]、専門職、または日本人の配偶者などの日本人との一定の身分関係にある者のみの入国を認める政策を採ったところから、国際結婚も国際移動の手段の一つとなった。

各時期の国際結婚をまとめてみよう（表３−１）。第Ⅰ期の国際結婚低発生期[6]においては、国際結婚の婚姻総件数に占める割合はわずか〇・六％以下であり、数千件の国際結婚の件数のうち、日本人女性が大半占めており、米国人男性や韓国・朝鮮人男性との婚姻がほとんどであった。高度経済成長期には、第Ⅱ期の国際結婚低成長期に入り、一九七〇年代半ばを基点に日本人女性の「国際結婚」の優勢から日本人男性へと切り替わり始めた。第Ⅲ期国際結婚急成長期に当たる低経済成長期以降、裕福になった日本の男性の国際結婚が確実に増えている。第Ⅳ期では、国際結婚は全婚姻件数の三％を維持しており、日本人男性の国際結婚は女性のそれの三倍に達していた。二十一世紀を迎えた第Ⅴ期において、国際結婚は再び上昇し、二〇〇六年にピークとなり、年間四万四七〇一組の国際結婚カップルが誕生し、この年に結婚したカップルの一六組に一組は国際結婚カップルとなる史上最高水準を記録した。原因としては、日本人男性の中国人女性との結婚が増加したこと[7]、それと並行して、興行ビザの制限厳格化により、フィリピン女性の駆け込み結婚が発生したことがあげられる[8]。しかし、この増加の勢いは長続きしなかった。第

Ⅵ期[9]には、二〇〇八年のリーマンショック、二〇一一年東日本大震災が起きると、日本国内の国際結婚が減少に転じ、二〇一五年は一〇年前の二〇〇五年の半分程度の、一九八〇年代終わりの水準にまで落ち込んだ。あいかわらず日本人男性の国際結婚が多く、国際結婚全体の七割を占めている。

国際結婚は地域によって分布に特徴がある。二〇一五年では、当該都道府県の婚姻件数に占める割合が高い順から東京都（五・一％）、愛知県（四・八％）、神奈川県（四・四％）、沖縄県（四・二％）、大阪府（四％）が数えられ、全国平均の三・三％を上回っている。大都市ほど、国際結婚の占める割合が高くなる。上記のように、最も頻繁に国際結婚が発生している地域は、まさに産業・経済・文化の中心でかつ人口密度も高い三大都市圏と重なる。一つだけ例外がある。それは沖縄県である。他の都道府県では総じて日本人男性の国際結婚が大多数を占めているのに対し、沖縄県では、日本人女性の国際結婚が多い。沖縄は日本最大の米軍基地を抱えており、日本人女性と外国人男性との結婚が国際婚姻総件数の八割近くを占めている。このように、全体的に国際結婚と国際離婚の件数は、外国人人口が集中する大都市圏に多い。しかし同時に、全国の小さな町村にも外国籍住民が在住し、地方ではとくに女性の比率が高い。その多くは、国際結婚の移住女性であり、地域で子育てなどをしながら生活する移住女性は、「見えていない」のが現状となっている[10]。

一九九〇年代前後に、新聞報道や人権団体の批判指摘により「アジアから来た花嫁」や「農村の花嫁」の存在が世間に知られるようになった。他方、二十一世紀に入りテレビでの「ハーフ」の芸能人の活躍ぶりや、世界中に嫁いだ日本人妻に関する特集番組が人気番組であることで、世間では日本人女性と欧米人男性との国際結婚のほうが多いというイメージを抱いているようである。国際結婚自体はマスコミに取り上げられることで認知度が高まり、一般人にも認識され、「大衆化」してきたといえよう。ただし、とりわけテレビをはじめとするマスメディアにおいては、国内の国際結婚の大多数を占めているアジア人女性と日本人男性の家族について、時折ニュースになる以外、口を噤んでいる。これは、少なくとも二十三万人以上の結婚移住女性[11]を含む実質定住している多くの「移民」について、「移民政策」を掲げられず、いまだに「外国人」、場合によって「定住外国人」[12]という表現でお茶を濁している状況を連想させる。移民という存在を認めて初めて、受け入れ社会への統合が政策的に取り上げられることになるのではないか。

2 「移動」「結婚」「家族」領域を集約する国際結婚移動研究

国際結婚という現象は、移動、結婚、家族の三つの研究領域を交差する複合的な視点を提供してくれている。以下では、三つの研究領域から国際結婚現象にアプローチしよう。

まず、移動に関していえば、労働移民（labor migration）または経済的移民（移民の主な動機が経済的理由）に焦点を当てることが多かった。労働市場のグローバル化は社会のグローバル化を生み出し、中心地域では、看護・介護労働、都市サービス労働などの領域において、移民労働者が必要不可欠になってきており、さらに国境を越えた結婚なども増えている。グローバリゼーションはすでに、「これまでの経済的な競争の段階から、生命の再生産過程までもが国境を超える段階に入った」のである[13]。言い換えれば、グローバリゼーションの過程は、まさに「移動する身体」としての人の移動を含めた局面にある。

したがって、移民に関する研究でも、少しずつ結婚移民（marriage migration、結婚移住者とも訳される）に注目するようになっている。「結婚移民」という現象は、「結婚（市場）の世界化」と「結婚を通した移民」という二つの現象が複合的に絡み合いながら起きている現象である[14]。人の移動のグローバル化は結婚の世界化をもたらしただけではなく、男女の条件で計れる結婚市場を周辺地域から世界まで広げ、その上、労働移民の道が開けない先進国または先進地域へは、結婚を通じて移民することを可能にした[15]。このようなトランスナショナルな結婚移動現象は全世界的にみられる現象であるが、アメリカやヨーロッパなどの地域に比べ、アジアにおいてより短時間で大規模に起きている。一九九〇年代以降、日本や台湾の農村地域では、外国人花嫁を求めるようになった。二十一世紀初めには、韓国への結婚移動が増加するとともに、インド人男性がバングラデシュから、中国人男性はベトナムやラオス、ミャンマーから花嫁を求めるようになった[16]。花嫁の供給国および供給地域は、やがて女性不足となって花嫁の需要国となり、アジアでは経済先進地域から順に嫁不足の玉突き現象が発生する[17]。

つぎに、結婚に関していえば、グローバル・ハイパガミー[18]現象はしばしば指摘されている。グローバル・ハイパガミーとは、相対的に経済的開発が進んでいない国・地域の出身の女性が、相対的に経済が発展している国・地域出身の男性と結婚し、移動することを指す[19]。そこでは、国籍がひとつの階層とみなされているのである。ただし、ハイパガミーは、国際結婚の際に発生するだけではなく、国内結婚でも発生している。日本では、一見すると個人の自由な選択に基づくようにみえる恋愛の機会も、実際には社会構造上の位置によって不平等に配分されている[20]。現代でも日本女性の恋愛結婚では、経済力が重視され、経済力を持たない男性層は恋愛結婚の対象から外され、こういった男性が結婚難問題に直面する。国際結婚は、恋愛に基づく結婚難に直面しがちな男性に結婚の機会を与えたのである[21]。このような国際結婚を構造的にみれば、グローバルな不平等を背景にした女性の上昇婚という側面があることは否めない。しかし、より貧しい国・地域からより豊かな国・地域への女性の地理的な移動は、必ずしもその結果、女性が社会的経済的な意味で上昇を果たすとは限らないし、個別事例に着目すると当てはまらないこともある[22]。二十一世紀に入り、日本では、国際結婚自体が減少し、国際離婚も多く発生するなか、日本人女性の国際結婚はひそかに増大している[23]。その背景には、日本経済の停滞による日本国籍のブランド価値の低下や、日本における男性の男女交際の衰退や、能力のある女性が生きにくい社会環境などがあげられる[24]。日本人男性の「危険」を嫌い、「確実性」を選ぶためにお腹が空いてもじっとしている「絶食系男子[25]」の存在は、日本人女性を国際結婚へと後押しした。行動力と経済力が欠如する絶食系男子は、アジア人女性との結婚においても困難を避けられないだろう。

最後に、家族に関して、家族の個人化現象と、トランスナショナルな国際結婚家族の国家との交渉の両側面からみていきたい。第一に、ポスト近代家族の動向をとらえる鍵となる概念である「家族の個人化」には、性別分業型家族モデルからの脱却を目指す家族や個人の理想像として提示される理想モデル（あるべき家族像）および、個人を単位として家族の多様性、個別性をとらえようとする危機モデル（流動化、リスク化）の両方が含意されている[26]。国際結婚家族は、ポスト近代家族というコインの表と裏の両面とも深く関係しているといえよう。なぜならば、国際結婚家族の場合は、前者の性別分業型家族モデルから脱却するどころか、かえって強化しているとしばしば指摘されるからである[27]。さらに、後者の家族の個人化の典型のひとつ、結婚難に直面する男性はリスク化から家族回帰（回復）するために国際結婚を選ぶことがある。いずれにしても、経済力を持ち得ないなどの脆弱な基盤から性別分業型家族－近代家族を形成しようとすることは、はじめから矛盾をはらむことになる。つまり、国際結婚は、「従来の結婚に関する意識を保ったまま結婚難を乗り切ろうとする動き[28]」があることが危惧されるのである。第二に、国際結婚によって、従来の家族さらに国家まで変容をもたらしていることもある。かつての、「ひとつの世帯、ひとつのパスポート、ひとつのアイデンティティ」と称する「神聖な三位一体の世俗的変種」からなる「ナショナルな標準家族[29]」は、国際結婚家族のように国境を越える家族ネットワークと複数の生活拠点をもち、シャトル化した移動を繰り返す人が多くなったことで流動的になってきた。日常化した越境が近代国家のあり方に変容をもたらしてきている[30]。

このように、移動によって国境を超越してグローバルに親密圏が再編され、国際結婚家族は一国家の内部にあった社会、経済的な諸条件、ジェンダー関係、エスニック集団の序列を部分的に継承したり、影響を受けたりしながらも、社会や国家のあり方を変容させている。

3　日本的「国際結婚」の出会いと結婚――中国人結婚移住者の階層性

結婚に至る経緯について、ウルリッヒ・ベックは、「商業的形態の結婚移住」をグローバル化における結婚移住の「基本的選択肢」と指摘していた[31]。日本について、安里和晃も同様に、国際結婚は基本的に業者婚であり、それゆえ近代的な「恋愛結婚」とは対極にあるものとして想定されてきたと指摘した[32]。このように、しばしば「愛情に基づく結婚」と「目的に基づく結婚」は対立的にとらえられるが、それらはむしろ、その間のさまざまな混合形態を含む連続体としてみなされるべきものである[33]。

一方、高谷幸は、業者婚は国際結婚の典型的なパターンではなく、恋愛結婚に基づく日比国際結婚の方が日本型国際結婚の典型であると指摘している[34]。高谷の研究によれば、パブという親密性が過剰に演出された空間は、男性のマスキュニティを支えることが日常的に組み込まれ、恋愛結婚に適合する国際結婚を生み出す場になっていた。このような擬似恋愛の体験は、とりわけ低階層の男性にとって魅力的なものであると指摘される。「モテ格差」に直面する男性と日本での安定した滞在を望むフィリピン人女性の欲望が、親密性の演出空間で「恋愛」として昇華され、「日本型国際結婚の主要なパターン」になったのである[35]。ところが、エンターテイナーと客として出会い、結婚したカップルは少なからず存在しているものの、エンターテイナーとして来日した人のなかで、フィリピン人の占める割合は圧倒的に多く[36]、他のアジア諸国出身の女性と日本人男性との国際結婚すべてを映し出す典型例ではないと考えられる。

ベックや安里が言及した「国際結婚産業」を通しての仲介型国際結婚は、やはり相当な規模を有していると考える。仲介型国際結婚は、最盛期を過ぎたとはいえ、インターネットで国際結婚ビジネスの膨大なヒット数でその隆盛の一端を推測することができる。日中国際結婚の例を取り上げてみよう。中国が海外への門戸をようやく開いた一九八〇年代末から九〇年代、上海を中心とした都市出身者や一部の高学歴・専門職の中国人女性が、嫁ぎ先の実情を知らない（あるいは知らされない）まま、日本の農村部に嫁いだことがあった。当時の日本と中国の国力を鑑みると、これらの女性たちは経済的な格差を背景にしたグローバル・ハイパガミーを果たしたといえよう。しかし、個別の階層や学歴などに着目すると、下方婚といえるケースは少なくなく、建前のグローバル・ハイパガミー現象も実存していることを軽視すべきではない。二〇〇〇年前後から、仲介型中国人結婚移民の出身地は、大都市から地方へ、さらに農村へ、沿岸地域から内陸地域へと徐々にシフトした。中国の東北地方は近年では代表的な結婚移民の出身地である。東北地方は、日本と韓国との血縁・地縁が深いため、これら二ヵ国の国民との結婚が多く行われている。筆者の二〇〇六年に行った遼寧省、吉林省、黒龍江省の政府の民政部門への調査では、年齢の離れた日本人男性と中国人女性のカップルが結婚登録手続きのためによく訪れてきたと担当者へのインタビューでわかった。中国残留婦人残留孤児の多い黒龍江の方正県出身の結婚移民の父親の語りによれば、「こっちの人（中国人女性）が大勢いて、彼（日本人男性）が選ぶ、必ず気にいるのがいる。まるで皇帝が妃をえらんでいるようだ」と、国際結婚紹介所の主催する見合いの状況を説明した。[37] ただし、国家間の経済格差だけではなく、中国国内の地域格差、ジェンダー的な要因、文化的な要因が複雑に絡み合うことによって、中国人女性は結婚移民として日本へと嫁ぐ道を選んでいたことを見過ごしてはいけない。[38]

しかしながら、近年、日本人男性と見合いする中国現地在住中国人女性にも変化がみられ、中高年の離婚死別経験女性が目立ってきた。それは、日本人男性にも変化があったからである。後継者を産むために若い女性と結婚するのを期待する状況から、両親もしくは自分自身の老後のケアのために国際結婚を選択する都市部中下層の男性のニーズに応えた変化ではなかろうかと考えられる。さらに、国際結婚紹介所は中国現地在住の中国人女性だけではなく、日本在住中国人女性との見合いも斡旋するようになった。[39] かつては、もっぱら中国在住の女性を日本人男性に仲介していたが、現在は日本在住の中国人コミュニティの規模が大きくなり、日本国内にも結婚仲介市場が成り立っている。日本在住中国人女性には、日本での就職者、留学生、日本人との離婚経験者などがいる。この女性たちは、日本での生活が長くなるにつれ、変化に富んだ、かつ厳しい競争が待つ中国への帰還を躊躇し、住み慣れた日本で永久居住を期待している。また、離婚経験者は母国に帰国することで文化的なバッシングをうけることもある[40]。安定した在留資格を持つ、日本社会について理解しているこれらの女性たちは、見合いパーティーを通してよりよい結婚相手を探すことを待ち望んでいる。日本人男性にとっては、日本語や日本社会をある程度理解している女性と時間をかけて交際でき、かつ金銭や時間をかけて海外へ赴く手間を省くメリットがある。

また、注目されている業者婚以外には、(元) 留学生との結婚も日中国際結婚の一つの典型例といえよう。日本はアジアにおいて、屈指の先進国であり、近場の留学先としても魅力を発揮しており、多くのアジア域内の留学生を受け入れてきた。近年、さらに留学生三十万人計画が揚げられ、より留学に来やすくなった。しかし、留学生のうちで私費留学生が九四・五％を占めており[41]、奨学金も限定され、留学生活を支えるために就労を余儀なくされて、単純労働者としての役割を担わされている。近年は中国の経済力の上昇による富裕層の増加とともに、学費や生活費を奨学金や本国からの送金で賄って、勉強や留学生活に専念する学生は一部いる。しかし、中国からの留学生が増加した一九九〇〜二〇〇〇年代初期といえば、日中間の経済格差があり、奨学金が不足し、勉学の傍ら生活苦のためのアルバイトは日本での留学生活において大きなウェートを占めていた。筆者の観察をまとめると、女子留学生の場合は、スーパーマーケット・コンビニや飲食店、中国語の家庭教師のバイトなど、人と接触する仕事が多かったといえよう。そのバイト先で日々日本人の同僚や顧客と触れあい、また就職後も日本人との関係を形成して、結婚に至ることは多かった。もちろん、学生結婚をする人もいれば、卒業を待って結婚する人もいる。これは、時間および経済的な余裕のなさや若者文化の違いなどの理由で、(元) 留学生は同じキャンパスの日本人男子学生というより、多様な職業をもつ社会人男性との結婚が多いわけである。当時の国家間の経済格差が歴然と存在していたこと、日本国内での男女の役割分業、男子留学生が肉体労働で人との接触が少ない業種に参入していることを鑑みると、恋愛結婚とはいえ、中国人男性（元）留学生と日本人女性の結婚よりもはるかに多く発生し、多かれ少なかれグローバル・ハイパガミー婚的な要素がある。ただし、（元）留学生には、日本語学校就学生から大学院で博士号を取得した者までまちまちであり、一概には定義しにくいことも断っておく必要がある。

上述の通り、仲介型として来日した結婚移民と、（元）留学生や就職先での出会いのような結果的な結婚移民は、日中国際結婚の二つの典型例といえよう。典型例以外にも、中国帰国者や技能実習生などと日本人の結婚や中国および第三国で出会って結婚することも存在している。日本在住で配偶者のいる中国人女性のうち、日本人を夫に持つ女性は五二・四％であることから、中国人同士で結婚するよりも多い[42]。つまり、日本の国際結婚家族においても、中国人コミュニティにおいても、日中国際結婚家庭はすでに無視できないほどの規模を有している集団になっている。

また、日本人男性と国際結婚した中国人女性の階層性についてもみよう。もともと中国国内には多様な階層による分断が存在している。格差の大きい中国社会を反映している出身地（戸籍）、親の職業、学歴、職歴などの変数に加え、日本で取得した学歴、職歴などの変数もある。さらに、女性にとって、誰と結婚しているか——日本人夫の職業、社会的地位が彼女たちの状況をかなり規定している。中国人女性と結婚した日本人男性の職業は、「事務」、「専門・技術」などのホワイトカラー職と「生産工程」などのブルーカラー職に二分されている傾向がみられる[43]。ちなみに、韓国・朝鮮人女性の日本人夫も中国人女性と同じ傾向を示しており、フィリピン人とタイ人女性の日本人夫はブルーカラー職の割合が多い。日本人夫の職業上の二分化現象はちょうど中国人妻の（元）留学生型と仲介型に重なっているようにみえるのである。

しかしながら、男女平等の教育を受け、職業による社会参加と自己実現が結びつく観念を広く受け入れてきた中国人結婚移住女性にとって、夫の職業や社会的地位に満足し、喜んで専業主婦になることは考えにくい。とりわけ海外留学までしていた女性たちはなおさら就業意識が高いと推測される。

4　国際結婚の減少と困難

鈴木江理子は、震災と多文化共生に関して三つの壁、すなわち「心の壁」、「言語の壁」、「制度の壁」が存在していると指摘している。[44]上記の鈴木の研究によれば、一九九五年の阪神・淡路大震災では「言葉の壁」が被災者にとって大きな障害になることがわかった。日本において、在日韓国・朝鮮人のように、日本語が上手で「言葉の壁」を乗り越えられたとしても、日本社会では「心の壁」はいまだに放置され、地方参政権すら認められないという「制度の壁」がしっかりと存在している。[45]この三つの壁は、結婚移住女性も同様に直面している。

増え続けた国際結婚は、二〇〇八年のリーマンショック後、とりわけ二〇一一年東日本大震災以降、減少へ転じるようになった。日比国際結婚の場合は、二〇〇四年のアメリカの「人身売買報告書」で日本政府の人身売買対策の不備と、フィリピン女性のエンターテイナー受け入れについて人身売買の疑いがあるとの批判を受け、法務省は新規の「興行」による在留資格審査を厳格化した。再び入国することは困難になるため、フィリピン人女性の駆け込み結婚が増加し、二〇〇六年に一万二一五〇件でピークを迎えた。その後、減少に転じている。一部のフィリピン女性にとっては、結婚は安定した在留資格を確保する手段でもある。[46]移住者が日本に滞在するためには、その滞在目的や日本人とのつながりによって認められる在留資格が必要である。不安定な法的地位が、彼女たちの結婚への動機を強めてきたといえる。このような国家の「制度」に左右される結婚動機もまた結婚後に困難を孕むであろう。

他方、日中国際結婚は二〇〇一年の一万三九三六件でピークを迎えたあとも、二十一世紀初頭の一〇年は総じて一万件以上を維持していた。二〇一〇年から減り始め、前年度に比べ一気に二千件以上も減少した（それでも一万〇一六二件）。二〇一五年は相手国としては最多ではあるものの、五七三〇件まで落ち込んだ。[47] 日中国際結婚減少の理由は、以下の三つが考えられる。

第一に、経済規模の逆転があげられる。二〇一〇年、中国のＧＤＰは日本を抜き、アメリカに次ぐ世界二位の経済大国となった。中国の経済は地域によって発展の不均衡があるものの、個人が中国国内において上昇のルートを見出せる可能性が高まった。それに対し、日本経済は不景気の時代が長引き、雇用不安や労働環境の悪化、少子化高齢化による経済の回復の不透明さのため、上昇婚という選択肢としての日中国際結婚の魅力が薄れた。

第二に、日中関係の悪化のため、両国民の対中感情と対日感情はともに悪化し、親近感が低下したことがあげられる。とりわけ、二〇一二年に日本政府の尖閣諸島国有化以降、中国で抗議デモが行われ、日中関係に大きな影響を与えた。日中国際結婚は、日中関係の影響を受けざるをえない。中国人女性は、日中関係が蜜月期のときに羨望される時期が瞬きする間にあったが、両国の関係が悪化して以来、軽蔑され、批判されることもあり、帰国の際は日本人と結婚しているとなかなか言いにくいのである。日本においても、肩身の狭い思いをし、日本人から批判や差別的な態度を受ける。過去に戦争を経験した国同士の夫婦は、時には日中関係の火花が家庭内に持ち込まれる。このような影響を受け、友好的ではない国民感情は結婚を遠ざけていく一因になる。

第三に、社会文化的な理由があげられる。性別役割分業観は日中国際結婚家庭で遂行されること、ジェンダー化された社会で男尊女卑を経験していること、アジア人女性のエスニックおよびジェンダーの両方における二重の周辺化を経験していることは、時間が経つにつれ、本国にも伝わり、女性たちを躊躇させてしまう。市場化により、多少の後退はみられるものの、比較的ワークライフバランスのとりやすい中国と違い、日本の夫婦関係の基準がいまだに性別役割分業を基礎として営まれ、社会もジェンダー化され、女性の家庭と仕事の両立は社会観念上、また現実においても実現しづらい状況にある。二〇一六年に、日本の「経済活動への参加と機会」、「政治への参加」などの分野におけるジェンダーギャップは世界一四四か国中一一一位という低さであり、女性の社会参加はなかなか難しい状況にあることがうかがえる。[48]それとも関連して、夫への経済的な依存を強いられている。さらに、不均衡な夫婦関係は深刻なＤＶ被害の温床にもなりやすく、国際結婚の破綻の急増とともに移住女性をさらなる窮地に追い込む。[49]

このような原因で、ある意味、アジア人女性の反乱として、新規来日国際結婚女性が減り、国際離婚が多く発生する。

５　「国際結婚」と国家との交渉――在留資格について

国際結婚では、法的に婚姻していることの意味がきわめて重要になる。また、在留資格の「日本人の配偶者等」という枠組があるために、婚姻が同国人同士とは異なる制約を受けており、十分な権利実現ができているか精査し修正していくべき点が存在している。

在留制度の枠組みを度外視すれば、近年、「家族の個人化」というポスト近代家族を反映して「婚姻形態」は多様になってきており、それらが社会的にも広く許容されるようになってきている。たとえば、市町村に婚姻届を提出せず戸籍において婚姻の記載のない事実婚（いわゆる内縁関係）でも、住民票上の続柄欄では「夫（未届）」「妻（未届）」の届出は可能で、年金、健康保険でも法律上結婚した配偶者と同様の取り扱いがなされる。また、社内転勤によって、国内外へ単身赴任する家族は分割する生活形態もままみられるところである。

それに対し、国際結婚はどのように扱われるのか。出入国管理および難民法で規定されている通り、外国人が日本で在留するためには二七種類ある「在留資格」のいずれかを得なければならない。国際結婚のために入国、また滞在する場合、「日本人の配偶者等」（日本人の夫、妻、子）という在留資格を得ることになる。しかし、入管実務運用においては前述した同国人同士の結婚形態の多様性を取り込んではいない。それは、外国人の受入国での滞在については、国家に広範な裁量が認められるのが国際慣習であるという考え方が背景にあり、外国人は日本に入国さえすれば将来にわたって日本にいることの保証がされたというわけではない。しかも、事実婚では「日本人の配偶者等」の在留資格に該当しないし、婚姻登録をしても同居していないと原則的には在留資格が付与されない[50]。

結婚移民が「日本人の配偶者」である間は日本において生活できるが、日本人と離婚すると「日本人の配偶者」ではなくなるため同在留資格を喪失することになり、他の在留資格に該当しないと日本で生活できなくなる。また、日本人配偶者の協力を得なければ、在留資格の更新ができなくなる。母国における生活基盤はすでに失っていたり、離婚して帰国することは文化的に恥でありバッシングを受けることを恐れたり、母国の家族への経済的支援の義務があったりして、事情を抱えて日本を去ることのできない女性は少なくない。その反射的な効果として、DV等の不当な状況にあっても、帰国を強いられることを恐れて問題のある婚姻状態から脱却することができず、おびえた生活を続けているケースがある。将来、「永住者」や「定住者」の在留資格を得て自立する可能性にかけて現状に甘んじているのであるが、不安定な婚姻生活は阻害要因になり、時間がたっても日本への定着性を確保できない。上述のように、大多数の結婚移民は少なくとも最初の数年間において、「日本人配偶者等」という「身分に基づく在留資格」をもって日本に滞在しているため、いざという時にほかの在留資格に切り替えられないというリスクを抱えている。「日本人配偶者等」の在留資格をもつ女性は、仕事経験や母国で培った専門的な技能・知識を備えていても、なかなか「活動に基づく在留資格」へ切り替えられにくい。「活動による在留資格」は、専門職や会社の経営管理などに限定されており、簡単には取れないものばかりである。

DVに対しては、市町村の女性相談員や各種団体のシェルターなどのサポートを得られる余地はあるが、不安定な生活をしていたり短期間しか日本に在留していなかったりする外国人の場合には、「日本人の配偶者」ではなくなった段階で別の在留資格に該当しない場合も少なくなく、そうなると将来の日本での生活は許されない可能性が高い。このように将来が不透明な上、どの程度のサポートが得られるかの情報もなく、行政機関や担当者によってサポートの程度にも濃淡があると、日本語能力や日本の制度について不案内な外国人側は、サポートを求めることも躊躇してしまう。

結婚移民の場合、日本での生活が定着してくると、日本国籍への「帰化」以外に、長期的な居住者に与えられる「永住者」や、離婚、死別、日本人の子を育てている居住者に与えられる「定住者」への在留資格変更があり得る。原則一〇年の在留期間を要する「永住者」の在留資格付与については、国際結婚の場合には最短で結婚期間三年および在留期間一年に短縮されており、離婚死別の場合には実務上三年程度の結婚および在留歴がある場合には「定住者」の在留資格が付与されている。その期間に満たない場合には、在留資格を喪失して、日本での生活をあきらめざるを得ないケースもある。従前は在留資格の有無や内容を問わず、すべての外国人に対して外国人登録を求め、一定のリーガルサービスを付与していた。しかし、二〇一二年七月から始まった住民基本台帳制度では外国人を住民票の対象にしたが、外国人登録では対象であった在留資格がない場合や在留期間が三か月以下の場合、住民票に記載されず（いずれの公的記録にも登録されず）自治体等が把握する対象ではなくなった。その結果、たとえば学齢期の子がいても連絡がいかなくなるなど、日本にいる間の法的保護の程度がきわめて薄くなってしまっている。国際結婚でみれば、離婚すると「日本人の配偶者等」に該当しなくなるし、そうでなくても離婚しない段階で同居をしなくなると「日本人の配偶者等」での在留期間の更新ができなくなり、九〇日以下の期間の規定しかない「短期滞在」に在留資格が変更され、住民票記載の対象外になる。そうなると、生活保護や健康保険の対象外となり、不利益は甚大である。

親族との関係でいえば、日本人家族の場合には扶養だけではなく、その他の面でも親や兄弟姉妹などとの関係性が強調される傾向がある。他方、外国人配偶者の場合、社会保障負担等の要因があるとはいえ、親が来日する場合でも基本的には短期滞在で期間を限定してしか来ることができず、日本人と同様の親族関係を構築できない仕組みになっている。これは外国人配偶者の成人した子についても同様のことがいえる。結婚移住者側の親族との関係性の構築が困難になるだけではなく、親族ネットワークから得られるサポートも当然ながら期待できなくなり、日本人家族への依存が強いられている。

国際離婚という場面を例にとると、離婚届の署名欄に本人が自署しないなどということは犯罪行為であるが、不在の間にそのような行為がなされている場合もあり、それが犯罪行為として処罰されることは稀である。そして、離婚の無効を主張しても、元の状態に戻すためには訴訟をすることが必要で、経済的にも労力的にもきわめて困難を伴う。法テラスや弁護士などのところまでたどり着くことも容易ではない。

夫が亡くなった場合などには、外国人配偶者であったとしても、国籍に関係がなく、夫に年金があれば遺族年金を受給できる上、相続においても、妻としての法定相続分（二分の一）があり、遺言があってもその半分である四分の一の遺留分は受け取れるはずである。しかしながら、言語能力を欠き、日本の法的事情に通じていないなどの理由から、十分な理解を得ないままに署名をさせられるなどにより、本来得られるべき遺族年金や遺産を得ることができない場合もある。日本人の家族・親族が外国人配偶者の代わりに来ているなどの説明をした場合に、周りが真に受けて、不利益な状況に置かれているケースもある。李善姫の調査による、東日本大震災で夫を亡くして相続させぬまま母国への帰国を催促されたケース[51]や、筆者の調査による、東海地域農村部で夫が急死した後、親族は出産直後の中国人女性に読めない文書にサインさせ、相続を放棄させられたケースが散見される。

このようにさまざまな局面を解決していく必要があるが、結婚移住女性を取り巻く関係性は、人によって異なり、多様で複雑である。個人と国家の関係性はその社会で生きる以上不可避的に生じるものであり、前記の在留資格制度はその最たるものである。他方で、国の私生活領域に対する介入は抑制的であるのが一般的であるが、在留資格の基礎的な確認で無謬であることを追求するあまり行きすぎかねないところもあり、結婚移民の脆弱性への補完的機能も構築される必要がある。また、結婚移住女性にとって移住先の社会は慣れ親しんだものとは異なる未知の存在であり、当初から信頼関係が形成されているわけではなく、信頼関係の醸成には繊細な配慮を伴う意識的な関係性構築の努力が必要である。

国際移動という行為は、国家主権、とりわけ国境を越える人の移動を規制する国家の管理と衝突する側面がある。公権力に対抗し、リスクを減らすために、自治体や住民など移住先社会との多様な「つながり」を形成することは必要不可欠である。この「つながり」を形成できるアビリティを持つ主体となることは、結婚移住女性の目下の課題ではなかろうか。以下では、移住者受け入れ社会との重要なつながりともいえる就労について考察する。

6　結婚移住女性の受け入れ社会との関わりあい——就労について

二〇一六年末の在留外国人数が二三八万二八二二人、在留資格別では「永住者」が七二万七一一一人で、いずれも統計を取り始めた一九五九年以降最多である。実際、現在の日本の労働市場は移民労働市場と称したほうがより実態に近い[52]とも指摘される。日本の「移民」受け入れは、彼らが定住化することを前提としておらず、来日した外国人も必ずしも定住化を希望していないと思われており、結果的に流動的な労働市場になってしまっているといわれる[53]。ところが、前述したように、結婚移住女性は日本で家庭を持ち、人によっては日本国籍を取得したり、永住者もしくは定住者の在留資格を取得したりして定住傾向がきわめて強いグループである。女性結婚移住者は多様な階層にまたがっているが、就労意識は共通してかなり高いといえる。

結婚移住女性のうち、最大のグループを構成している中国人女性に着目してみよう。中国人女性は強い仕事志向を持っているといわれるとおり、中国での就労の実態は、日本女性が子育て期に家庭に入るM字型と対照的に、地域差がみられるものの、子どもの存在と無関係に就労している、いわゆる「高原型」である[54]。社会主義時代に実現した男女平等は、女性の労働力化をもたらし、女性の社会進出が進み専業主婦はほぼ消滅した。一九七八年に改革開放政策が実施して以来、とりわけ一九九〇年代以降、社会主義家族の時代に実現してきた男女平等は、市場化により後退してきたとはいえ、イデオロギーとしての男女平等は社会理念としていまだに通用している。とりわけ都市部では、家庭内の男女の家事分担[55]、育児への夫の参加や親族ネットワークの援助など、中国人女性の生涯にわたる就労を実現させている[56]。

他方、受け入れ社会の日本は、結婚移住女性の就労に懐疑的な目を向けていることがある。「日本人と『結婚』して日本に滞在する外国人が、日本には『働く』ためにきたと、みんな口をそろえて言う[57]」。この「みんな」は、日本人住民を含む日本社会の結婚移住女性に対する一つの支配的なイメージといえよう。つまり、貧しい母国から日本に出稼ぎのために来たアジア人女性は偽装結婚をし、日本人男性は利用され、だまされているではないかというニュアンスを暗に含んでいる。確かに、偽装結婚のような、労働目的で来日したアジア人女性は一九九〇年代中心に一部存在していたことも否めない。その時期は、ちょうど脱冷戦による中国とベトナムなどの旧社会主義国家の開放と、これら地域を含んだ東南アジア地域における女性の移住熱と重なっていた。アジア圏域内の移住の通路は非常に狭いという現実が、一部の偽装結婚を引き起こした。しかし、偽装結婚をしていない大部分の結婚移住女性は、厳しい「チェック」を常に受けることになる。

さらに、結婚移住を就労と切り離して考えること自体、検証の余地がある。そもそも「結婚して家族をつくって日本で暮らしているのに、働くためとは、これいかに[58]」と指摘されたように、女性は働きながら結婚生活を送ることは、少なくとも移住女性たちにとって、本来は矛盾ではない。

結婚移住と就労を切り離して考える風潮の背後には、日本社会の家族のあり方との関係が無視できない。近代化によって広まった「近代家族」のあり方は、公私の分離、情緒的結合の重視、子ども中心主義、性別役割分業、核家族などの特徴を帯びている[59]。日本の近代家族の典型としては、夫が外で働き、妻が専業主婦として家を守るというものであった。時が進み、現代日本における家族のあり方は、第二節で述べたように、「脱近代家族」化しており、家族は急速に個人化、多様化している。しかし、国際結婚、とりわけ日本人男性とアジア人女性の国際結婚へと目を転じてみると、「近代家族の延命としての国際結婚」ともいえる現象が起こっている[60]。それは、国際結婚家族は常にその結婚が「偽装結婚[61]」でないこと、つまり「真正」さを示すのを求められることとも関連がある。日本社会のステレオタイプによる差別の空気が、結婚移住女性にも当然感じ取れる。自らの国際結婚が、偽装結婚ではなく、「真正」な結婚であることを証明するため、ほかの結婚移住女性と「差異化」を図る動きもある[62]。李善姫によれば、「差異化」とは自分自身を同じエスニック・グループから引き離して、日本人のなかに位置づける「戦略的不可視化」として現れることである[63]。日本人住民から「日本人以上の日本人」「いいお嫁さん」として評価されるため、日本風の通称名、日本人らしい振る舞い、さらに日本的な性別役割分業規範を引き受けることも内包している。「夫が働かせてくれない」など、日本人家族による家業以外の就労への反対を受け、結婚移住女性は日本人女性同様、場合によっては日本人既婚女性以上に「嫁」「母親」の役割を徹底的に遂行しなければならなくなる。これは、社会のなかで周辺化された女性たちにとっての生き抜き戦略[64]ではあるが、同時に職業による社会とのつながりを断ち切るリスクをも高めている。つまり、一部の女性は働くことを躊躇して、「よき嫁」「よき母」という性別役割分業規範を実行する代わりに、日本人家族への依存が高まり、社会とのつながりを手放すことになる。

他方、生活を支える必要のある結婚移住女性、もしくは配偶者の理解を得た働く意欲のある女性であっても、M字型就労パターンや男性稼ぎ手モデルの日本労働市場といった特徴をもつ社会構造の存在によって、参入できる労働市場は非常に限られ、日本人女性と同様の就労パターンになりがちで、日本人女性より専業主婦化しやすい[65]。たとえ職業を持つ女性であっても、母国に関する職業が目立つ。たとえば、語学講師、通訳、マッサージ、キムチ製造販売、母国料理などである。フィリピン人女性により顕著にみられるのが、ホームヘルパーとして介護市場への参入である。また、全体を通すと、非正規雇用の労働者として働くことが非常に多いという特徴である。二〇一〇年の国勢調査に基づく高谷幸らの分析によれば、日本人夫をもつ中国人妻の就業率はわずか三八・七%で、就業せず家事に従事する割合は四八・三%と高い[66]。しかも、就業率のうち、「主に仕事」は二二・〇%で、パートタイムと思われる「家事のほか仕事」は一五・六%も占めている。中国人女性だけではなく、日本人夫をもつ韓国・朝鮮、フィリピン、タイ人女性も、いずれも日本人女性の就業率四六・九%より低い[67]。日本の女性たちの多くは、ジェンダーによる性差別を背景に、①短い勤続、②定型的また補助的な仕事、③低賃金という三要因が連動する職場のなかで働き続けてきた[68]。日本社会で暮らしている結婚移住女性も同様に上記の不均衡的なジェンダー化された状況に甘んじることとなり、さらに不利な状況におかれやすい。

　日中国際結婚の場合は、第三節で紹介した通り、仲介型と（元）留学生型といった二極化した階層的な現象がみられる。前者の仲介型の女性は日本語能力に限界を感じることが多く、出身階層や学歴は比較的に低いことが多いので、外で就業している場合は日本語を要求されない、もしくは高く要求されない業種になるであろう。もう一つ特記すべきことは、出身階層によって、母国の両親への仕送りが異なってくる。中国都市部出身で安定した職場を退職した親は、暮らしに十分な年金や社会保険があり、仕送りはほとんど必要ない。それに対して、農村部の親あるいは都市部のレイオフされた中低階層の両親、または未成年の実子がいる場合は、結婚移住女性による経済的な支援に頼ることになる。つまり、仲介型の女性は夫の職業が不安定であるうえ、母国の家族に対する経済的な負担もある。前述の高谷幸らの分析によれば、仲介型と重なるが、就業している中国人結婚移住女性のうち、「生産工程」が一〇・四%、「サービス」が六・六%、「運搬・清掃・包装等」が四・二%といった、工場や飲食店やマッサージ店、清掃業といったブルーカラー職のほうが優勢である。反面、後者の（元）留学生型は、日本社会で生きるための充分な日本語能力を有し、学歴が高いだけではなく、何らかの専門知識も持ち合わせているであろう。では、日本語は問題にならない留学生型女性の就労はどうだろうか。就業している中国人結婚移住女性のうち、「専門・技術職」が二・五%、「事務職」五%であり、日本人女性の「専門・技術職」が七・二%、「事務職」一二・二%に比べ、ホワイトカラー職に占める割合が低いことが分かる。中国人結婚移住女性の半分近くは「家事」に従事しており、そのうち、元留学生の高学歴者は少なくないと推測される。これらの女性の日本人夫はホワイトカラー職で経済的に安定し、母国の両親に対する経済負担も少ない。

強い仕事志向を持っているといわれる中国人女性、とりわけ高学歴女性はなぜ働かない、あるいは正規雇用を選択しないのだろうか。その背景として、もう一つ取り上げるべき点は、夫の労働時間が長すぎるために妻が一人で家事・育児を負担しなければならないことと、妻自身が正規雇用になった場合に予測される勤務時間の長さが影響していることである。[69] 筆者の調査中、無職で家事・育児している日本の大学・研究機関などで修士号、さらに博士号を取得した複数の中国人結婚移住女性は、求職の大変さと夫婦同時にフルタイム職を維持することの不安を吐露した。

前記のように、日本語能力に問題のない（元）留学生が多数含まれる、結婚移住女性は異国の地で家族を形成する場合、どうしても社会・経済的により強い国出身の男性と相対的に弱い国出身の女性という組み合わせになりやすくなることが分かる。結婚移住女性の就労率は、その社会と〈つながる〉回路があるかないかを判断する基準になる。[70] 就労は当該社会でジェンダーとエスニシティというダブル・マイノリティとして生きていく上では重要になっている。また、トランスナショナルに移動する人々の人的資本（ヒューマン・キャピタル）の浪費にもなる。[71]

昨今、現・安倍晋三政権の成長戦略大綱である『日本再興戦略』（二〇一三）において、「我が国の経済成長等に貢献することが期待される高度な能力や資質を持つ外国人が、円滑に我が国に来られるようにする」と、「高度人材」といわれるポイント制度を目指すようになった。さらに、「高度外国人材が新たに日本に来ることを促進する」ためではなく、定着志向の強いホワイトカラー職の外国人のニーズに対応すると思われる、『日本再興戦略改訂二〇一四』には、留学生を高度外国人材の『卵』と位置づけ、国内企業（とくに中小企業）への就職拡大とより踏み込んだ形で盛り込んでいる。[72] 日本政府は一貫して、熟練度の低い業務に従事する「人手」である「管理の対象としての外国人労働者」と、専門性の高い業務に従事する「人材」である「積極的に呼び込むべき高度人材」とを二分した出入国管理体制をとってきた。[73] しかし、少なく見積もっても二三万人以上の結婚移住女性は、二者の間の穴にすっぽりと落ち、定住志向の強い結婚移住女性[74]は政策立案者の対象になっていないことが垣間見える。結婚移住女性は、就労経験や専門的な技能・知識を備えていても「活動に基づく在留資格」ではなく、「妻」として「身分に基づく在留資格」の資質のみ国家、社会の「チェック」を受けていた。

おわりに

これまで、日本における国際結婚の歴史を俯瞰し、流れを示し、かつ、移動・結婚・家族研究のなかでの国際結婚研究の展開を示した。また、国際結婚家庭には階層性があるにもかかわらず、共通の壁があり、三つの壁が張り巡らされていることと、日本人男性と国際結婚して移住を果たしたアジア人女性の国家とかかわり、就業を中心とする受け入れ社会とのかかわりを検討してきた。二三万人以上の結婚移住女性が「人材」と「人手」のどちらにも包摂されず、政策立案者の対象になっていないことがわかった。少なくともアジア人女性と日本人男性との国際結婚においていえば、実際のところ、外見上あるいは物理的には「トランスナショナルな家族」であるが、「ナショナルなメンバーシップ」を所持していないにもかかわらず、またそれゆえに厳しく管理されているにもかかわらず、現実では「ナショナルな標準家族」のイデオロギーをかなり継承させられているようにみえる。「ひとつの世帯、ふたつのパスポート、ひとつにさせられているアイデンティティ」といった「させられナショナルな標準家族」が、「トランスナショナルな家族」を代替的に出現している。それは、国家による近代家族になることの強要、性別役割分業化されている労働市場からの排除からうかがわれる。国際結婚家族は、まさに性別分業型家族モデルから脱却せず、いやむしろ、国家、市場により強化されていると指摘しておきたい。

そして、結婚移住女性が陥りがちな「自分が自分でいられなくなる状態」を作り出している。結婚移住女性は、高谷幸・稲場奈々子は、「自分が自分でいられなくなる状態」のプロセスを下記のように説明している。結婚移住女性は、第一に経済的な依存に加え、法的にも夫に依存せざるをえない仕組みであること。第二に、女性の日本語が不十分なことも、夫や日本人の助けなしには、自分には何もできないと思い込んでしまう理由となること。第三に、女性たちを「無能」扱いすることが、子どもにも伝わり、学校に母親が来ることを嫌がるなど、自尊心が保てなくなることである。これらの事柄が積み重なり「外国人であること、女性であること、フィリピン人であることなど、自己の存在のすべてを否定されてしまうことで、女性たちは無力感に陥る」[75]。これも、「心の壁」「言語の壁」「制度の壁」が横たわっているからこそ、起こる問題である。移民の人的資本の浪費だけではなく、移動する人々だからこそ備えている強さ――タフな精神、逆境を生かす力、起業精神、家族思い、思いやりなどを、移動していない側から強く拘束することで、発揮できぬままでいる。海外や国内の新卒留学生だけではなく、人的資本を浪費しないためにも、「グローバル人材」もしくは「ホワイトカラー労働者」の対象として、結婚移住女性をはじめとする定住外国人を積極的に登用するなど、検討する余地があると考える。

注

（1）嘉本伊都子［二〇〇八］『国際結婚論!? 現代編』法律文化社によれば、日本では「国際結婚」という単語は一般化しており、この単語が日本人と外国人との婚姻のことを指すという社会的な了解を得ている。それは、人種、宗教、文化、民族等の社会内部の境界線よりも、国籍が日本かそうでないかを区別する境界線として強く意識されていることによる。ほかの単語では、集団の範疇を越える結婚（inter-marriage）があり、その下位概念として、異人種結婚（inter-racial marriage）、異文化結婚（inter-cultural marriage）などがある。アジアでは、国家の境界を越える結婚（cross-border marriage）を用い、国籍を強く意識していることがうかがえる。

（2）法務省救国管理局の「在留外国人統計」によれば、二〇〇六～二〇一五年の一〇年間で日本人の配偶者や子に与えられる「日本人配偶者等」の在留資格を新規で得て入国した中国籍は四万四四三〇人、フィリピン籍は三万七〇九八人である。ただし、全員が日本人の配偶者とは限らず、「日本人の子ども」も含まれている。両者を区別したデータは公表されていない。http://www.moj.go.jp/housei/toukei/toukei_ichiran_touroku.html、最終アクセス日二〇一七年四月二一日。

（3）開内文乃［二〇一二］「グローバル・ファミリーの出現：国際結婚の新しい形」比較家族史学会編『比較家族史研究』第二六号、四三～六四頁。

（4）近藤理恵・尹靖水［二〇一三］「東アジアの結婚移住女性とその家族に対する政策・ソーシャルワーク 序論」近藤理恵・尹靖水編『グローバル時代における結婚移住女性とその家族の国際比較研究』学術出版会、第一五六号。

（5）ただし、労働力不足の観点などから一九八九年に出入国管理および難民認定法の一部が改正され、日系二世、三世の日本への受け入れが企図された。

（6）嘉本の分類（前掲、一七～三八頁）を参考にし、さらに区分したものである。

（7）この時期の日中国際結婚が多い理由を中国国内から考察すると、まだ去っていない上海など都市圏出身者の日本ブームと国際結婚ブームは、始まったばかりの東北地域の地方出身者の日本／韓国への国際結婚ブームと重なっていたことが一因である。

（8）日本の経済が活性化した状況で、エンターテイナー（興行）の名目で多数の外国人が来日するようになったが、二〇〇五年に人身売買等の問題点が指摘されたため興行の在留資格の発給が制限された。

（9）岡田昭人・岡田奈緒美［二〇一二］「日本における留学生受入れ政策の史的展開過程と現状に関する一考察」昭和女子大学学苑総合教育センター『国際学科特集』第八四七号、一一～二一頁によれば、日本は一九八三年に当時の中曽根康弘内閣が推進した「二一世紀の留学生政策に関する提言」（通称「留学生受入れ一〇万人計画」）を基本枠組みとして推進し、十万人の受け入れという目標は二〇〇三年に達成されたものの、その過程では、留学生数の急増に受け入れ体制が追いつかず、さまざまな混乱が生じることもあったという。二〇〇八年に「留学生三十万人計画」を策定し、二〇二〇年までに三十万人にするという政策が策定された。日本国内で留学生数は増加し、これも国際結婚の出会いの場を提供する効果があったものと思われる。日本人も企業の海外進出や留学などで、外国人と出会う場面が増加した。

(10)　松崎百合子［二〇一三］「つながり自立への力をつける日本語教室を広げるために」、移住者と連帯する全国ネットワーク情報誌『Migrants Network』第一六三号、二〇頁。

(11)　佐竹眞明・金愛慶・近藤敦・賽漢卓娜・李善姫・津田友理香・馬兪貞［二〇一五］「試論：多文化家族への支援に向けて——概要と調査報告」名古屋学院大学総合研究所『名古屋学院大学論集（社会科学篇）』第五一巻第四号、四九〜八四頁より、引用は六一頁。

(12)　「定住外国人」には日本国籍に帰化した元外国人を含まれていない。

(13)　伊豫谷登士翁［二〇一五］「グローバリゼーションの時代における『国境の越え方』」『岩波講座　現代　歴史のゆらぎと再編』岩波書店、九五〜一一七頁、引用は一〇三頁。

(14)　李恵景［二〇一六］「韓国への結婚移民——推移とインプリケーション」有田伸・山本かほり・西原和久編『国際移動と移民政策——日韓の事例と多文化主義を再考』東信堂。

(15)　もちろん、すべての国際結婚は国際移民のために結婚したわけではない。

(16)　Castles, Stephen, and Miller, Mark, J., [2009] *The Age of Migration: International Population Movements in the Modern World*, 4 th Edition（関根政美、関根薫監訳［二〇一一］『国際移動の時代』名古屋大学出版会）。

(17)　たとえば、下記書籍を参考。
Kayoko, Ishii (edi.) [2013] *Dynamics of Marriage Migration in Asia*, Research Institute for Languages and Cultures of Asia and Africa (ILLCAA) Tokyo University of Foreign Studies.
Kayoko, Ishii (edi.) [2016] *Marriage Migration in Asia: Emerging Minorities at the Frontiers of Nation-States*, Singapore: NUS Press National University of Singapore.

(18)　そもそもハイパガミー（英語は hypergamy、上昇婚と訳す）は、横田祥子の言葉を借りると、多くの社会において、女性は結婚するときに、出身集団よりも高位の社会経済的集団の一員へと上昇を果たすという（横田祥子［二〇一五］「グローバル・ハイパガミー」比較家族史学会編『現代家族ペディア』弘文堂、二六六頁）。

（19）Constable, Nicole (ed.) [2004] *Cross-Border Mariages: Gender and Mobility in Transnational Asia*, Philadelphia: University of Pennsylvania Press. 横田、前掲、二六六頁。

（20）赤川学・岩上真珠・立山徳子・沢山美果子［二〇〇七］『家族はどこへいく』青弓社。

（21）高谷幸［二〇一五］「近代家族の臨界としての日本型国際結婚」大澤真幸編『岩波講座　現代　身体と親密圏の変容』岩波書店、二一一〜二三七頁。

（22）たとえば、出身階層の高い女性の場合、出身社会においてハイパガミーを果たせない時は、しばしば外国人男性との国際結婚への動機付けとつながる。しかし、結婚相手である裕福な国・地域出身の男性の階層は女性のそれよりも低いことが起こり得る（横田、前掲、二六六頁）。

（23）山田昌弘・開内文乃［二〇一二］『絶食系男子となでしこ姫――国際結婚の現在・過去・未来』東洋経済新聞社。

（24）同前。

（25）同前。

（26）米村千代［二〇一五］「家族の個人化」、比較家族史学会編、『現代家族ペディア』弘文堂、二九〜三〇頁。

（27）たとえば、右谷理佐［一九九八］「国際結婚からみる今日の日本農村社会と『家』の変化」『史苑』第五九巻第一号、七三〜七四頁。高谷、前掲などで鋭く分析されている。

（28）山田昌弘［一九九六］『結婚の社会学 未婚化・晩婚化はつづくのか』丸善ライブラリー、九七頁。

（29）Ulrich Beck and Beck-Gernsheim [2011]（ウルリッヒ・ベック、エリーザベト・ベック＝ゲルンスハイム著［二〇一四］『愛は遠く離れて――グローバル時代の「家族」のかたち』岩波書店、一〇二頁）

（30）伊豫谷、前掲、一〇八頁。

（31）ベック、前掲邦訳。

（32）安里和晃［二〇一四］「グローバルなケアの供給体制と家族」『社会学評論』第六四号、六二五〜六四八頁。

（33）ベック、前掲邦訳、一五五〜一五六頁。Parrenas, Rhacel Salazar [2011] *Illicit Flirtations: Labor, Migration, and Sex Trafficking in Tokyo*, Stanford: Stanford University Press.

（34）高谷、前掲。

(35)　同前、二二三頁。

(36)　たとえば、国際結婚の最盛期である二〇〇六年に、在留資格「興行」はフィリピン人一万四一四九で第一位、第二位の中国二一五三とかけ離れている（法務省「在留外国人統計」http://www.moj.go.jp/housei/toukei/toukei_ichiran_touroku.html、最終アクセス日二〇一七年四月二日）。

(37)　賽漢卓娜［二〇一一］『国際移動時代の国際結婚』勁草書房、一〇四～一二八頁。

(38)　同前。

(39)　Hiroshi Matsubara [2012], "INTERNATIONAL MARRIAGE: Chinese women now seek equal partnership," *The Asahi Shimbun*, June 15.

(40)　賽漢卓娜、前掲では、中国人女性の結婚移住のプッシュ要因として、経済的要因に加えて中国国内移動の観点を付加するとともに、ジェンダー的要因を見出した。副次要因としては、憧憬維持のメカニズムを見出した。考察を通して、インフォーマントは経済、ジェンダー、そして面子の重視がもたらす憧憬維持のメカニズム、国際結婚紹介所の働きという媒介要因の各側面、とりわけジェンダーにおいて、出身社会の周辺に位置づかされていたことが判明した」と述べ、「面子」の働きをあげた。「（国際結婚の先駆的な女性たち）もまた、『面子』によって出身地で成功者に成りすまし、ネガティブな情報を遮断していくという悪循環が生じるのである」。移住先で結婚生活に困難があったとしても、離婚して帰国することを躊躇することはたびたび起こる。

(41)　独立行政法人日本学生支援機構（JASSO）の「平成二八年度外国人留学生在籍状況調査結果（平成二十八年五月一日時点）」http://www.jasso.go.jp/about/statistics/intl_student_e/2016/index.html。最終アクセス日二〇一七年四月二十三日。

(42)　大曲由起子・高谷幸・鍛治致・稲葉奈々子・樋口直人［二〇一一］「家族・ジェンダーから見る在日外国人――二〇〇〇年国勢調査の分析から」『茨城大学地域総合研究所年報』第四四号、一一～二五頁。

(43)　髙谷幸・大曲由起子・樋口直人・鍛治致・稲葉奈々子［二〇一五］「二〇一〇年国勢調査にみる在日外国人女性の結婚と仕事・住居」岡山大学大学院社会文化科学研究科『文化共生学研究』第一四号、八九～一〇七頁。

(44)　鈴木江理子［二〇一二］「東日本大震災が問う多文化社会・日本」駒井洋監修・鈴木江理子編著『移民・ディアスポラ研究二　東日本大震災と外国人移住者たち』明石書店、九～三二頁。

(45)　嘉本伊都子［二〇一四］「結婚移住女性と多文化共生――震災と離婚という視点から」京都女子大学大学院『現代社会研究科論集』第八号、一～三三頁。

(46) 高谷、前掲。

(47) 人口動態調査、https://www.e-stat.go.jp/SG1/estat/GL08020103.do?_toGL08020103_&listID=000001157966&requestSender=estat、最終アクセス日二〇一六年二月一九日。

(48) 「男女平等　日本悪化一一一位——一四四カ国中　政治・経済で低評価」朝日新聞、二〇一六年一〇月二六日。

(49) 詳しくは、「特集　移住女性と支援運動の現在——国際結婚・人身取引・女性労働」移住者と連帯する全国ネットワーク・情報誌『Migrants Network』第一八五号、二〇一六年四月。

(50) 日本弁護士連合会「非正規滞在外国人に対する行政サービス」http://www.nichibenren.or.jp/library/ja/publication/booklet/data/gyosei_serv_pam_ja.pdf、最終アクセス日二〇一七年二月一〇日。

(51) 李善姫［二〇一三a］「『多文化ファミリー』における震災経験と新たな課題——結婚移住女性のトランスナショナル性をどう捉えるか」鈴木恵理子編、駒井洋監修『移民ディアスポラ年報二　東日本大震災と外国人移住者たち』明石書店。

(52) 小林千恵子［二〇一五］「労働市場と外国人労働者の受け入れ」宮島喬他編『国際社会学』有斐閣、四五〜六二頁。

(53) 同前、五一頁。

(54) 瀬治山角［一九九六］『東アジアの家父長制——ジェンダーの比較社会学』勁草書房、三一六〜三一七頁。

(55) 同前、三一五頁によれば、中国の男性の家事労働時間は、大体女性の五割から八割に達している。

(56) 『中国二〇〇〇年人口センサス』によれば、男性の週間労働時間は四七・九一時間、女性の週間労働時間は四六・八八時間である。

(57) 二十年余り外国人移住女性を支援してきた、ＤＶ被害者支援団体スタッフ杉戸ひろ子さんは「シングルマザーとなった結婚移住者たち——移住女性支援の現場から」移住者と連帯する全国ネットワーク・情報誌『Migrants Network』第一八五号、二〇一六年で指摘した。

(58) 同前。

(59) 落合恵美子［一九八九］『近代家族とフェミニズム』、勁草書房、一八頁。

(60) 高谷、前掲、二二四〜二二五頁。

(61) 高谷、前掲によれば、そもそも「偽装結婚」という用語は、少なくとも一方が外国籍者の結婚にしか使われることがなく、その対義語の「正統な結婚」の基準は日本では近代家族として想定される。

(62) 李善姫［二〇一三b］「グローバル時代の仲介型結婚移民——東北農村の結婚女性たちにおけるトランスナショナル・アイデンティティ

ティ」李善姫・中村文子・菱山宏輔編、大西仁・吉原直樹監修『移動の時代を生きる――人・権力・コミュニティ』東信堂、三〜四一頁。

(63) 同前、三六頁。

(64) Faier, Lieba [2009] *Intimate Encounters: Filipino Women and the Remaking of Rural Japan*, University of California Press.

(65) 大曲由起子・高谷幸・鍛治致・稲葉奈々子・樋口直人［二〇一二］「在日外国人の仕事――二〇〇〇年国勢調査データの分析から」『茨城大学地域総合研究所年報』第四四号。

(66) 高谷ほか、前掲。

(67) 同前。

(68) 熊沢誠［二〇〇〇］『女性労働と企業社会』岩波新書。

(69) 松並知子［二〇一五］「雇用問題におけるジェンダー」川島典子・三宅えり子編著『アジアのなかのジェンダー』ミネルヴァ書房。

(70) 嘉本、前掲。

(71) ブライアン・キーリー［二〇一〇］『よくわかる国際移民』明石書店、によれば、人的資本とは、「個人および国の労働力の学識・技能・知識・態度――健康状態と性格特性を含む――ことである。…人的資本は創り出されることがあるとともに、浪費されることもある。たとえば、資格や経験が適切に評価されない場合、移民は自身の持つ高い資格に見合わない職に就くことになるかもしれない。」

(72) 五十嵐泰正［二〇一五］「グローバル化の最前線が問いかける射程」五十嵐泰正・明石純一編著『「グローバル人材」をめぐる政策と現実』明石書店、一〇〜一二頁。

(73) 同前、一三頁。

(74) 佐竹眞明・金愛慶・近藤敦・賽漢卓娜・李善姫・津田有理香・馬兪貞［二〇一五］「試論：多文化家族への支援に向けて――概要と調査報告」名古屋学院大学総合研究所『名古屋学院大学論集（社会科学篇）』第五一号。さらに、日本国籍に帰化した者や定住者として離婚・死別して母子家庭などで日本で生きる実質的な結婚移住女性もいる。

(75) 高谷幸・稲葉奈々子［二〇一二］「自分ひとりでは何もできない、という自己の力を否定し、貧困から抜け出すことができなくなっているのだろうか」移住連貧困プロジェクト編、二八頁。

補論1　法律学からみた再婚の意義

床谷　文雄

はじめに

第1章（山田）、第2章（中村）で詳述されているとおり、日本社会の人口構成の顕著な変化とともに、人々の結婚行動にも大きな変化が表れている。二〇一五年（平成二十七）の人口動態統計によれば、婚姻（法律婚）自体の成立数は減少しているが、婚姻のなかに占める再婚の割合は増加しており、最近では四組に一組は夫婦の双方またはいずれかが再婚である。平均初婚年齢の遅れ（晩婚化）の進行とともに、再婚者の平均年齢も四〇歳前後となっている。[1] 初婚の解消から再婚を決意するに至るまでの経緯、再婚相手との出会いのかたち、そして再婚の動機などはさまざまであろうが、本補論は、それらを分析するものではない。こうしたデータの分析は人口学・社会学の専門家に委ねて、ここでは、筆者の専門である法律学の視点から「再婚」の意義と課題を取り上げることにする。

再婚は、法律学との関わりでいうと、二つの視点から分けることができる。一つは、前婚の解消理由が離別（離婚）か死別かの区別である。夫婦ともに再婚の場合であるとして、双方とも前婚が死別、ともに離別、いずれかが離別で他方が死別という組み合わせが生じる。死別の場合は、死亡配偶者から相続した財産（祭祀財産を含む）をめぐるトラブルが生じたり、死亡配偶者の親族との関係の整理が問題となったりする。もう一つの視点は、再婚夫婦の一方または双方に子どもがあるかどうかである。子どもがいる場合は、再婚する親の年齢に応じて子どもの年齢も異なる。高齢者の再婚の場合には、子どもの反対で、法律上の夫婦となることにブレーキがかかりがちである。他方、三十歳代から五十歳代で再婚する場合には、夫婦の一方または双方に未成年の子がいることが多いであろうし、親権者ではないが継続的に面会交流している子どもがいるか否かなどで、再婚家族の形態が分かれる。

とりわけ、再婚夫婦の一方または双方に親権者として監護している子がいる場合（子連れ再婚）には、一つの家庭のなかに実の親子関係（養子を連れて再婚するケースもあるが、ここでは実親の場合として論じる）と義理の親子関係（配偶者の子、連れ子関係）が混在し、初婚家族とは異なる独自の問題を生じさせる。子と実親の新しい配偶者との関係（継親子関係）は、古くは（明治民法の下）、継母と子の関係が中心であったが、近時は、母親の再婚による継父子関係が増えている。また、「継子」（けいし・ままこ）ということばの持つ否定的イメージを避けるためもあってか、最近では、連れ子をともなう家族をステップファミリーと呼ぶことも多い。[3] さらには、離婚、再婚が繰り返され、子どもが親の前の家族や後の家族ともつながりを持ち続けることもあり、複合的な「拡大家族」が形成されることもある（パッチワークファミリーという表現もある）。[2]

本稿では、女性が再婚する場合に、まだ生まれていない子のために、前婚解消から一定期間、女性の再婚を制限する再婚禁止期間（待婚期間）の問題と、未成年の子を連れて再婚した夫婦において、子の養育に関して生ずる法律問題（親権・監護、扶養、養子縁組など）について論じる。

1　生まれてくる子のための再婚の制限

(1)　再婚禁止期間の意義

民法上の結婚（婚姻）の要件として、とくに再婚に関わる独自の意義を有するのが、女性のみに課された再婚禁止期間である。すなわち、女性は、前婚解消（離婚と死別）または取消しの日から一定の期間を経過しなければ、前夫以外の男性と再婚をすることができないというものである（民法七三三条）。このような再婚禁止制度は、かつては世界の多くの国にあったが（男性にも再婚制限を課す立法例もある）、現在ではほとんどの国で廃止され、残存する国においても制限の適用除外となる場合を広く認めている。

わが国では、再婚禁止期間の規定は二〇一六年（平成二十八）に改正され、現行法では一〇〇日間の制限となっている（改正前は六か月）。明治民法において再婚禁止期間が設けられた背景には女性の再婚に批判的な道徳観（「貞女両夫にまみえず」といわれた）があったという批判もなされるが、法学者の一般的な見解では、再婚禁止期間は再婚後に生まれる子の父子関係を明確にすることが目的であると理解されている。すなわち、再婚した女性が出産する子の父が前夫か後夫か不明になる事態を避けるためであるといわれる。しかし、子の父性の明確化のためならば六か月の期間は必要以上に長いものであり、この規定は女性の婚姻の自由を過大に制約するとして、長年にわたり批判を受けてきた。一九九六年に法務省（法制審議会）においてまとめられた婚姻法改正要綱において、父性の混乱を生じさせない範囲で理論上の最短期間となる一〇〇日に短縮する案が提示されていたが、この婚姻法改正要綱には選択的夫婦別氏制や婚外子相続分差別撤廃案も含んでいたため、法律案として国会に提出されるに至らなかった。

それから二〇年近くたって、ようやく二〇一五年（平成二十七）十二月十六日の最高裁判所大法廷判決（民集六九巻八号二四二七頁）において、民法の嫡出推定の規定（民法七七二条）の構造からすれば、「一〇〇日を超える再婚禁止期間の定めは、父性の推定の重複を回避するために必要とはいえない。この部分は、かつては父子関係をめぐる紛争の防止のために意義を有していたといえるが、医療や科学技術の発達、晩婚化・離婚の増加・再婚の増加など社会状況の変化、世界的にも再婚禁止期間を設けない国が多くなっているなど、再婚の制約をできる限り少なくするという要請の高まり等に伴い、遅くとも二〇〇八年当時においては婚姻をするについての自由に対する過剰な制約となり、憲法一四条一項および憲法二四条二項に違反するに至っていた」、との判断が下された。この違憲判決を受けて、ようやく民法改正が実現したのである。

(2) 改正法の内容と問題の所在

改正法は、再婚禁止期間を一〇〇日に短縮するとともに、①女性が前婚の解消または取消しの時に懐胎していなかった場合、②女性が前婚の解消または取消しの後に出産した場合には、この規定を適用しないものとした（民法七三三条二項）。また、再婚禁止規定に違反した婚姻は原則として取り消すことができるが、前婚の解消から起算して一〇〇日を経過したとき、または再婚後に出産したときは、取り消すことができないものとした。このような改正法は、最高裁判所大法廷判決の多数意見および補足意見の骨子を取り入れるものであるが、適用除外の運用は、これまでどおり戸籍実務に任されている[4]。

このように適用が除外される場合があるにしても、女性が再婚後に出産する可能性のある子の父性の確定のために、一〇〇日間の再婚禁止を存続させることが、今後もなお合理的なものであり続けることができるかどうかは疑問である。最高裁判決（多数意見）では、独仏における再婚禁止期間の廃止など諸外国の動向は再婚の制約をできるだけ少なくする要請があることを示すものと指摘しているものの、国際人権規約や女性差別撤廃条約との適合性については触れていない。国際的標準である女性差別撤廃条約との適合性は、より精確に検証すべきであろう。

今後の方向性としては、再婚禁止期間を全廃し、①再婚後に出生した子の父が前夫か後夫かが民法の規定上で明らかでないときは、父を定める訴えにより家庭裁判所で父を定めるものとするか（韓国民法はこの方法をとる）、②父性推定（民法七七二条）を修正して再婚の夫を優先的に父と推定するか（ドイツ民法はこの方法をとる）であろう。大法廷判決の補足意見では、父を定める訴えにより父が定まるまでの間、子が父未定の状態に置かれることは子の福祉に反すること、また前夫も後夫も母さえも子の父を定める訴えを提起しない事態が生ずるおそれがあることなどを指摘して、立法案①を批判している。また、後夫を優先する立法案②に対しても、一〇〇日の再婚禁止期間に賛成する論者は、後夫を父と推定する原則が事実に合致するか疑いがあると批判する。

確かに、改正された現行法の下では適用除外の拡張によって再婚禁止の適用場面が大幅に縮小しているが、前婚の解消時に懐胎していない（現在も懐胎していない）こと、あるいは前婚解消後に出産した（死産・流産・子宮外妊娠の手術を含む）ことの医学的証明をつけなければならず、女性にかかる精神的負担が大きい。また、婚姻解消時に妊娠している女性は一〇〇日間の再婚禁止期間が適用され、その後の再婚の日から二〇〇日以内に出生した子は、民法七七二条の規定によって、原則として前夫の子となる。母と後夫の再婚家庭に生まれ育ちながら、法律的に前夫の子と定まってしまうことは、それは真実と異なることも多いと考えられるので、子の福祉の観点からも適切ではない。この子の真実の父をめぐる紛争を回避・解決するためには、民法七七二条の嫡出（父性）推定を覆すことができる権利（嫡出否認権）を原則として父のみに認める民法七七四条を改正して、子にも認める（母は法定代理人として権利を行使する）ことが必要である。

結局のところ、一〇〇日間に短縮されたとはいえ、再婚禁止期間は女性の婚姻の自由を制限しており、子の利益の観点からも問題を残すものでもある。二〇一六年改正による現行規定が、完全に憲法に適合しているとはいえない。より適正な法律へとさらに改正を進めることが望まれる。

2　未成年の子を連れての再婚

(1)　連れ子の親子関係

明治民法の親族法・相続法は「家」制度を基盤とする法体系であったので、離婚する場合には妻（母）が子を残して婚家を去り（例外的に入夫の場合は夫が去る）、夫が子の親権者となった。「家」は戸主を頭とする複合的家族の形態をとっていたので、父の姉妹や兄弟の配偶者ら親族の女性が実母に代わって子の面倒をみることも想定されていたであろうが、父が再婚することで、子に新しい母を与えることも当然と考えられた。とくに、妻が死亡した場合には、妻の姉妹や従姉妹など親族の女性が再婚の相手（後添え）となることも、親族関係に大きな変化を生じさせずに再婚する方法として珍しくはなかった。父の後妻は子にとって継母となるが、明治民法では、継親（母）子関係も法律上の親族（親子）関係として位置づけられていた。「継父母ト継子ト又嫡母ト庶子トノ間ニ於テハ親子間ニ於ケルト同一ノ親族関係ヲ生ス」（明治民法七二八条）と規定され、同じ「家」に所属する父の子と父の後妻（母の子と母の後夫）との間に生じる継母（父）子関係を法定親子としていた（法的擬制）のである。[5]それにより、継親子相互には扶養義務（明治民法九五四条一項）が存在し、継親は、継子に対し、一定の制約を受けてはいたが、親権を行うことができた（明治民法八七七条[6]）。

戦後改正によって「家」制度は廃止され、「家」制度との関係で設けられていた法定親子関係も否定された結果、継親子関係は、一方からみれば自分の配偶者の子にすぎず、他方からみれば自分の親の配偶者にすぎない姻族一親等の親族ということである。直系姻族間では婚姻が禁止されている（民法七三五条）のは、親子関係に準じた扱いであるが、法定親子関係とは異なり、当然に扶養義務があるわけではない。同居の親族は互いに扶け合わなければならないと定められている（民法七三〇条）が、法的意義は少ない。その他、他の親族の身分に関与する幅広い権限はあるが、具体的な関係性は希薄である。[7]以下では、現行法のもとでの継親子間の監護・扶養関係についてみていく。

⑵　再婚家庭における継親の監護権

継親は、配偶者の未成年の連れ子に対して親権を有しない。継子の親である配偶者が有する親権を部分的に譲り受けたり代行したりする制度は、日本法には存在しない。もっとも親権者の親権行使の補助者として、事実上、子の養育に関わることはできるし、継親と親権者との間で子の監護養育を委託する契約が明示的に、または黙示的に結ばれていると解釈して、受任者として継子の監護養育に関わることもできる。しかし、監護養育委託契約は準委任契約であって、原則として、いつでも解除することができる（通説）から、継親と親権者である実親（配偶者）の間に争いが生じたときは、継親は容易に継子の監護養育権を失い親権者に引き渡さなければならないことになる。ただし、監護養育委託契約は、親権者の利益だけを目的とするものではなく、むしろ監護される子の利益を目的とするから、子の利益を侵害する結果をもたらすような時期の解除は制限されると解すべきであろう。

二〇一一（平成二十三）年の親権法改正以後、離婚後、母親と暮らしている子と父親が面会交流をすることが増えている。子に対する虐待や母親（妻）への暴力（ＤＶ）が顕著であった場合には慎重にせざるを得ないが、通例は月に一回、半日程度の面会交流の時間を持つことが多いようである。こうした場合において親権者である親が再婚したときは、新しい母や父と子の関係を強めるために、他方の親との面会交流を制限したいと思うことがある。しかし、家裁実務では、親が再婚し、再婚配偶者と子らが養子縁組をして新しい家庭を構築する途上にあるとしても、他方の実親との面会交流を認めることは子らの福祉に適うとして面会交流が認められている（大阪高決平成二十八年八月三十一日判タ一四三五号一六九頁）。面会交流に関しては、再婚家族が離婚した場合に、継親が愛情を持って接してきた継子との面会交流を求めることができるかという問題も生じうるが、わが国では、これについての議論は十分になされていない(8)。

離婚により単独親権者となった実親が再婚後に死亡した場合、親権者でない他方の実親の親権が当然に復活するとは解されていない。他方の実親への親権の変更（民法八一九条六項）が認められるか、未成年後見人を選任すべきか（民法八三八条一号、八四〇条）は個々の事情によるので、継親は、未成年後見人として子の監護に当たることはあり得る。審判例では、「子は一五歳になった現在父の後妻とともに真実の母子同様の安定した生活関係にあり、現在の生活の継続を希望している等の事情のもとでは、親権者を母に変更することは適当でない」（大阪家審昭和五十三年六月二十六日家月三一巻七号七一頁）としたもの、「子は三歳のときから七年間後妻のもとで養育され、現に平穏に生活、通学し、それなりに自己の置かれている立場について理解する能力を有し、母より後妻に強い思慕、愛着の念を持っている現況においては、親権者を母に変更することは相当ではない」（浦和家川越支審昭和五十五年六月二十三日家月三二巻一一号七一頁）としたものがある。これらの審判は、現在ないし将来の生活環境、継親子間に育まれてきた実質的親子関係、継子の意思・感情などを総合的に考慮して、子の福祉の観点から、監護者としての継親の適格性を結論づけている。

(3) 再婚家庭における継子の養育費用

親が子連れで再婚した場合でも、他方の親が子に対する扶養義務を免れるわけではないが、他方の親に扶養能力がないときや死亡したときには、継子に対する継親の扶養義務が問題となる。しかし、姻族一親等である継親子間の扶養義務は、「特別の事情」があるときに、家庭裁判所の審判によって発生するにとどまる（民法八七七条二項）。例えば、継親子間に現に共同生活があり、また長年にわたり共同生活が存在していたにもかかわらず扶養を停止した場合には、「特別の事情」が認められることがある。

継親と継子の親の婚姻が継続している間は、通常は扶養構成ではなく、婚姻費用（民法七六〇条）に継子の養育費が含まれるかどうかというかたちで問題となる。[9] 婚姻費用に含まれるのは、婚姻から生まれた夫婦共通の子の養育費に限定する見解もあるが、継子との共同生活も婚姻生活に含まれる（むしろそれを目的とする再婚もある）ので、継子の養育費も婚姻費用に含まれるという見解が有力である（東京家審昭和三十五年一月十八日家月一二巻五号一五三頁[10]）。

(4) 継親に対する継子の扶養義務

継親が継子の養育に力を尽くした場合でも、成長した継子は高齢となった継親の生活に必要な費用を負担する義務を法律上当然に負うものではない。ここでも「特別の事情」があるときに、家庭裁判所の審判によって発生するにとどまる。裁判例では、長年にわたり継親子間に共同生活が存在し継親が実子同様に継子を養育してきた場合[11]、あるいは生存配偶者である継親の扶養をすることを前提に子が実親の遺産の大半を取得したという場合[12]には、「特別の事情」があるとして扶養義務が認められている。他方、継親子間の同居期間が短く心情の交流も密ではなく、継親に対して育ての親としての意識を持てないような場合には、継子に対し、継親への扶養を義務づけることはできない[13]。

実親死亡後に継親が姻族関係終了の意思表示[14]をしたときは、継子に対する扶養義務発生の前提である親族関係が終了し（民法七二八条二項）、扶養義務は消滅する。継親による姻族関係終了の意思表示はないが、継親子間に共同生活が存在しなくなった場合など「特別の事情」が消滅したといえるような「事情に変更を生じたとき」は、家庭裁判所は、扶養義務設定の審判を取り消すことができる（民法八七七条三項）。

3　連れ子との養子縁組

(1)　養子縁組という選択

継親子関係を単なる姻族一親等の親族関係から法的な親子関係に強化する方法として、養子縁組がある。養子縁組には明治民法時からある普通養子縁組と一九八八年（昭和六十三）に新設された特別養子縁組の二種類があるが、特別養子縁組は、要保護性の高い子につき、特別養子縁組による保護が「特に必要」な場合に（民法八一七条の七）、家庭裁判所の審判によって縁組を成立させるもので（民法八一七条の二）、養子は、養親の嫡出子となるとともに、普通養子の場合と異なり、実親その他実方親族との法律上の親子・親族関係を終了させる効果がある（民法八一七条の九）。再婚した後に、継親が継子を特別養子とすることもありうるが、連れ子の特別養子縁組が認められる（要保護、特別の必要性の要件を充たす）のは、例外的であると考えられている。例えば、生後間もない子を残して母が死亡した場合において、父が再婚したときに、継母が継子を実子同様に育てたいということから特別養子とする場合、あるいは再婚した女性に婚外子がいて、実父は子に全く無関心であるとか、逆に実父の存在が子の養育・成長の妨げとなるような事情があって、継父と実母が共同で特別養子とする場合などが考えられる。

再婚後の継親と継子の間での養子縁組（連れ子養子）はきわめて多いが、そのほとんどは普通養子であり、わが国の未成年普通養子の大半を占める。[15] 民法では、未成年者を普通養子にする場合は、原則として家庭裁判所の許可を必要とするが、自己または配偶者の直系卑属を普通養子とする場合は、家庭裁判所の許可は不要である（民法七九八条）。子連れで再婚した親が親権者であり、かつ、子の監護もしていれば、縁組の届出は再婚夫婦の合意のみですることができる。[16] 養子縁組は、継親子間に法定血族関係を生じさせ、実子と同様の権利義務関係が保証され、事実上も安定した親子関係を形成する基盤となる。

他方、継親が継子との間に法律上の親子関係を形成することまでは望まない場合も少なくない。子連れ同士の再婚でも、夫婦の一方のみが他方の子を養子にする場合もある。親子関係に近い平穏な関係を望むとしても、正式に親子となることを重荷に感じることもある。再婚が破綻し離婚する事態を想定するということはないにしても、[17] 実親の死亡によって継親である養親と子のみが残されることを恐れる場合もある。それぞれの再婚夫婦の事情に応じて、養子縁組をするかどうかは、再婚の時点だけではなく、将来を見据えた大きな選択となる。

⑵　継親子間での普通養子縁組の効果

養子となった継子は、縁組の日から継親（養親）の嫡出子の身分を取得する（民法八〇九条）。嫡出子となることによる具体的な権利義務としては、①氏の変更、②親権の変更、③扶養・養育義務、④相続関係の発生が主なものである。

例えば、母が前婚の子を連れて再婚する場合、ほとんどの夫婦が夫の氏を夫婦の氏とする現状（約九六％）では、母は新しい夫の氏を称することになり、その結果、父（母の前夫）の氏または復氏した母の氏を称する子の氏と異なる（戸籍も異なる）ことになる。この場合には、家庭裁判所の許可を得て、子の氏を母の氏に変更する（母の再婚後の戸籍に入籍する）こともできる（民法七九一条）。しかし、母の新しい夫（継父）が母の連れ子（継子）を養子にすれば、家庭裁判所の手続を要することなく、子は簡単に養父である母の夫の氏を称することができる（民法八一〇条）。この氏を同一にする（戸籍を同じくする）ことが継親子間で養子縁組をすることの大きな理由の一つである（逆に子の年齢が高い場合などには養子縁組をしない理由ともなり得る）。

それと同時に親権の行使が継親と実親の共同となることが、継子を養子にする重要な理由となる。未成年者である養子は、養親の親権に服するのが原則である（民法八一八条二項）が、連れ子養子の場合は、養親と子の親権者である実親が夫婦であるから、継親は、養親として実親と共同で継子に対する親権を行使することができる（民法八一八条三項）。

普通養子の場合、養親である継親と養子の間に、新たに法定扶養関係が生ずるが、継親が養親となっても他方の親の扶養義務が消滅するわけではない。しかし、実務上、養親の扶養義務が優先すると考えられている。養子縁組により、養親（継親）と養子（継子）という当事者間の親子関係のみならず、継子と継親の血族との間にも親族（法定血族）関係が生じる。連れ子のある者同士で再婚し、互いに配偶者の連れ子と養子縁組をした場合、連れ子同士は法定血族二親等の関係になるが、連れ子同士が婚姻することは妨げられない（民法七三四条一項）。

養親子間には、相続関係も発生する。連れ子再婚した場合の配偶者（継親）に他に子（例えば他方の親と暮らしている前婚の子）がいるような場合、継親子間での相続関係の発生が既存の法定相続人との間での相続紛争を引き起こす恐れから、養子縁組を避けるということもある。相続権のない（相続権を事前に放棄した）婚姻や養子縁組は制度上存在しないので、あえて婚姻、養子縁組に踏み切るか、婚姻を避けて事実婚とするか、事実上の養子縁組にとどまることになる。婚姻や養子縁組の効力が包括的であることは、再婚およびその後の継子との養子縁組の妨げになっている面がある。再婚家族における連れ子養子のあり方を含めた養子縁組の見直しが求められている。[18]

おわりに

本稿では、再婚後に子が生まれる世代の再婚、および未成年者のある世代の子連れ再婚に伴う法律問題を主にみてきたが、再婚夫婦に新たに子が生まれた場合、継子とのきょうだい関係に問題が生じることもある。再婚した女性が夫の前婚の子（継子）の養育に心を配り、再婚後の新しい子の誕生を避けるというような場合もある。前婚の解消が夫の死亡による場合、夫から相続した財産を持って再婚することを亡夫の親ら親族が嫌がり、再婚にブレーキをかけるというようなこともある。また、高齢となってからの再婚の場合には、若い世代の再婚とは異なる問題が生じうる。典型的には、前婚の子が再婚自体に反対し、再婚配偶者の連れ子との養子縁組にも反対することがありうる。婚姻がもたらす当事者間の法律上の権利義務関係は初婚の場合と変わりがないが、再婚の場合は、前婚の子や親族との関係から別異の問題を生じさせ、新たなパートナーとの出会いが結婚に至る道筋においても大きなハードルとなる。

注

（1）　二〇一五（平成二十七）年の婚姻件数は六三万五一五六組（前年より八五九三組減少）で、うち「一方または双方が再婚」は一七万〇一八一組（二六・八％）である。その内訳は「夫婦とも再婚」六万一三二五組（九・七％）、「夫再婚・妻初婚」六万三五八八組（一〇・〇％）、「夫初婚・妻再婚」四万五二六八組（七・一％）である。平均初婚年齢の上昇（一九四七年は夫二六・一歳、妻二二・九歳、二〇一五年は夫三一・一歳、妻二九・四歳）にともない、平均再婚年齢も同様に年々上昇傾向にある（一九四七年は夫三六・五歳、妻二九・三歳、二〇一五年は夫四二・九歳、妻三九・八歳）。

（2）継子いじめの物語は洋の東西を問わず存在するし、「継子にする」という表現は不当な取り扱い、差別的な意味合いを含む。

（3）ステップファミリーの原語である英語のstepfamilyにしても否定的なニュアンスがついているといわれる。そのため、英語圏でもreconstituted family（再構成家族）など他の用語が使われることがあるが、カタカナ語としてのステップファミリーは、否定的なイメージも脱色され新しい家族概念として日本では定着しつつある（野沢［二〇〇六］、一八～二〇頁）。複合家族・再婚家族・再編家族とも呼ばれる（大村［二〇一四］一六二頁）。なお、子連れ再婚のケースだけではなく、夫婦の一方または双方が婚姻外でもうけた子を連れて婚姻（初婚）している場合、あるいは婚姻しないで子とともに新しいパートナーと一緒に生活（同居）している場合もあるが、本稿では再婚のケースを前提とする。

（4）民法の改正に伴い、「前婚の解消又は取消しの日から起算して一〇〇日を経過していない女性を当事者とする婚姻の届出の取扱いについて」民事局長から通達（平成二十八年六月七日）が出され、民法七三三条二項に該当する旨の医師の診断書の様式等が定められている。前婚の夫との再婚の場合（大正元年十一月二十五日民事七〇八号回答）、女性が懐胎することのできない年齢である場合（昭和三十九年五月二七日民事甲一九五一号回答は六七歳の例）などは、従前通り、医師の証明書を提出する必要はない。

（5）明治民法七二八条に規定されていたもう一つの法定親子関係である「嫡母庶子」では、父が妻以外の女性との間にもうけた子を認知し、家に入れた場合は、妻は、夫の子の親としての権利義務を有し、子は、実母ではなく、父と母の親権に服することになった。養親子関係とともに、法定親子関係があるものとされていたが、養子縁組と異なり、継母や嫡母の嫡出子の身分を与えるものではない。

（6）ただし、継父、継母又は嫡母が親権を行う場合においては、後見の規定が準用される（明治民法八七八条）。したがって、後見人に準じて後見監督人の監督を受ける（明治民法九一五条）。

（7）四親等内の親族には、後見開始・保佐開始・補助開始の審判の申立権があり、親族一般に、後見監督人・保佐監督人・補助監督人の選任の請求、後見人・後見監督人・保佐人・保佐監督人・補助人・補助監督人の解任の請求、親権者の親権・管理権の喪失・停止の請求、その取消しの請求の権限がある。他の親族の婚姻・縁組の取消権もある。また親族相盗例などの親族としての刑法上の一定の刑の免除等の特別扱い、訴訟法上の証言拒否権、裁判官の忌避の請求などが認められる。

(8)　栗林［二〇〇四］四二〜四五頁は、フランス法との比較においてこの問題を検討している。

(9)　同居の親族は互いに助け合わなければならないとする民法七三〇条の適用も考えられるが、同条自体に対し批判があり、廃止すべきとする意見がかねて強いことから、この規定を根拠に継親の継子に対する養育費ないし扶養料の支払をさせることは認められない。

(10)　後妻が養育している夫の先妻の子の養育に関する費用を後妻夫婦の婚姻費用として認めた事例である。婚姻費用の分担を請求されている夫からすれば、自己の子に対する扶養義務の履行と重なるが、請求している妻からすれば、継子についての養育の費用を婚姻費用に含めることが認められたことになる。

(11)　長崎家審昭和五十五年十二月十五日家月三三巻一一号一二三頁は、継母によって実子同様に養育されてきた継子が、統合失調症で入院中の継母の扶養義務者となることを自ら希望した事例であるが、「特別の事情」があるとして申立てを認容した。

(12)　和歌山家妙寺支審昭和五十六年四月六日家月三四巻六号四九頁は、このような事例において、継母に対する継子の扶養義務の設定を認めている。

(13)　福岡家審昭和四十六年十二月二十三日家月二五巻四号五四頁は、継母は継子と同居中とくに苦労して家事に専念して一家の生計を助け、継子らを手塩にかけて育て上げたというような事情はないこと、九年間の同居期間中継母は数回出奔していること、同居終了から三〇年を経過していることなどの事情のもとにおいては、継子らに継母に対する扶養義務を認めるべき対価的要因はないとしている。

(14)　明治民法では、夫が死亡した後に継母が実家に復したときは、継子との法定親子関係は終了した。現行法では、生存配偶者が死亡配偶者の親族との姻族関係を終了させるためには、姻族関係を終了させる意思を市区町村長に届け出ることになった。最近、この姻族関係終了の届出の件数が増加していることから、「死後離婚」という言葉でマスコミが紹介している。また亡夫の親族との関係を切ることに関連して、「籍を抜く」という言葉が用いられることが少なくない。亡夫を筆頭者とする戸籍から生存配偶者が除かれるのは復氏届をした場合であり、姻族関係終了届を出しても復籍するわけではない。現行法では、姻族関係終了届と復氏届は相互に独立している。亡夫との婚姻は、法的には夫の死亡により解消しているのであり、配偶者の死後に離婚はないから、「死後離婚」という言葉はあくまでカッコつきの俗語であるが、離婚と同様に亡夫の親族との縁を切る手段として意識されているのであろう。

(15)　特別養子縁組導入前の一九八二年（昭和五十七）の法務省調査では、連れ子養子は未成年養子の四分の三を占めるという数字がある（細川［一九九三］二四～二五頁）。現在では、さらに割合は大きくなっていると思われる。未成年者（普通）養子についての家庭裁判所の許可の申立件数は、一九八五年（昭和六十）は三二四四件で、二〇一六年（平成二十八）は一〇七五件である（特別養子の申立件数は六六一件）。
(16) 子が一五歳に達していれば、本人が養子縁組の手続をする（民法七九七条）。親の同意は必要ではない。
(17) 再婚した夫婦が離婚した場合、連れ子と養子縁組をしていれば、併せて離縁することが多い。わが国では、未成年者の離縁に対しては家庭裁判所の許可は必要ではないので、親の離婚に伴って、子どもの状況に相応しない離縁が行われる危険性がある。
(18) 養子法の改正をめぐる近時の議論につき、二宮ほか［二〇一五］一一～三四頁。床谷［二〇一〇］八五～一一八頁参照。

主要参考文献

大村敦志［二〇一四］『新基本民法7　家族編』有斐閣。

栗林佳代［二〇一四］「継親子関係をめぐる諸問題――フランス法との比較から」法律時報第八六巻第六号。

床谷文雄［二〇一〇］「養子法」中田裕康編『家族法改正　婚姻・親子関係を中心に』有斐閣。

中川高男［一九七四］「継親子関係と嫡母庶子関係」青山道夫ほか編『講座家族6家族・親族・同族』弘文堂。

二宮周平・前田泰・床谷文雄・西希代子・中村恵［二〇一五］「養子法の検討」戸籍時報第七三一号。

野沢慎司［二〇〇六］野沢慎司他編『Q&Aステップファミリーの基礎知識』明石書店。

早野俊明［二〇一一］「ステップファミリーをめぐる法的課題と展望」家族〈社会と法〉第二七号。

細川清［一九九三］『改正養子法の解説』法曹会。

第2部　世界の結婚

第4章　アジア七地域における「出会いと結婚」の諸相

伊達平和

はじめに

アジア諸地域は現在、出生率の著しい低下、高齢化の進行や離婚率の上昇といった人口学的側面の変化に直面している。さらに、女性の高学歴化と就業機会の拡大も進み、日常的な人間関係を支える人々の親密圏も変化を余儀なくされている。人々の親密な関係性の基盤である家族は、アジアは西洋と比べると「家族主義」を一様に強く維持しているとされてきたが、近年その内部の多様性にも注目が集まり、学際的に家族比較研究が行われてきた[1]。しかし、西洋の家族研究が差異や共通性に関する実証的なデータに基づく知見を蓄積しているのに対し、社会・文化的な多様性が豊かなアジア諸地域については、いまだに不明瞭な部分が多く、国際的に比較可能なデータを用いた実証的な研究が必要とされている。

アジア内部における家族の国際比較研究という文脈において、日本は、東アジアという地理的条件、そして中国の影響を強く受けた儒教文化圏であるという文化的条件より、同じ東アジア地域の中国・台湾・韓国との比較研究が蓄積されてきた[2]。しかし、同じアジア圏でありながらも、東南アジアとの比較については、比較可能なデータに乏しいことも相まって、まだ研究の余地は多く残されており、本書のテーマである「出会いと結婚」についても同様である。

以上の問題関心のもと、本章では「出会いと結婚」に関するアジア内部の差異と共通性について、アジア七地域(日本・韓国・台湾・中国・ベトナム・タイ・マレーシア)において収集された個票データを用い、それぞれの地域の特徴を明らかにしたい。まず第1節では、それぞれの地域のマクロデータを元に、家族を取り巻く社会情勢について概観し、社会の変化と家族の変化がアジアでどのように起こっているのか明らかにする。続く第2節では「出会いと結婚」の背景となるアジア七地域のそれぞれの親族構造について整理し、各社会における家族の基盤を確認する。第3節では「出会いと結婚」について、「どのようにして出会うのか」そして「親が結婚にどの程度影響を及ぼすのか」という二つの側面から分析を行う。最後に第4節では、分析した結果から、現代のアジア七地域における「出会いと結婚」の差異と共通性について、今後の研究の展開も見据えつつまとめていきたい。

1 変わる社会・変わる家族

先述したように、アジアの諸地域は急速な社会の変化と家族の変化を経験している。その変化はさまざまな側面から示すことができるが、ここではそれぞれについて、代表的な二つの指標から確認しておこう。

(1) 社会の変化

まず社会の変化の端的な指標として、一人あたりGDP(購買力平価)の推移[3]についてみてみよう(図4-1)。この図からは、どの地域でも経済的な発展が進んでいるが、そのタイミングやスピードに差異があることがわかる。例えば、アメリカやイギリスはアジア地域に先行して経済発展を進め、続いて日本も戦後の高度経済成長を経て、一九八〇年代には先進国と同水準の経済力に達した。一方、その他のアジア地域の経済力は、一九八〇年代において日本

図４－１　１人あたりGDP（購買力平価）の推移

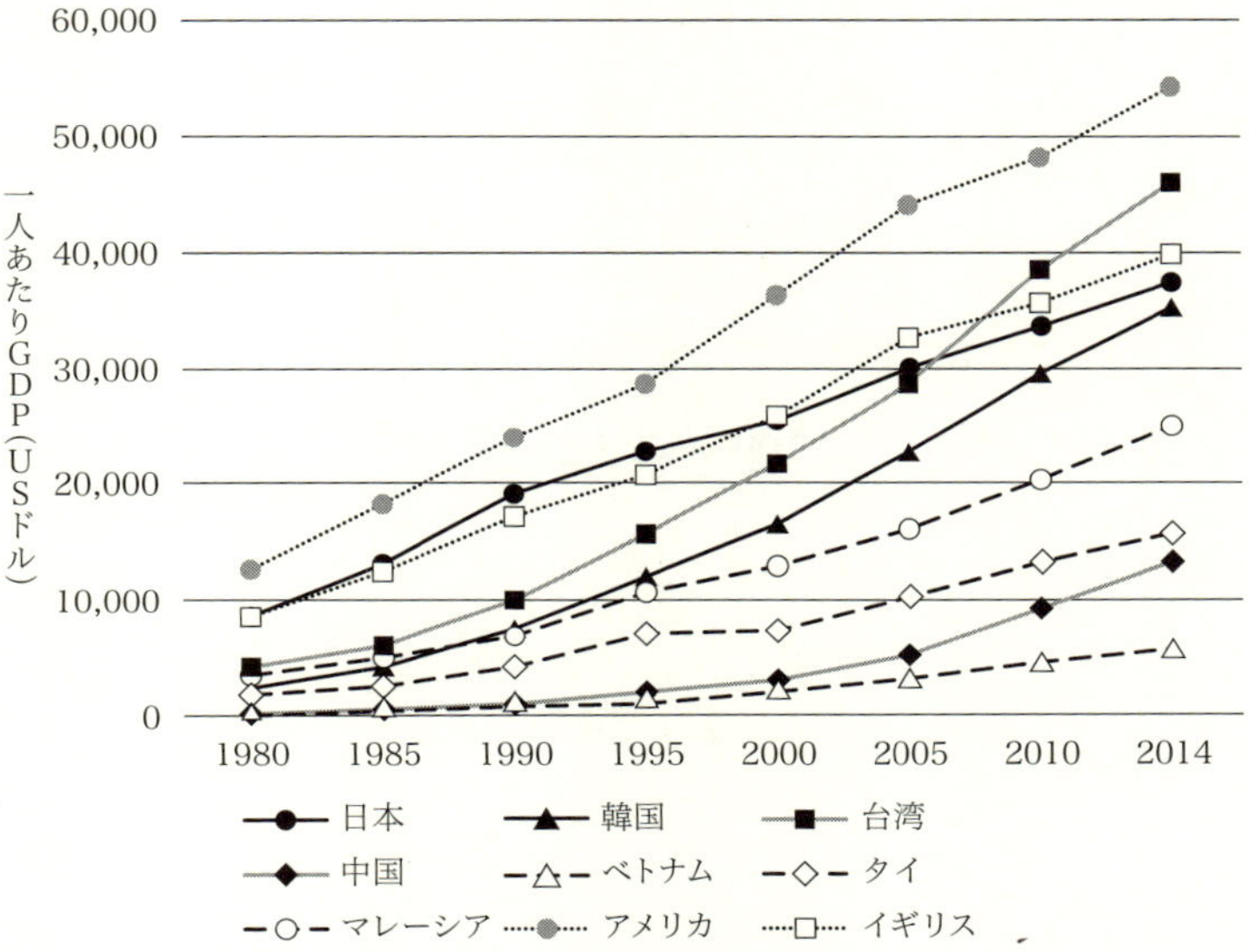

出所：IMF（http://www.imf.org/external/index.htm）を参照。

やイギリスの約半分であった。

一九八〇年代以降、経済力を著しく伸ばしてきたのは、東アジアの韓国と台湾である。現在では、台湾の一人あたりGDPは日本を抜き、韓国も日本と同水準まで一気に上昇している。中国についてみると、GDPではアメリカに継ぐ二位の経済大国だが、人口規模が大きいことから、一人あたりGDPは他の東アジア地域に比べると発展途上である。東南アジア地域は、マレーシアとタイの経済力が二〇〇〇年前後から伸びており、ベトナムは徐々に発展してきてはいるものの、他のアジア地域に比べると、変化は緩やかである。

以上のように、一九八〇年代以降の経済発展についてみたとき、中国を除く東アジア地域は欧米の水準に達しつつある。日本は、韓国と台湾に先駆けて経済発展を遂げ、韓国と台湾は、一九九〇年代に一気に経済発展を達成した。東南アジア地域は、二〇〇〇年代になって経済力が伸びている。このように、本章が対象とするアジア七地域は、経済発展のス

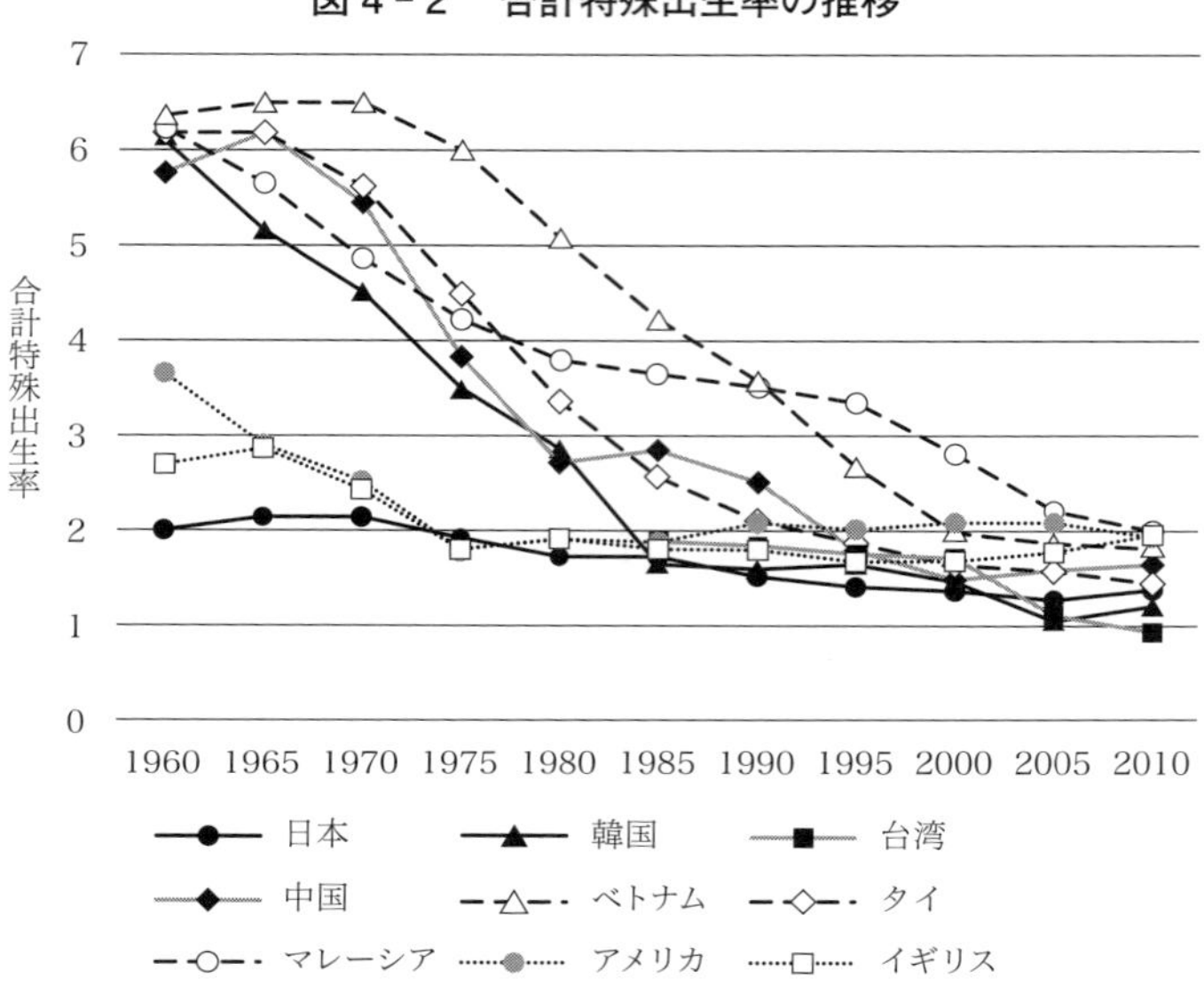

出所：台湾は DGBAS サイト（http://eng.dgbas.gov.tw/mp.asp?mp=2）を参照。その他の地域は国連統計（http://data.un.org/）を参照。

ピードとタイミングに違いがあることがわかる。

(2) 家族の変化

次に、家族の変化の指標として合計特殊出生率の一九六〇年から二〇一〇年までの推移についてみてみよう（図4-2）。出生率の低下は、単に子ども数の減少を示すだけではなく、晩婚化や未婚化といった家族形成の変化とも関係しているため、家族の現状と変化を示す基本的な指標である。

まず、アメリカやイギリスでは、出生率は一九七〇年代までに人口置換水準（約二・一のレベル）前後まで緩やかに低下し、その後も同水準で推移している。一方、日本以外のアジア諸地域をみると、一九七〇年代からの出生率の低下は、アメリカやイギリスに比べて急速である。たとえばタイの場合、一九七〇年の出生率は五・六であるが、二〇一〇年には一・七まで低下している。日本の場合、一九五七年から人口置換水準以下となっており、イギリスやアメリカと比べても相対的に早く少子化が始まっている（図では省略）。それ以降、緩やかに低下をしており、近年の変化については、他のアジア地域と比べると変化に乏しい。このように合計特殊出生率の推移を比較すると、日本を除くアジア諸地域では、家族の規模が非常に短期間で縮小しており、現在では先進諸国とほぼ同じ水準になっている[4]。

　これらの経済発展や出生率の変化に代表されるアジアの急速な社会変動については、近年「圧縮された近代論」として議論がなされており、その代表的な論者にチャン・キョンスプがいる。チャン［二〇一〇a＝二〇一三］によると、「圧縮された近代」では、「経済的、政治的、社会的、あるいは文化的な変化が、時間と空間の両方に関して極端に凝縮された形で起こる。そして、互いに共通点のない歴史的・社会的諸要素がダイナミックに共存することにより、きわめて複雑で流動的な社会システムが構成かつ再構成[5]」される。より具体的にいうと、「圧縮された近代」は、欧米社会が近代化の過程で経験してきたさまざまな現象、つまり経済成長だけでなく、高学歴化、少子化、晩婚化、離婚率・未婚率の上昇、核家族化などの現象が非常に短時間で起こる近代化のプロセスのことである[6]。

　この「圧縮された近代」論は、社会変動の一つのパターンを示しているが、現代における諸現象を分析する視点も示している。たとえば、「世代差」に着目する視点がそれである。チャンによれば、「圧縮された近代」を経験した地域では、人々は「異なる経済状況、社会関係、時代の出来事など、多くの相矛盾するような社会文化的環境にさらされる[7]」ため、人々の意識や行動に多様性が生じる（accidental pluralism）。さらに、「（急速な社会変化の）結果として、異なる世代は、著しく異なった家族イデオロギーを発展させるため、世代間のコンフリクトや敵意が家族関係や家庭内の生活において頻繁にみられる[8]」ようになる。このように「圧縮された近代」が起きている地域では、意識や行動の差異が、第一に世代間の差として表れる[9]。本章はアジアの「出会いと結婚」について比較分析するが、圧縮された近代を経験している地域（とくに韓国・台湾）と、その他の地域ではどのような差があるのか、分析をする上で重要な視点となるだろう。

さらに地域間の差異は以上のような社会変動の他にも、各地域における特有の文化に基づくとも考えられる。よって次節では、それぞれの親族構造が地域でどのように異なっているのか、整理しておこう。

2　アジアにおける親族構造

前節では、二つのマクロデータに基づき、アジア七地域の社会変動と家族変動について確認した。しかし、アジアの「出会いと結婚」の基盤となっている伝統的な親族構造をふまえることは、現代の家族を理解する上で欠かすことができない。よって本節では、アジア七地域の伝統的な親族構造について整理しておきたい。

(1)　中国・台湾・韓国・日本の親族構造

まず、中国と台湾の伝統的な親族構造について、漢民族を中心に概観してみよう。[10] 漢民族の親族構造は、父系血縁が重視される合同家族（Joint Family）を形成するのが伝統とされる。この合同家族とは、「父母と複数の息子夫婦およびその子どもたちからなる家族」[11]である。相続においては、長男と次・三男の区別を設けることは原則としてなく、息子たちが全員で親の扶養や先祖祭祀に従事するなど、兄弟間は比較的平等（男子均分相続）であることが特徴となっている。[12] ただし、中国と同様に漢民族が多くを占める台湾では、中国と比較した場合、女性を介在して展開する姻戚関係がより重要であり、母方オジの権威が高いという差異も指摘されている。[13]

それでは、韓国と日本はどうだろうか。巨視的な視点に立つならば、日本と韓国は中国と台湾に比べると共通点が強調されることも多いが、[14] 同時に異なる点も指摘されている。まず韓国は、中国と同じく父系血縁組織が重要である。しかし韓国は中国と異なり、親を扶養する義務があるのは長男であり、相続も他の兄弟よりも多い。また、長男は祭祀権を継承し、父親と長男の系譜が重視される父系制の「直系家族」を構成する。[15] 一方、日本の親族構造はどうだろうか。[16] 法制史によると、明治民法と戸籍制度によって、「戸」の存続や直系尊属の尊重、長男単独相続を特徴とする「家」制度が成立したとされる。[17] しかし、実際の親族構造のあり方は、東アジアの文脈においては、日本は父系親族組織の形が緩やかであることがたびたび指摘されている。すなわち、非血縁者を養子にしたり、娘に後を継がせたりする慣行があることから、「家」の系譜関係は重要であるものの、連続性を保つ手段の幅は他の東アジアよりも多様である。[18] このように、父系親族組織を重視している点では類似性があるといえるものの、東アジアの四地域の親族構造は、それぞれ微妙に異なっている。

(2) タイ・マレーシア・ベトナムの親族構造

それでは、東南アジアについてはどうだろうか。まず、タイとマレーシアの文化の基底には東アジアとは異なる双系制がある。双系制の親族構造は一般的に、父系や母系など特定の親族との結びつきについて定まった規範はなく、時には状況依存的に選択を行い、「系譜性より、個人との関係の近さ・遠さを重視する親族関係のあり方」[19]である。これら双系制の地域では、家族に関するさまざまな規範の緩さが指摘されており、世界の家族について分類したトッドによれば、「アノミー型」とも呼ばれている。このアノミー型家族は、両性の平等性が高いことと、女性の地位が高く、相対的に母系の権威も尊重されているという特徴がある。さらに相続のシステムは、女性に男性と同じ権利を与えているという。[20]

しかし、この双系制の特徴は、東南アジアで一枚岩ではない。たとえば、多民族国家であるマレーシアのエスニシティの割合は、マレー系が約六割、中華系が約三割、インド系が一割となっているが、マレーシアのなかの中華系・インド系の人々は父系的な親族構造がある。[21] 一方、ベトナムについては、双系制が基底にある東南アジア文化圏に含まれているが、その特徴が強いのは南部であり[22]、首都ハノイが含まれる北部については、中国の親族構造や儒教の影響を受けているため、父系親族組織が重要な役割を果たしている。ただし、ベトナム北部の父系制は、父系親族組織が力をもっているものの、女性の地位が高く、母方とも密接な関係をもつタイプの父系制であり、儒教的な要素も曖昧であるということも指摘されている[23]。

このように、東南アジア地域は、東アジアの父系制とは異なる双系制に特徴づけながらも、その地理的特徴や民族的特徴によって、より多様な社会である。それでは、本節で確認したような家族の文化的基盤の違い、さらに前節で確認した近代化のスピードの違いは現代において「出会いや結婚」の差異にどのように表れてくるのか。次節以降では実際に個票データを用いることによって、東アジアならびに東南アジア地域の共通性と差異を明らかにしていこう。

3　分析

これまで示してきたように、アジアの各地域の家族は、異なる親族構造がその基盤にあり、近年では急速な経済的変化や家族の変化が起きている。それでは、これらの差異を背景として、現代のアジアにおける「出会いと結婚」は、どのような差異と共通性があるのだろうか。本節では個票データを用い、実際に分析を進めていく。

(1)　使用するデータ

使用するデータはEast Asian Social Survey 2006（ＥＡＳＳ ２００６）とComparative Asian Family Survey（ＣＡＦＳ）の二データである。前者のＥＡＳＳは日本・韓国・中国・台湾の四地域を対象とする調査であり、その中でもＥＡＳＳ ２００６は家族に関する詳細なデータを収集している（なお、日本チームは大阪商業大学ＪＧＳＳ

研究センターである）。また後者のＣＡＦＳは、ＥＡＳＳ２００６とほぼ同じ質問紙を用いて行われた比較可能な調査であり、二〇一七年四月時点でアジア六地域（ベトナム・タイ・マレーシア・インド・カタール・トルコ）で調査を行っている。さらに他のアジア地域にも調査地を広げている（なお、日本チームは京都大学文学研究科ＧＣＯＥ「親密圏と公共圏の再編成を目指すアジア拠点」およびその成果として設立された「アジア親密圏／公共圏教育研究センター」および「京都大学アジア研究教育ユニット（ＫＵＡＳＵ）」を基盤として活動している）。本章ではＥＡＳＳに加え、ＣＡＦＳからベトナム（ハノイ）、タイ（バンコク）、マレーシア（クアラルンプール）の三地域、計七地域のデータを用いて比較分析を行う。

調査の概要については表4-1に示している。ＥＡＳＳ２００６は各調査地域のほぼ全域を対象とした、地域を代表するデータであるが[24]、ＣＡＦＳについては、首都圏を対象としていることに注意が必要である。このような限界がありながらも、アジア内部の詳細な家族比較が可能なデータは希少であることから、本章では、これらのデータを使用する[25]。なお、データを比較可能にするため二〇歳から六九歳の既婚者[26]に対象者を限定して分析を行う。

(2)　分析の概要

ＥＡＳＳとＣＡＦＳでは、「出会いと結婚」に関して複数の調査項目がある。まず出会いであるが、出会いの機会と出会った場所について尋ねている。出会いの機会については「あなたは配偶者の方とどのようなかたちで出会いましたか」という質問を「1．見合い（By arrangement）、2．人からの紹介（By introduction）、3．見合いでも紹介でもない（By myself）」という選択肢（括弧内は英語によるフォーマット。日本の質問文の「見合いでも紹介でもない」は以下「自分で」と表記）で尋ねている。ただし、文脈によっては、人からの紹介も広義の意味においては見合いとも考えられるなど、「見合い」と「紹介」の区別は文化比較を行う場合困難が生じる[27]。そのため、本章では「自分で」結婚相手を見つけた場合と、それ以外の2つの場合に分けて分析を行う。出会った場所については、前質問において「自分で」と答えた人に限って、「どこで配偶者の方と出会いましたか」という質問を「1．近所で、2．学校で、3．職場で、4．家族関連の機会で、5．その他」という選択肢で尋ねている。

次に「結婚」であるが、これらの調査では、結婚に対する親からの影響について「あなたが配偶者の方と結婚を決めたとき、あなたの親の意見はどの程度影響しましたか」との質問で、影響の強さを四点尺度で尋ねている。

本章では、以上の三つの質問について、各地域の分布と世代差を確認し、地域ごとの差異がどの程度あるか概観する。次に、結婚に対する親の影響に限定して、世代差に加え、性差についても分析を行い、アジア七地域における結婚のあり方について比較を行う。

調査概要

ベトナム	タイ	マレーシア
Vietnam Family Survey 2010	Thailand Family Survey 2010	Malaysian Family Survey 2012
ハノイ周辺におけるエリアサンプリングと割当法の併用	バンコク周辺におけるエリアサンプリングと割当法の併用	クアラルンプールとセランゴールにおけるエリアサンプリングと割当法の併用
面接法	面接法	面接法
18歳以上の男女	18歳以上の男女	18歳以上の男女
1219	1092	1729
1019	783	997

本文中ではクアラルンプールのみ表記。

(3) 分析結果

アジアの人々はどのように出会うのか

アジア七地域について、人々はどのように出会っているのだろうか。図4-3に出会う機会の分布について、さらに図4-4に「自分で」と答えた人の割合について、年齢段階別に示した。

図4-3によると、「自分で」と答える人は東南アジア地域のハノイとバンコクに多く、これらの地域では、八割もの人々が、自らの作り出した機会によって配偶者と出会っている。一方、見合いや人を介した出会いは、東アジアの韓国・台湾・中国に多い。日本やクアラルンプールはその中間であるが、日本は東アジアに近く、クアラルンプールはどちらかといえば東南アジアの

表４－１　使用するデータの

	日本	韓国	台湾	中国
調査名	Japanese General Social Surveys 2006	Korean General Social Survey 2006	Taiwan Social Change Survey 2006	Chinese Social Cange Survey 2006
抽出方法	層化二段無作為抽出	層化三段無作為抽出	層化三段無作為抽出	層化四段無作為抽出
調査法	面接・留置法の併用	面接法	面接法	面接法
対象者	20歳〜89歳の男女	18歳以上の男女	19歳以上の男女	18歳〜69歳の男女
有効回答数	2130	1605	2102	3208
20歳〜69歳の既婚者	1352	1062	1233	2726

注：セランゴール州はクアラルンプールを取り巻くように位置している、マレーシアにおける州の１つ。

図４－３　配偶者との出会い方

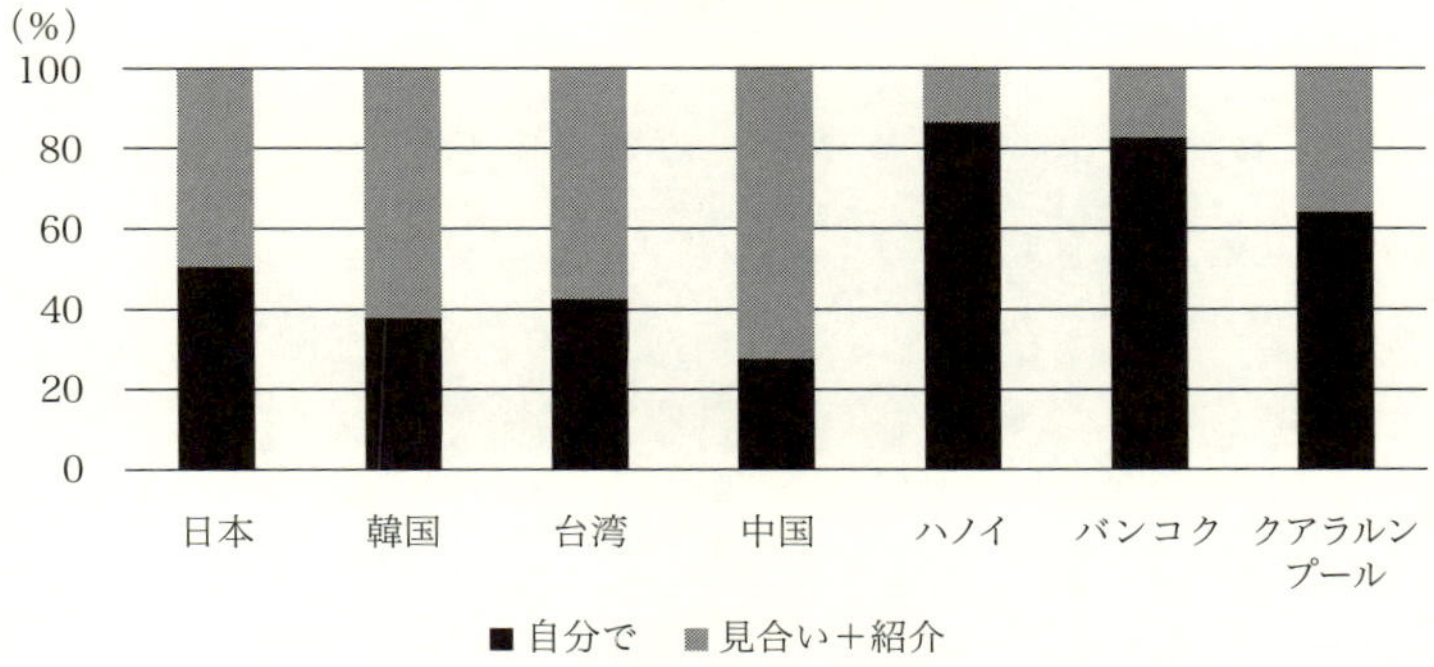

(%)
100
80
60
40
20
0

日本　韓国　台湾　中国　ハノイ　バンコク　クアラルンプール

■自分で　■見合い＋紹介

図４－４　自分で配偶者を見つけた人の割合（年齢段階別）

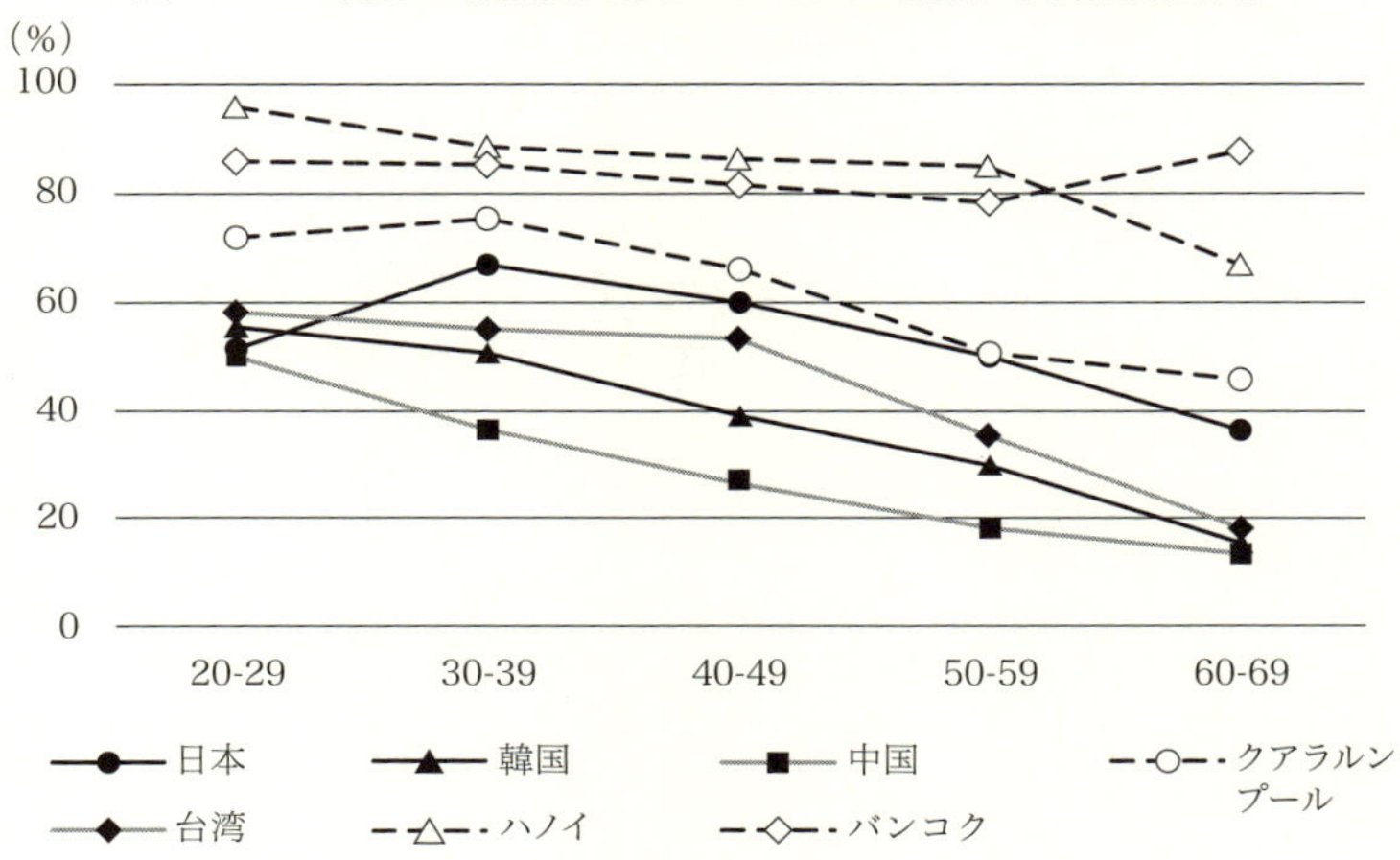

図４－５　出会いの場所

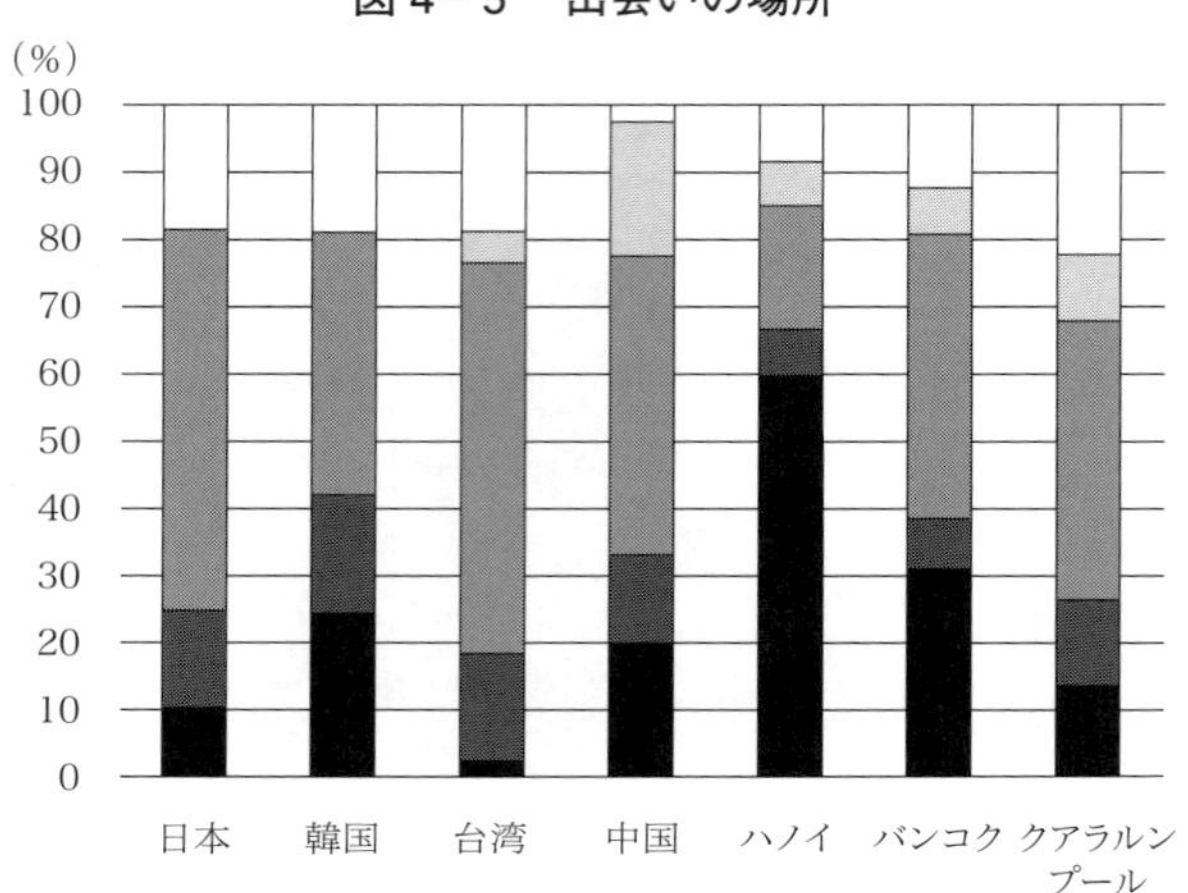

注：日本と韓国では「4．家族関連の機会で」の選択肢がない。よって、これらの人々は「その他」に含まれていると考えられる。

ハノイやバンコクに近いようである。

次に、この結果を世代別にみた図４‐４によると、大きく二つの地域にわけられる。まず「自分で」と答える人の多かったハノイとバンコクでは、ほぼ全年齢段階において八割前後の者が「自分で」と回答している。一方他の地域をみると、若年層では「自分で」と回答する人が多く、高齢層では日本とクアラルンプールでは約半数が、韓国・台湾・中国では二割程度の人しか、「自分で」とは答えていない。日本では二十代の若年層において「自分で」と答えている人が減っているが、晩婚化が進んでいる日本では、比較的早期に結婚している人は他の人の紹介や見合いによって結婚している可能性がある。[28]

次に、自分で配偶者と出会ったと答えた人はどこで出会っているのだろうか。図４‐５は「自分で」と答えた人に限定して出会った場所について尋ねた結果を示しているが、全体的に多いのは職場で出会う場合である。経済成長は、一般的には産業構造の転換を伴い、職場で働く賃労働者を生み出してきたが、先んじて経済発展を進めてきた日本では自分で配偶者と出会った人の約半数が職場で出会っ

図４－６　結婚に対する親の影響

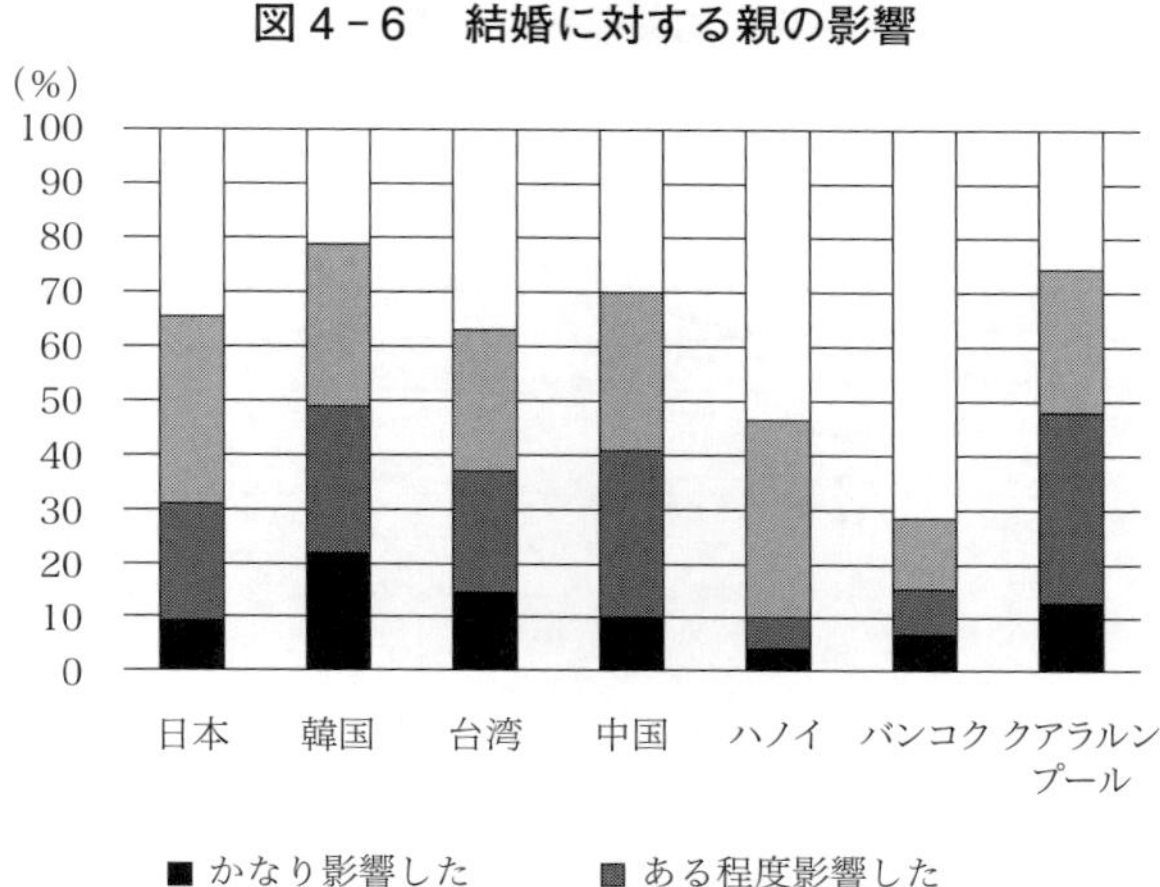

ている。その他の地域においても三割から四割の人々が職場での出会い後、結婚をしている。一方、「自分で」と答える人の多かったハノイとバンコクに注目すると、バンコクでは東アジアと同じく職場での出会いが多いのに対して、ハノイは近所で出会い、結婚をするパターンが多いのが特徴的である。

アジアの人々は親から結婚に対してどの程度影響を受けるのか

それではアジアの人々が結婚するとき、親の影響はどのくらい強いのだろうか。また地域によってどのように異なるのだろうか。図４－６は親の影響について、四点尺度で示したものである[29]。この図によると、「自分で」と答えていたハノイとバンコクにおいては、全く影響がなかった人が半数以上であり、他の地域とは異なる傾向がある。ハノイとバンコクの次に「自分で」と答える人の多かった日本とクアラルンプールをみると、日本のほうがクアラルンプールよりも親の影響が小さく、七割の人々が「全く」「あまり」影響がなかったと回答している。クアラルンプールでは、残りの東アジアの韓国・台湾・中国と同程度に影響を受けており、概して影響を受けている人と受けていない人はそれぞれ約半分である。

図４－７　結婚に対する親の影響（年齢段階別）

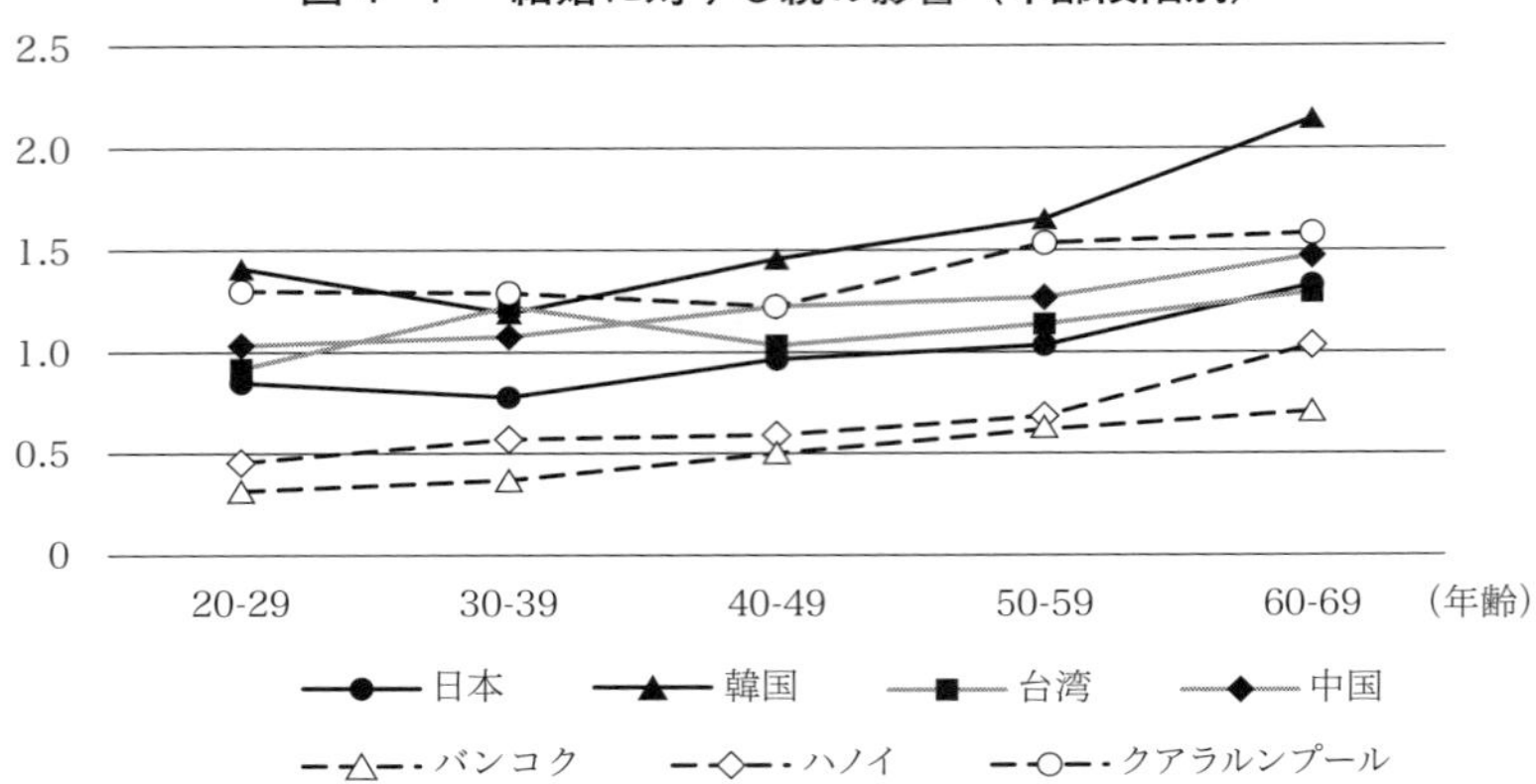

図４－８　親の影響を受けた人の割合（性別）

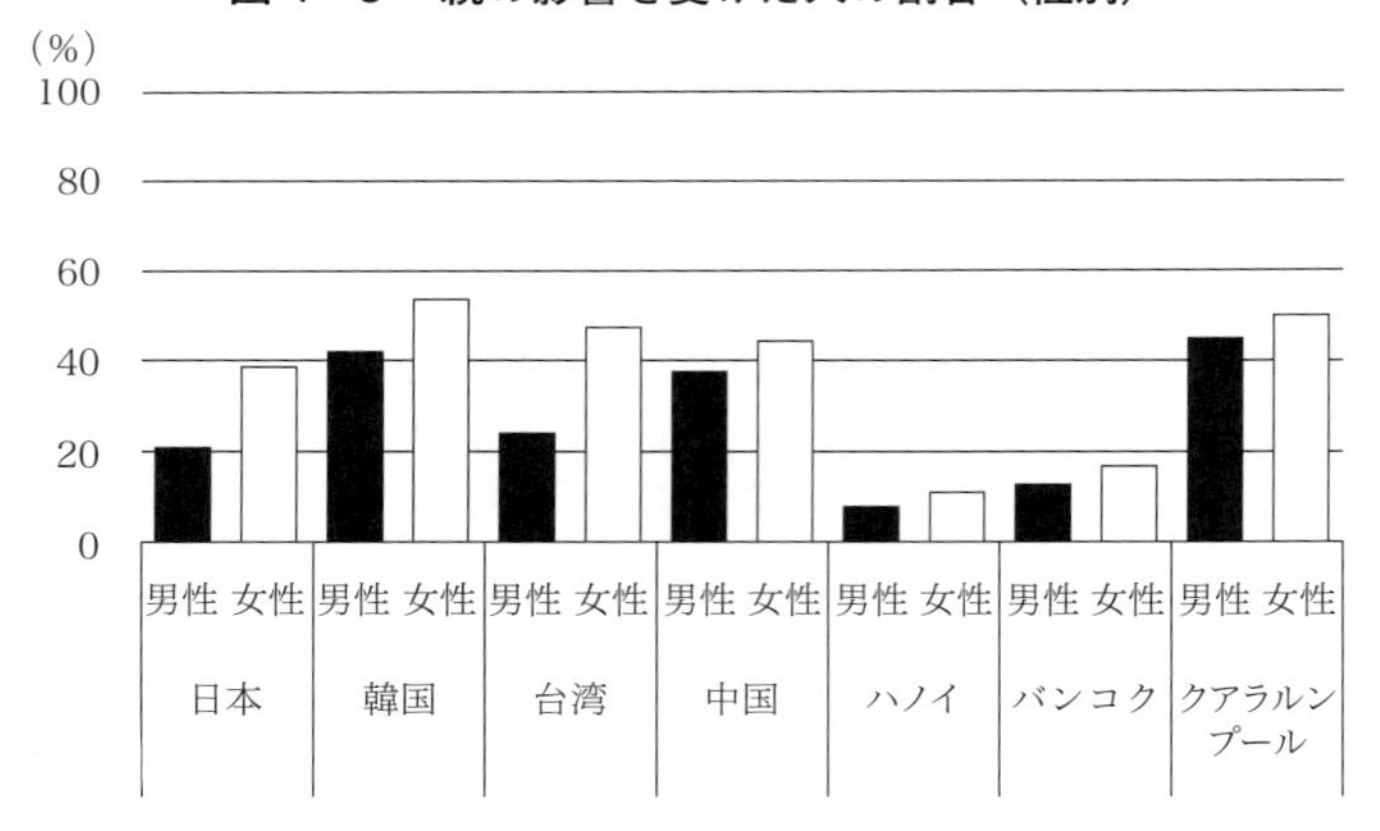

この結果について、年齢段階別の平均値を示したのが図4-7である。この図によると、全体的に高年層よりも若年層のほうが親の影響は小さいようだ。より細かくみていくと、韓国がこの傾向が顕著であり、親の影響が高齢層で特に大きく、韓国の若年層と比べて、結婚経験が大きく異なる。[30] 一方、ハノイとバンコクの高齢層はその他のアジア地域の若年層と同程度しか影響を受けていない。

分析の最後に、性差についてもみてみよう。図4-8は、親の影響について、影響を受けた人（かなり影響した＋ある程度影響した）と受けなかった人（あまり影響しなかった＋全く影響しなかった）の二群に分け、影響を受けた人の割合について性別に示したものである。この図によると、東アジアの四地域では女性の方が結婚に親から影響を受けた人が多いのに対して、ハノイ、バンコク、クアラルンプールの三地域については性差はみられない。この結果について、学歴、年齢段階を統制した上で二項ロジスティック回帰分析を行ったところ、東アジアの四地域においてのみ、性別が統計的に有意な影響を示していた（結果については省略）。この結果は、とくに東アジアにおいて女性の方が親からの影響を受けやすいことを示唆している。

以上のように、ごく基礎的な結果であるが、東アジアの四地域と東南アジアの三地域の計七地域について、「出会いと結婚」について分析を行ってきた。ここまでの分析結果をふまえて、アジア内部における差異と共通性について整理していこう。

4　現代アジアにおける「出会いと結婚」

本節では、これまでの分析結果をふまえて、現代アジアにおける「出会いと結婚」の比較研究において、ポイントとなる点を三点指摘する。

まず「出会いと結婚」は、東アジアと東南アジアの差異が大きいという点である。いわゆる近代化論では、一般的に近代化が進むと、人々は家族などの伝統的な紐帯から解放され、個人で人生を選択できるようになると想定することが多い。このような説明は東南アジアよりも、東アジアにおいて当てはまっているようだ。東アジアの高齢層では、かつては「出会い」は自分でみつけるものではなく、知人からの紹介や見合いなどによって行われていた。しかし、東南アジアのハノイとバンコクでは、東アジア地域よりも経済の発展は後発的であるのにもかかわらず、「自分で」

結婚相手と出会うことがごく普通のことである。クアラルンプールについても、日本と同程度、あるいはそれ以上に「自分で」出会っている。このことからは、見合いや紹介を含む、人々の身近な集団において「出会い」が始まるという「伝統的」な結婚観は、少なくとも、今回分析対象とした東南アジアの地域においては当てはまらないことを示している。さらに、東アジアでは、父系制に基づく女性が従属的な立場に置かれやすい親族構造を反映して、女性の方が結婚に対する親の影響を強く受けやすい。一方で東南アジアでは結婚について親の影響は、三地域とも性によって変わらない。このことからも、アジアの内部において家族の変容をとらえるとき、私達の住んでいる東アジアの文化や一般的な近代化論を前提にしていると、多様なアジアの家族を的確にとらえることができない危険性があるといえるだろう。

次に東南アジア内部の差異である。たとえば、バンコクとクアラルンプールでは「自分で」と答える人の出会いは、職場が多かったのに対して、ハノイでは近所が多かった。このように「出会い」のあり方は東南アジア内部においても差異がある。ベトナムは現在急速に発展が進んでいる地域であるが、タイやマレーシアに比べると、その程度はまだ三分の一程度の経済力（図4-1参照）であることから、経済成長に付随する都市化や産業化の違いが、東南アジアの内部の差異を生み出している可能性が指摘できる。

最後に東アジアの内部の差異である。この東アジア内部の差は、第1節で述べた「圧縮された近代」論に依拠して理解することができる。この「圧縮された近代」論の基本的な考え方は、韓国や台湾といった産業化・都市化といった近代化が急速に進んだ地域においては、意識や行動が主に世代差によって異なるという点にあった。この視点から今回の「出会いと結婚」についてみると、結婚に対する親の影響の強さは、特に韓国において世代によって大きく異なっていた。すなわち、現在の高齢者が若者だったときは、伝統的な結婚のあり方を反映して人からの紹介や見合いを通して出会い、親の影響を強く受けていた。一方で、現在の若年層は、親の影響が小さく、自分で結婚相手を探して結婚をしている。韓国は「圧縮された近代」を経験している典型的な地域であるから、このような世代差がはっきりと表れていると考えられる。

一方、同じ「圧縮された近代」を経験している台湾では、韓国に比べると親の影響について世代差が乏しかった。これはどういうことを意味しているのだろうか。可能性の一つとして考えられるのは、親族構造の差異である。韓国の伝統的な家族は、父系制を維持する直系家族であり、相続は基本的に長男に与えられる。このような構造は家族のなかで父親の権力を高める役割を果たすと考えられる。一方、台湾の漢民族では、父系制という点では共通しているが、相続は男子均分であり、韓国に比べて家族のなかの権力が長男の系譜に集中せず、とくに父親の権力は韓国と比べると相対的に弱いと考えられる[31]。このような文化の違いが、韓国の高齢者と台湾の高齢者の経験の差になって表れている可能性がある。このように、同じ東アジアの中にあり、同じタイミングで「圧縮された近代」を進んできた両地域であっても、父系制の質的な差異によって、「出会いと結婚」の特徴が異なるのである。

おわりに

本章では、アジアの七地域を比較できるデータを用いて「出会いと結婚」に関する基礎的な分析を行った。今回行ったように、アジア内部の差異と共通性を個票データに基づいて明らかにする試みは、アジアで比較可能な国際比較調査の蓄積を伴って、現在進みつつある。本章では「出会いと結婚」に関して、七地域の差異と共通性を明らかにしたが、あくまでも基礎的な分析結果を示したにすぎない。今後、それぞれの地域における「出会いと結婚」のあり方がどのような要因に規定されているのか、深い分析が求められる[32]。

最後に、本章で示した東アジアと東南アジアの比較については、とくに東南アジアは首都圏の都市部とその周辺に限られたデータであるために、国単位でこれらの議論が当てはまると断言するには留保が必要である。しかし、これらのデータも、それぞれの文化や社会の影響を受けていることは間違いがない。このような限界がありながらも、私達の住んでいる東アジアが、そして日本が他の地域と比べてどのような特徴があるのか、比較していく試みは、アジアの存在感が世界的に高まっていく現代社会において、ますます重要になっていくと思われる。

注

(1) 瀬地山［一九九六］、山中編［二〇〇四］、佐藤・清水・木佐木［二〇〇四］など。
(2) 瀬地山［一九九六］、岩井・保田［二〇〇九］。
(3) なお、購買力平価（purchasing power parity, PPP）とは、経済力の国際比較を行うのに適した通過換算レートであり、各国間の物価水準の差異を補正するものである。（詳細については、総務省HP参照：http://www.soumu.go.jp/toukei_toukatsu/index/kokusai/icp.html）
(4) このアジアにおける急速な家族の縮小は欧米諸国のトレンドと比べて特殊なものであるとされている。たとえば落合によると、人口置換水準への合計特殊出生率の低下は、西ヨーロッパや北米では、一八八〇年代から一九三〇年代頃までにフランスを例外として一斉に起こり、しばらく安定期が続いた。そして一九六〇年代になると、さらに人口展開水準以下まで下がるという二つの段階を経たとされている。しかし、アジアにおける少子化は、この二つの段階を一気に経験し、日本でも安定期は西洋よりも短い期間であったと指摘している（落合［二〇一三］）。
(5) Chang [2010a=2013], p. 41.
(6) Chang [2010b].
(7) Chang [2010b], p. 14.
(8) Chang [2010b], p. 14.
(9) チャンは、人々の意識や行動は、世代以外にも、性・学歴・居住地域といったその人自身の基本的な属性によって規定されやすくなることを明らかにしている。

(10) もちろん、中国と台湾にも多くの少数民族が存在している。しかし漢民族は中国と台湾で九割以上を占めていることから、本章では漢民族に限定して記述する。
(11) 加藤ほか［二〇一六］。
(12) 佐藤［二〇〇四］、植野［二〇一六］。
(13) 植野［二〇一六］。
(14) たとえば、トッドは世界の親族構造を親子関係が権威主義的か自由主義的か、兄弟姉妹関係が均分相続かそうでないかという二つの軸で整理し、日本と韓国が「権威主義的家族」と類型化されているのに対して、中国と台湾は「外婚性共同体家族」であると類型化している。
(15) 佐藤［二〇〇四］。
(16) ここではかなり単純化しているが、日本における「家」の成立史は、階層や地域によって異なり、さらに多くの説がある。日本の「家」の成立に関しては平井［二〇〇八］などを参照されたい。
(17) 平井［二〇〇八］、一七頁。
(18) 佐藤［二〇〇四］。
(19) 落合［一九九四］、二〇八頁。
(20) Todd [1999=2008], p. 265.
(21) 坪内［一九九四］。
(22) 中西［一九九八］。
(23) 末成［一九九八］。
(24) なお、中国に関しては自治区など複数の地域のデータは含まれていない。ＥＡＳＳ ２００６の調査に関する詳細についてはＪＧＳＳ研究センターＨＰ（http://jgss.daishodai.ac.jp/index.html）あるいは、岩井・保田［二〇〇九］を参照されたい。ＣＡＦＳに関する詳細については、京都大学グローバルＣＯＥ「親密圏と公共圏の再編成をめざすアジア拠点」最終報告書、あるいは現在計画している本プロジェクトに関する書籍を参照されたい。なお、ＣＡＦＳに関しては、調査地の性別人口構成比に基づくウェイト集計に基づく数値である。
(25) 家族に関する質問が含まれる調査は他にもWorld Values Survey（ＷＶＳ）やInternational Social Survey Program（ＩＳＳ

P）などがあるが、質問の幅の広さやアジア内部の比較可能性については、ＥＡＳＳとＣＡＦＳを用いると、より詳細にアジアにおける家族を把握できる。

(26) 配偶者と死別した結婚経験者も含めている。

(27) Tsutsui [2013].

(28) 二十代の回答者はそれぞれ中国二九七名、日本四八名、韓国三九名、台湾四七名である。

(29) 平均値は「かなり影響した」＝3、「ある程度影響した」＝2、「あまり影響しなかった」＝1、「全く影響しなかった」＝0として算出した。選択肢には「親はその時すでに亡くなっていた」もあるが、欠損値として除外した。

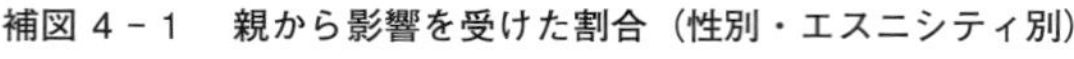
補図４－１　親から影響を受けた割合（性別・エスニシティ別）

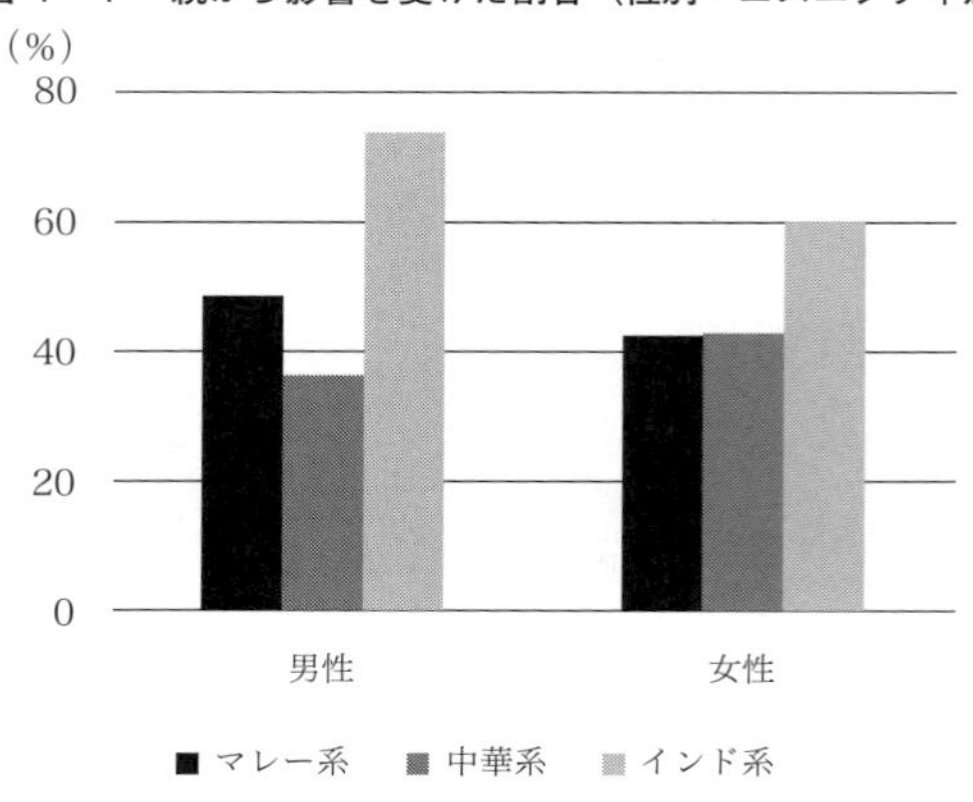

(30) 韓国について詳しくみると、若年層について影響が大きいことも読み取れる。これについても「自分で」と答える人が少なかった日本の若年層と同じ理由であると考えられる。すなわち、晩婚化が進んでいくなか、早く結婚をする人は、親からの影響が強く出ることが推察される。

(31) 台湾の方が権力の構造が相対的に弱いとはいえ、韓国と台湾は父系制という点では共通している。よって、親からの影響という点においては、韓国も台湾も女性の方が親から強く影響を受けるという共通性があるということは、改めて確認しておく必要がある。

(32) たとえば、マレーシアについては、もちろんエスニシティに関する影響が見られる。補図4-1は、クアラルンプールデータを用いて、性別とエスニシティ別に、親の影響を受けた人の割合について示している。この図によると、男性では中華系、マレー系、インド系の順に親の影響を受ける人が多くなり、女性ではインド系が親の影響を受けている人が多い。インドは中国と同じく父系にもとづく合同家族を形成し、さらにカースト制度などの規範も強いことから、マレーシアのインド系でも親から影響を受ける人が突出して多く現れるのかもしれない。

主要参考文献

〈日本語〉

岩井紀子・保田時男編〔二〇〇九〕『データで見る東アジアの家族観――東アジア社会調査による日韓中台の比較』ナカニシヤ出版。

植野弘子〔二〇一六〕「婚出女性がつなぐ『家』――台湾漢民族社会における姉妹と娘の役割」加藤彰彦・戸石七生・林研三編『家と共同性』日本経済評論社。

落合恵美子〔一九九四〕『21世紀家族へ』有斐閣。

落合恵美子〔二〇一三〕「アジア近代における親密圏と公共圏の再編成――『圧縮された近代』と『家族主義』」落合恵美子編『親密圏と公共圏の再編成――アジア近代からの問い』京都大学学術出版会、一～三八頁。

加藤彰彦・戸石七生・林研三編〔二〇一六〕『家と共同性』日本経済評論社。

佐藤康行〔二〇〇四〕「はじめに」佐藤康行・清水浩昭・木佐木哲郎編『変貌する東アジアの家族』早稲田大学出版部。

佐藤康行・清水浩昭・木佐木哲郎編〔二〇〇四〕『変貌する東アジアの家族』早稲田大学出版部。

末成道夫〔一九九八〕「ベトナムの父系集団――ハノイ近郊村落の事例より」『東洋文化』第七八号、三九～七二頁。

瀬地山角〔一九九六〕『東アジアの家父長制』勁草書房。

坪内良博〔一九九四〕「社会と教育」綾部恒雄・石井米雄編『もっと知りたいマレーシア　第二版』弘文堂、一七九～一九六頁。

仲川裕里〔二〇一六〕「家（チプ）」からみた韓国の家族・親族・村落」加藤彰彦・戸石七生・林研三編『家と共同性』日本経済評論社。

中西裕二〔一九九八〕「世帯を通してみたベトナム南部村落に置ける親族の位置づけ」『東洋文化』第七八号、一一三～一三八頁。

平井晶子〔二〇〇八〕『日本の家族とライフコース――「家」生成の歴史社会学』ミネルヴァ書房。

山中美由紀〔二〇〇四〕『変貌するアジアの家族――比較・文化・ジェンダー』昭和堂。

〈英語〉

Chang, K-S, [2010a], "Individualization without Individualism," *Journal of Intimate and Public Spheres*, 0 (Pilot Issue), pp. 23-39（柴田悠訳〔二〇一三〕「個人主義なき個人化」落合恵美子編『親密圏と公共圏の再編成――アジア近代からの問い』京都大学学術出版会、三九～六五頁）。

Chang, K-S, [2010b] *South Korea under Compressed Modernity: Familial Political Economy in Transition*, London: Routledge.

Tsutsui, J., [2013] "The transitional phase of mate selection in East Asian countries," *International Sociology*, 28(3), pp. 257–76.

Todd, E. [1999] *La Diversité du monde: Famille et modernité, Seuil, coll*, Paris: L'histoire immédiate（荻野文隆訳［二〇〇八］『世界の多様性　家族構造と近代性』藤原書店）.

Comparative Asian Family Survey (CAFS)

To capture the dynamics of Asian families from a comparative perspective, the Comparative Asian Family Survey (CAFS) project was launched in 2010 as a joint endeavor of the Kyoto University GCOE and Seoul National University with financial supports from JSPS (Japan Society for the Promotion of Science) and Qatar Foundation. Based on the 2006 East Asian Social Survey (EASS) family module, five surveys in Thailand, Vietnam, Qatar, Malaysia and India have been successfully completed with close collaboration of our fellow researchers in each country. The CAFS project aims to enhance our knowledge on changing family dynamics, especially on family values, intergenerational transaction, changing marriage forms and gender division of labor in the Asian context.

Acknowledgement

East Asian Social Survey (EASS) is a collaborative work of Chinese General Social Survey (CGSS), Japanese General Social Survey (JGSS), Korean General Social Survey (KGSS) and Taiwan Social Change Survey (TSCS) which was launched in 2006. Surveys in the CAFS project have incorporated EASS 2006 family module with slight modifications according to local contexts. We sincerely appreciate the significant contribution of EASS to CAFS, and would like to make it clear that the two projects are independent from each other to avoid any confusion. Please refer to EASSDA (www.eassda.org) for the details of EASS.

第5章　フランスにおけるカップル形成と法制度選択

大島梨沙

はじめに

「出会いと結婚」というテーマに対してフランス法からのアプローチを行うのが本章の課題である。しかし、「出会い」に対する法学内在的な分析は困難である。法学（法解釈学）は、どのような法（実定法）が存在しているか、その法が示す規範とはどのようなものか、実際の事例に対してその規範をどのように解釈し、法的紛争を解決するべきかということを主に扱う学問であるところ、「出会い方」についての法（実定法）は存在しないからである。他方、「結婚」については、法律により婚姻制度やそれに類する制度が設けられている。

そこで、本章では、まず、フランス法が定める「結婚」制度がどのようなものか、カップルにはどのような選択肢があるかを紹介する。次に、それらの制度を利用するに至ったフランスのカップルの実情を考察することを通して、フランスのカップルの「出会いと結婚」に迫ってみたい。

1　フランスにおけるカップル関係制度の多様性

(1)　概要

現在のフランスのカップルには、法制度に関して、大きく分けて二つの場面での選択肢が存在する。まず、同性同士のカップルであれ男女のカップルであれ、婚姻、パックス（民事連帯契約）、内縁（自由結合）という三つのなかからどういった法的立場にするかを選択することができる（図5-1の【選択①】）[1]。その上で、これら三つのどれを選んだ場合でも、二人の財産のあり方を取り決めることができる（図5-1の【選択②】）。それぞれ、もう少し詳しくみてみよう。

(2)　選択①――三つのカップル形態からの選択

婚姻とパックスと内縁という三つがどのように異なるかについては、表5-1を参照されたい[2]。簡潔に述べるならば、婚姻が最も法的拘束力・効果が強く、内縁はほとんど法的拘束力・効果がないものであり、パックスはその中間に位置するものである。法的な性質もそれぞれ異なる。それぞれの主たる特徴は次のようなものである（以下、非法学専門家を主たる読者とするため、根拠条文には言及しないこととする）。

婚姻の特徴

婚姻は、家族の基盤となるものとして位置づけられており、三つのなかで唯一、当事者が子どもを（産み）育てることを前提とした制度となっている。当事者二人が子を産み育てる家族の基盤という位置づけから、妻が産んだ子は

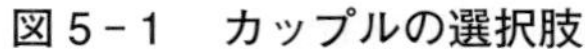

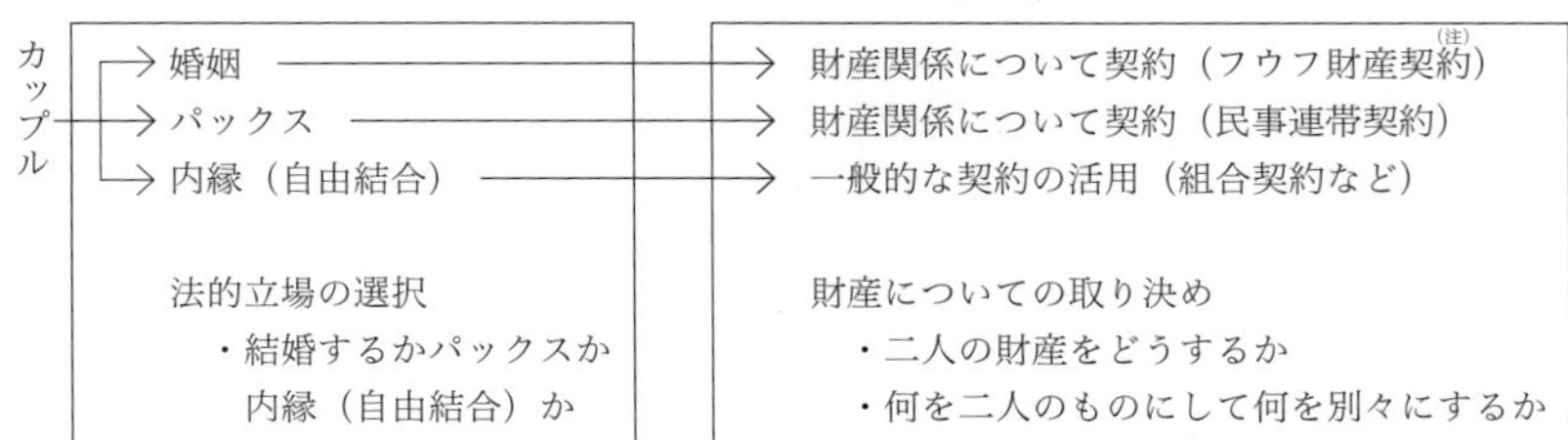

注：伝統的に、「夫婦財産契約」と呼ばれてきたが、本章では、2013年に同性同士も婚姻可能となったことから、男女の含意がある「夫婦」との漢字を「フウフ」と性中立的に表現することとした。

夫の子と推定されるという父性推定や、第三者の子を当事者二人で共同して養子縁組をすることができるという共同養子縁組が婚姻の場合のみに認められており、姻族関係の発生や配偶者の氏の公的な使用も婚姻の場合にのみ認められている。家族の基盤としてふさわしい結合となるよう、三つのなかで最も多くの法的義務・効果が発生する。たとえば、貞操義務、相続権、遺族年金、離婚給付等は、婚姻の場合にのみ認められる。

このように、婚姻には、多くの法的義務・法的効果が付随するため、婚姻の成立と解消には、公的な介入がなされる。フランスでは、婚姻を成立させるには、役所で挙式をする必要がある（このことを、教会での婚姻である「宗教婚 *mariage religieux*」と区別して「民事婚 *mariage civil*」と呼ぶ）。挙式の態様も決まっており、市長が民法典の婚姻当事者の義務の部分を読み上げたうえで、両者から同意をとり、共和国の法の名の下に婚姻が成立したことを宣言する。他方、離婚の手続については、二〇一六年十一月十八日法律による大きな改正があった[3]。それまで、フランスでは、婚姻当事者が合意をしている場合でも、合意の書面を作成し、裁判所で離婚宣告を受ける必要があった。子どもの離婚後の養育や財産の清算について、適切な取り決めがされているかチェックが入っていたのである。二〇一七年一月一日からは、一定の条件を充たせば、裁判所を通さなくても離婚することができるようになった。とはいえ、離婚合意書の作成にあたってそれぞれ弁護士をつけ、書面に副署してもらう必要があるなど、依然として日本よりは厳格な手続が求められている。

表５－１　内縁（自由結合）・パックス・婚姻比較表

<table>
<tr><th></th><th>内縁（自由結合）</th><th>パックス</th><th>婚姻</th></tr>
<tr><td>成立</td><td>手続とくになし
（共同生活開始の事実）
禁止なし</td><td>契約の締結＋裁判所書記課への届出
締結障碍あり</td><td>婚姻公告＋役所での挙式
婚姻障碍あり
（近親婚禁止・重婚禁止）</td></tr>
<tr><td>公示・登録</td><td>役所・公証人による内縁証明書の発行、当事者作成の宣誓書、家事事件裁判官発行の「共同生活証書」</td><td>書記課登録簿への登録、出生証書への記載</td><td>婚姻証書の発行、出生証書への記載</td></tr>
<tr><td>氏</td><td colspan="2">変更なし
（相手の氏を通称使用できる）</td><td>配偶者の氏を使用できる
（公的文書に表記できる）</td></tr>
<tr><td>当事者間の義務</td><td>とくになし</td><td>物質的援助・相互扶助・共同生活・共同生活費用分担義務</td><td>尊重・貞操・扶助・援助・婚姻費用分担義務</td></tr>
<tr><td>財産関係</td><td>それぞれ別々</td><td>特に契約がなければ別産制</td><td>とくに契約がなければ後得財産共通制</td></tr>
<tr><td>所得税</td><td>個別課税</td><td colspan="2">合算課税</td></tr>
<tr><td>債務</td><td>個別に負う</td><td>日常家事債務については連帯責任を負う</td><td>世帯維持および子の教育のための債務について連帯責任を負う</td></tr>
<tr><td>社会保険</td><td>一定の条件を満たす場合に受給権あり</td><td colspan="2">受給権あり</td></tr>
<tr><td>離別</td><td>手続とくになし</td><td>裁判所書記課への届出
一方または双方の婚姻</td><td>裁判所での離婚手続</td></tr>
<tr><td>離別時の財産関係</td><td>補償給付なし</td><td>補償給付なし
財産分配ルールあり</td><td>補償給付あり
財産分配ルールあり</td></tr>
<tr><td>死別時</td><td colspan="2">相続権・遺族年金受給権なし</td><td>相続権・遺族年金受給権あり</td></tr>
<tr><td>相続・贈与税</td><td>遺贈・贈与額の60％</td><td colspan="2">遺贈の場合の譲渡税免除
贈与の場合は金額に応じて課税（最大で45％）</td></tr>
<tr><td>子どもの父</td><td colspan="2">父が認知</td><td>妻が産んだ子は夫の子と推定</td></tr>
<tr><td>養子縁組</td><td colspan="2">共同養子縁組・連れ子養子縁組は不可能</td><td>共同養子縁組・連れ子養子縁組が可能</td></tr>
<tr><td>生殖補助医療</td><td colspan="2">２年以上共同生活をしている男女カップルは利用可能</td><td>男女の夫婦のみ利用可能</td></tr>
</table>

注：Sylvie Dibos-Lacroux, *PACS, le guide pratique*, 14e édition, Plat éditions, 2012, 129頁以下の表を参考に筆者が作成。

また、分別能力のない小さな子どもがいる場合には裁判所を通さなければならない。

離婚の効果については、フランスの離婚と日本の離婚とで大きく異なるのが、補償給付という離婚後給付の位置づけである。フランスでは、たとえ離婚の原因を作った側であっても、その人が離婚後扶養を必要とする状況にあるのであれば、離婚後給付を請求することができる。

このように、フランスの婚姻は、伝統的に「重い」ものとなっており、その拘束力を嫌い、自由を重視するカップルは、婚姻せず、非婚にとどまるという選択をすることになる。

パックスの特徴

非婚にとどまる場合でも、フランスでは、さらに二つの選択肢がある。パックスという制度を利用するかしないかという選択肢である。パックスは、一九九九年に、同性同士のカップルに法的枠組みを提供することを主たる目的として作られた。パックスとは、*le pacte civil de solidarité* の頭文字をとったもの（ＰＡＣＳ）であり、*le pacte civil de solidarité* をそのまま日本語に訳すと民事連帯契約となる。民事連帯契約と日本語で書くと重々しく感じるが、フランスでは、*solidarité* ＝連帯という言葉にはいいイメージがある。日本語の「絆」のイメージに近いといえようか。

このパックス＝民事連帯契約は、契約という名前の通り、共同生活を送るための**カップルの契約**として位置づけられている。このため、パックスを利用したい場合は、必ず書面で契約を結び、その契約書を市町村役場（二〇一六年までは裁判所の書記課）に届け出るという形になっている（公証人〔後述〕に書面作成と届出を依頼する形もある）。届け出ると、出生証書（日本の戸籍に類似するものだが、家族単位ではなく個人単位で登録される）の欄外に記載される。カップルであることを公示する機能があるということである。

パックスを結んだ当事者の間では、共同生活に必要な限度での法的義務・効果が発生する。扶助義務、共同生活義務、社会保険受給権などである。また、税制が婚姻当事者と同じという点が大きな利点になっている。例えば、内縁（自由結合）の場合、二人は別世帯として課税されるが、パックスの場合は世帯単位で課税され、世帯構成員の所得を合算した上で家族除数（カップル二人と子ども二人なら三）で割った所得に課税されるため、内縁（自由結合）の場合よりも納税額を低くすることができる(4)。

他方、離別は容易で、一方的に解消することもできる。解消の通知を市町村役場（二〇一六年までは裁判所の書記課）に送達するだけでよいし、第三者と婚姻をしてしまえば、それによって自動的にパックスは解消となる。

内縁（自由結合）の特徴

これに対し、内縁（自由結合）の場合は、単に、共同生活を送っている事実があるカップルという位置づけとなっている。内縁というのは、カップルで生活をしているという事実を表す言葉であって、法的な地位を示すものではない。国家に届け出ることに意味を感じないというようなカップルは、パックスを選択せず、内縁（自由結合）にとどまることになる。

法的義務は発生しないが共同生活の事実があるということから、法的な効果がわずかながら付与されている。例えば、カップルの一方が交通事故で死亡した場合、他方は加害者に対して損害賠償を求めることができる。内縁の場合、カップル関係の成立や離別についての法的制約は何もない（ただし、関係解消の態様によっては解消者が被解消者に対して損害賠償責任を負うことがある）。

三つの選択肢に共通する点

これら三つの選択肢が真の選択肢でありうるための要素として、三つの選択肢には共通する点があるということも見逃せない。つまり、カップルが育てている子どもの地位、子どもに関する社会保障（家族給付）については、カップルが三つのうちどれを選択しているかにかかわらず、同じ取り扱いとなっている。また、社会保険や居住保障などカップルに関する最低限の保障は、三つに共通となっている。

(3)　選択②——財産関係の設定

これに加えて、カップルは、自分たちの財産関係をどうするかを取り決めることができる[5]。

婚姻の場合の財産制

婚姻当事者の場合、まず、デフォルトルール、つまり、何も契約を結ばなければ適用されるルール（法定財産制）となっているのが、婚姻後に取得した財産は婚姻当事者二人に共通の財産となるというものである（後得財産共通制と呼ばれる[6]）。これは、婚姻当事者が協力して共同生活を営むという一般的な生活形態に適合的で、特に、一方が専業主フである場合や、就業していても一方の収入が少ない場合に、その人を財産的に保護することが可能になる。

これとは異なるルール（財産制）を採用したい場合には、フウフ財産契約を結ぶことになる。主たる選択肢としては、包括共通制、別産制、後得財産分配制というものがある（その他、共通制を採用した上で、どの財産を共通財産とし、どの財産を各人の固有の財産にするかを契約で定めるといった方法も可能だが、ここでは省略する）。

包括共通制とは、婚姻前に取得した財産や相続で取得した財産を含め、すべての財産を婚姻当事者二人の共通財産とするものである。若い頃に婚姻し、長年連れ添った子どものいない高齢の当事者の場合などに利点がある。死亡時に生存配偶者に全共通財産を帰属させる条項を加えておくことによって、生存配偶者により多くの財産を残すことができ、一方の死後の生活保障となるからである。他方で、かつてのパートナーとの間で生まれた子がいる場合には、その子たちの相続権を侵害することになるため、注意が必要となる。

別産制は、婚姻後も、それぞれが取得した財産はその人だけの財産とする。独身時代と変わらないというわけだが、この場合でも、婚姻費用分担義務（共同生活にかかる費用の分担義務）、第三者に対する日常家事債務（共同生活に必要な物の購入などにより一方が第三者に対して負った債務）の連帯責任（契約当事者でなかった他方も同じ責任をもつこと）は負うことになっている。一方の債権者から追及を受けた際に他方の財産を守ることができるため、当事者二人ともが商人である場合、それぞれ営利活動を行っている場合に利点がある。再婚の場合で前婚から生まれた子に財産を残したい場合にも有用である。他方、フウフの財産は別となるため、自己の名義で収入を得ていない専業主フには不利な財産制といえる。

後得財産分配制は、婚姻中は別産制とするものの、離婚時に一定の財産を分配するというもので、別産制と共通制のいいとこ取りをしようとしたものである。一方が専業主フ、他方が企業や商店を有しているといった場合、職業上の財産を分配対象から外すことができる一方で、離婚時に専業主フの当事者に一定の財産を分配できる点に利点がある。しかし、フランスでは、離婚時と婚姻時の財産の評価が困難であること、どの財産が分配対象となるかの特定が難しいこと、離婚時にこのような複雑な処理を行うのは精神的に考えても酷であることなどから、あまり使われていないといわれている（公証人が使うのを勧めないという現実がある、公証人については後述）。

どれを選んだ場合でも、フウフ財産契約は、公証人が作る公署証書の形にする必要があり、この契約は登記されて第三者（フウフ以外の人）に公示される。一度結んだフウフ財産契約の内容を変更する場合は、裁判所の許可を得る必要がある。

パックスの場合の財産関係

パックスの場合は、婚姻とは異なり、デフォルトルール、つまり、何も契約を結ばなければ適用されるルールは、当事者の財産はそれぞれ別々というものである（二〇〇七年以降に締結されたパックスの場合）[7]。ただし、共同生活にかかる費用を分担する義務があり、また、第三者に対して二人のうちの一方が日常生活に関する債務を負担した場合、他方も連帯責任を負う。

これに対し、パックスの当事者は、パックスを登録する際の契約書の中でこれとは別の定めをすることができる。二人の財産（の一部）を共有にすることができるのである。

内縁（自由結合）の場合の財産関係

内縁の場合は単に一緒に住んでいるという事実があるにすぎないので、財産関係についても法的な効果は発生せず、独身者と変わらない状態である。つまり、二人の財産は別であり、一方が得た財産はその一方の個人の財産である。共同生活の費用を分担しなければならないという法律上の義務も負わない。

ただし、組合契約など、独自に契約を結んで、一部の財産を二人の共有にすることができる。

財産関係選択における公証人の役割

これらの選択肢から、それぞれのカップルが適切な選択をするにあたって欠かせないのが、公証人の存在である[8]。フランスの公証人は、公署証書を作成するという役割にとどまらず、不動産の登記に必要な書類を作成する点で日本の司法書士類似の役割を、相続税の申告などを担当する点で日本の税理士のような役割をも果たしている。加えて、フランスの公証人には、単に依頼者の利益を実現するのではなく、公務担当者として中立性の義務を負っているという特徴がある（これらの日仏の違いから、フランスの公証人を「ノテール *notaire*」と表現する場合があるが、法学専攻でない読者を想定する本書では「公証人」を採用した）。フランスでは、公証人が身近な存在として社会に根付いており、夫婦財産契約やパックス、内縁当事者が組合契約等を結ぶのを手助けする存在となっている。特に、夫婦財産契約は公証人の関与のもとで作成しなければならないと法律が定めている。これに対し、パックスは自分たちだけで締結することも可能である。

日本では、結婚するにあたって財産の話をすることは忌避されるような印象があるが、フランスでは、「多元的な財産制によって個人の自由が保障され、個人の責任も担保される」[9]として、多元的な財産制を自由と責任の観点から重視している。カップルのお金の問題は、カップルの生き方の問題と直結しているといえる。

2　フランスにおけるカップルの実態と法制度

ここまで紹介した「結婚」に関する現行の法制度を手掛かりとして、ここからは、フランスの「出会いと結婚」を考察するために、フランスのカップルの実態に迫りたい。本章では、大きく二つの方法を試みる。一つは、カップル関係の法制度が変容してきた歴史がカップルの実態からどのような影響を受けたかという点から、もう一つは、現行の法制度が今日どのように利用されているかという点から、カップルの実態を考察しようというものである。

(1) 法制度変容の歴史にみるカップルの実態

選択①——三つのカップル形態について

フランスでもかつてはカップル形態についての選択肢はなく、婚姻制度が絶対的であり、かつその内容は男女不平等で家父長的であった[10]。フランス革命後、ナポレオン時代の一八〇四年にフランス初の統一民法典として制定されたいわゆるナポレオン民法典では、民事婚（国家が承認する婚姻）に絶対的な地位が与えられており、それ以外のカップル（内縁）には法は関知しないとしていた。また、婚姻外で生まれた子については、父子関係の設定方法、相続分などにおいて、婚姻内で生まれた子との差が設けられていた。

しかし、現実には、婚姻せずに生活するカップル（内縁）が存在しており、それに伴って法的な問題が生じるため、裁判所が問題ごとに保護技術を作り出していった（無償譲与の有効性の承認、自然債務を理由とする関係解消時の他方の保護、事実上の組合理論による関係解消時の清算など）。二十世紀初頭になると、交通事故の増加を背景として、内縁の一方当事者の事故死の際、他方から加害者に損害賠償請求をすることが認められたり、立法によって部分的に社会保障の給付を認めるようになった。さらに、一九七〇年代には、婚姻せずに生活するカップルが増大し、それに応じて紛争も頻発するようになったことに伴い、裁判所や立法府は、内縁当事者にさらなる法的効果を与えるようになっていった[11]。

この一九六〇～七〇年代は、いわゆる五月革命が起こった時期で、婚姻の自由化を求める動き、同性愛差別解消を求める動きが活発になった時期である。一九七二年には、親子法改正により子の平等原則が定められ、一九七五年には離婚制度改革があり、一方に有責な事由がある場合にのみ可能であった離婚の要件が緩和された[12]。一九八〇年代からは同性同士でも内縁と認めるよう求める訴訟が起こり、一九九九年に前述したパックスを創設する立法がなされた[13]。二〇〇四年には離婚法が改正されて破綻（はたん）により離婚できるようにするなど離婚の平和化が図られ、二〇〇五年には、親子法が改正されて嫡出子・自然子の区別が撤廃された[14]。二〇一三年には、婚姻法が改正され、同性カップルも婚姻可能となった[15]。

こういった法制度変容からみえてくるのは、硬直的な従来の制度からの自由を求め、実際にそのような形でのカップル形成をした人々の姿である。婚姻制度を使わずに共に生活するカップル、一度婚姻したとしても関係が破綻して別れるカップル（そして新たなパートナーと共に生活するカップル）、同性愛者であることを隠さずに生活し場合によって子どもを育てるカップルなどが現に存在し、それに法が対応せざるをえなくなったことが分かる。

選択②——財産制について

フランスでは、近世の時代から、夫婦財産制に地域的な多様性があった[16]。たとえば、フランスの北部では、婚姻中に取得したものは夫婦共通のものとなるという共通財産制の慣習がみられ、フランス南部では、妻が嫁資（持参金）を持って婚姻し、夫がその嫁資の管理者となるが、嫁資不動産は譲渡しえないとする嫁資制の慣習が存在した。こういった背景から、一八〇四年のナポレオン民法典制定時から、カップルには複数の財産制の選択肢が認められていた。しかし、いずれの財産制を採用した場合でも、妻は単独で法律行為を行う能力がないものとされ、妻の財産でも妻が処分することはできなかった。ナポレオン民法典は有産階級（ブルジョワ）を念頭において作られており、この当時の経済構造が反映しているといえる。

こういった法律は、社会が変化し、特に女性の働き方が変化したことなどから、度重なる改正を受けることになった[17]。一九〇七年、一九三八年、一九四二年の改正は、いずれも妻による財産形成・管理に対応するためのものである。一九六五年には、動産の重要性が増加したこと、取得の証明が容易になったことから、法定財産制が後得財産共通制へと変更になった[18]（それまでは、婚姻前に取得した動産も夫婦共通の財産となっていた）。一九八五年には、財産制において夫婦が完全に平等に扱われることになった（共通財産の競合管理）。

これらの変遷からみえてくるのは、かつては夫が営む家業を妻が補助するといったカップルを想定していたが、時代が下るにつれ、夫婦が異なる労働に従事しそれぞれに収入を得て家計を営むカップルを想定するようになっていったということである。いわゆる「共働き」のカップルが現実に多く存在するようになったと考えることができるだろう。

(2)　近年の法制度利用状況にみるカップルの実態

選択①――三つのカップル形態について

今日のフランスでは、婚姻とパックスがどれくらい利用されているのだろうか。表5-2を参照されたい。一般的には、フランスでは事実婚が広まっているというイメージがあるかもしれないが、現在でも、婚姻を選択するカップルの方がパックスを選択するカップルよりも多いということが指摘できる。かつてと比べると、婚姻件数が減っていてその分パックスが増えているのは確かだが、今でも最も使われているのは婚姻ということである。一年単位でみるとパックスが婚姻に迫っているようにみえるが、累積件数でいうと、婚姻の方が大幅に利用者が多いということにもなる。

とはいえ、パックスの利用件数も相当数あるということは見逃せない。パックスは同性カップルのために作られた制度であるが、現在では、異性カップルによる利用の方が多くなっている。また、同性カップルも婚姻可能になった二〇一三年、二〇一四年も、パックスを選択した同性カップルはそれほど減っていない。ということは、パックスには婚姻とは別の利用価値が見出されているということになる。

この点について、少し古いが、パックス利用者に対するロウ（Rault）による質的調査（二〇〇九年）によると、

表５－２　フランスの婚姻・パックス締結件数

	婚姻			パックス		
	男女間	同性間	婚姻全体	男女間	同性間	パックス全体
1993	262,696	///	262,696	///	///	///
1994	260,866	///	260,866	///	///	///
1995	261,813	///	261,813	///	///	///
1996	287,144	///	287,144	///	///	///
1997	291,163	///	291,163	///	///	///
1998	278,525	///	278,525	///	///	///
1999	293,544	///	293,544	3,551	2,600	6,151
2000	305,234	///	305,234	16,859	5,412	22,271
2001	295,720	///	295,720	16,306	3,323	19,629
2002	286,169	///	286,169	21,683	3,622	25,305
2003	282,756	///	282,756	27,276	4,294	31,570
2004	278,439	///	278,439	35,057	5,023	40,080
2005	283,036	///	283,036	55,597	4,865	60,462
2006	273,914	///	273,914	72,276	5,071	77,347
2007	273,669	///	273,669	95,770	6,222	101,992
2008	265,404	///	265,404	137,744	8,194	145,938
2009	251,478	///	251,478	166,148	8,436	174,584
2010	251,654	///	251,654	196,416	9,145	205,561
2011	236,826	///	236,826	144,675	7,494	152,169
2012	245,930	///	245,930	153,670	6,969	160,639
2013	231,225	7,367	238,592	162,604	6,078	168,682
2014	230,770	10,522	241,292	167,391	6,337	173,728
2015	231,000	8,000	239,000	nd	nd	nd

注：nd はデータ未入手。2013年まではマイヨット島を除くデータ。2014年以降はマイヨット島を含むデータ。2015年は暫定値。

出所：Insee, statistiques de l'état civil (mariages) ; SDSE, fichiers détails (pacs) ; calculs Insee pour la répartition des pacs selon le sexe entre 1999 et 2006.

パックスは非常に多様な動機で使われているようである[19]。婚姻制度に好意的な当事者も、否定的な当事者も使っている。好意的な当事者は、いずれ婚姻するけれども今はパックスというように、一種の婚約のようにして使っている。否定的な当事者の方は、婚姻をする気はないけれども、税制上の優遇を得るなど共同生活に必要な法的効果は得たいということで使っている。また、パックスにどれだけ象徴的な意味を見出すか、どのようなセレモニーを行ったかという点でも、さまざまなバリエーションがあるようだ。例えば、婚姻の場合の挙式と変わらないようなセレモニーを行い、自分たちの関係を公示しようとするカップルがいる一方で、まったく何も行わず、制度の実利だけを得ようとする使い方もあるようである。

なお、これは表5-2から読み取れるものではないが、子どもの誕生と婚姻の選択は必然ではなくなっている。[20] 子どもがいても非婚（パックスか内縁）にとどまるという選択が実際になされている。

選択②——婚姻カップルの財産制選択の状況

次に、選択②、カップルの財産関係の選択についてであるが、婚姻カップルの財産制選択の状況についてのみ、データが存在する。それらは、国などが全婚姻当事者について毎年とっている統計があるわけではないため、公証人団体や社会学者などによる一定の人数の当事者に対するアンケート調査がもとになっている。それらを総合すると、財産制については、多くの婚姻当事者は法定フウフ財産制（デフォルトルール）である後得財産共通制に従っていて、フウフ財産契約を結ぶ婚姻当事者の割合はそれほど高くないということが分かる。二〇一〇年の数字では、全婚姻の約十七%[21]となっていて、これでも二〇世紀以降で見ると増えてきているようであるが、それほど高い割合とはいえない。

そして、フウフ財産契約を結ぶ婚姻当事者のなかではどのような状況にあるかについては、別産制を選択する婚姻当事者の増加が観察されている。[22] フレモー（Frémeaux）およびルチュルク（Leturcq）の分析によると、背景には、出会いの年齢が上昇したことにより婚姻当初に持っている財産が増加したこと、女性の労働状況の変化、離婚の可能性が増大したことによるリスク回避意識などがあるという。

別産制以外では、包括共通制が一定数利用されているようである。[23] 生存配偶者に手厚い財産的保護を提供することができるので、全婚姻数からみると多くはないものの、常にこのようなニーズが一定数あることがうかがえる。

それ以外の夫婦財産制の利用はほとんどないようである。動産後得財産共通制は一九六六年以降、つまり、これが法定夫婦財産制でなくなってから急速に減少したとのことである。これは、それまでの法制度がカップルの実態・ニーズに合っていなかったことを示すものといえるかもしれない[24]。

後得財産分配制は、清算時の評価・計算の煩雑さから、ほとんど使われていないようである。公証人が使おうとしないという点が影響を与えていると考えられる。

一九六五年以降、一度取り決めた財産制を一定の条件の下で変更することが可能になったが、実際にはそれほど使われているわけではないようである（二〇一〇年の数字で全婚姻の二%[25]）。数少ない利用例では、共通制から別産制への変更（一方の就業や専門職への転職などが考えられる）、後得財産共通制から包括共通制への変更（高齢の当事者による生存配偶者の生活保障への備えなどが考えられる）がみられるようである。

これらの利用状況から、依然として婚姻制度を利用し、かつ法定財産制に従う（フウフ財産契約を結ばない）カップルが多数派であるものの、それ以外のあり方、すなわち婚姻制度を利用するが別産制を採用するカップル（共に専門職についているカップル、再婚のカップル、より多くの自由を求めているカップルなどが考えられる）、婚姻制度を利用しかつ包括共通制を選択するカップル（生存配偶者の生活保障を手厚くしたいと考える高齢カップルが考えられる）、などがいることが明らかになった。

(1)(2)を総合すると、フランスの多様なカップルのあり方がみえてくる。婚姻制度からの自由を求め、何の制度も利用せずに暮らすカップルがいる一方で、一定の法的保障を得るためにパックスを利用するカップル、婚姻制度を利用しつつ共働きでより自由なあり方を求めるカップル、婚姻制度を利用しつつより保護的なあり方を求めるカップル、高齢再婚のカップル、婚姻制度＋法定財産制で問題ないと考える共稼ぎカップル、または片稼ぎ・専業主フ形態のカップルなどが存在する。

他方、次のような興味深い指摘もなされている。つまり、婚姻にしろパックスにしろ内縁にしろ、またどのような財産制を選ぶにしろ、全体的にフランスでは、カップルの平等・独立・自由という価値が重視される傾向にある点では共通している。[26] かつてのように、妻の財産についても夫に独占的に管理権限を与えるといった家父長的なあり方、いかなる場合も婚姻は解消しえないというカトリック的なあり方は、「多様性」の一つとしては認められていない。また、日本人の目からみると、いずれにせよ、性的な含意をもった二人の共同生活にこだわるというカップル文化の強さも不思議に映るかもしれない。なぜ共同生活というなら、三人以上の生活協力のあり方を制度化しないのか。このようにみると、フランスの「多様性」にも一定の枠組みがあることがみえてくる。

おわりに――日本への示唆

このようにフランスの「多様性」にも一定の限界があるものの、日本とフランスのカップル関係制度を比較すると、日本のカップル関係制度にはフランスのような意味での多様性がないということが指摘できる。

第一に、日本のカップル関係制度は、婚姻制度のみであり、利用は男女のカップルに限定されている。日本にも内縁（事実婚）というものがあるが、これはフランスの内縁（自由結合）とは異なり、届出をしていない以外は婚姻夫婦と変わらないという位置づけである。[27] 届出と関係するものを除き、婚姻夫婦とほぼ同じ法的義務・効果が発生する。にもかかわらず、子どもに関しては父母が婚姻しているか否かでの違いがある（氏、親権、戸籍など）。内縁（事実婚）は婚姻とは異なる選択肢として積極的に評価されているわけではなさそうである。父母が婚姻しているか否かで子どもについての法的効果に違いがあることにより、子どもがいるなら婚姻をというプレッシャーが親たちにかかっていると考えられる（ただし、離婚が容易なため、「ひとり親家庭」も少なくない[28]）。

第二に、婚姻を選択した場合に夫婦に与えられる選択肢が、フランスほどはないことがあげられる。たとえば、婚姻した場合の夫婦の氏や子どもの氏について[29]、また、夫婦の財産関係について、現実には自由に取り決める余地がない。夫婦財産契約は日本の民法にも一応の規定があるが、民法上に詳細な定めはないために、どのような選択肢があるのか具体的なイメージができないものとなっている。夫婦の自由な財産関係の規律をサポートしてくれるフランスの公証人のような専門家は、現在の日本では身近に存在するとはいえない。また、せっかく契約を結んでも、税法上考慮されないという不都合がある。結果として、婚姻夫婦の財産関係は、フランスの言葉でいうところの「後得財産分配制」のみ、つまり、婚姻継続中は別産制（民法七六二条）、離婚時に実質的共有財産の財産分与（民法七六八条）、の一択となっている。これは理念的には理想的かもしれないが、現実の計算の難しさや、離婚時にこのような複雑な作業を行う負担、手続上の問題などがある（日本の財産分与の審判では細かな計算は示されないこともある）。現実には多い、専業主フ型の夫婦（あるいは共働きだが一方の収入が家計補助的なものにとどまる夫婦）に適合的といえない。反対に、完全な別産制を望むカップルにとっても、離婚時の財産分与で財産の清算が命じられる可能性がある点で不都合である。他方で、配偶者相続権が一律に認められるため、高齢カップルが再婚を思いとどまる（事実婚にする）、再婚を家族に反対されるといったことも起こっている[30]。

結局、日本の現行制度は、（一方の収入だけでは不安、あるいは専門的職業であるなどで）二人ともが家の外で働くカップル（形態を目指そうとする人）、（前婚で生まれた子がいる）離婚経験者、高齢者、婚姻前に多くの資産を形成した人、それまで使っていた氏を失いたくない人、まだ若くこれから（見つける／見つけた）相手と生涯添い遂げるかは分からない人、同性愛指向をもつ人、などには使いにくい（もしくは使えない）制度となっている。かといって、婚姻制度を利用せずにカップルとして暮らすことには社会的・心理的にハードルがあり、子どもをもつなら婚姻をというプレッシャーがある。

そうすると、先ほど述べた人たちはカップル形成に慎重になるか、カップル形成をあきらめるか、制度に関して何らかの不都合を感じながらも我慢して婚姻制度を利用するか、カップル形成をするが仕方なく内縁という形態をとるか、のいずれかということになりそうである。我慢して婚姻をすれば、離別のリスクは上がるかもしれない。他方で、今の婚姻制度でも不都合がないカップル形態を目指す人、たとえば性別役割分業で互いに初婚で生涯添い遂げられるようなカップル像を目指す人は、カップル形成のハードルが上がり、なかなかカップリングができないということが起こりうる。[31]

このように、制度の画一性が日本のカップル形成阻害要因の一つではないかと思われるが、逆に、日本ではカップルの実態あるいはカップル観自体が一様で変わらないから、法制度も変わらないといえるのかもしれない。どちらが卵か鶏か、法制度の画一性とカップル観の画一性は結びついているのだろう。とはいえ、現実には少数でも多様なカップルが存在しているのは事実である。カップル形成はするけれども現行の婚姻制度は利用しない。あるいは使いにくいと声をあげる。こういうことから制度も変わっていくのではないか。他方、少なくとも、カップル形成を促進したいという風に思うのであれば、制度を変えることを考えてもいいだろう。

注

（1）従来は、この三つの選択肢を持つことができるのは男女のカップルに限られていたが、二〇一三年五月に、同性のカップルでも婚姻をすることを可能にする立法がなされ、同性カップルも三つの選択肢を持つに至った。二〇一三年の改正については、齊藤笑美子［二〇一四］「すべての人のための婚姻――同性婚の合法化」『論究ジュリスト』第八号、九四頁、力丸祥子［二〇一四］「フランスの「すべての者のための婚姻に関する法律」――制定による同性婚合法化とその問題点」『法学新報』第一二一巻第五・六号、四三頁、大島梨沙［二〇一五］「同性婚の承認――同性の者から成るカップルに婚姻を開放する二〇一三年五月十七日の法律第四〇四号」『日仏法学』第二八号、一六一～一六五頁、田中道裕［二〇一六］「フランスの（同性婚を承認する）二〇一三年五月十七日の法律について」『法と政治』第六七巻第一号、一七頁、大島梨沙［二〇一六］「フランス――「すべての者のための婚姻」と残された不平等（小特集同性婚の比較研究)」『法律時報』六五〜六八頁など参照。

(2) パックスと内縁の詳細については、大島梨沙［二〇〇七］「フランスにおける非婚カップルの法的保護(1〜2・完)――パックスとコンキュビナージュの研究」『北大法学論集』第五七巻第六号、三七〇頁・第五八巻第一号、二一〇頁、フランスの婚姻の詳細および歴史については、大島梨沙［二〇一一〜二〇一三］「『法律上の婚姻』とは何か(1〜4・未完)――日仏法の比較研究」『北大法学論集』第六二巻第一号、二一六頁・第六二巻第三号、六四四頁・第六二巻第六号、四一〇頁・第六四巻第二号、五一〇頁。

(3) 二十一世紀の司法の現代化に関する二〇一六年十一月十八日法律第一五四七号により、離婚手続が改正された。二〇一七年の離婚法一部改正については、ジャック・コンブレ(小柳春一郎・大島梨沙共訳)［二〇一七］「フランスの離婚と公証人――『裁判官なしの離婚』の導入を踏まえて」『ノモス』第四〇号、一頁(近刊予定)。

(4) フランスの家族税制については、山田美枝子［一九九八］「家族の多様化とフランス個人所得税――家族除数制度を中心として」人見康子・木村弘之亮編『家族と税制』(弘文堂)九〇頁参照。

(5) カップルの財産関係については、Malaurie et Aynès [2015], ビシュロン［二〇一五］参照。

(6) 一九六五年までは、これに加えて、動産も(たとえそれが婚姻前に取得したものであっても)夫婦の共通財産であるとするのがデフォルトルール(法定財産制)であった(動産後得財産共通制と呼ばれる)。

(7) それ以前に結ばれたパックスの場合、当事者二人の財産は持分二分の一での共有であるとされる(一九九九年に作られた当初の法律がそのように規定していた)。

(8) フランスの公証人については、鎌田薫［一九八二］「フランスの公証制度と公証人」『公証法学』第一一号、一頁、松川正毅［二〇〇三］「フランスにおける公証人と紛争予防」『公証法学』第三三号、一頁、久保宏之［二〇一六］「フランス公証人制度の現在――マクロン法の衝撃」『関西大学法学論集』第六六巻第三号、五八一頁など参照。

(9) ビシュロン［二〇一五］、九八頁。

(10) Laurent Pfister [2004] *Introduction historique au droit privé*, PUF, p. 99. 邦語文献としては、ジャン-ルイ・アルペラン［二〇〇七］「コード・シヴィルの二〇〇年」石井三記編『コード・シヴィルの二〇〇年』創文社、一二四頁、野田良之訳［一九四七］『ポルタリス　民法典序論』日本評論社、五七頁などを参照。

(11) 二宮周平［一九七八］「フランスにおける事実婚――コンキュビナージュ(concubinage)の研究(1)(2・完)」『阪大法学』第一〇六号、一九〜八六頁・第一〇七号、四五〜一一八頁。

（12）　一九七二年親子法改正についての邦語文献として、有地亨［一九七六］「フランスにおける親子法の近時の展開」『ジュリスト』第六〇四号、一〇六頁、稲本［一九六五］五七頁以下、一九七五年離婚制度改正についての邦語文献として、稲本洋之助・吉田克己［一九七六］「フランスの新離婚法――一九七五年七月十一日の法律第六一七号および第六一八号」『法律時報』第四八巻第三号、九六頁、稲本［一九六五］三四頁以下など参照。

（13）　一九九九年パックス立法については、林瑞枝［二〇〇〇］「フランスの「連帯の民事契約（パックス）法」――カップルの地位」『時の法令』第一六一〇号、五六頁、丸山茂［二〇〇〇］「ＰＡＣＳ――同性愛の制度的承認か？」『神奈川大学評論』第三四号、一六五頁、同［二〇〇一］「ＰＡＣＳ――その実践と問題」『神奈川大学評論』第三八号、一四三頁、力丸祥子［二〇〇〇］「フランスにおける民事連帯協約法の成立をめぐって」『比較法雑誌』第三三巻第四号、一二七頁、松川正毅［二〇〇〇］「ＰＡＣＳについて――連帯に基づく民事契約」『国際商事法務』第二八巻第三～一〇号、フィリップ・ジェスタッツ［二〇〇〇］（野村豊弘・本山敦訳）「内縁を立法化するべきか――フランスのＰＡＣＳ法について」『ジュリスト』第一一七二号、九八頁、林瑞枝［二〇〇二］「パートナー関係法の展開――フランスの連帯民事契約が示唆するもの」『法律時報』第七四巻第九号、三三頁、大村敦志［二〇〇五］「パクスの教訓　フランスの同性カップル保護立法をめぐって」岩村正彦・大村敦志編『融ける境越える法1　個を支えるもの』東京大学出版会、二四一頁。

（14）　二〇〇四年離婚法改正については、水野貴浩［二〇〇四］「フランス新離婚法（離婚に関する二〇〇四年五月二六日の法律第四三九号）――改正法と新条文」『同志社法学』第五六巻第三号、四六六頁、大杉麻美［二〇〇八］『フランスの離婚制度――破綻主義離婚法の研究』成文堂、二〇〇五年親子法改正については、羽生香織［二〇〇七］「フランス実親子関係法の動向――二〇〇五年改正をふまえて」『家族〈社会と法〉』第二三号、一三一頁など参照。

（15）　二〇一三年婚姻法改正については注（1）記載の文献参照。

（16）　Malaurie et Aynès [2015], p. 28, p. 94によれば、夫婦財産契約の締結は、十八世紀に非常に普及していた。一八〇四年から一八七七年にかけて、婚姻の四〇%が夫婦財産契約を結んでおり、かつての慣習法地域（フランス北部）よりも成文法地域（フランス南部）において利用されていた。一八七七年以降、夫婦財産契約を結ぶ夫婦は減少していった。一八九八年のアンケートによれば、八万件強の夫婦財産契約のうち、七万件弱が共通制の異なる形態（基本的には後得財産に縮減された共通制）を採用し、約一万件が嫁資制を採用（ほぼかつての成文法地域）、ごくわずかが別産制を採用していた。一九〇〇年以降、嫁資制は地中海沿岸地域にのみ存続した（ノルマンディー地方にも少しだけ残存）。

（17）　夫婦財産制度の改正の歴史についての主たる邦語文献として、稲本［一九六五］。

(18) 一九六一年に実施されたアンケート（五万五千件の契約が対象）によれば、嫁資制はほぼ消滅し、六一％が共通制（とりわけ後得財産共通制）であり、三九％が別産制であり、それはとりわけ、高齢の夫婦によってまたは再婚時に利用されていた。そこには特筆すべき地域的な特性はみられなかった（Malaurie et Aynès [2015], p. 28）。一九七二年、夫婦財産契約を含むのは、婚姻の一二％だけとなった。一九八五年の改正後、夫婦財産契約の利用はさらに減少した。しかし、一九九〇年代後半から、増加傾向がみられる。

(19) Wilfried Rault [2009] *L'invention du PACS*, France: Presses de Sciences Po.

(20) 二〇一〇年の調査では、子どもがいる一二年以内のカップルの五三％が婚姻しているが、一九九二年には約八〇％が婚姻していた（Frémeaux et Leturcq [2013], p. 132）。

(21) Frémeaux et Leturcq [2013], p. 133.

(22) 二〇一〇年の調査では、一二年以内に形成された婚姻夫婦の一五％が別産制を選択、夫婦全体の一〇％が別産制を選択している一方、一九九二年の調査では、婚姻夫婦の六・一％が別産制を選択していた（Frémeaux et Leturcq [2013], p. 132）。

(23) 一九七二年には夫婦財産契約全体の約六％が包括財産制を採用しており、とりわけアルザス地方、ノール地方で使われていた（Malaurie et Aynès [2015], p. 91）。

(24) 一九七二年には夫婦財産契約全体の約八％が動産後得財産共通制を採用（Malaurie et Aynes [2015], p. 91）。

(25) Frémeaux et Leturcq, [2013], p. 130.

(26) ガリーグ、ジャン（羽生香織・大島梨沙共訳）［二〇一四］「フランスにおける多様性の尊重――道半ばの現状」『立命館法学』第三五一号、二四〇〇頁。

(27) 日本における内縁保護の今日の状況については、二宮周平［二〇〇六］『事実婚の総合判例解説』信山社など参照。内縁保護の歴史的経緯については、太田武男［一九六六］『現代の内縁問題（内縁の研究　続編）』有斐閣、二宮周平［一九九八］「判例の法形成――内縁」広中俊雄・星野英一編『民法典の百年Ⅰ』有斐閣、三四一頁。

(28) ひとり親家庭の二〇一一年の世帯数は、約一四六万世帯であり、二五年間で一・四倍に増えているという（厚生労働書ウェブサイト http://www.mhlw.go.jp/file/06-Seisakujouhou-11900000-Koyoukintoujidoukateikyoku/0000083324.pdf（最終閲覧日二〇一七年四月四日）。

(29) フランスでは、婚姻してもそれだけでフウフの氏が変わることはないが、配偶者の氏を「使用」したり、結合氏を称することが可能である。子どもの氏をどちらの親のものにするかもフウフが選択することができる。

（30）家族からの反対を避けるため、入籍をしない選択をする高齢者についての記事として、大橋正也［二〇一五］「変わるシニア婚活、入籍せず通い婚選ぶ人も」『日経スタイル』（日経電子版、二〇一五年五月一二日付記事）http://style.nikkei.com/article/DGXMZO86608800R10C15A5NNMP00?channel=DF061020161183&style=1（最終閲覧日二〇一七年四月四日）。

（31）本書第1章・山田昌弘論文参照。

主要参考文献

〈日本語〉

稲本洋之助［一九八五］『フランスの家族法』東京大学出版会。

ド・ペルサン、ロランス（齊藤笑美子訳）［二〇〇四］『パックス　新しいパートナーシップの形』緑風出版。

ビシュロン、フレデリック（大島梨沙訳）［二〇一五］「カップル関係内部の財産関係」『法律時報』第一〇九一号、九七頁～一〇七頁。

〈フランス語〉

Nicolas Frémeaux et Marion Leturcq [2013] "Plus ou moins mariés: l'évolution du marriage et des régimes matrimoniaux en France," *Economie et statistique*, n. 462-463.

Philippe Malaurie et Laurent Aynès [2015] *Droit des régimes matrimoniaux*, 5e éd., Paris: LGDJ.

第6章 「ほどける」結婚——イタリアにおける同居カップル増加からみる結婚の意味と変容

宇田川 妙子

1 同居カップルの急増

現在ヨーロッパでは、カップルのあり方が多様化し、結婚制度が揺らいでいることはよく知られている。ただし南ヨーロッパでは事情が若干異なっているといわれ、事実、イタリアでは、十数年ほど前までは、結婚せずに同居するカップル（以下、本章では同居と総称する）の割合は非常に低かった。

しかし、そのイタリアでも近年、とくに二〇〇〇年以降、急激に同居が増えている。一九九三年、同居は全カップルの一・六％にあたる約二二・七万組だったのに対して、二〇年後の二〇一三年には五・九％の約一〇〇万組になった。婚外出生率の伸びもめざましく（表6-1）、最近では新生児の四人に一人が婚外子である。これらの数字は、いまだヨーロッパ全体の平均を下回っているものの、同居が家族やカップルのあり方の一つとして定着しつつあることを示している。こうした急激な変化は、アカデミズムにおいても同居という語を用いた研究業績が、人口学、社会学などの分野を中心に矢継ぎ早に発表されていることからも分かる。結婚は、イタリアでも遅れはしたが衰退していくのではないか、いや、そこにはやはりイタリア独自の特徴があるのではないか等々、活発な議論が繰り広げられている。(1)

ところで本章は、そうしたイタリアにおける結婚の変容や、その原因や背景に議論の焦点を当てるものではない。

表6－1　ヨーロッパ諸国の婚外出産率比較（全出産内の％）

	1960	1970	1980	1990	2000	2009
スウェーデン	11.3	18.6	39.7	47.0	55.3	54.4
フィンランド	4.0	5.8	13.1	25.2	39.2	40.9
フランス	6.1	6.8	11.4	30.1	42.6	52.9
ドイツ	7.6	7.2	11.9	15.3	23.4	32.7
イギリス	5.2	8.0	11.5	27.9	39.5	46.3
イタリア	2.4	2.2	4.3	6.5	9.7	23.5
スペイン	2.3	1.4	3.9	9.6	17.7	31.4
ギリシャ	1.2	1.1	1.5	2.2	4.0	6.6

出所：Santoro2012：68を改編。

その現状の考察から、そもそも彼らにとって結婚とは何なのか（あるいは、何だったのか）という問いに取り組むことを主眼とする。

筆者は、文化人類学の研究者として、一九八六年、ローマ近くの小規模な町（以下、R町と仮称）で長期（一年一〇か月）のフィールドワークを行った。以来、この町での調査を断続的に行ってきており、ゆえにこの三〇年間、町に住む人々の生活の変容をみてきたが、そこでも、結婚をめぐる変化は最も大きなものの一つであった。

しかし、より興味深いのは、その一方で、彼らが「一度は結婚したい」などといいながら、結婚に対していまだ肯定的な態度をとる者も少なくない様子である。もちろん、これは変化の途上にはありがちなことである。あるいは、それこそイタリアが結婚に対して保守的であることの証左かもしれない。ただし、彼らのカップル・結婚事情の変化は一律ではなく、彼らの結婚や同居に対する態度や考え方は実に多様である。また、一個人においても、しばしば複数かつ矛盾する考え方が混在しており、しかも容易に変化する。こうした人々の多彩で複雑な態度を微細にみていくと、そこからは、彼らの生活全体のなかで結婚がもつ意味や機能が、そもそも一つではないことがみえてくるのである。

とするならば、我々は結婚を、その視点からあらためて再考する必要があるのではないか――本章は、こうした問題関心の下、イタリアにおける同居急増という現象を通して、彼らの結婚の意味に関する考察を進めていくものである。

表６－２　イタリアの結婚状況（1995年と2012年）

	婚姻率（1000人当たり）	世俗婚（全婚姻中％）	男性初婚年齢	女性初婚年齢	別居（1000婚姻中）	離婚（1000婚姻中）	婚外出産（全出産中％）
1995年	5.1	20.0	29.6	26.9	180.4	93.2	8.1
2012年	3.5	41.0	33.8	30.8	433.5	262.7	24.8

出所：ISTAT 2013より筆者作成。

その際、主としてR町での調査資料を用いていく。もちろん、イタリアは地域的な多様性が非常に大きく、筆者もR町の事例をイタリア社会の標準・代表とみなしているわけではない。ただし本章の議論は、今後さらに変動するであろうイタリアの結婚事情全般を的確に分析していくためにも、彼らの結婚の意味や機能とは何かという視点から一石を投ずるものになると考えている。

２　イタリアの結婚事情の概要

ではまず、イタリアの結婚をめぐる現状に関して、晩婚化や離婚増などの変化も含めた全体像を素描しておきたい（表６-２も参照[2]）。

同居カップルや婚外出産が増えていることはすでに述べたが、最近では、表６-３の女性のライフスタイルの年代別変遷からもみてとれるように、結婚前に同居し、子どもが生まれてから結婚というスタイルも珍しくなくなった。イタリアでも、人生における結婚の位置づけは大きく変わってきているといえる。

また、ここ数十年、初婚年齢が非常に高くなり、結婚しない若者たちが増えていることもよく知られている。同様の現象は日本でもみられるが、二〇一四年の日伊の数字を比べると、男性初婚年齢はイタリアでは三四・二歳、日本では三一・一歳、女性の場合はそれぞれ三一・三歳、二九・四歳という具合にイタリアのほうが晩婚化が進んでいる。そして結婚しない若者たちは、イタリアでも独立せずに親と一緒に暮らす傾向がある。いわばイタリア版のパラ

表6－3　子どもをもつ35歳以上女性のライフ・イベント調査（2009年 ISTAT サンプル調査。数字はすべて％）

	女性の生年			
	1940–49	1950–59	1960–69	1970–74
結婚→出産	94.6	92.2	87.4	78.5
同居→結婚→出産	1.1	1.7	4.6	9.1
同居→出産→結婚	1.4	2.3	3.6	4.3
同居→出産	0.2	0.6	1.5	3.7
出産→結婚・同居	2.1	1.9	1.2	1.9
出産	0.1	0.1	0.6	0.4
その他	0.4	1.1	1.1	2.2
合計	100.0	100.0	100.0	100.0
婚姻後の出産	95.7	93.9	92.0	87.5
同居時に出産	2.7	4.7	9.7	17.1
非同居・婚姻の出産	2.2	2.0	1.8	2.3

出所：De Rose&Dalla Zuanna eds 2013：73。

サイト・シングルだが、イタリア語にもこうした子どもに対しては バンボッチョーネ（*bamboccione*、大きな人形という意味）という言葉があり、社会問題の一つになっている。なお、この傾向は出生率にも影響している。二〇一四年のイタリアの合計特殊出生率は一・三九（日本は一・四二）で、一時期よりは若干上がったものの低迷している。

そして、結婚したとしても、その持続性は低下し、従来離婚が少ないといわれてきた状況も変わりつつある。そもそも、カトリック教徒が大半を占めるイタリアでは、離婚が法的に認められたのは一九七一年であった。カトリック教会は現在でも離婚を認めていない。その影響もあって、イタリアの離婚制度は手続きが非常に厳格であり、離婚に至るまでの再考期間として法定別居（以下、別居と表記）を行わなければならないとされている。しかし、それでも別居・離婚の数は年々増え続け、それにともなって再婚も多くなってきた。

ただしここ数年、再婚数は減少していることも付け加えておく。それは、一つには結婚数の減少とも関わっているが、面倒な別居・離婚手続きを嫌って二度目は同居を選ぶ場合が増えたためでもある。ここにも同居増加の一端を垣間見ることができるが、いずれにせよ

図６－１　Ｒ町のある家族

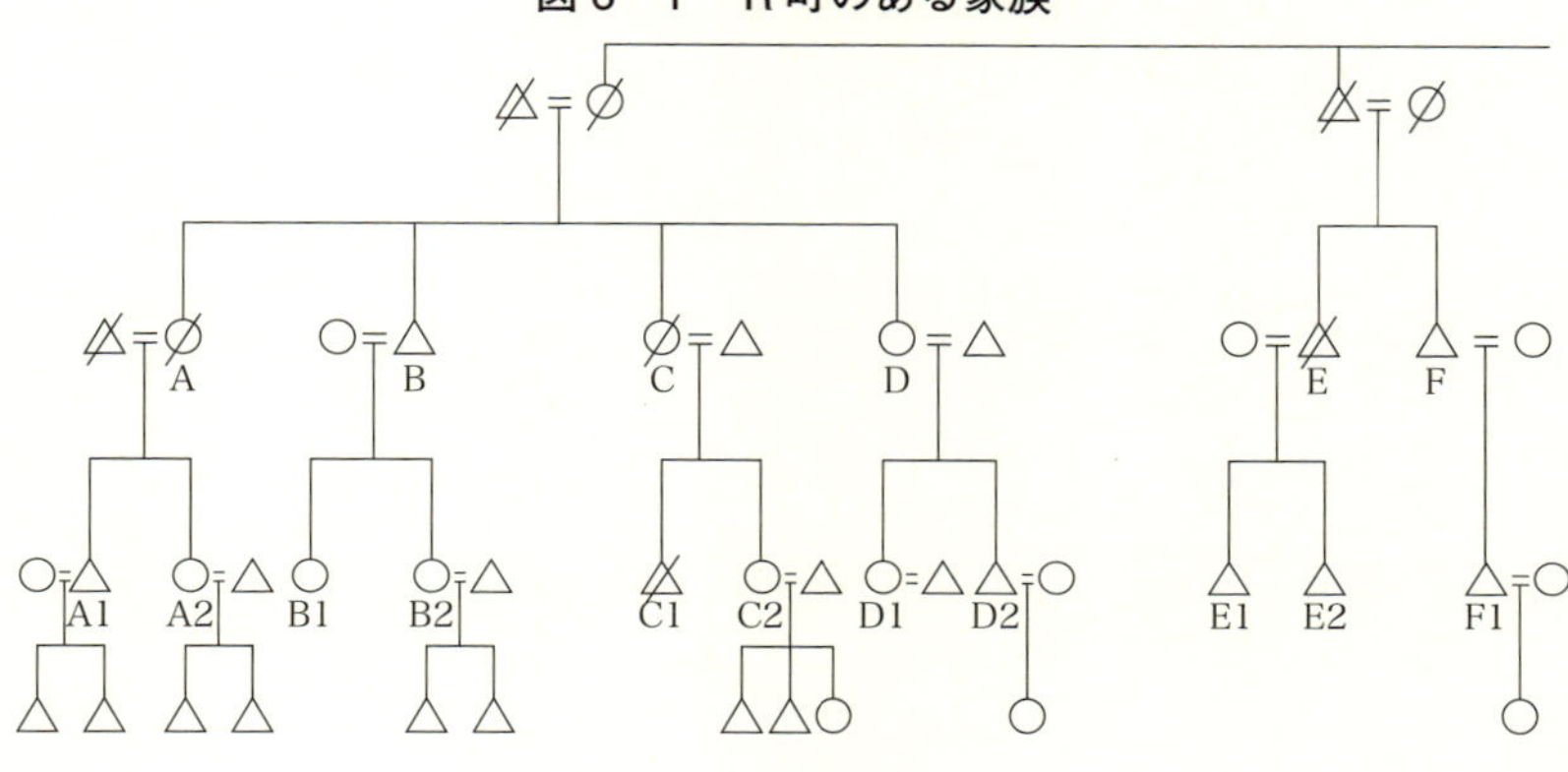

イタリアでも結婚は、その規範性を失いつつあることは明らかである。

３　Ｒ町のある家族における変化

同様の変化は、筆者が調査したＲ町でも如実にみてとれる。Ｒ町はローマ近郊にある約一万人の町で、戦前、住民たちの多くは農業に従事する農村だった。しかし戦後は棄農して雇用労働に就く者が大半を占めるようになり、近年ではローマ近郊のベッドタウンと化しているものの、今でも周囲に比べると「田舎」といわれることが多い[3]。筆者はそのＲ町に、一九八六年、最初の長期調査のために住み込み、以降も断続的に調査を続けているが、そのなかでも親交が続いているある家族の二世代にわたる結婚事情について紹介したい（表６-４）。

まず彼らについて簡単に説明しておくと（図６-１）、Ａ～Ｄの四名は、筆者が最初の調査中に部屋を借りていた大家の子どもたちである。Ｅ、Ｆはその Ａたちの従兄弟、すなわち大家の弟の子どもにあたる。現在、彼らＡ～Ｆの六名は七十歳代前後になっているが、一九八六年当時は四十歳代から三十歳代半ばであり、ここでは彼らを「親世代」と呼ぶ。一方、Ａ１～Ｆ１は、彼らＡ～Ｆの子どもたちであり、この「子ども世代」は、当時は二十歳代から十歳くらいだったが、現在、五十歳代前半から四十歳代の

結婚歴（2016年5月31日現在）

B1	B2	C1	C2	D1	D2	E1	E2	F1
48歳	47歳	（1996年29歳で死去）	45歳	42歳	38歳	39歳	39歳	41歳
1967年	1969年	1967年	1970年	1974年	1977年	1977年	1977年	1975年
女性	女性	男性	女性	女性	男性	男性	男性	男性
独身	37歳		31歳	37歳	35歳	独身	独身	39歳
—	2006年		2001年	2011年	2012年	—	—	2014年
なし	あり（婚前）		なし	あり（婚前）	あり（婚前）	なし	なし	あり
0人	2人		3人	0人	1人	0人	0人	1人
				2014年				
	出産後に結婚。世俗婚			現在、別の男性と同居。再婚はしない予定	パートナーの妊娠後に結婚			同居相手と別れた後、別の女性と結婚

男女である。なお、彼らはみながR町に住んでいるわけではない。親世代においても結婚を機に転出しており、現在のR町在住者は六名（B、F、A1、A2、C2、F1）である。ただし彼らは、今でもR町の祖父母の家に集まって頻繁に食事を共にするなど、R町を生活の拠点の一つにしている。この意味でも以降、R町での事例として述べていく。

さて、この家族の両世代の結婚歴をまとめたものが表6-4である。ここからは、この二世代の結婚事情が全く異なっていることは明らかだろう。親世代はみな、男女ともに二十歳代で結婚をし、その後子どもをもうけるという人生を送っている。婚前同居も離婚経験もなく、結婚式も、教会で挙式する教会婚であった。彼らが結婚した一九六〇年代から七〇年代前半までは、他の住民たちの間でも、二十歳代で結婚して出産というライフスタイルが標準的だったという。筆者が最初の調査をした一九八〇年代半ばにおいても、結婚せずに同居しているカップルは離婚調停中の別居者以外の事例はなく、一〇年以上にわたって婚約しているカップルは何組もいたが、婚前同居をすることはなかった。また、未婚で子どもを出産した事例はあった（意外と少なくなかった）が、これは大きなスキャンダルとし

表6－4　Ｒ町のある家族の

	A	B	C	D	E	F	A1	A2
年齢	(2016年75歳で死去)	74歳	(2014年69歳で死去)	65歳	(2014年68歳で死去)	64歳	55歳	53歳
生年	1940年	1942年	1945年	1950年	1946年	1951年	1961年	1963年
性別	女性	男性	女性	女性	男性	男性	男性	女性
初婚年齢	20歳	24歳	21歳	23歳	28歳	23歳	30歳	21歳
初婚の年	1960年	1966年	1966年	1973年	1974年	1974年	1991年	1984年
同居経験	なし	なし	なし	なし	なし	なし	なし	なし
子どもの数	2人	2人	2人	2人	2人	1人	2人	2人
離婚の年								
備考								

て語られていた。

しかし子ども世代になると、様相は一変する。彼らのなかには現在でも未婚者が三名いる（四八歳一名、三九歳二名）。既婚者七名も、その初婚年齢はＡ２を除けば三十歳代である。さらに、四名が婚前同居を経験し（うち一名は、同居相手とは別の女性と後に結婚）、一名が離婚を経験している。なお離婚経験者のＤ１は現在、ある男性（彼も離婚経験者）と同居しているが、二人は再婚するつもりはないという。またＢ２は、同居中に出産し、その後結婚という順番を経ており、挙式は教会ではなく市役所で行った（世俗婚。後述）。

こうした変化は、子ども世代の結婚時期に注目すると、二〇〇〇年以降顕著になったことも浮かび上がってくる。たとえば、子ども世代のうち相対的に年齢が高く、比較的早い時期に結婚したＡ１（一九九一年結婚）とＡ２（一九八四年結婚）の結婚は、親世代のそれと大きな違いはない。一方、その下のＢ１たちになると、晩婚化・未婚化が進み、同居や婚外出産も経験しながら、ようやく二〇〇〇年に入ってから結婚する者が出てきた。

実際、一九九一年（Ａ１の結婚年）から二〇〇一年（Ｃ２）

までは彼ら子ども世代の間では結婚式がなく、その間、親世代が非常に心配していたことは筆者もよく覚えている。筆者がR町を訪れるたび、親たちは、子どもたちが恋人や同居相手がいても結婚しないと、盛んに愚痴っていた。当時一般的にも同居したり離婚したりする若者が増えていることを、「家族の崩壊」「恥ずかしい」と嘆くこともあった。この時期について、今あらためて先の統計資料などとともに振り返るならば、R町でもイタリアの他地域同様に結婚をめぐる変化が急激に起きていたといえるだろう。

そしてさらに興味深いのは、その後、とくにここ数年、親世代の側の意識や態度も大きく変化してきたことである。今や、同居や離婚を「恥ずかしい」とか「家族の崩壊」とかという言葉で評価することはほとんどない。たとえば、三〇歳代半ばで同居を始め、その後結婚したD1の両親についてみてみると、当時、両親はそんな娘について話すことを非常に嫌がっていた。筆者は周囲から、両親（とくに父親）の前ではD1の名前は出さないようにともいわれた。ところがD1がまもなく離婚し、ほどなくして別の男性と同居をするようになると両親の態度も変わり、一昨年筆者が訪ねたとき、「今の時代、結婚か同居かは関係ない」と父親が語っていたことはとても印象的だった。彼らが娘の二度目の同居を認めていることは、D1が現在、両親の家の三階部分を改築して、男性と同居生活を送っていることからも推察される。この新居には、D1の同居相手の両親も頻繁に出入りしており、いわば家族ぐるみのつきあいになっている。もちろん、ここには相手との相性の良さなどの個別的な要因も加味する必要はあるが、少なくとも筆者が最初の調査を始めた一九八〇年代後半には、このようにいわば大っぴらに子どもの同居を認めることは考えられなかった。

4　法制度の変容

こうした結婚をめぐる近年の変化は、法制度の次元においても顕著である。すでに述べたように、イタリアは制度的に離婚がしづらい国であった。離婚が法的に認められたのは一九七〇年であり（翌一九七一年施行）、成立後も反対意見が根強かったため、一九七四年には離婚法廃止の是非をめぐる国民投票が行われた。また、このとき離婚法支持が勝利し離婚の認可がさらに決定的になったとはいうものの、そもそも成立した法律自体が、離婚には五年間の別居期間を必要とすると定めており、離婚に非常に消極的な姿勢をとるものだった。その結果、離婚にこぎつけるには、別居時と離婚時の二回、煩瑣な法手続きをしなければならず、この法律がイタリアにおける離婚の最大の障害であるといわれることも少なくなかった。

ところがこの別居期間も、一九八七年には三年、そして二〇一五年には一年（または、両者間の合意があれば半年）へと短縮された。次第に結婚の不安定化が進み、離婚手続きの簡便化が強く望まれるようになったためである。

また、同性間の結婚という課題も表面化し、激しい議論の応酬の末、二〇一六年五月に同性カップルをシビル・ユニオン（*unione civile*）として法的に承認する法律が成立した。そこには、近年ヨーロッパ各国で同性愛をはじめとするＬＧＢＴの人権問題への意識が高まってきたことも大きく影響している。たとえばヨーロッパ人権裁判所は、二〇一五年、同性カップルを認めていないイタリアをヨーロッパ人権条約に反するものとして批判し、是正勧告を出していた。イタリアのシビル・ユニオンは、そうした内外の政治的調整の産物という側面もあったため、同性間の関係に限定され、さらには養子が認められないなど、他国に比較するときわめて限定的な性格をもつものになった。

ただし、カトリックの影響をいまだ看過できないイタリアにあって、この法律が今後の婚姻制度全般に対してもつ意味は小さくないと思われる。実際、その成立直後から、次は異性の同居カップルの法制度化を望むという声がますます大きくなっている。その議論は、実はすでに一九九〇年代後半から本格化しており、シビル・ユニオン法案も初期段階では異性カップルを含むものだった。しかし異性カップルに対しては結婚以外認めないという中道右派勢力の反発が大きく、結局、同性カップルだけを対象とすることになった。ゆえにイタリアでは、まだ同居異性カップルに関する法律は存在していない[4]。ただし、ミラノ市などの地方自治体のレベルでは、彼らをカップルとして認知するという条例（多くは形式的なもので、相続等の権利義務はない）を作っているところもある。また、個別の裁判事例では、同居の実績を重視して財産分与等を認める判決も出ている。

そして、この問題に最も厳格な立場をとる教会においても、変化の兆しがある[5]。

結婚は、カトリックの教義では、神からの恩寵たる秘蹟とされているが、それは、アダムとイブが楽園から追放されるきっかけとなった「原罪」に関わりがある。原罪についてはさまざまな見解があるが、一つには、アダムとイブが知恵の実を食べ、みずからの裸体を恥ずかしく思うようになったという性の意識を罪とみなす考え方が背景にある。これが、キリスト教の性全般に対する厳格な姿勢の根拠になっている。ただし、性そのものは子孫の継続という意味では完全に否定することはできない。そこで教会は、性を生殖のためだけの行為とみなし、婚姻をそうした男女の生殖のためだけの絆として絶対化するために、十二世紀、秘蹟として教義化するに至った。したがって、その結婚を反故にする離婚は、「神が結び合わせてくださったものを、人は離してはならない（マタイ福音書一九‐一六）」というだけでなく、結婚に含意されている性と生殖との一致を疑問視し、ひいては原罪を疑問に伏すことになりかねないという意味で、教義上けっして認可できないものなのである[6]。

しかし近年では、その方針を多少見直そうとする動きが出始めている。二〇一四年・二〇一五年にはカトリック全世界司教会議が開かれ、離婚者や同性愛者に対して、より寛容な対応をとるべきではないかという提案がなされ議論が行われた。とくに離婚者に関しては、離婚が教会法上認められていないため、再婚した場合には重婚・不貞とされて罪を犯したことになり、ミサで聖体拝領を受けられずに悩む信者が世界中で多くなっている。[7]

もっとも、今回は現状通りという結論になり、変化は起きなかった。しかし、この問題が司教会議で取り上げられただけでなく、期間中イタリアで大きく報道され、広く知られるようになったことは無視できないと思われる。現在、確かに人々の教会離れは目立っている。ミサの出席率は非常に低く、結婚の際も教会ではなく市役所での世俗婚を選ぶ者が増えている。ただし、教会は長い間、たんなる宗教や信仰というよりも、人々の生活や行動全般に根強く浸透してきた存在である。その教会の変化が、イタリア社会全般にもたらす影響はけっして小さくないはずである。

5　経済的側面

さてこうしてみると、近年イタリアでも確実に結婚制度が揺らいでおり、同居の急増は、そのことを最も端的に示すものといえるだろう。しかし個々の実態は、すでに述べたように複雑で、単純ではない。今でも結婚を選ぶ者は多い。また、同居を選択する場合でも個々の事情や理由は多様で、互いに矛盾することもあり、我々はそうした実態を微細にみていく必要がある。では、彼らは、結婚と同居についていて実際にどう考えているのか、そのどちらかを選択する場合、そこにはどんな理由が関与しているのか、より具体的な詳細に分け入ってみることにしよう。

まず結婚か同居かという選択において考慮される要因としては、経済的要因をあげることができる。結婚にはお金がかかり準備期間も長くなってしまうが、同居なら結婚式費用をはじめ経済的な負担が少ないので、十分な資金のないカップルでも比較的楽に始められるという理由である。このことは、R町の人々からもよく聞いたし、すでに多くの研究でも指摘されている。[8]

そもそも「結婚には金がかかる」ことは、老若男女共通の認識である。そこには、結婚式や新居の準備などのいわば初期費用のほか、その後の出産や育児などの生活維持にかかる費用も含まれる。また、いくつかイタリア特有の問題もある。たとえば新居に関してだが、イタリアでは戦後、持ち家を推奨する住宅政策を進めてきた結果、家屋の賃貸市場が非常に小さく、ゆえに賃貸料も高くなりがちである。このことが十分な購入資金をもたない若年層にとって結婚の大きな障害になっているといわれている。[9] そしてさらに大きな要因が、若年層の失業率の高さである。二〇一四年の失業率は、イタリア全体では一二・六％であるのに対して、若年層（一五歳～二四歳）に限ると四三・九％である。EU加盟国平均では、前者は一〇・三％、後者は二一・三％である。[10] こうした若年層の失業の多さは、歴史的にイタリアの労働市場の構造的問題であり、一九九〇年代以降数々の施策が行われてきたが、結局は非正規雇用の増加につながるだけだった（土岐［二〇一二］）。また近年は、ライフスタイルが変化し、育児をはじめとする家庭生活にかける関心が高くなってきたため、結婚生活にかかる費用がいっそう増し、若者たちが結婚生活に踏み切ることがさらに難しくなっているという指摘もある。[11]

ところで、こうした経済的な負担が同居増加の大きな要因の一つであることは間違いないが、どの同居にも当てはまるというわけではない。同居には、実はさまざまなタイプがある。

同居は、その主な選択理由に着目すると、①結婚という形態を望まずその代替としての同居、②離婚者や別居者などが煩雑な手続きを嫌って二度目以降は結婚を望まずに同居、③結婚までの準備期間としての同居、に大別される。前二者のように安定的に同居を続けようとしている場合には *coppia di fatto*（文字通り「事実婚」という意味）、③のような一時的な同居は *convivenza*（文字通り「同居」）と呼ばれる。もっとも、その区別は明確ではなく、流動的でもある。①②が出産などを契機に結婚することもあるし、いずれは結婚を考えていた③が、あまり不都合を感じないので同居を続けていくこともある。そしてこれらのうち、同居選択に経済的理由が最も影響するのは、③の婚前同居タイプであり、必然的に若年層が多い。実際、表6-4の同居経験者のうちB2、D1、D2も、程度の差こそあれ経済的理由をあげていた。たとえばD2は五年以上の交際を経て同居生活を始めたが、当時は二人とも有期雇用であった。親からの援助を受ければ結婚も可能だったが、自立してから結婚したいと二人で決めて同居になったという。そして数年後、D2が正規職を得たことをきっかけに結婚し、その二年後には出産もしている。

6　親からの支援

彼らの結婚の経済的側面に関しては、もう一つ、親との関係も重要な要素となっている。

イタリアでは、若年層の経済的不安定さゆえ、親たちが子どもの結婚に際して数々の支援をすることがよくみられる。とくに新居の準備に関しては、賃貸でも家具を整えるなど、相応の金額が必要になる。結婚後も、金銭や物資による援助や、孫の養育を手伝うなどの無形の支援も不可欠であり、現在、女性の就業が増えていくなか、とくに祖父母の養育者としての役割はますます大きくなっている。R町でもほとんどの親世代が、孫たちの学校の送り迎えや、食事の準備などを手伝っている。

このことは、親の支援が受けられるか否かが、（結婚であれ同居であれ）二人で新たな家庭を築こうとする際、重要な問題となることを意味する。かつて、同居に対して否定的な考え方が圧倒的だったころは、同居を選択した子どもは親からの支援はほぼ見込めなかった。ゆえに同居はしばしば貧困にもつながった。

もちろん、当時、このことが同居を阻む直接的な要因だったわけでないが、一方、近年の急激な増加は、こうした親世代の考え方と強い関連があるといわれている[12]。たとえば、同居カップルと婚姻カップルそれぞれの親の意識調査によれば、前者の親のほうが後者の親よりも同居一般に対して好意的であるという。また、最近の同居カップルの親たちは、同居する子どもたちに、婚姻カップルの親たちとそれほど変わらない支援を行っているという報告もある[13]。同居に好意的な親の子供たちほど、同居を選ぶ傾向があり、その際、親からの支援も受けやすく、しかもその支援にはもはや同居か結婚かという差もなくなっている、というわけである。

そもそも、二〇〇〇年以降急増した同居カップルの親世代は、自分の青春時代（一九六〇年代から七〇年代）に、労働運動、学生運動、女性運動などの既成の価値観を覆す運動に触れており、それ以前の世代に比べるとそうしたライフスタイルに寛容な意識を持っている世代である。このことからも、近年のイタリア社会における同居急増という変化は、当事者の若者だけでなく、彼らの親の意識の変化も大きく関与していることが浮かび上がってくる。こうした親世代という要因に、イタリアの同居の特徴をみる研究者もいる[14]。このことは、翻すなら、イタリアでは現在でもカップルにとっては（結婚であれ同居であれ）それぞれの親との関係が重視されていることを意味するが、この点に関しては、また後で取り上げたい。

7 「一度はやりたい」結婚式

一方、近年同居が増えても、「いずれは結婚したい」「一度は結婚したい」という者は少なくない。こうした言葉は、古い習慣の名残のようにもみえるが、そこには結婚の別の側面も隠されているのではないか――この問題を考えるために、まずは「結婚式はあげたい」というように、結婚を望む声のなかでしばしば言及される「結婚式」に注目してみたい。「一度は結婚したい」という言葉も、具体的には「一度は結婚式をしたい」ことと同義であることが多い[15]。

さて、イタリアの結婚式といえば、教会での式を思い浮かべる人が多いだろうが、法的には、カトリック教会だけでなくイスラームや仏教等の宗教施設での宗教婚（*matrimonio religioso*）と、各市町村の役所で行われる世俗婚（*ma-*

trimonio civile. 民事婚とも訳されるが、ここでは宗教婚との対比から世俗婚とする）に分けられる。そして後者でも、日本のような書面の届け出だけではなく、市長の前での宣誓式、すなわち結婚式が、たとえ簡素でも執り行われる。[16] なお本章では以降、事実上カトリック教会での結婚のみを取り扱うため、宗教婚ではなく教会婚という語で統一する。

近年では、世俗婚がとくに都市部を中心に増えているが、教会婚もいまだ多数を占めている（表6-2）。また、宗教性の有無という違いにもかかわらず両者には、結婚式としてのある重要な共通点も存在する。それは、式の公開性である。

写真6-1　結婚式が始まり、教会へと入る新婦とその父。手前には広場があり、通りかかっている人の姿もみえる（2007年10月、ローマ近郊、筆者撮影）。

まず教会婚をみてみると、そもそも教会とは、信者をはじめ誰もが出入りし、祈りをささげることのできる公開性の高い場所である。多くの町や地区において、物理的にもその中央部（または最も高い場所）に建設されており、町の象徴ともなっている。そして教会の前にはたいてい広場が設けられており、日ごろから町の人々が集まっている。このため教会で行われる結婚式は、必然的に町中の衆目を集めることとなる。式が始まる前、花嫁は広場の人々の目の前で教会に入っていく。式が終われば、新郎新婦はこの教会の扉から出てきて、出席した親族や友人たちの祝福を受けるが、これも広場の人々の面前である（写真6-1）。結婚式が行われている最中も教会は閉じられておらず、誰でも入れるようになっている。実際、結婚式のミサには祝宴の招待客だけでなく知り合いや近所の人たちが参加することも少なくない。

そしてこうした公開性は、市役所で行われる世俗婚にもみてとれる。世俗婚は、確かに教会婚に比べると規模が小さく華やかさにも欠ける。しかしながら、イタリア国旗のたすきをかけて正装した市長が新郎新婦の前で宣誓式を取り行う様子は、司祭による式の簡素版のようでもある。新郎新婦もいわゆるウェディング・ドレスではないものの適度にドレスアップし、式が行われる役所の部屋は花などで飾り付けられることもある。もちろん、友人や親族も（物理的にそれほどの人数が入れない場合が多いが）出席し、手の空いている役所職員や、役所に立ち寄っていた市民たちが参加したり、部屋の入口からのぞき込んでいたりもしている。

他方、式を行わない同居には、当然のことながら、こうした公開性はみられない。(17)

8　制度としての結婚

とするならば、結婚式を結婚の肝の一つとみなす彼らにとっては、この公開性が、結婚の意義の一つであると考えることもできるだろう。そしてそれは、より大きな視点からみれば、結婚と社会や制度との関わりという問題につながっていく。ゆえにまず、結婚の制度としての側面に触れておこう。

結婚は、それが制度である限り、たんに当事者間の個人的関係であるだけでなく、社会的なものであることは間違いない。しかも結婚は、男女の生殖につながるため、その子どもを、当人のみならず周囲の社会がどう認知し、誰の子どもとみなすのかという問題としても重要な意味をもつ。そしてその際の「社会」が、具体的にどんなものなのかは、まさに社会によっても時代によっても異なるが、とくに近代以降は、国家がその前面に出てくるようになってきた。

近代国家は、より良い国民を作るという意味で生殖を支配しようとする権力であることはよく知られている。このため近代国家では、異性愛的な男女の結びつきとその子どもという核家族的モデル（近代家族）が規範化されるようになり、その基盤として法制度化されてきたのが、結婚である。[18] イタリアも例外ではなく、たとえばファシズムの時代には、結婚しないこと自体が国益に反するとされ、独身税が課されることもあった。また、そこにはカトリック的な考え方も重なり、国家による結婚の擁護が強かったことはすでに述べたとおりである。そうしたイタリアにおける国家と結婚の密接な結びつきは、イタリアの統一以降、離婚法の制定をめぐって行われてきた論争に最も端的に示されている。[19]

そして人々の側においても、こうした国家制度としての結婚という側面は、実は十分に認識されている。すでに、とくに別居者や離婚者がわずらわしい手続きを嫌って同居を選択することが少なくないと指摘したが、それもこの一例である。結婚と同居の大きな違いの一つは、行政上のさまざまな手続き（の煩雑さ）の有無にあるとされている。R町では「結婚は紙きれにすぎない」という言葉もよく耳にした。

一方で、だからこそ結婚は、同居と違って、パートナーや子どもの法的地位・権利義務を確定し保証することができる制度でもある。実際、同居カップルが結婚への移行を考えるきっかけの一つは、子どもの誕生や就学など、子どもとの法的関係の証明が必要となることが増えたり、パートナーの入院や事故などの際に法的な家族でないと書類に署名ができない等の事態に陥ったりする経験による。[20] B2もD2も、同居の初期から「いずれは結婚」と思っていたが、具体的に結婚を決断したのは妊娠だった。なかでもB2は、「自分は、子どもが就学するときに結婚と考えていた。しかし夫が、就学前にも色々な手続きがあるだろうといい始め、二人で話し合って、子どものために最初から結婚していたほうがよいという結論になった」という。同居カップルに対する社会的な認知度が高まっているとはいえ、法的にはまだ何ら保証のないイタリア社会では、同居はさまざまな場面で不利になってしまうことが少なくない。

9　社会的な承認・独立としての結婚

そしてもう一つ、結婚において彼らが想定している「社会」とは、各自が生活しているローカル・コミュニティであり、それを象徴的に示しているのが、前述の結婚式である。

式が町の教会や役所で行われているように、結婚式の公開性とは事実上、彼らのコミュニティに向けてのものである。彼らは町の人々の目の前で夫婦として承認される。また、結婚予定者が居住している町の役所では、結婚の二週間前からその名前が張り出されるという制度もある。最近では役所のホームページでも公開される。この告知は、異議がある者は申し出るようにという文言が添えられているように、重婚を避けるためのものだが、結婚がコミュニティの関心事であることも示している。

そもそもイタリアの結婚には、もう一つ、親元から離れて「一人前になる」という側面が強いことを指摘しておきたい。他のヨーロッパでは、若者たちが、結婚前、就学や就職を機に生家を出て暮らすことはごく普通にみられる。しかしイタリアでは、近年でも子どもは結婚するまで生家にいることは少なくなく、ゆえに結婚は、パートナーの獲得と同時に生家からの独立を意味することになるのである。一方、なかなか結婚せず親元を離れない子どもは、前述のとおり「バンボッチョーネ（*bamboccione*）」と呼ばれるが、その直訳が「大きな人形」であることからも分かるように、そこには、まだ一人前ではないという意味が込められている。

また、このことに関連して、イタリアの若者たちには、生家で親と同居しながら交際（性的な関係も含む）を長らく続ける傾向がみられることも付け加えておこう。近年ヨーロッパでは「別居カップル（Apart Living Together、以下ＡＬＴ）」という、別居したままのカップルというあり方が新たな現象として注目されているが[21]、実はそうしたカップルのあり方自体は、決して新しいものではない。なかでもイタリアの場合は、もとより婚約期間が長く、たとえばR町のA1のように一〇年を超える者も少なくなかった。婚約者や恋人同士は今でもほぼ毎日それぞれの家を訪問し合ったり、頻繁に旅行をしたりしている。確かに従来は、婚約者であっても親や親族の監視下におかれ、結婚前に性的行為に発展するのは難しかったという。ただし、なかったわけではないことはR町でもよく聞いた[22]。そして、このように元来ALT的な行動様式が普及していることが、晩婚化や、つい最近まで同居カップルが少なかったことの遠因の一つになっているという指摘もある[23]。結婚や同居は、いずれもカップルの性的関係の上に成りたつものである。イタリアの場合、その性的関係が、二人が一緒に住まなくてもある程度満たされてしまうために、それだけでは結婚（または同居）への十分な動機付けにならないというのである。

いずれにせよ、こうした長期の婚約等のALT的な習慣から見直してみても、彼らの結婚の意義の一つは、やはり、カップル関係の社会的な承認にあるといえるだろう。婚約の段階でも、両者の家族・親族に認められると町中に知れ渡るが、正式にはあくまでも身内での承認でしかない。一方、結婚が、式という形で町社会に公開されていることはすでに述べた。

そしてさらには、それまで暮らしていた親の家を出て新たに家を構えていく過程は、ただ互いに正式に夫・妻になっただけでなく、一個人としても親から自立したことを町社会のなかで具体的に示す行為でもある。もちろん、すでに述べたように結婚後も実質的には親に依存している。しかし結婚は、今でも、たとえ形式的でも親の庇護から出たことを内外に明示できる最大の機会となっている。かつてはその傾向はさらに強く、R町では、支配的な親から離れるために、好きでもない相手と結婚したり、修道院に入ったりする事例もあったという。また、「結婚する」を意味する日常的な表現として「システマルシ（*sistemarsi*）」という語があるが、その直訳は「自らをシステム化する」である。日本語の「片付く」にも近いが、そこには社会の一員になるというニュアンスが強い。結婚は、各自が（男も女も）コミュニティのなかで自分の社会的自立を表明するとともに、いわば自立した社会人として承認を受けるための装置としても使われているのである。

10　社会的側面の変化

さてこのように、結婚をとくに同居と比較しながら見直してみると、結婚には、カップルの性的関係や家族・親族との関係だけでなく、個人の自立の表明や、国家、ローカル・コミュニティ、教会などによる社会的な承認の機会等々、さまざまな意味や機能が関与していることが浮かび上がってきたに違いない。もちろん、そのすべてが同居に欠如しているわけではない。ただし、近年の結婚から同居へという変化を、その実態に即してより適切に理解していこうとするならば、それらの側面における両者の違いを、変化とともに考えていく必要がある。

たとえば「結婚には金がかかる」という経済的な条件は、同居の場合でも、式にかかる費用は別として、一緒に暮らす新居を作るという点では大した差はない。実際、かつては同居のほうが親の援助を受けられない分、深刻な問題となっていた。しかし現在、親世代の意識が変わることによって、同居カップルも親からの援助を受けやすくなっており、このことが、近年の同居増加にもつながっている。

また、国家やコミュニティ、教会などとの関わりという社会的な側面は、確かに現在では、彼らの結婚を同居から差異化する最大の要素かもしれない。彼らが「一度は結婚したい」と結婚を肯定的に語る際に言及しているのは、この社会性・公開性であると考えられるが、それは同時に、「手続きが面倒なので結婚しない」など、否定的に評価されることもある。

しかし、ここにも変化がみられる。それは、一つには、国や地方自治体などの法制度に関わる部分である。ここ数十年、結婚制度がより柔軟化する方向に向かっていることはすでに述べた。また二〇一五年には民法が改正され、非嫡出子差別が撤廃されたが、この影響も大きい。それまで、同居で生まれた子どもは男性の非嫡出子とされていた。このため子どもは、カップルが後に結婚しない限り、父の死後、財産分与で不利となり、同居カップルがいずれ結婚へと移行せざるを得ない要因の一つとなっていた。しかしこの改正によって、親子関係に関しても同居と結婚の差がまた縮まったのである。

そして各自が生活するローカル・コミュニティの変化も看過できない。実はイタリアでは職住接近の傾向が高く、人々はなるべく居住地の近くで職を見つけようとする。そして仕事が終わると、日本のように職場の同僚と飲食をするよりは、まずはいったん家に戻り、その後外出して町の友人たちと一緒に過ごすという習慣が続いている。ローカル・コミュニティでのつきあいは、家にいることの多い主婦や高齢者だけでなく、外で働く人々たちの間でもいまだに緊密である[24]。

とはいえ、現在、人の移動・行動範囲はますます広域化している。とくに高学歴化によって若者たちのつきあいの範囲は各自の町を超えることは今や普通となっている。また、その一方で、夕方も家族と過ごすことが多くなるなど、ライフスタイルがインドア化し、より私的な関心が高くなっているという変化もある。そうしたなか、いずれにせよコミュニティへの関心は全体的に希薄になり、コミュニティが個人のアイデンティティの表明やその承認の場としての意味を失い始めていることは容易に推察されるだろう。そしてこのことが、同居増加にも関連していると思われる。実際、同居の割合は都市住民や高学歴者に高いが[25]、どちらも人々にとってのコミュニティの意味が相対的に低い事例である[26]。都市住民や高学歴者は一般的に、従来の規範から比較的自由であるといわれるが、そうした自由とは、そもそも、彼らのコミュニティ意識の問題とみなして考えた方が良いかもしれない。

また、教会との関係についても付け加えておく。本章では紙幅の関係上、教会の問題に関しては詳しく触れないが、現在、人々と教会との関係も脆弱になりつつある。結婚において教会婚が減少していることはすでに述べた。しかも、教会婚を選択する者も、その理由としてカトリックの教義をあげることはなく、ほとんどが「伝統だから」と答えているという興味深い報告もある。[27] このことは、そもそも人々にとって教会とは、狭義の宗教や信仰の問題というよりも、生活に根差した社会的なものであったことを意味している。教会は、物理的にもローカル・コミュニティの中心に存在し、今でも洗礼式や葬式はそこで行われ、たとえ形式的にすぎなくても人々の人生の節目に関与し続けている。このように長く続いてきた教会の社会的な機能が、人々の規範意識にどんな影響を与えてきたのかについてはあらためて考察していく必要があるが、いずれにせよ、そうした教会と人々の結びつきもコミュニティの弱体化とともに薄れ、そのことも同居カップル増の一因となっていることは間違いない。

11　結婚が「ほどける」

さて以上、結婚にはさまざまな側面が緊密に絡み合っていること、そして、近年の結婚をめぐる変化はその視点から考えていく必要があることを明らかにしてきた。もちろん、その本格的な検証には資料も考察もまだ不十分である。今回は、それらの側面のうち、結婚において最も基本的な要素であるはずの性的関係や、家族・親族との関係についてはほとんど論ずることができなかった。また、男女にとっての結婚の意味の違いというジェンダーの側面についてはは触れることすらできていない。そしてさらにいえば、結婚が多様な意味や機能をもつこと自体は、これまでも指摘されてきたことである。ただし本章では、とくにその社会的な側面に着目し、そのことを通して、結婚が個々人の人生にとってどんな意味をもっている（もっていた）のかという、より微細な個人の視点から結婚の意義を見直すことができたと考える。

あらためて議論をまとめると、結婚とは、イタリアでも個人にとってはまず性的なカップリングの問題だが、そこには親や家族との関係の問題が絡んでいるとともに、社会的な意味でも自立の最大の機会であり、ゆえに各自の社会的な自意識や承認にも深く関わっていた。本章では触れなかったが、父・夫、母・妻という結婚を通じて作られる各自の役割が、イタリアでは長い間、男性・女性それぞれのジェンダー・モデルの基本とみなされてきたことも、こうした結婚の社会的な重要性ゆえであると考えられる。さらには国家や教会なども、人々の結婚に積極的に介入していたことも述べた。結婚は、個人にとってみれば良き国民、信者になることでもあった。

ところでこのことからは、結婚が以上のようなさまざまな要素や側面と関わりながら作られてきただけでなく、その関係性を強化し、さらにはその重なり合い自体を支えてきた制度でもあったとみることができる。結婚は、これらの国家、ローカル・コミュニティ、教会、家族・親族、個人の社会的人格・アイデンティティ、ジェンダー、性、生殖などを互いに結び付ける結節点としても機能してきたと考えられるのである。

この問題は、先に触れた近代家族論などとも連動するが、ここではその議論には踏み込まない。しかし、とするならば、これらの重なり合いが変化していくと、その結節点となっていた結婚も意義を減じ、いわば「ほどけ」始めていくと推察される。これが、今起きている変化なのではないだろうか。

たとえば、確かに現在、同居が急増し、結婚が減少しつつある。「いずれは結婚」と思っていた同居カップルも、そのまま同居を続けることが多くなってきているが[28]、その背後には、結婚に関わる法制度の柔軟化や、人々の生活基盤がますますローカル・コミュニティから離れつつあること等が関与している。それは、結婚がその社会性を失い、個々人のプライバシーという、より私的な領域の問題とみなされるようになっていることでもある。

また、だからといって、結婚が消滅するとみなすことも早計である。たとえば、B1の友人のある離婚女性が昨年再婚したが、その際彼女は、同居を勧める友人たちに対して「本当は教会で式をしたい。でも（離婚をしているため）できないので、せめて世俗婚にすることにした。今、同居が増えているけど、教会での結婚、少なくとも結婚は、イタリアの伝統だと思う。彼（パートナー）も同意見だ」と述べたという。彼女は、いわばイタリア人という意識のもと、結婚を選択したというのである。

これは一例に過ぎないが、現在、従来重なり合っていたさまざまな側面・意味が「ほどけ」てきたからこそ、今後は、結婚を意識的に選択する者も出てくる可能性がある。ただしその場合、特定の意味をより意識的に結婚に結びつけるようになったという点で、これまでの結婚とは性格が異なり、その意味では結婚自体も、内実が多様化していくかもしれない。すなわち現状は、結婚の消滅というよりも、結婚やカップリングに関わる意味や側面の選択可能性が増えたことによる、カップリングの多様化であろう。それは、彼ら自身が、そもそも結婚とは何なのかという問題を、考え直しつつある過程であるともいえる。

12 「ほどける」結婚の先

こうしてみると結婚は、たとえ規範的で強固な制度のようにみえても、あくまでもさまざまな要素や関係の結節点であり、その意味では「ほどけ」うる、ということになる。この視点は、イタリアだけでなく、他のさまざまな社会を考察していく際にも有効かつ重要であると考えられるため、最後にこの点について、結婚と最も重なり合う領域とされがちな家族・親族との関わりから、簡単ではあるが確認しておくことにしたい。

結婚と家族・親族は、一般的に不可分の関係にあるとみなされることが多い。それゆえ、未婚化や同居の増加などの「結婚の衰退」は、しばしば「家族の崩壊」に結びつけられ、イタリアでもそうした言説が浸透していた。

しかし両者の関係は、少なくともイタリアの場合、よくみると単純な連動ではない。すでに指摘したように、彼らの意識が変わってくると、同居の場合でも、親子間の相互扶助は結婚の場合とほぼ変わらなくなってくる。さらに最近では、同居の利点の一つとして、自分の親との付き合いを、結婚の場合よりもパートナーに遠慮せずに行える、という意見も出ている。たとえばD1の現在の同居相手は、結婚すると配偶者の親との付き合いが半強制的になるが、同居ならば付き合いたくない時には付き合わなくてもよいので気楽だと語っていた。また、親の介護などの際に、同居であればお互い相手に余計な遠慮も期待もすることなく、自分の親の面倒を第一にみることができるだろうとも述べており、これまでの研究でも同様の事例が報告されている。[29] かつては「家族の崩壊」ともいわれた同居のほうが、家族関係（とくに血縁の親子関係）との相性が良いともいわれ始めているのである。

実は、すでに筆者は、彼らの家族と夫婦（すなわち結婚）が、微妙ではあるが本質的にずれた関係にあることを、R町での調査から指摘したことがある。彼らは、家族を意味する言葉として、日常的に*famiglia*（ファミリア）ではなく*miei*（ミエイ）という語を用いていた。これは英語のmineに当たる語で、直訳すれば「私のもの」である。したがって主語によって変化するが、この表現を用いて「あなたの家族は誰か」という質問をすると、その返答には、一緒に住んでいる親子、兄弟姉妹だけでなく、しばしば祖父母やオジオバ、オイメイ等も含まれ、その一方で、配偶者が抜け落ちることが何度もあった。その詳細な考察は拙稿（宇田川［一九九九］）に譲るが、ここからは彼らが、夫婦（すなわち結婚）関係と家族（とくに血縁）関係とを異なる領域とみなしていることが浮かび上がってくる。結婚と家族は、密接に関わりながらも、基本的には別個の関係性であり問題領域なのである。

とするならば、近年同居が増加し結婚のあり方が大きく変化しても、彼らの家族関係があいかわらず強いことも不思議ではない。むしろ、両者は互いに異なる領域であるがゆえに、その重なり合いがほどけてくると、各々がそれぞれの領域で変動し、それにともなって、互いの関わり方も再編されていくと考えられる。実際、近年は、史上いまだかつてない高齢化によって、家族・親族関係のうち、とくに三世代に渡る親子関係がいっそう緊密になってきている。[30]

親の介護問題だけでなく、子どもの養育に祖父母が積極的に手助けをするようになったこともすでに述べた。家族関係は現在、兄弟姉妹数の減少も重なって、親子というタテの関係に重心を移しながらますます重要性を増している。そのことが彼らのカップル関係にも影響を与え、先述のように同居選択を後押ししているのかもしれない。そして結婚の側も、こうした家族関係の変化と関わりながら、それ自体も大きく変容しているのではないかと考えられるが、そのことを的確に明らかにしていくためには、やはり、結婚における最も基本的な関係たる性的関係についての本格的な考察が必要となる。それに関しては今後の課題としたい。

もちろん、結婚をめぐる変化は、社会によって内実も背景もさまざまであり、本章の考察が他地域に直接当てはまるわけではないだろう。しかし、非常に多くの社会で、結婚は家族・親族と絡み合いながら社会全体に浸透し、規範化され、とくに国家と結びついて制度化されてきた。あるいは、そうしたカップリングが「結婚」と呼ばれてきたともいえる。とするならば、いずれの社会においても、結婚には複数の意味や側面が重なりあっているだろうし、現在それらが社会変化のなかで「ほどけ」始め、結婚のあり方を大きく変えているという構造も共通しているかもしれない。本章は、そうした視点の重要性・必要性を、イタリアの事例を通して指摘しようとする試みでもあった。

そしてこのことは、「結婚」という語や概念の使用についても、今後より慎重になる必要が出てくることも示唆する。現在我々が用いている「結婚」が、ある時代の社会の所産でしかないなら、その結婚が「ほどけ」た先にある同居などを含めたカップリングの現象を、これまで通り「結婚」という語を軸に論じ続けることには少なからず問題があるからである。では、いかなる言葉や概念とともに考えていけばよいのか——この問題も含めて、結婚をめぐって我々が考えるべき領域はまだ膨大に残されている。

注

（1）これらの議論の概要については、De Filippis [2012], Rosina & Fraboni [2004], Salmieri [2006], Salvini & Vignoli [2014], Santoro [2012] などを参照。

（2）本章で用いるイタリアに関する統計資料は、イタリアの国立統計研究所（ISTAT、http://www.istat.it/it/）や、それを基にして作成された、ISTAT [2013] "Il matrimonio in Italia Anno 2013", http://www.istat.it/it/files/2014/11/matrimoni_report-2013.pdf, De Rose, Alessandra & Gianpiero dalla Zuanna (eds.) [2013] *Rapporto sulla popolazione*, Bologna: Il Mulino などの報告書に基づいている。

（3）R町の詳細は、宇田川［二〇一五］を参照のこと。

（4）二〇〇四年制定の補助生殖医療法には、生殖医療の対象として同居（*conviventi*）の異性カップルも認めるという文言が入っている。現段階ではこれがこの語を含む唯一の法律だが、そこでは、この語が記載されているだけで定義はされていない。

（5）たとえば、Bertocchi, Lorenzo & Matteo Matzuzzi [2016] *La famiglia controversa*, Roma: Castelvecchi., De Giorgi, Fulvio [2015] *Più coraggio!: Chiesa, famiglia, sessualità*, Milano: La Scuola.

（6）同じ論理で、中絶、避妊、同性愛も、カトリックでは認められていない。

（7）厳格に解釈すると離婚者も認められないことがある。そうした教義に関わる複雑な解釈や近年の変容に関しては、De Filippis, Bruno [2016] *É caduto il muro tra Chiesa e divorziati?* Pisa: Pacini Giuridica.

（8）Salvini & Vigoli [2014] Ch. 4, Santoro [2012] Ch. 4.

（9）Castiglioni & Dalla Zuanna [1994].

（10）ちなみに同年の日本の失業率は三・八％で、若年層は六・三％である。

（11）Dalla Zuanna [2001].

（12）Di Giulio [2007].

（13）Pirani & Vignoni [2016], Santoro [2014].

（14）Nazio & Saraceno [2013].

（15）Santoro [2012] pp. 141–5.

（16）この区分は、一九二七年以降に制度化されたものである。それ以前の結婚はすべて、市役所での宣誓式が必要とされていた。しかし、一九二七年ローマ教会とイタリア国家との間で結ばれたラテラノ協約によって、教会の式でも国家における資格と同等とみなされるようになり、後に他の宗教にも当てはめられた。

(17) ここで彼らが念頭に置いている結婚式とは、教会や市役所における式であって、その後に行われる祝宴ではない。もちろん後者も、多くの人が出席し、レストランなどを借りきって豪華な食事が振る舞われるなどの一大イベントだが、それはあくまでも招待客に限定されている。一方、その前に行われる式は、基本的には不特定多数の人に開かれており、これが、彼らが「一度はやってみたい」という式なのである。ちなみに祝宴に関しては、同居の場合でも、小規模ながらしばしば行われる。

(18) たとえば、落合［一九六九］を参照のこと。

(19) Seymour [2006].

(20) Salvini & Vignoli [2014] Ch. 3, Santoro [2012] Ch. 5.

(21) Duncan & Phillips [2010].

(22) 実際、先にも述べたが、R町では高い年齢層においても結婚せずに出産したシングルマザーが少なくなく、そのことも、この行動様式と関わりがあるかもしれない。

(23) Santoro [2015] p. 119.

(24) 宇田川［二〇一五］第5章。

(25) Rosina & Fraboni [2004].

(26) なお、その差異は、イタリアの地域差とも連動していると考えられる。その点については Santarelli & Cottone [2009] 参照。

(27) Vignoli & Salvini [2014].

(28) Pirani & Vignoli [2016].

(29) Santoro [2015] p. 481.

(30) Saraceno, Chiara [2016] *Coppie e Famiglie*, Milano: Ferltrinelli, pp. 33–50.

主要参考文献

〈日本語〉

宇田川妙子［一九九九］「イタリアの町社会における家族の社会・文化的意義」、『民族学研究』第五三巻第四号、三九三〜三七三頁。
宇田川妙子［二〇一五］『城壁内からみるイタリア』臨川書店。
落合恵美子［一九八九］『近代家族とフェミニズム』勁草書房。
土岐智賀子［二〇一二］「イタリアの若者の社会的状況」、『立命館国際地域研究』第三三号、九一〜一一〇頁。
〈欧文〉
Castiglioni, Maria & Gianpiero Dalla Zuanna [1994] "Innovation and tradition: Reproductive and marital behaviour in Italy in the 1970s and 1980s," *European Journal of Population*, 10:107-141.
Dalla Zuanna, Gianpiero [2001] "The banquet of Aeolus: A familistic interpretation of Italy's lowest low fertility," *Demographic Research*, 4(5):133-162.
De Filippis, Bruno [2012] *Separarsi e divorziarare*, Bologna: Il Mulino.
Di Giulio, Paola [2007] "Intergenerational family ties and the diffusion of cohabitation in Italy," *Demographic Research*, 16 (14):441-468.
Duncan, Simon & Miranda Phillips [2010] "People who live apart together (LATs) : How different are they?," *The Sociological Review*, 58:112-134.
Nazio, Tziana & Chiara Saraceno [2013] "Does cohabitation lead to weaker intergenerational bonds than marriage?: A comparison between Italy and the United Kingdom," *European Sociological Review*, 29:549-564.
Pirani, Elena & Daniele Vignoni [2016] "Changes in the satisfaction of cohabitors relative to spouses over time," *Journal of Marriage and Family*, 78:598-609.
Rosina, Alessandro & Romina Fraboni [2004] "Is marriage loosing its centrality in Italy?," *Demographic Research*, 11(6):149-172.
Salmieri, Luca [2006] *Coppie flessibili: Progetti e vita quotidiana dei lavoratori antipiti*, Bologna: Il Mulino.
Salvini, Silvana & Daniele Vignoli [2014] *Convivere o sposarsi?* Bologna: Il Mulino.
Santarelli, Elisabetta & Francesco Cottone [2009] "Leaving house, family support and intergenerational ties in Italy: Some regional differences," 21(1):1-22.

Santoro, Monica [2012] *Le libre unioni in Italia: Matrimonio e nuove forme familiari*, Roma: Carocci editore.

Santoro, Monica [2014] "Intergenerational solidarity between parents and adult children: A qualitative research among cohabiting and married children in Italy," *International Review of Sociology*, 24(3):471–487.

Santoro, Monica [2015] "The meaning of cohabitation in 'low cohabitation land': The case of Italy," *Families, Relationships and Societies*, 4(1):117–130.

Seymour, Mark [2006] *Debating divorce in Italy: Marriage and the making of modern Italians, 1860–1974*, New York: Palgrave Macmillan.

Vignoli, Daniele & Silvana Salvini [2014] "Religion and union formation in Italy: Catholic precepts, social pressure, and tradition," *Demographic Research*, 31(35):1079–1106.

第7章　フィリピン・ムスリムの家族形成にみる連続性と多様性
――配偶者選択を中心に

渡邉　暁子

はじめに

本章の目的は、東南アジア島嶼部の一つであるフィリピンのイスラーム教徒を取り上げ、その社会変容の現代的展開を、家族形成の端緒である配偶者選択の動態から概観する。東南アジア島嶼部は、インドネシアやマレーシア、フィリピンなど六か国を含む。程度の差こそあれ、これらの国々では独立以後、近代化や経済発展が急速に推し進められた。一九七〇年には男性人口の過半数を占めていた農漁業従事者が二〇〇〇年には五〇％を割り、中等学校進学者も二〇〇〇年には半数を超えるなど、都市化が進んだ[1]。その結果、東南アジア島嶼部にはさまざまな社会変化がもたらされた。とりわけ、過去三〇年の間で乳幼児死亡率が八〇％も低下する一方で、女性の教育程度が向上し市場経済進出が増大し、シンガポールやマレーシアの華人社会などでは合計特殊出生率が急速に減少した。また、古くは初潮を迎えた一〇代前半に親や年長親族の取り決めによって結婚していた女性が、中等教育を受け、職に就いてから結婚するといったように初婚年齢も著しく上昇した。これにともない、女性が自ら配偶者を選択するようになるなど「親に従わない女性」が増加していった。近年では、女性のほうが一家の主たる稼ぎ手となっている世帯も増え、ジェンダー役割や男女間の力関係に揺らぎが生じている。他方、結婚年齢の上昇や、自らの気に入った人と結婚することや、男女共に平均寿命が延びたことによって、寡婦率や離婚率も低下していった[2]。法改正もこうした動きを後押しした。たとえばインドネシアでは、一九七四年に女性の結婚可能年齢を一六歳以上と定めたことによって、労働者としての女性の価値が高まったと考えられた[3]。

こうした社会変容のなか、近年の東南アジアにおける婚姻と家族に関する英語論集が『東南アジアにおける流動する家族』としてまとめられた[4]。同書は、各国における家族法の問題、政策やイデオロギーと実践との間の齟齬など、移動と「つながり」についての論考が所収されており、グローバル化した世界が変動するなか、そこに家族がどのように関わり、影響を受けているのか、もう一度家族について見直そうと試みたものである。そのほかに、ムスリムについて重点的に取り組んだ研究としては、一夫多妻制の問題や女性の法的権利、通婚の制度的課題について統計的・記述的に議論したものが多いものの[5]、家族形成に至る前の段階、すなわち出会いや配偶者選択についてはあまり焦点が当てられてこなかった。

これに対して、本章は、現代の社会変容へのミクロな応対として、当該地域に暮らす人びとの家族形成の変遷に焦点を当てる。フィリピンに生きるムスリムの諸言語集団のなかでタウスグ社会を取り上げる。その具体的事例として二つの氏族の三世代にわたる配偶者選択の連続性と多様性を女性の側から描き出していく。

本章の構成は次の通りである。第1節では東南アジア島嶼部の結婚とその現代的展開を概観し、第2節ではフィリピンのムスリム人口の位置づけを整理する。第3節では、フィリピン・ムスリムにみられる世代間の変化を紹介し、第4節でその連続性と多様性について考察する。それにより、フィリピン・ムスリムの家族形成の現代的展開を明らかにしていく。

本章で使用するデータは、筆者がフィリピン共和国（マニラ、サンボアンガ）とカタール首長国（ドーハ）において、二〇〇〇年から現在に至るまでの二つの氏族との断続的な共同生活における参与観察および聞き取りに基づくものである。

1　東南アジア島嶼部の結婚とその現代的展開

フィリピン南部は、マレーシアやインドネシアを含めた、イスラームが優勢な「マレー世界」である東南アジア島嶼部の一端を占め、双系的親族関係、妻方居住など、他の島嶼部地域と共通した親族関係や文化的特徴を有する。

このマレー地域において、かつて配偶者選択は、親や年長親族の話し合いによって執り行われてきた。ここでは、そうした婚姻慣習を便宜的に縁組結婚（arraged marriage）と呼ぶ。[6] 初婚年齢は低く、男性は一五歳、女性は初潮を迎えたころ（初潮未満の女性との場合は婚約に留まる）が一般的であった。また、結婚は家族の連帯を保持することを目的としていたため、女性は子孫を残すことが求められ、民族内結婚が慣例であった。[7]

しかしながら、従来の結婚パタンに変化が生じている。冒頭で述べたとおり、一九七〇年代ごろから経済構造の変化によって都市化や労働力移動が起き、女性の就学率の上昇や労働市場への参入が進んだ。それに応じて、男女の初婚年齢が上昇し、出会いの機会が増えたことで、縁組結婚から自ら配偶者を選択する恋愛結婚へと移行していった。[8] そうしたなか、異民族や、異教徒との間の婚姻も増大しており、民族や宗教を基にする集団間の分断を超える可能性が十分に生まれた。だが、民法とイスラーム法（シャリーア）との間の権限をめぐる衝突が深刻化するなど、従来は家族の問題であった結婚が、社会や国家の問題となっている地域も出てきている。[9]

他方、出会いの機会の増大は必ずしも通婚への偏向を高めたわけではなく、同民族（出身地）への選好も根強く残っている。たとえば、インドネシア都市部において男女の婚姻実践について調査をしたウトモとマクドナルドは、都市部に未婚の男女の人口が増大したことで、かえって同出身地、つまり同言語集団の男女の出会いの機会や婚姻数が増加したという[10]。その一方で、同研究は、若い世代においては、民族内婚よりも、男女が同程度の教育歴をもつ学歴類婚の潮流が生じていることも明らかにしている。

こうした婚姻実践の変化の背景には、社会情勢の変化も大きく影響している。インドネシアでは一九九八年に三二年間続いたスハルト権威主義体制が崩壊し、民主化やジェンダー公平の動きが進んだ。女性の社会進出も増え、政治や経済において要職に就く女性が増えるかわりに、旧来の家父長的価値観が崩れていった。その一方で、イスラーム保守主義を中心に揺り戻しが生じている。ムスリム国家の一部で実践されている一夫多妻制の容認、「従順な妻クラブ」の設立、男女共同参画法への反対といった流れである[11]。

この流れのなかで、新たな動きもみられている。それは、インターネットを介した出会いと結婚である。従来、イスラーム社会では、身内以外の男女の接触は厳しく制限されており、未婚の男女の自由な交際も認められてこなかった。詳細は後述するが、それは、女性とその処女性を守ることが、その家の名誉につながっていたからである。したがって、未婚の男女の身体接触が発覚した場合、周囲の強い圧力によって両者は結婚させられてきた。しかし、近年、身体的接触のない「お付き合い」ができる、ムスリム専用の出会い／結婚仲介サイトが増加している[12]。個々人の希望する条件（例：ヒジャブを適切に着用する女性など）はあるものの、メールやチャットを通して相手を知り、結婚へと至る。かれらにとっては、国籍よりもイスラームの知識をもち、遺漏なくそれを実践する敬虔なイスラーム教徒であることが判断基準となる[13]。

2 フィリピンにおけるムスリム婚と人口移動

フィリピンは人口の九割をキリスト教徒が構成する。そのなかで、同国南部のミンダナオ島、スールー諸島、パラワン島南部には四〜五百万人ほどのムスリムが居住し（図7-1）、全人口の五〜七％を占める。かれらは、十六世紀広範に始まるスペインの植民地下でキリスト教を信仰するようになった北部や中部フィリピンとは異なり、独自のアイデンティティや法、慣習を有してきた。

これらの地域では、一九五〇年代から始まった国民統合と、国内の急速な近代化のなかでムスリム人口の政治的権利の剥奪や、経済的窮乏化、社会的排除が進行していった。そうしたなか、一九七〇年代初頭からムスリム分離独立を求めた武力衝突（ミンダナオ紛争）がフィリピン中央政府との間で展開され、現在まで幾度も戦火を交え、続けられている。

図7-1　フィリピン全図

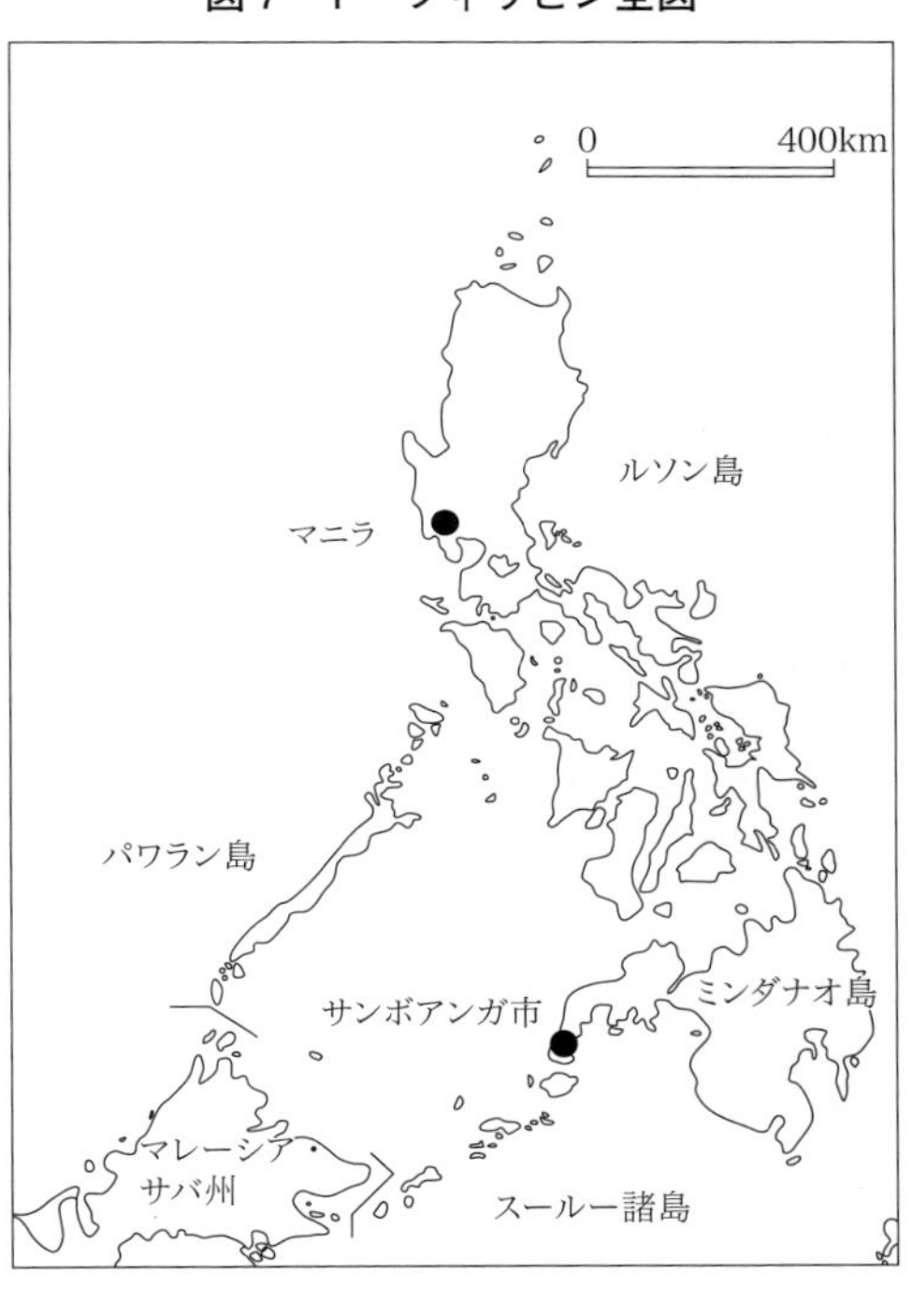

ミンダナオ紛争がムスリム人口に与えた影響は非常に大きい。とくにムスリムの婚姻に関連する事項として次の二つを挙げたい。一つは、ムスリム身分法による法定ムスリム婚の出現であり、もう一つは、人口移動による配偶者選択の変化である。以下、それらを説明する。

(1)　法定ムスリム婚

ムスリムの分離独立運動への宥和政策[14]の一つとして、一九七七年に大統領令一〇八三号として、ムスリムの慣習や法を明文化したムスリム身分法（Code of Muslim Personal Laws of the

Philippines）が制定され、一九七九年に施行された。

一般的にフィリピンでは、一夫一婦制を原則とし、婚姻は神父や牧師といった宗教指導者のなかでも国に認められた公認聖職者による社会的承認、もしくは市役所の判事による法的承認のいずれかで結婚することができる。[15] ただし、その特徴としてはカトリックの教義により、婚姻解消には、婚姻無効もしくは婚姻取消しかできない点である。[16] 加えて、婚姻無効も婚姻取消にも一定の条件が必要で長期の裁判を通じてしか認められない。[17] すなわち、フィリピンの家族法では、絶対的離婚はなく、法的別居（相対的離婚）しか存在しないのである。これは、イスラーム法（シャリーア）が預言者ムハンマドにならって同時に四人までの妻帯[18]と、離婚を容認していることから、国内のムスリムにとっては相容れないものであり、かれらの信仰する権利を否定し、独自の文化を奪うものであった。こうした背景もあり、ムスリム国会議員の働きによってムスリム身分法が制定・施行された。その結果、四人までの一夫多妻（同法二七条ほか）と離婚（同法四五条ほか）が、イスラーム教徒に限って認められたのである。これによって、にわかにムスリムへと改宗する男性が増えたが、イスラーム改宗者の婚姻については、第2節(3)で詳述したい。

ムスリム身分法による法定ムスリム婚が認められる場合とは、男女両方が生来のムスリムであるか、従来は異教徒で結婚を機にイスラームに改宗した男性とムスリム女性のカップルか、男性がムスリムで女性が異教徒のケースであった。いずれの場合でもムスリム婚をすることによって、ムスリムとしての権利義務を負う。当初は規定がなかったようだが、一九九〇年代半ばには、定型の用紙が作成された。一般に結婚契約申請書は新郎新婦が市町村役場に提出するが、ここでは、公認イマーム（イスラーム指導者）が市役所に提出する。そのとき、結婚契約申請書に法定ムスリム婚用の別紙（図7-2）が添付されていると、それは法定ムスリム婚として認められるのである。

ムスリム婚とフィリピンの一般の婚姻との違いは、このムスリム婚用付別紙にみてとれる。すなわち、イスラーム暦の併記、マハル *mahr*[19] と呼ばれ、男性側から女性側へと渡される婚資の額（や動産・不動産）の提示、離婚 *talaq*

図７－２　フィリピンにおけるムスリム婚用の別紙

IN THE NAME OF ALLAH
THE MERCIFUL, THE COMPASSIONATE

Municipal Form No. 97 (Form No. 13)
(Revised January 1993, attachment)

Province ____________________　　Registry No.____________
City/Municipality ____________________

DATE OF MARRIAGE(Day) (Month) (Year) Gregorian Calendar: ____________ Hijrah Calendar:	MARRIAGE ORDER (whether first, second, etc.): Husband: ____________ Wife:
AMOUNT OF MAHR (Dowry) Cash ____________ Others (specify) ____________	OTHER STIPULATIONS TO THE MARRIAGE (whether husband delegates the right of talaq/tafwid to the wife, etc.) ____________

CONTRACTING PARTIES:　Husband　　Wife
Signature :
Printed Name :

注：公認のイマーム（イスラーム宗教指導者）から入手。

／*tafwid* の権限の明記、婚姻の順番（一夫多妻の場合や再婚の場合）の記載である。

とくに、マハルは、ムスリム社会において重要な部分を占め、女性やその家族の名誉と関係するだけでなく、二つの家族をつなげる役割も果たしてきた。女性が初婚や若年、容姿の良さ、高学歴であれば高額になるし、また家格が高く資産が多いとマハルの額も釣り上がる。さらに今日では、伝統的な自宅婚（新婦の生家で行う結婚式）ではなく、ホテルやレストランを借りた結婚式が流行っており、その代金がマハルに上乗せされて女性側の要求額が高騰する。このため、家族の支援の少ない人の結婚が遅れたり、一家総動員して息子のマハルを稼ぐような事態が生じたりして、結果的にムスリム社会における男女の独身者を増大させる要因となっている[20]。もっとも、全額を支払う前提で頭金だけを先に払い、残りを定額払いしたり、出稼ぎした後に一括して支払ったり、あるいは離婚時の慰謝料として記載だけするといったように、それを回避する手段も講じられている。さらに近年では、イスラームを厳格に解釈し、クルアーンの一節でもマハルとなりうることから、形式的な金銭の授受や家族での食事など比較的安価ですませるケースもある。

(2) ムスリム人口の地理的移動と配偶者選択

南部フィリピンにおける紛争の長期化は、ムスリム人口のホームランドから流出を招いた。その数は百万人をはるかに超えると言われている[21]。人びとは戦禍を逃れ、古くから密接なつながりを有していたマレーシアのサバ州や、従来は季節的な就労先であったマニラやセブといった国内の都市部へと移動した[22]。また、紛争が長期化するにつれ、住民が他所へ避難して学校に通えなくなったり、紛争地における教員の配置が難しくなったり、戦闘行為が激化して一時的に休校を余儀なくされたりしてきたため、継続的な教育の実践が困難になった。このように、紛争地では教育の質や生徒の学習意欲の低下が進み、教育機会を求めて移動するムスリムも増えた。その結果、都市部に移動したムスリムは、就労・教育の現場において、他のフィリピン・ムスリム言語集団や、国内の非ムスリム人口であるキリスト教徒との接触が増大したのである[23]。

高等教育を受けるための教育移民や生計を立てるための経済移民の多くは、比較的年齢の若いムスリムであった。ただ、こうした若年ムスリムが一律に都市部に移動したのではなく、属性により違いがあった。一九七〇年代初期にはもっぱらムスリム男性が移動し、次に妻子を伴って移動し、後にムスリム女性の女性性規範の変容にともない、独身の女性も単身で移動してきた[24]。紛争のなかで多くの世帯で主たる家計保持者の男性が失われたことにより、旧来はムスリム女性のあるべき姿として、公教育を受けず、家のなかで家事手伝いをし、移動の自由が制限されてきた若い女性が、教育を受けて戸外で労働することが容認されるようになったのである[25]。その結果、都市部で高等教育を受けるため、あるいは、労働者となるため、女性も移動するようになっていった。こうして、男女間における移動の時期の乖離は、ムスリムの出会いと結婚にも影響を与えた。ムスリム男性のみが移動していた時代は、職場や教育現場で出会った異教徒の女性がムスリム人口の配偶者になっていたが、ムスリム女性も移動してくると、言語集団内での婚姻が増えていった[26]。

また、一九七〇年代後半からフィリピンでは海外就労政策が進行した。石油ブームに沸く湾岸諸国においては、建設労働者の雇用が急務となり、次いで八〇年代には医者や看護師といった職能者が必要とされ、その一方で、家事労働者の需要も急激に高まった。家事労働者にはとりわけムスリム女性が好まれたことから、フィリピンでは、ムスリム女性の新たな経済活動の可能性が見出された。現地の人材派遣会社から依頼された周旋人は、ムスリム女性を集めた。湾岸諸国での家事労働者の口があることを知り、キリスト教徒女性がムスリム周旋人の元で世話になることもあった。なかには、周旋人から求婚され、結婚し、イスラームに改宗して出稼ぎ労働者となった女性も少なからずいた[27]。

今日、フィリピン人口のおよそ一〇%が海外就労し、およそ世界二百か国に滞在するなか、ムスリムの海外就労は中東・湾岸諸国や東南アジアのムスリム諸国に偏向してきた。そこにはムスリムとして生活をするうえで不便がないことや、中東・湾岸諸国であれば、両親が許し、就労中に可能ならばメッカに巡礼できるといった期待があったことがあげられよう[28]。こうした国々では、連鎖移動した親族内での付き合いや、フィリピン・ムスリム同士で集会の機会、他国から来たムスリムと出会うようなイスラーム関連イベント等により、比較的狭いコミュニティがつくられている。また、宗教に関係なく、同じフィリピン人として出会い、似通う境遇のなかで関係を深めていくこともある。次節の事例でも取り上げるように、長期化する海外就労中に配偶者選択を行う例も数多く確認されている[29]。

3　事例――フィリピン・ムスリムにみられる世代間の変化

南部フィリピンにおける社会変容の影響は、フィリピン・ムスリム諸言語集団の一つであるタウスグ人の二つの氏族（AとB）の三世代にわたる配偶者選択にもみてとれる。Aの氏族ではA－1からA－39までの三九世帯を対象としており、Bの氏族ではB‐1からB‐14までの一四世帯を対象としている。ただ、二つの氏族のなかで、A‐11とB‐7は同じ世帯を指しているため、実際の対象は、計五二世帯である。

両氏族の時間的、地理的展開を概観する。Aの氏族は、中国系タウスグ人である。十九世紀後半、商業のためにスールーを訪問した男性が地元のタウスグ人有力者の娘と結婚したことでここに定着した。男性はそのとき、イスラームに改宗した。その後、A‐1の父系の両親は、地元で金融業と卸売業に従事し、資産を大きくした。一九六〇年代末から始まるムスリムの分離独立運動の影響を受け、スールー州ホロ市の治安が悪化すると、戦禍を逃れるため、A‐1の一家は一九七一年にミンダナオ島のサンボアンガ市へと避難した。その後、一九八二年に末子の手術のためマニラへと移動、一家全員も移動した（図7‐3、表7‐1）。

一方、Bの氏族ではB‐1の夫の父の出自が北部フィリピンである。サンボアンガ市にあるフィリピン軍基地に赴任した北部フィリピン出身の男性が、イスラームへの改宗と同時に現地のタウスグ人女性と結婚した。女性の氏族はマレーシア・サバ州との間で日用品の輸出入業（バーター交易）を営んでいた。マレーシアの取引相手はサバ州に渡った親族であり、国境をはさんだ親族ネットワークによって生計を立てていた。しかしながら、紛争の激化にともない、事業継続が困難になったこと、およびバーター交易に制限が設けられたこと[30]により、生計手段を変更し、各自が職能者をめざすこととなった。当時、クウェートやサウジアラビア、エジプトといった中東・湾岸諸国が、紛争によって困窮するフィリピン・ムスリムに対する支援の一環としてかれらに職の機会を与えていた。そのため、専門職としてこれらの国々での労働を目指すことになった。結果、現在一家はサンボアンガ市と就労先の湾岸諸国に生活の拠点を置くようになっている（図7‐4、表7‐2）。

では、AとBの氏族の三世代の婚姻実践から、どのようなことが読みとれるのだろうか。

図７－３　Ａ氏族の系譜図

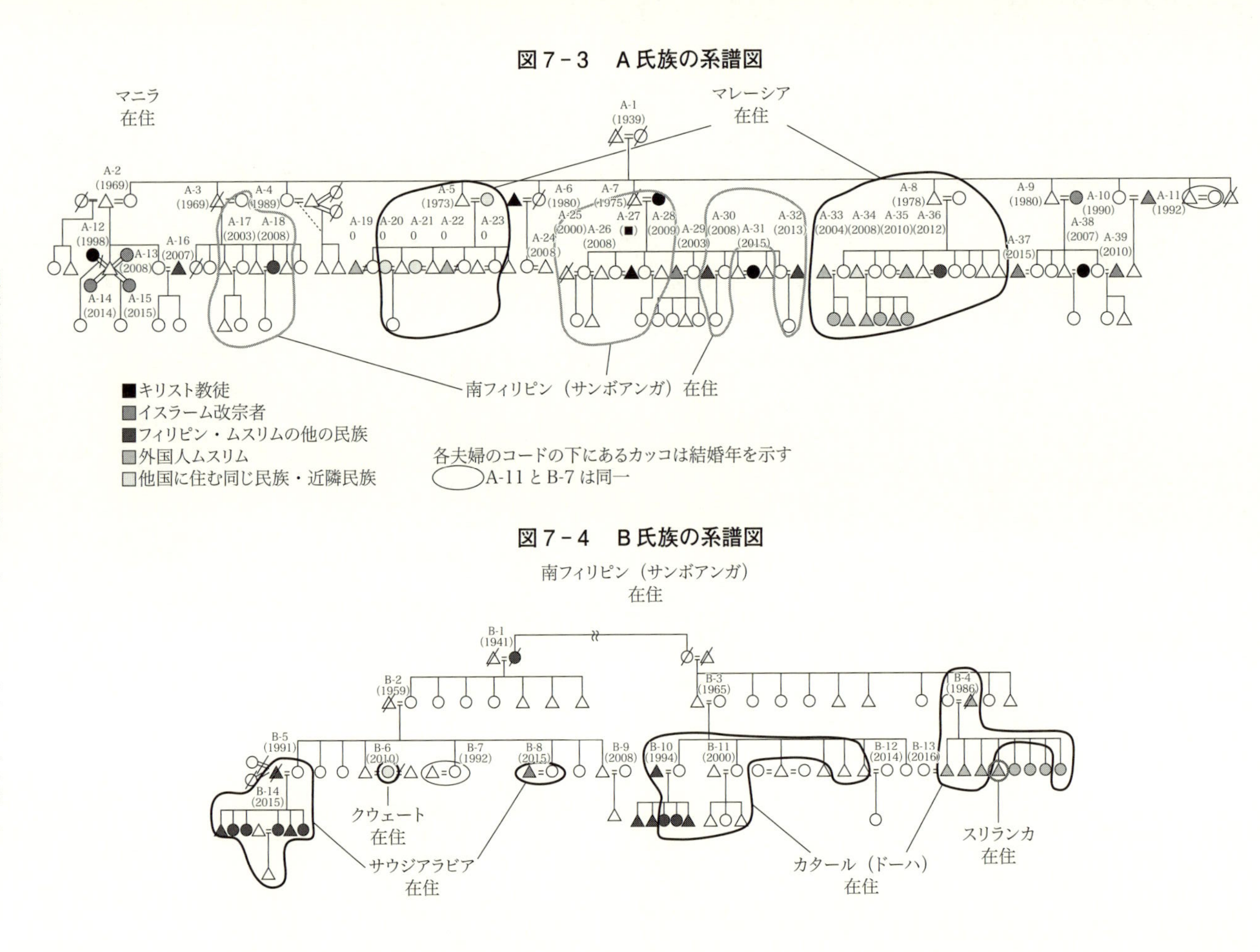

図７－４　Ｂ氏族の系譜図

結婚関係データ

結婚形態	出会った場所	結婚した場所	現在住地	婚資（ペソ）
夫が見初め、両親を通じて求婚（縁組婚）	スールー	スールー	－（死去） －（死去）	n/a
夫が見初め、両親を通じて求婚（縁組婚）	サンボアンガ	サンボアンガ	－（死去） マニラ	n/a
地域の集まりで夫が声をかけ、仲良くなった（恋愛結婚）	スールー	スールー	－（死去） サンボアンガ	土地と家、披露宴代
サラカン・トゥゴル（イマムを連れ刀剣を持って求婚する慣習婚）	マニラ	マニラ	マニラ	宝飾品、披露宴代
地域で夫が声をかけ、仲良くなった（恋愛結婚）	マレーシア	マレーシア	マレーシア	家財道具、披露宴代
友人の紹介から、駆け落ち	マニラ	マニラ	マニラ郊外 －（死去）	賠償金
夫の行きつけの商店の近くに住んでいた、声をかけ仲良くなった（恋愛結婚）	サンボアンガ	サンボアンガ	－（死去） サンボアンガ	披露宴代
地域の集まりで夫が声をかけ、仲良くなった（恋愛結婚）	マレーシア	マレーシア	マレーシア	n/a
夫の赴任（海兵隊）先で出会い、恋愛結婚	サンボアンガ	サンボアンガ	マニラ郊外	n/a
ペンパルから恋愛結婚	マニラ	マニラ	マニラ	30000、披露宴代
大学で出会い、恋愛結婚	マニラ	マニラ	マニラ	15,000
仕事場で出会い、恋仲になり、授かり婚	マニラ	マニラ	マニラ －（離婚）	なし
友人の紹介から、恋愛結婚	マニラ	マニラ	マニラ	なし
仕事場で出会い、授かり婚	マニラ	マニラ	マニラ	なし
友人の紹介から、恋愛結婚	マニラ	マニラ	マニラ	なし
イスラーム学校で教わっていた、恋愛結婚	マニラ	マニラ	マニラ	200,000
友人の紹介から、恋愛結婚	サンボアンガ	サンボアンガ	サンボアンガ	n/a
親族の紹介による、恋愛結婚	サンボアンガ	サンボアンガ	サンボアンガ	30,000
n/a	マレーシア	マレーシア	－（離婚） マレーシア	n/a
n/a	マレーシア	マレーシア	マレーシア	n/a
n/a	マレーシア	マレーシア	マレーシア	n/a
n/a	マレーシア	マレーシア	マレーシア	n/a

表７－１　Ａ氏族の

	結婚年	法定ムスリム婚		初婚年齢	生年	自認する民族	宗教
A-1	1939	×	夫	21	1918	タウスグ	イスラーム
			妻	12	1927	タウスグ	イスラーム
A-2	1969	×	夫	(41)	1928	タウスグ	イスラーム
			妻	28	1941	タウスグ	イスラーム
A-3	1969	×	夫	27	1942	タウスグ	イスラーム
			妻	18	1951	タウスグ	イスラーム
A-4	1989	○	夫	(55)	1944	タウスグ	イスラーム
			妻	45	1934	タウスグ	イスラーム
A-5	1973	×	夫	25	1948	タウスグ	イスラーム
			妻	22	1951	サマ・バギギ	イスラーム
A-6	1980	×	夫	29	1951	タガログ	カトリック
			妻	28	1952	タウスグ	イスラーム
A-7	1975	×	夫	22	1953	タウスグ	イスラーム
			妻	17	1958	チャバカノ	カトリック
A-8	1978	×	夫	26	1952	タウスグ	イスラーム
			妻	19	1959	タウスグ	イスラーム
A-9	1980	○	夫	24	1956	タガログ	カトリック→イスラーム
			妻	24	1956	タウスグ	タウスグ
A-10	1990	○	夫	36	1954	ワライ	カトリック→イスラーム
			妻	30	1960	タウスグ	イスラーム
A-11	1992	○	夫	29	1963	タウスグ	イスラーム
			妻	23	1969	タウスグ	イスラーム
A-12	1998	×	夫	22	1976	タウスグ	イスラーム
			妻	24	1974	タガログ	イグレシア・ニ・クリスト
A-13	2008	○	夫	(32)	1976	タウスグ	イスラーム
			妻	25	1983	タガログ	イグレシア・ニ・クリスト
A-14	2014	○	夫	(38)	1976	タウスグ	イスラーム
			妻	34	1970	タガログ	カトリック
A-15	2015	○	夫	(39)	1976	タウスグ	イスラーム
			妻	35	1981	タガログ	カトリック
A-16	2007	○	夫	29	1978	マギンダナオ	イスラーム
			妻	26	1981	タウスグ	イスラーム
A-17	2003	○	夫	29	1974	タウスグ	イスラーム
			妻	25	1978	タウスグ	イスラーム
A-18	2008	○	夫	32	1976	タウスグ	イスラーム
			妻	35	1973	サマ・バギギ	イスラーム
A-19	n/a	n/a	夫	n/a	n/a	マレー人	イスラーム
			妻	n/a	1974	タウスグ	イスラーム
A-20	n/a	n/a	夫	n/a	1977	タウスグ	イスラーム
			妻	n/a	n/a	タウスグ	イスラーム
A-21	n/a	n/a	夫	n/a	1979	タウスグ	イスラーム
			妻	n/a	n/a	タウスグ	イスラーム
A-22	n/a	n/a	夫	n/a	n/a	マレー人	イスラーム
			妻	n/a	1980	タウスグ	イスラーム

結婚形態	出会った場所	結婚した場所	現在住地	婚資（ペソ）
n/a	マレーシア	マレーシア	–（離婚） マレーシア	n/a
友人の紹介から、恋愛結婚	マニラ	マニラ	マニラ	披露宴代
近所に住んでおり、仲良くなり、恋愛結婚	マニラ	マニラ	–（死去） サンボアンガ	n/a
近所に住んでおり、仲良くなり、恋愛結婚	マニラ	マニラ	サンボアンガ	n/a
n/a	n/a	n/a	n/a	n/a
近所に住んでおり、仲良くなり、恋愛結婚	サンボアンガ	サンボアンガ	サンボアンガ	n/a
友人の紹介から、恋愛結婚	マニラ	マニラ	マニラ	50,000
近所に住んでおり、恋仲になり、授かり婚へ	マニラ	マニラ	サンボアンガ	n/a
近所に住んでおり、仲良くなり、恋愛結婚	マニラ	マニラ	マニラ	なし
近所に住んでおり、恋仲になり、授かり婚へ	マニラ	マニラ	マニラ	n/a
職場結婚	マレーシア	マレーシア	マレーシア	n/a
友人の紹介から、恋愛結婚	マレーシア	マレーシア	マレーシア	n/a
大学で出会い、恋愛結婚	マレーシア	マレーシア	マレーシア	n/a
友人の紹介から、恋愛結婚	マレーシア	マレーシア	マレーシア	n/a
SNS を通じて知り合い、恋愛結婚	マニラ	マニラ	マニラ郊外	披露宴代
仕事場で出会い、恋愛結婚	マニラ	マニラ	マニラ郊外	披露宴代
高校の友人から発展して恋愛結婚	マニラ	マニラ	マニラ	披露宴代

表7－1（続）

	結婚年	法定ムスリム婚		初婚年齢	生年	自認する民族	宗教
A-23	n/a	n/a	夫	n/a	n/a	タウスグ	イスラーム
			妻	n/a	1983	タウスグ	イスラーム
A-24	2008	○	夫	26	1982	サマ	イスラーム
			妻	26	1982	タウスグ	イスラーム
A-25	1999	○	夫	26	1979	タウスグ	イスラーム
			妻	23	1976	タウスグ	イスラーム
A-26	2008	○	夫	26	1980	タウスグ	イスラーム
			妻	(32)	1976	タウスグ	イスラーム
A-27	n/a	n/a	夫	n/a	n/a	チャバカノ	カトリック
			妻	n/a	1976	タウスグ	n/a
A-28	2009	○	夫	28	1981	タウスグ	イスラーム
			妻	28	1981	タウスグ	イスラーム
A-29	2003	○	夫	23	1980	タガログ	カトリック→イスラーム
			妻	19	1984	タウスグ	イスラーム
A-30	2008	○	夫	24	1984	ヤカン	イスラーム
			妻	22	1986	タウスグ	イスラーム
A-31	2015	○	夫	27	1991	タウスグ	イスラーム
			妻	25	1993	カトリック	カトリック
A-32	2013	○	夫	18	1993	マラナオ	イスラーム
			妻	18	1993	タウスグ	イスラーム
A-33	2004	×	夫	26	1978	マレー人	イスラーム
			妻	25	1979	マレー人	イスラーム
A-34	2008	×	夫	29	1979	マレー人	イスラーム
			妻	27	1981	マレー人	イスラーム
A-35	2007	×	夫	24	1983	マレー人	イスラーム
			妻	24	1983	マレー人	イスラーム
A-36	2012	×	夫	27	1985	マレー人	イスラーム
			妻	28	1984	マレー人	イスラーム
A-37	2015	○	夫	27	1988	タガログ	カトリック→イスラーム
			妻	35	1981	タウスグ	イスラーム
A-38	2007	○	夫	24	1983	タウスグ	イスラーム
			妻	22	1985	タガログ	カトリック
A-39	2010	○	夫	31	1979	タガログ	カトリック→イスラーム
			妻	25	1985	タウスグ	イスラーム

注：1　法定ムスリム婚の／は挙式場所に応じる。
注：2　初婚年齢のカッコ内の数字は、結婚した年齢を指す。
注：3　2016年6月時点で、1フィリピンペソ＝2.5円。
出所：筆者作成。

結婚関係データ

結婚形態	出会った場所	結婚した場所	在住地	婚資（ペソ）
夫が見初め、両親を通じて求婚（縁組婚）	スールー	スールー	–(死去) –(死去)	土地、家、披露宴代
近所。両親のすすめ（縁組婚）	スールー	スールー	–(死去) サンボアンガ	土地、家、披露宴代
近所。両親のすすめ（縁組婚）	スールー	スールー	サンボアンガ サンボアンガ	土地、家、披露宴代
夫が見初め、妻を求婚、恋愛結婚	サウジアラビア	サウジアラビア／サンボアンガ	–(死去) カタール	妻の両親のハッジ用交通費、披露宴代
友人を介して知り合い、恋愛結婚	サウジアラビア	サウジアラビア／サンボアンガ	サウジアラビア	n/a
友人を介して知り合い、恋愛結婚	マレーシア	マレーシア	マレーシア クウェート	n/a
大学で出会い、恋愛結婚	マニラ	マニラ	マニラ	15,000
友人を介して知り合い、恋愛結婚	サウジアラビア	サウジアラビア／サンボアンガ	サウジアラビア	n/a
近所に住んでおり、仲良くなり、恋愛結婚	サンボアンガ	サンボアンガ	サンボアンガ	30,000
近所に住んでおり、仲良くなり、恋愛結婚	サンボアンガ	サンボアンガ	カタール	n/a
カタールの同郷の集まりで出会い、恋愛結婚	カタール	カタール／サンボアンガ	カタール	n/a
フェースブックでやり取りし、恋愛結婚（遠い親戚）	SNS	サンボアンガ	カタール サンボアンガ	100,000
母親同士を介して知り合い、婚約	SNS	未	カタール サンボアンガ	未
高校時代のクラスメートから発展し、恋愛結婚	サウジアラビア	サウジアラビア	サウジアラビア	n/a

表７－２　Ｂ氏族の

	結婚年	法定ムスリム婚		初婚年齢	生年	自認する民族	宗教
B-1	1941	×	夫	25	1916	タウスグ	イスラーム
			妻	22	1919	ヤカン	イスラーム
B-2	1959	×	夫	20	1939	タウスグ	イスラーム
			妻	17	1942	タウスグ	イスラーム
B-3	1965	×	夫	21	1944	タウスグ	イスラーム
			妻	14	1951	タウスグ	イスラーム
B-4	1986	○／○	夫	36	1950	スリランカ人	イスラーム
			妻	30	1956	タウスグ	イスラーム
B-5	1991	○／○	夫	(26)	1965	マラナオ	イスラーム
			妻	31	1960	タウスグ	イスラーム
B-6	2010	○	夫	43	1967	タウスグ	イスラーム
			妻	43	1967	タウスグ	イスラーム
B-7	1992	○	夫	29	1963	タウスグ	イスラーム
			妻	23	1969	タウスグ	イスラーム
B-8	2015	○／○	夫	32	1983	セブアノ	カトリック→イスラーム
			妻	42	1973	タウスグ	イスラーム
B-9	2008	○	夫	31	1977	タウスグ	イスラーム
			妻	29	1979	タウスグ	イスラーム
B-10	1994	○	夫	26	1968	タウスグ	イスラーム
			妻	28	1966	タウスグ	イスラーム
B-11	2000	○／○	夫	24	1976	タウスグ	イスラーム
			妻	32	1968	タウスグ	イスラーム
B-12	2014	○	夫	35	1979	タウスグ	イスラーム
			妻	26	1988	タウスグ	イスラーム
B-13	2016	○	夫	29	1987	スリランカ・タウスグ	イスラーム
			妻	25	1991	スリランカ・タウスグ	イスラーム
B-14	2015	○	夫	24	1991	マラナオ・タウスグ	イスラーム
			妻	23	1990	タウスグ	イスラーム

注：1　法定ムスリム婚の／は挙式場所に応じる。
注：2　初婚年齢のカッコ内の数字は、結婚した年齢を指す。
注：3　2016年６月時点で、１フィリピンペソ＝2.5円。
出所：筆者作成。

(1) 縁組結婚から恋愛結婚への移行

まず、婚姻形態について、時代を追って、親・親族の意向が強く働き、イスラームの女性性規範を守る縁組組婚から、当人の主体性が優位に出る自由恋愛に基づく結婚へ移行した点があげられる。

Aの氏族では、一九三九年に結婚したA-1と一九六九年に結婚したA-2が縁組結婚であったのに対し、同じ一九六九年以降に結婚したA-3や、A-5以降は「交際」期間を経て結婚に至っている。ここでの「交際」は、未婚の男女が二人きりで外出することはほとんどなく、不測の身体接触を持たないよう、通常、女性の親族や友人が付添い人として同行することが慣行となっている。

一方、Bの氏族では、一九四一年に結婚したB-1、一九五六年のB-2、一九六五年のB-3は縁組結婚であったのに対し、一九八六年に結婚したB-4以降はすべて恋愛結婚であった。これらのことから、一九七〇年代初頭ごろから、すなわちミンダナオ紛争が始まったころから、母親や女性親族が適齢の子どもたち同士を結婚させる伝統的な結婚がみられなくなり、次第に個人が自由恋愛を経て配偶者を選択するものへと移行していったことがわかる。さらに、一九八〇年にはキリスト教徒との駆け落ち（A-6）や、一九九八年の授かり婚（A-12）など、親・親族の意向にはそぐわない婚姻もみられるようになった。こうした変化には、Aの氏族の一部が郷里のスールーからサンボアンガ市やマニラ首都圏に移動したことで、親族や地縁関係が以前より希薄になり、社会的制約が低減したことも一因であろう。なお、一九六九年には、縁組結婚（A-2）と恋愛結婚（A-3）がそれぞれ生じていたことから、この時期は移行期であったことが推測される。

だが、縁組結婚の減少と恋愛結婚の増加が、単に年長者による取り決めから、自己選択への完全な移行とは断定できない。事実、一九八九年には、刀剣を持ちイマームを連れて相手の家で求婚するサラカン・トゥゴル[31]（*salakang tunggol*）というタウスグ社会で古くから行われてきた慣習婚もみられている。こうした求婚形態の存在からも、親の取り決めから自己の決定へと婚姻実践が不可逆的に進行したとはいえないだろう。望ましい配偶者と出会ったとしても、実際に結婚へと至るにはさまざまな手順を踏まなければならないからである。

ムスリム婚において、女性は初婚の場合、自らの意思だけで結婚はできず、後見人（*wali*）による許諾が必要である[32]。また、男性側は女性側の後見人と婚資の額を取り決めることが不可欠である。ムスリム社会が近代化し、家族の規模が小さくなり、性の自律が謳われているとしても、婚姻に関するさまざまな取り決めにおいてはイスラームに則った慣習が表出してくるのである。

ではこうした婚姻に対して、当人たちはどのように考えていたのだろうか。Bの氏族で一九五九年にＢ－２の妻となった女性の事例からは、縁組結婚は当然のものとして、双方の親族の話し合いによって、男女が互いを知らないうちに結婚に至る、というわけではなく、少なくとも「女性が承諾／納得する」プロセスを踏んでいたことがわかる。

「母（Ｂ－２女性）のオバは話し合いを仕切るのが好きで、同じ地域に住む父のオバに縁談をもちかけた。父（Ｂ－２男性）はそれを知ったときに、まず自分でどんな人か確認したいと言って、井戸に水を汲みに出ている母を木陰の間から覗き見たらしい。母は親が決めた結婚については自分を案じたうえでのことだから、何ら異義を唱えなかった。ただ相手のことがよく分からなかったため、寄り添うことには慣れず、（祖母から）『結婚とはそういうもの』と言い含められ、実際に床を一緒にしたのは結婚して三日が過ぎた後だったと言っていた」（Ｂ－７女性）

この語りから、男女間の結婚に対する姿勢の違いがうかがえる。ただ、双方が結婚を承諾／納得するにしても、男性は結婚前に女性の容姿を知りたがり、女性は結婚後に「抵抗」をして、説得に応じたということだった。他方、一九六九年に縁組結婚したA－2の女性の場合、女性は次のような理由で結婚を承諾した。

「私のときは、夫が教師としての私を見初め、両親を通して求婚した。それまでは何度か会った男性で結婚相手としては全く見ていなかったが、正しい作法に則ってくれたことはうれしかった。また、彼には年の離れた第一妻と子がいたが、しっかりした家柄だったから、心配はなかった」（A－2女性）

ここからわかることとは、当時、結婚において重要なのは「正しい作法」で行われることであった。これは、女性が丁重に扱われていること、すなわち、女性の家族の尊厳が守られていることを意味し、それができる男性側家族の誠実性を表すものでもあった。だが、そこには「イスラーム」という言葉はない。このとき、A氏族はまだ中国的文化の実践が色濃くあり、現地の中華学校に通っていたり、風水を取り入れていたり、豚肉を食していたりと「ムスリム」とは名ばかりであったようだった。同氏族がイスラームを信仰として、生活様式として取り入れるようになったのは、イマームの男性が親族に加わった一九八〇年代末以降のことであり、それは以降の配偶者選択にも表れるようになっている。

さて、これまでの事例をみると、縁組結婚といっても、女性親族により、家格の水準等を考慮して適齢期の男女をマッチングさせるケースや、男性が女性を見初めて自身の親に告げ、その親が女性の親へと話を持っていくケースなど、実態は多様であったといえよう[33]。では、現在主流となっている恋愛結婚についてはどう考えているのだろうか。娘と異民族のムスリムとの結婚を認めたA－2の女性は次のように語る。

「私たちの時代は、愛情とは結婚後に芽生えるものだった。今とは逆だ。また、親が子の結婚相手を見つけてくるのは、もう時代遅れになっている。子どもたちは自分たちで相手を選びたい。とはいえ、私としては、相手はイスラームを誠実に実践してくれる人が望ましい」（A－2女性）

フィリピンのカトリック社会でも、一九七〇年代に、従来の親・親族主導の縁組結婚から、自由恋愛という本人主導の「ロマンチック」な恋愛結婚へと移ってきた[34]。この背景に、都市化による関係性の縮小や、アメリカよりもたらされたロマンチック・ラブイデオロギー（恋愛・結婚・生殖の三位一体）や個人主義の影響を受け、フィリピンでも「交際」期間を経た結婚が「望ましいもの」としてみなされ始めてきたことがあげられる。ムスリム社会も、近隣のキリスト社会やメディア等から当然その影響を受けた。従来はイトコ同士で結婚することが珍しくなかったため、未婚の男女が一緒に部屋にいることが許されなかったが、中等／高等教育の浸透、女性の働く場所の増加などによって自ずと男女が接触する機会が増え、親の意向を反映しつつも、個人の意志がより強く反映する配偶者選択が行われるようになったのである。

⑵　初婚年齢の上昇

前節で述べたように、男女の中等／高等教育進学者の増加や、市場経済への参入によって、初婚年齢が上昇した。表7－3はAとBの氏族における平均初婚年齢の時代的推移である。これをみると、一九三九年から六九年までに結婚した男女の平均初婚年齢は、男性が二一・〇歳で女性が一八・五歳であったのに対し、二〇一〇年から一六年の場合、男性が三〇・八歳で女性が二九・九歳と、ほぼ一〇歳上昇していることがわかる。もっとも、全体数が少ないために、フィリピン・ムスリム社会全体の傾向として一般化はできないが、両氏族では、とりわけ女性の初婚年齢が徐々に上昇してきたことがみてとれる。

表７－３　Ａ・Ｂ氏族の年代ごとの平均初婚年齢

結婚年	男性	女性
1939～1969	21.0	18.5
1970～1989	31.0	26.4
1990～2009	27.0	26.3
2010～2016	30.8	29.9

注：表７－１と表７－２を元に筆者作成。

一九七〇年以降の婚姻の大半を占める恋愛結婚において、その出会いのパタンをみると、夫が妻を見初めて「交際」を申し込むパタンと、大学や友人の紹介で知り合うパタンのほか、近所に住んでいたり職場で仲良くなったパタンに分かれる。後者二つにおいては、女性が高等教育に進んだり、職に就いていたりする年齢になって、配偶者と出会っていたことがわかる。

前節で述べたように、ミンダナオ紛争による男性家族成員の不在は、女性を家庭外の賃金労働へと押し出した。以後も、女性は労働力として家族にとって重要な存在となっていった。とりわけ都市部では職を得るために学歴が重要な意味をなす。フィリピンでは一〇年間の義務教育（二〇一三年からは一三年間に変更）があり、授業料は無料であるが、制服や文具等もろもろの支出を必要とする。このため、生活費だけでなく、弟妹の学費を年長キョウダイが稼ぐことは家族戦略でもあった。「父が亡くなって私が働いた。弟妹たちの学費も私の稼ぎから出した」と語るＡ－25、26の女性は、キョウダイたちが学校教育を修了するまで、結婚をするということは選択肢になかった。その理由は、女性の妊娠とも関係している。

「当時、『いま結婚するのはもったいない』と思った。親は学業を修めるまでは結婚してはダメだと言った。翻せば、大学を卒業したら結婚してもいいということだった。でも、早くに結婚したくはなかった。せっかく家族の人たちが頑張って働いて国家試験を通ったのに、結婚したら子どもができて仕事を一時的にでも辞めざるを得ない。それだと家族を支えられないからだ」（Ｂ－11女性）

現在はカタールで小児科医として働くB－11の女性は、自分が大学を修了し、小児科医の国家試験に合格するために親兄弟が苦労したことを知っている。だが、カトリックのフィリピン社会においても、ムスリム社会においても、子は神が授けたものと考えられているため、人工妊娠中絶は法律で禁止されており、避妊も推奨されていない。それゆえ、結婚をすると、女性は子どもを何人か産む。手助けがいないなか、子どもを産み育てる間は仕事が続けられないため、せっかくの資格が宝の持ち腐れになる。そこで、女性たちは一定期間仕事を続け、ある程度稼いで家族に対する責務を果たした後、結婚を考えるのである[35]。

こうして稼いだお金は、弟妹の学費や生活費に費やされることもあるが、自らの将来のために少しずつ貯めていくこともある。A－24の女性は、自分が仕事をすることで、結婚して「独立」することができたと語る。

「昔は、早くに結婚するので、結婚後も（妻の）親の家に住み続け、親に頼り続けてきた。いまは、結婚で親の家から離れ、自分たちだけの家に住む人が増えている。それが自立（*nagsasarili*）するということだ」（A－24）

この語りにあるように、結婚の意味は往時と現在では変わっている。往時では、結婚は独立した世帯を持つのではなく、家族間の連帯を高め、子どもを産んで親族を増やすことに主眼が置かれていたため、同世帯で支え合いながら暮らしていた。だが現在では、結婚は親とは別居し、生計も別にしていく経済的自立を意味する。これができるのは、ある程度の収入を得て、マハルの分はもとより、賃貸でも新居を構えることができるほどの蓄えをもっていることが条件となる。男女の結婚年齢の上昇は、こうした点も一因となっている。

表7－4　A・B氏族の配偶者の属性と結婚年、および各年代の割合

配偶者の属性	世帯数	結婚年				
		1939〜1969	1970〜1989	1990〜2009	2010〜2016	n/a
同じ民族	25(40%)	5 (72%)	1 (11%)	12(44%)	4 (31%)	3 (50%)
フィリピン・ムスリム	9 (15%)	1 (14%)	1 (11%)	5 (19%)	2 (15%)	0 (0 %)
非ムスリム・フィリピン人	16(26%)	0 (0 %)	5 (56%)	5 (19%)	5 (38%)	1 (17%)
外国人ムスリム	12(19%)	1 (14%)	2 (22%)	5 (19%)	2 (15%)	2 (33%)
	62(100%)	7 (100%)	9 (100%)	27(101%)	13(99%)	6 (100%)

注1：筆者作成。
注2：パーセントを整数で出しているため、一部の合計は100%にならない。

(3) 異民族／異教徒間結婚の増大

AとBの氏族の三世代の婚姻実践から読みとれることの三点目は、異民族／異教徒間結婚が増大したということである。表7-4をみると、一九七〇年以降に民族内婚の割合が減り、代わりにフィリピン・ムスリムの他の言語集団との結婚や、非ムスリムのフィリピン人との結婚、外国人ムスリムとの結婚が相対的に増大したことがわかる。これらは、上述したように、紛争を契機に郷里を離れ、Aの氏族は従来キリスト教徒が多かった地域やムスリム・コミュニティの内部に移り住み、Bの氏族は海外に滞在するようになったことに帰する。

こうして、居住地のほかにも、職場や学校といった場において彼らの交友関係は拡大した。従来は各言語集団がホームランドに居住しており、集団間の交流も少なかったが、移動先の都市部やムスリム・コミュニティでは、人びとがモスクを活動の中心とし、断食月のお祝いなどさまざまなイベントで他のフィリピン・ムスリムの人びととも知り合う機会が増加した。ムスリム、キリスト教徒と多様な背景をもつ人びとのなかで揉まれるうちに、自民族中心的な言動が緩和され、代わりにマニラ首都圏やサンボアンガ市など、その地域の共通語を習得することができるようになり、適応していった。このような背景が他のフィリピン・ムスリムとの婚姻が増えていった要因としてあげられるが、その傍ら、キリスト教徒社会からは言語集団に関係なく「ムスリム」と一括りにされるなか、互いに「マイノリティ」として親近感を覚えていく環境にかれらはあった[36]。それゆえ、娘（A-16）が他言語集団の男性と結婚するのを許した女性は、「敬虔なムスリムであれば民族は関係ない」と考えるようになっている。

配偶者の条件について「敬虔なムスリムであれば」という考え方は、ムスリム女性が非ムスリム・フィリピン人を配偶者にしたときも同様である。非ムスリム・フィリピン人の多くは、カトリックやフィリピン生まれの新興宗教イグレシア・ニ・クリストといったキリスト教徒である。ムスリム女性はヒジャブをかぶっていなければ、最初からムスリムであるということは判別できない。仲が深まったころに、双方の宗教的バックグラウンドが知らされるが、そのころには相手を宗教によるステレオタイプでみるようなことはなくなり、個人として接するようになっている。

ムスリム女性は必ずムスリム男性と結婚しなければならない一方で、ムスリム男性は非ムスリムの女性と結婚してもよい。これは、男女の力関係において、女性が男性の信仰に引きずられてしまうからという意見や、ムスリム女性を守るためにも異教徒とは結婚させられないという意見など、解釈はさまざまである。このため、ムスリム女性の親族は、キリスト教徒の男性に対して、イスラームについて説明し、「同じムスリムであれば死んだ後も一緒に天国に行けるのに」と暗に改宗を勧めるのである。よって、キリスト教徒が結婚を決めるころには、イスラームに対する偏見がなくなっており、むしろ、自らがイスラームに改宗することにそれほどの抵抗がなくなっている。A-29の女性は、カトリック教徒だった男性と付き合い、「私と結婚するためにムスリムになってくれると言った」（A-29女性）ことで、結婚を決めたという。実際に、A-29の男性は見よう見まねで礼拝をするようになり、数年後に豚肉を食さなくなった。この事例のほかにも、A-9、A-10、A-13、A-14、A-15、A-29、A-37、A-39、B-8の配偶者が全員結婚を機にイスラームに改宗した。そこでは、ムスリムであることが配偶者の家族として受け入れられ、姻族や親族からサポートを得るために最も重要視されるからである。ただ、改宗したからといって一朝一夕でイスラームの教義を実践できるわけではなく、徐々に信仰心に変化があったり、生活に組み込んでみたりすることで「ムスリムの身体」へと変わっていくのである。

また、Bの氏族の居住地にみられるように、フィリピン・ムスリムのなかでも、タウスグ人は旧来から関係を持ってきたマレーシア・サバ州のほかに、職能者となって東南アジアや湾岸のムスリム諸国として働く人が多い。これは、移動しても商売に従事することが比較的多いマラナオ人とは異なる傾向である。タウスグ人は単身で就労先に渡ったとしても、現地で配偶者をみつけることもある。B-4の女性も就労先のサウジアラビアで後に夫となるスリランカ人と出会い、結婚に至った。配偶者は、氏族のなかでも、文化的親和性を持つマレーシア人を除き、初の南アジア人であった。この男性は、双系的な東南アジアとは異なり、家父長的な考えを持った人であったが、ここでもスリランカ人が「正しく」イスラームを実践するムスリムであり、彼女を思いやる気持ちを持っていたことが結婚に至る決め手だった。B-4の女性は、マハルのなかに、両親をメッカ巡礼させる旅費を出して欲しいと頼み、男性はそれを了承したからである。

男女は出会ったとしても、必ずしもみなが結婚するとは限らず、結婚したとしてもその期間が長く続くわけではない。上述のケースでは、異なる民族、宗教、国籍の背景を持った配偶者選択において、イスラームへの理解や敬虔さを両者の「共通項」として歩み寄り、出会いを結婚へと結びつけるものとなった。そういう点では、一見、通婚とみえても、内実はイスラームの宗教類婚といえよう。

なお、親世代が異民族/異教徒間結婚した場合、同じように「ハーフ」の境遇にある者同士が結婚する傾向がみられる。A-24やB-13のケースがそれである。「境遇がほぼ同じ。自分たちのことを(向こうの家族も)よくわかってくれる」と語るのは上記のB-4の息子で、フィリピン人とスリランカ人との「ハーフ」のB-13の男性である。家庭内での父親の振る舞いやジェンダー観、母親の教育観や親族づきあいなどの違いは双方の国の文化の表れであり、フィリピン、スリランカの両国で暮らしたこともあったが、どちらも適応に苦労した。そのなかで、家族ぐるみの付き合いを通して、自然と結婚したのが現在の妻であった。異民族／異教徒／異国籍間結婚が徐々に増えるなか、概して、言語集団の慣行、イスラームに基づく規範、フィリピン的価値観の強弱が各家庭で異なってきている。もちろん、集団内婚も依然として一定数ある。このとき、次世代が親キョウダイと同じような境遇において、同じような配偶者選択をすることによって、結果的にかれらにとって「生きやすい」親族関係が生成されるのであろう。

4　フィリピン・ムスリムの婚姻にみる連続性と多様性

前節をまとめると、二つの氏族にみられる出会いと結婚の世代間変化において、主に次の三点を指摘できる。第一は、縁組結婚から恋愛結婚への移行である。他の東南アジア島嶼部と同じように、従来、婚姻は家族の連帯とみなされており、言語集団内での縁組結婚が慣行されていた。未婚女性の屋外での行動が著しく制限されていたため、未婚の男女が外で出会ったり会話を交わしたりすることはほとんどなく、挙式の場で初めて出会うという事態も珍しくはなかった。多くの場合、男性側だけが女性の姿かたちを知っていたようだったとしても、情動的な感情が交わされていたわけではなかった。ゆえに「愛情」というのは結婚後に生まれるものだった。しかし、紛争を通して男女の経済的役割に変化が生まれ、また都市部へ移動したことで、女性の教育・就労機会と必要性が増大した。そうしたなかで社会的制約が緩和され、さまざまな人との出会いが増え、第三者が付き添う「交際」期間を経た恋愛結婚も増えていったのである。

これと関係して、第二に、初婚年齢の上昇が指摘できる。かつては男女とも十代前半〜中頃に結婚する低年齢婚が主流であったが、紛争の長期化や経済構造の変化によって、次第に婚期が遅くなった。それと並行して結婚の意味も変容した。往時、結婚は家族間の連帯を高めることに主眼が置かれていたため、結婚後も同居して互いに扶助しながら暮らしていた。しかし、現在では、結婚とは親と別居し、生計も独立した経済的自立を意味するようになった。とはいえ、双系的であるゆえに女性の親やキョウダイの世帯の近くに住み、必要に応じて助け合うように、過度に依存するのではなく、自立しながらも支えあう関係が望ましいと、とくに若い世代が考えている。この相互扶助行為という認識の共有については、同じく双系のフィリピンのキリスト教徒社会でもみられている[37]。

第三は、地理的移動によって、出会いの機会が増大し、配偶者に異民族や異教徒を選ぶケースも相対的に増え、なかには外国人ムスリムと結婚するというように、「開かれた」親族関係が形成されていったということである。タウスグ人はフィリピン・ムスリムと総称される一三の言語集団の一つであり、言語集団として比較的高い認知度を誇るが、同じくらい主要な言語集団には、現在においても集団内婚や縁組結婚を規範としている「閉じた」親族関係をもつマラナオ人もいる。諸島や沿岸部で暮らしてきたタウスグ人と内陸にいたマラナオ人とでは同じムスリムだとしても異なる文化を持ち、前者は外部に緩く開く、後者は内部で堅実にまとまることが概して各集団の家族戦略となり、氏族を維持拡大するものであったといえよう。今回のAとBの事例では、民族、宗教、国籍の背景が異なった人同士の結婚において、イスラームへの理解や敬虔さが両者の「共通項」となった。とはいえ、イスラーム実践の程度は世帯によって多様であることが、さまざまな背景の人びとが氏族として緩やかにまとまっていくことにつながっているのである。

これらの特徴をふまえると、AとBの氏族の三世代の家族形成と維持には、次のような連続性と多様性があった。まず、従来は宗教に関係なくフィリピン全般にみられるような縁組結婚が行われてきたが、今日、恋愛結婚が主流となり、異なる民族、宗教、国籍の人との結婚が認められるようになった。これは、一見すると通婚が増えたようだが、初婚女性の結婚はその男性親族が後見人となって許可を与え、キリスト教徒の男性はイスラームに改宗することを相手側から強く勧められ、男性側が女性側にマハルを提供するなど、イスラームに則った結婚が実践されている。そのことは、法定ムスリム婚が導入されたことで、よりその性格を強めている。とはいうものの、法定ムスリム婚で認めた一夫多妻や離婚が頻繁に起こっているわけではない。A－12～15の一夫多妻の事例は、父親がそうであったため、息子もそれを当然視した結果という意味で例外的である。法定ムスリム婚とはいえ、その結婚契約の取り決め方は、個々人の状況にあった権利を保障し、多様性に満ちたものとなっている。

次に、フィリピンという国家全体やフィリピン・ムスリム社会が変容するなかで、ムスリム女性の行動範囲の拡大と主体性の高まりがみられた。それが初婚年齢の上昇や恋愛結婚というかたちでも表出した。しかしながら、異教徒間結婚や国際結婚が自由意志による配偶者選択のようにみえても、彼女たちにとって重要なのは、家族がその配偶者をどう受け止めるかであって、結婚は依然として家族のイシューであることが伺える。

ところで、こうした家族形成・維持を支える重要な存在として、結婚をせず、定位家族の成員を助けるシングルの女性たちがいることも忘れてはならない。マハルを賄うために国内外で働くなかで、自らの婚期を逃してしまう女性、結婚に強く気持ちが傾かない女性、老親をケアしたり、子育てに勤しむキョウダイを支えるために家事手伝いをする女性といったように、彼女たちは家族が必要とする生産労働や再生産労働に従事してきた。ムスリム社会では、女性とは結婚して子を産むことが規範となり、それが彼女に家族内での母としての地位を与えるに至っている。これに対し、シングルのまま家族に貢献することで、自らの地位を家族のなかに得てきた女性もいる。このようにみたとき、配偶者を選択することとは生き方の一つであり、非婚というものがムスリム女性のなかでも起こっていることがわかる。

おわりに

東南アジアの出会いと結婚にみられる変化は、三世代に渡るフィリピンの二つのムスリム氏族の事例からも確認することができた。近代化や急速な経済発展による社会変容は、ムスリムの配偶者選択を多様化させたが、関連する法律や制度、女性の行動に対する社会的抑制、イスラームに基づく規範と慣習などが存続し、今もなお家族形成に深く関わっているといえよう。

本章では、フィリピン・ムスリムといわれる人びとのなかで、タウスグ人女性に焦点を当てた。ここで留意したい点としては、上述したように、フィリピン・ムスリムといえどもさまざまな婚姻実践があることから、タウスグ人を単純にフィリピン・ムスリム社会の代表としてみなすことはできない。だが、本集団の婚姻実践は、マレー世界のムスリム社会の婚姻実践と共通するところも多い。婚姻というものを一つ取り上げてみても、そこに社会の変化や家族のかたちなどが埋め込まれている。そこから、現代社会の変化の潮流に合わせてどのように家族を形成し、つながりを築いていっているのかを見出すことができる。こうした視点を元に、本章は東南アジアのムスリム社会の変化の一側面を、女性の配偶者選択から描くことができたのではないかと考える。

注

（1） Jones, Hull and Mohamad [2011], p. 4.
（2） Hull [2011], p. 13.
（3） Jones [2011], p. 37.

（4）Hayami, Koizumi, Saongsamphan and Tosakul [2012].

（5）Gavin W. Jones, Chee Heng Leng and Maznah Mohamad (eds.) [2009] *Muslim-Non-Muslim Marriage: Political and Cultural Contestations in Southeast Asia*, Singapore: Institute of Southeast Asian Studies, Pingol, Alicia [2011]"Filipino Women Workers in Saudi: Making Offerings for the Here and Now and Hereafter" in Werbner, Pnina and Johnson, Mark (eds.) *Diasporic Journeys, Ritual, and Normativity among Asian Migrant Women*, pp. 394-406, Oxford: Routledge など。

（6）工藤［二〇〇八］四〇～四一頁は、arranged marriageを、「親が家の地位が釣り合うと判断し、親同士の仲介で」正式に縁組を交わした「社会的に正統な結婚」を縁組結婚とした。本章は、工藤にならい、仲介者に年長親族も加わった、東南アジアのムスリム社会でみられる在地の婚姻慣習を縁組結婚と呼ぶ。こうした婚姻慣習を見合い結婚と呼ぶ研究［坂元 一九九九］や、植民地政府が考える「強制結婚」の範疇に入るものもあると論じた研究［山田 二〇一三］もあるが、家族の介在があまりない今日の日本の見合い結婚との差異や、結婚する男女本人の意思の存在との相違により、前述の用語を使うこととする。

（7）Jones, Hull and Mohamad [2011], p. 1-3.

（8）Jones, Hull and Mohamad [2011], p. 2-3.

（9）Maznah, Zarizana and Chin [2009], pp. 1-30.

（10）Utomo and McDonald [2016], pp. 28-49.

（11）Utomo [2014], p. 1703.

（12）たとえば、「ラブハビビ（http://www.lovehabibi.com/muslims/filipino-muslims/）」、「ムスリマドットコム（https://www.muslima.com/en/women/dating）」「ミートミーハラル（http://www.meetmehalal.com/）」など。

（13）Piela [2011].

（14）そのほかには、紛争で避難したムスリムに対する経済的援助、南部フィリピン開発機構の創設、イスラームの二大祝祭の祝日化、イスラーム銀行の設立、ムスリム多数地域の学校におけるアラビア語使用の認可などが挙げられる（Philippine Muslim Information Center [1974] pp. 12-14）。

（15）いずれの場合でも、式を挙行する人にほかに二名の証人が必要である。

（16）婚姻無効には、未成年者や心理的無能力者との婚姻、近親婚、前婚がある上での婚姻などの要件が必要となり、婚姻取消には、精神異常者・性的不能との婚姻や詐欺・強迫による婚姻などの要件がある。

(17) この点は、同じくカトリック国であるフランスとは異なる。フランスでは、長期の裁判を伴うが、離婚することができる。

(18) ただしこれにも長年論争が起こっており、クルアーンに妻を平等に扱えない限り複数の妻を持つべきではないと記載されていることから、一夫多妻制は避けるべきだと解釈する人も少なからずいる。

(19) ダウリー（*dowry*）とは本来はヒンドゥー社会において、女性側から男性側へと渡される花嫁持参金であるが、フィリピンにおいてダウリーはマハルと同義で使われる。

(20) Amirul, Anajul Y. [1987] "The Marriage practices and the dowry problem in Jolo, Sulu (Lupah Sug).", Unpublished MA thesis, University of the Philippines, Quezon City. なお、法外な額が相手親族から提示されるということは、結婚への反対をほのめかしているため、求婚を取り下げることもある。

(21) 床呂郁哉［二〇一二］「フィリピンにおけるムスリム分離主義運動とイスラームの現在」床呂郁哉・西井涼子・福島康博編『東南アジアのイスラーム』東京外国語大学出版、一〇一頁。

(22) 鶴見良行［一九八六］「フィリピンの難民——ミンダナオ内線を中心として」国連大学・創価大学アジア研究所共編『難民問題の学際的研究——アジアにおける歴史的背景の分析とその対策』御茶の水書房、六三〜六四頁、宮本勝［一九九〇］「マニラのムスリム・コミュニティ」須藤健一・山下晋司・吉岡政徳編『社会人類学の可能性Ⅰ　歴史のなかの社会』弘文堂、一八三頁。

(23) 渡邉［二〇一〇a］、一一四〜一一九頁。

(24) とりわけ女性性規範の変容については、石井［二〇〇二］が詳しい。

(25) 石井［二〇〇二］、一八六〜一九二頁。

(26) 渡邉［二〇一〇a］、一一九頁。

(27) 渡邉［二〇一三］、三〇頁。周旋人が「中東諸国の家庭ではムスリム女性が好まれる。私と結婚すればムスリムになれる」とキリスト教徒女性を言いくるめて結婚に至った事例が調査中に多く聞かれた。

(28) 石井［二〇〇五］、二〇四頁。

(29) Zahedi, Ashraf [2010] "Transnational Marriages of Filipinas and Iranian Men: Adjustment and Social integration", *Women's Studies International Forum*, 33(2) : 70-80, Johnson, Mark [2011] "Diasporic Dreams, Middle-Class Moralities and Migrant Domestic Workers Among Muslim Filipinos in Saudi Arabia" in Pnina Werbner and Mark Johnson (eds.), *Diasporic Journeys, Ritual, and Normativity among Asian Migrant Women*, pp. 224-244, Oxford: Routledge, 渡邉［二〇一三］など。

(30) 取引金額の上限が設定されたため、収益を見込めなくなった。
(31) イマームを連れてくることは直ぐにでも挙式したいという意志の表れで、刀剣を持つことは女性側に断られた場合、自らを殺傷するという覚悟の表れを示すものである。通常、断った場合、男性の名誉を汚すことにつながるため、よほどのことがない限り結婚は成立する。
(32) 再婚の場合には、必ずしも後見人は求められず、自身でそれを判断することになる。
(33) この点については、石井［二〇〇二］八四頁、も指摘している。
(34) Cannell [1999], p. 29-35.
(35) 渡邉［二〇一〇a］、二一七～二二一頁。
(36) 渡邉［二〇一三］、八五～九七頁。
(37) 長坂［二〇〇九］、八四頁。

主要参考文献

〈日本語〉


石井正子［二〇〇二］『女性が語るフィリピンのムスリム社会――紛争・開発・社会的変容』明石書店。

石井正子［二〇〇五］「中東へ出稼ぎに行くフィリピンのムスリム女性――変わる『性』規範と移動する女性」加藤博編『イスラームの性と文化』東京大学出版会。

工藤正子［二〇〇八］『越境の人類学――在日パキスタン人ムスリム移民の妻たち』東京大学出版会。

坂元一光［一九九九］「インドネシア・西スマトラ村落における通過儀礼の一側面――婚姻・産育儀礼における性別構造を中心に」『大学院教育学研究紀要』創刊号。

長坂格［二〇〇九］『国境を越えるフィリピン村人の民族誌――トランスナショナリズムの人類学』明石書店。

山田直子［二〇一三］「ミナンカバウ母系制社会における婚姻と家族――ナガリ・ティゴ・コト村住民のライフヒストリーから」『比較家族史研究』第二七号。

渡邉暁子［二〇一〇a］「マニラにおけるフィリピン・ムスリムの婚姻実践とマリッジスケープ」『地域研究』第一〇巻第一号。

渡邉暁子［二〇一〇b］「海外就労するマニラのムスリム女性の生活戦略」ケント、ポーリン・北原淳編『紛争解決――グローバル化・地域・文化』（アフラシア叢書第三巻）ミネルヴァ書房。

渡邉暁子［二〇一三］「フィリピン・マニラにおけるムスリム・コミュニティの形成過程」京都大学大学院アジア・アフリカ地域研究研究科、博士論文。

〈英語〉

Cannell, Fenella [1999] *Power and Intimacy in the Christian Philippines*, Manila: Ateneo de Manila University Press.

Hayami, Yoko, Junko Koizumi, Chalidaporn Songsamphan, and Ratana Tosakul [2012] *Family in Flux in Southeast Asia, The: Institution, Ideology, Practice*, Kyoto University Press.

Hull, Terence H. [2011] "Statistical indices of marriage patterns in Insular Southeast Asia" in Gavin W. Jones, Terence H. Hull and Maznah Mohamad (eds.), *Changing Marriage Patterns in Southeast Asia*, Oxfordshire and New York: Routledge, pp. 13–28

Jones, Gavin W. [2011] "Teenage marriage trends and issues in Insular Southeast Asia" in Gavin W. Jones, Terence H. Hull and Maznah Mohamad (eds.), *Changing Marriage Patterns in Southeast Asia*, Oxfordshire and New York: Routledge, pp. 29–46

Jones, Gavin W., Terence H. Hull and Maznah Mohamad [2011] "Marriage trends in Insular Southeast Asia: Their economic and socio-cultural dimension" in Gavin W. Jones, Terence H. Hull and Maznah Mohamad (eds.), *Changing Marriage Patterns in Southeast Asia*, Oxfordshire and New York: Routledge, pp. 1–10.

Maznah, Mohammad, Aziz Zarizana and Oy Sim Chin [2009] "Private lives, public contention: Muslim–non–Muslim family disputes in Malaysia" in Gavin W. Jones, Chee Heng Leng and Maznah Mohamad. (eds.). *Muslim–Non–Muslim Marriage: Political and Cultural Contestations in Southeast Asia*, Singapore: Institute of Southeast Asian Studies, pp. 59–101.

Philippine Muslim Information Center [1974] "Menado Rendezvous", *Salam* 1(3) : 38–40.

Piela, Anna [2011] "Beyond traditional–modern binary: Faith and identity in Muslim women's online matchmaking pfofiles" *CyberOrient*, 5(1). http://www.cyberorient.net/article.do?articleId=6219

Utomo Ariane J. [2014] "Marrying Up? Trends in age and education gaps among married couples in Indonesia" *Journal of Family Issues*, 35(12) : 1683–1706.

Utomo Ariane and Peter McDonald [2016] "Who marries whom? Ethnicity and marriage pairing patterns in Indonesia" *Asian Population Studies*, 12(1) : 28–49.

補論2　人類学における結婚の諸概念をめぐって
――内婚・外婚・イトコ婚

小池　誠

はじめに

現代日本に生きる者にとって結婚の実態や、結婚と不可分の関係にある親と子の関係の多様化が進んでいると感じる人が多くなっている。しかし、結婚という制度そのものが何であるかという点については、ある種の了解事項があると思う。大学の文化人類学の授業で結婚というテーマを取り上げても、受講者が結婚に対して抱くイメージはほぼ共通している。つまり、愛情に基づく女性と男性の結びつきであり、共同の生活を営む夫婦の姿である。このような結婚観は、家族社会学が明らかにしたように、近代家族成立以降の恋愛結婚の姿である。そして、誰と結婚できないかという問題に関しては、法律的には婚姻可能なイトコ婚も含め、遺伝病のリスクがあるという理由から「近親婚」に対する強い忌避を多くの人が抱いていることがわかる。しかし、この地球に生きる多様な民族の実態だけでなく、人類史上に存在した、または存在したと推測される数多くの婚姻制度も対象にする人類学者にとって、結婚の定義は困難であり、またあとで触れるイトコ婚も含めて、結婚の形は実に多様なのである。

この補論では、結婚というとらえどころのない制度に対して社会人類学の立場からアプローチを試みたい。とくにフランスの人類学者レヴィ＝ストロースが提起した結婚と交換、そしてイトコ婚の問題に焦点を当てる。人類学で結婚というテーマを取り上げると、単婚と複婚（一夫多妻婚と一妻多夫婚）や、結婚に伴う財のやり取り（婚資と持参金など）など多くのトピックが浮かんでくる。この補論ではテーマを絞り、人類学における結婚の定義の問題に触れた後、誰と結婚できるか、できないかという「内婚と外婚」、言いかえれば、配偶者選択の範囲の問題を取り上げる。最後に筆者が調査したインドネシアのスンバ社会の事例を中心に、配偶者選択に関する個人の自由度（感情）と規則の拘束性（構造）という問題について議論を展開したいと考えている。

1 結婚の定義

結婚の定義に関して家族社会学のなかでも複数の立場があるだろうが、たとえば以下のような山田昌弘による定義に対して根本的な異議を唱える社会学者はいないだろう。「社会学の観点から言うと、広義に『結婚』を定義すれば、『継続的な性関係を結ぶことが社会的に承認されること』となる。結婚の結果として、二人は夫婦となり、夫婦から生まれた子は、自動的に正当な子として社会のなかに位置づけられる（一夫多妻、一妻多夫の場合もあてはまる）[1]」。この定義に登場する性関係の社会的承認と生まれた子どもの嫡出性は、もちろん人類学のなかでも結婚を定義する上で重要な要件となっている。しかし、南インドのナーヤル社会にかつて存在した母系家族と結婚の制度が基礎知識となっている人類学者にとって、上記のような社会学者による定義をそのまま承認することはできない。ナーヤルでは、儀礼上の夫が存在するが、その男性が婚姻儀礼の後も継続的に妻のもとに通い婚をするのではなく、別の男性（場合によっては複数）が彼女のもとに通うようになる。さらに、女性が産んだ子どもに対して、いかなる男性も私たちが考えるような父親としての責任と役割を果たさないのである[2]。このため、ナーヤルに関して報告されている上記のような男女の関係性は、結婚の定義を困難にするだけでなく、マードックが唱える核家族の定義とその普遍性も否定することになる。

人類学者は、結婚に関する限りなく多様な民族誌の事例を目の前にして、何とかすべての事例をカバーするような定義をひねり出そうと苦労した。その結果、グッドイナフというアメリカの人類学者は以下のような定義を編み出した。「婚姻とは、一つの取引方式と、その結果生ずる契約であり、それによって、一定の人物（男性または女性、集団または個人、本人または代理人）が、一人の女性への性的接近の権利に対する持続的要求権を確保し……当該女性は子どもを産む資格を認められるものである」[3]。ナーヤルにおいて女性のもとに通う男性は、性的な関係を持続する権利をもっているとみなし、そのサンバンダムと呼ばれる男女の関係性も結婚の定義に合致する事例だと、グッドイナフの定義は主張する。ただし、この点については人類学者の間で意見が分かれる。また、この定義のなかの「一定の人物（男性または女性、集団または個人、本人または代理人）」という表現は、人類学のなかで有名な女性婚や死霊婚という結婚の形に対応しようとした表現である。スーダンのヌアー社会で行われている女性婚は、女性が婚資を支払い、夫となって女性を妻とするものであり、この場合、妻と内縁関係にある男性との間に生まれた子どもの社会的父親は婚資を支払った女性である。また、同じくヌアー社会では、弟が死んだ兄の名前で婚資を支払い、兄の代理人となって女性と結婚するという死霊婚が制度化されている。すでに亡くなっている兄が、実際に一緒に暮らす男女の間に生まれた子の社会的父となる。

ここで取り上げた事例に関して問題はないが、このグッドイナフの定義では、明らかに男性同士の結婚はカバーできない。かつて西エジプトのシワー・オアシスでは、男女と同様に男性同士の法的な婚姻も認められていたことが知られている。さらに現代では、男性同士や女性同士の同性婚も男女間の結婚と同じ法的な関係であると、ヨーロッパの一部の国とアメリカで認められている。ここまで考慮すれば、グッドイナフの定義は不十分であるといわざるをえない。グッドイナフだけでなく、何人かの人類学者が結婚の定義を試みているが、どれも何らかの点で問題点が指摘されるものになっている。[4] 仮に定義が不可能であっても、筆者は結婚というテーマを前提にして議論することは十分に意味あることだと考え、[5] 結婚可能な範囲の問題を次の節で考えていきたい。

2　内婚と外婚

内婚（endogamy）と外婚（exogamy）は一対で考えるべき概念である。ある範囲内で結婚すべきという規定が内婚である。親族の範囲を問題にすることもあれば、カースト内婚とか村落内婚という用語のように、親族以外の社会的単位を基準にすることもある。一方、ある範囲内で配偶者の選択をすることを禁止し（内婚禁止）、その範囲外に配偶者を求めるべきと規定するのが外婚である。人類学では、一般的に父系の親族集団、たとえば氏族（clan）は外婚単位であり、必ず他の氏族の成員との間で結婚すべきとする規範が数多く報告されている。ただし、あとで取り上げるように、北アフリカのマグリブに住む民族では氏族内婚、とくに平行イトコ婚が選好されることが有名であり、単純に氏族などの親族集団を外婚単位と考えるべきではない。

このような内婚と外婚という概念と密接に結びついているのがインセスト（incest）である。一般に「近親相姦」という訳語が使われるように、親と子、兄弟姉妹間というように近い親族、つまり近親間の性関係を指す概念であり、世界中の多くの社会でほぼ普遍的にインセストは禁じられている。また、私たちが想定するような近親の間だけでなく、系譜的に離れていても同一親族集団に属する男女の性関係が強く忌避される社会もある。インセスト・タブーという言葉は、これが単なる社会的な規範ではなく、宗教的禁忌とも結びついた概念であることを示している。性関係が禁止されるということは、当然、結婚も禁止されるわけだから、外婚とも不可分な関係にある。ただし、社会によっては、ある親族集団内で、結婚は禁止されるが、性関係はある程度許容されるという場合もあり、性関係の禁止と結婚の禁止を同一視することはできない。

人類史上でインセストの禁止は普遍的であるとはいえない。歴史資料から、王族層で特権的に近親婚が許容されていたことが明らかになる。(6) このようなロイヤル・インセスト（royal incest）は古代エジプトやインカ、ハワイの王族の事例が有名である。古代エジプトでは、王と同父同母姉妹との結婚だけでなく、さらには王と実の娘との結婚が存在したことも史料から推測される。日本古代でも、天皇の一族では異母姉妹との結婚も含め、近親婚が頻発したことが『古事記』と『日本書紀』からうかがえる。

インセスト・タブーの起源と存在理由については、人類学者の間でもいくつかの仮説が提唱されているが、そのなかでフランスの人類学者レヴィ＝ストロースが『親族の基本構造』という大著で提起した説を紹介する。(7) レヴィ＝ストロースによれば、インセストの禁忌は自然から文化への移行を示すものであり、ある集団内で男性と女性との性関係を禁止することによって、その女性を異なる集団の男性と結婚させる、つまり外婚を命じることになる。結婚は現代社会で考えられているような単なる男女の結びつきを表すものではなく、集団と集団の間の女性の交換を意味するものであり、それは集団間の縁組関係（alliance）を生み出すことになる。このようなレヴィ＝ストロースの考えは、人類学の親族と結婚の研究に縁組理論という形で大きな影響を与えることになった。

レヴィ＝ストロースは『親族の基本構造』の初版序文で、結婚に関して基本構造と複合構造という区別を打ち出している。男性からみて「母方交叉イトコ」（母親の兄弟の娘）など特定の型の「イトコ」を結婚相手として規定しているのが基本構造で、一方、インセストの範囲以外で、経済的機構や心理的機構（愛情など）に基づいて配偶者を選択するのが複合構造である。(8) 基本構造は一般交換(9)と限定交換(10)の二つに分けることができるが、ここでは「母方交叉イトコ」との結婚を規定する一般交換に絞って話を進めていく。基本構造は、オセアニアと、東南アジア、インド、さらにシベリアという広い地域のなかのごく一部にみられるものであり、複合構造と比べたら、圧倒的に少数の社会でしか実践されていない。もちろん、日本や欧米社会の結婚は複合構造のなかに含まれる。筆者は、インドネシアのスンバ島で基本構造に含まれる母方交叉イトコ婚を調査の対象として選んだ。このようなタイプの結婚は世界的にみて希少なものではあるが、後で取り上げるように結婚という制度を全体的に考察する上で重要なテーマの一つだと考えている。[11]

レヴィ＝ストロースとはまったく異なる観点から、結婚に関して社会の分類を試みたのが、フランスの女性民族学者ティヨンである。ティヨンは一九三〇年代に北アフリカ北西部のマグリブに居住するアマジグ（ベルベル）語系の民族の調査を実施し、そこで広く認められる内婚制について研究した。[12] 男性にとって「理想の結婚」とみなされているのは、姉妹にもっとも近い親族であり、姉妹と同じ親族用語が使用される父方平行イトコ、すなわち父方オジ（父親の兄弟）の娘である。このような極端な内婚制を求める理由は、父系親族以外の女性と結婚することによる財産の分散を避けることであり、また、よそ者の血が混じることによって高貴さが失われないようにするためである。[13] このような内婚制に注目し、ティヨンは世界を「市民の共和国」と、「義兄弟の共和国」、「イトコたちの共和国」の三つに分類した。[14] 近代国家を意味する「市民の共和国」を除いて考えれば、結婚と交換に関して「義兄弟の共和国」と「イトコたちの共和国」とは対照的である。「義兄弟の共和国」は、レヴィ＝ストロースが考えたような外婚制に基づく社会であり、「義兄弟」、つまり姻族（たとえば妻の兄弟）との連帯が社会的に重要な役割を果たす。一方、「イトコたちの共和国」は、外婚によって結ばれる親族間の交換を拒否し、徹底した内婚を希求する。

『婚姻』という概説書のなかで、イギリスの女性人類学者メアは、このような内婚制と外婚制の対比について以下のように書いている。「〔スーダンのバガラ族の――引用者〕男たちは、自分の姉妹たちが結婚して他所へ行ってしまうと、子供たちは敵の手の内に育ち、敵として育ってしまうと言う。とこれは、婚姻の絆が敵となる可能性のある人々の中に友を作る、とする人々〔外婚制をとる社会――引用者〕の態度とは対照的なものである」[15]。一般的にいって、人類学者、とくにオセアニアを研究対象とする研究者の多くは、レヴィ＝ストロースに従い外婚制を前提にして結婚を考えている。たとえば、ヴァヌアツのニューヘブリデス諸島で調査した船曳は、「結婚――敵と結ばれる」という論文を執筆し、「近親婚のタブーにより結婚するように条件づけられた他人というのは、敵にもなり、融和した後は味方にもなるのである」[16]と述べ、このような立場を明確にしている。

内婚制をとるマグリブのアマジグ語系民族は、父方平行イトコ婚をもっとも望ましい結婚と考えると同様に、自分たちが収穫したものを自分たちで消費することを良しとする。モースの互酬性の考えに影響を受け、結婚によって結ばれた集団間の交換を重視するレヴィ＝ストロースの縁組理論を真っ向から否定する生き方が、彼らにとって理想なのである。マリノフスキーがオセアニアのトロブリアンド島民の民族誌で描いたような、自分たちが収穫したヤムイモの多くを姻族、つまり「娘の夫」や「姉妹の夫」に贈与する慣習[17]は、「イトコたちの共和国」の住民にとってはまったく信じられないものであろう[18]。多くの人類学者は、ティヨンが報告するようなマグリブの父方平行イトコ婚を例外的な事例として扱いがちであるが、縁組関係と交換を拒絶する内婚にもっと注目する必要があると考える。

3　基本構造を生きるスンバ人

レヴィ＝ストロースが提起した基本構造と複合構造の区別を念頭において、結婚相手の選択に関して、どの程度、規則に縛られるのか、また当事者の感情に従い、どの程度の自由が許容されているのかという問題について考えてみたい。結婚の相手について幅広く考えるのではなく、とくにイトコという親族に焦点を当てよう。具体的な考察の対象は、基本構造の例として、筆者が調査したインドネシア東部・スンバ島の母方交叉イトコ婚である。

配偶者選択の自由についてレヴィ＝ストロースが『親族の基本構造』の初版序文で書いていることを最初に引用しよう。「基本構造はクラス〔結婚すべき相手のグループ――引用者〕を定義してくれたり関係を決定してくれるが、通則として言えば、特定のクラスを構成したり特定の関係をみたす個体は複数いて、しかもしばしば多数にのぼる。それゆえ基本構造の場合ですら、配偶者選択の自由がある程度つねに残される。逆に配偶者選択のまったき自由を許す複合構造は一つとしてない。……要するに、どれほど厳密な基本構造においてもある程度まで配偶者選択の自由が残され、どれほど大雑把な複合構造においても配偶者選択はいかほどかの制限をこうむる[19]」。このように、特定の親族との結婚が規定されている基本構造であっても、ある一定の選択の自由が許容されていることをレヴィ＝ストロースは認めている。一方、複合構造における「制限」についてレヴィ＝ストロースはインセストの禁止を想定しているが、筆者はもっとさまざまな制約が個人に課せられていると考える。マグリブにおける平行イトコ婚も配偶者選択に関わる束縛の一つの例である。また、一見したところ、インセスト以外はすべてが自由であるように感じられる現代日本社会であっても、ある種の束縛のもとに個々人の配偶者選択はなされている。

スンバ島の東スンバ県ハハル郡での調査[20]に基づいて、母方交叉イトコ婚の実態について紹介しよう[21]。スンバでは、神格化された共通の始祖（マラプ）をもつ父系氏族（カビフ）が社会的に重要な役割を果たしていて、さらに一つの氏族が複数の「家」（ウマ）に分かれることがある。『親族の基本構造』ではスンバ島の結婚に関する民族誌資料を使っていないが、スンバ島を含む東インドネシアは、一般交換が社会全体を律する重要な役割を果たしている。単純化していえば、男性は母方交叉イトコを含む親族カテゴリーであるアナ・トヤ[22]、つまりトヤ（母方オジ）の娘との結婚が規定されている。文化人類学の授業でこのような説明をすると、多くの受講者から「もし母方オジがいなかったら、どうなるのですか。母方オジに娘がいなかったら、男性は一生結婚できないのですか」という質問が寄せられてくる。実際は、以下に説明するように男性からみて、もっと広い範囲の「母方交叉イトコ」が結婚可能な相手となる。そもそも第一イトコだけでなく、第二イトコ（たとえば母親の父親の兄弟の息子の娘など）なども含んで、母の属していた父系親族集団[23]の同世代の女性すべてがアナ・トヤと呼ばれ、配偶者選択の対象となる。

つぎに結婚が禁止されるカテゴリーについて述べたい。男性にとって、同じ親族集団内の同世代の女性は「姉妹」（アナ・ウィヌ）として結婚は絶対に禁止されている（つまり内婚禁止）。さらに父親の姉妹や自己の実の姉妹が結婚した先の集団など「妻の受け手」に属する同世代の女性（父方交叉イトコも含まれる）も同じく「姉妹」と呼ばれ、結婚できないカテゴリーの女性となる。この点こそレヴィ＝ストロースが提起した一般交換の根幹である。このように「妻の受け手」に属する女性との結婚を厳格に禁止する結果、男性の属する親族集団からみて、「妻の与え手」（イェラ）→自己の集団→「妻の受け手」（アナ・ウィヌ）という女性の一方向の流れができることになり、この流れに反する結婚は認められない。

地域社会に存在するいくつもの親族集団が縁組関係によって一つの輪のように繋がっているのではない。一つの集団が複数の「妻の与え手」と「妻の受け手」をもっているので、縁組関係の輪がいくつもできあがり、単純な図で示せないくらい集団間の関係は錯綜してくる。また、貴族層は地域社会のなかだけでなく、地域的に離れた貴族層の集団と縁組関係を結ぶことになる。このように調査者にとって縁組関係はとても複雑であるが、地域社会で暮らすスンバ人は、いくつもの親族集団に関して、これは「妻の与え手」、あれは「妻の受け手」、あれは

「兄弟」(オル・ダドゥ)と、三つのカテゴリーに即座に分類することができる。この場合、「兄弟」とは男性にとって氏族内の同世代の男性を指す語であるが、「妻の受け手」とは違った意味で、結婚ができない親族集団(そのなかの同世代の女性は「姉妹」と呼ばれる)を意味している。具体的な系譜関係をたどることなく、男性は地域社会全体で誰が「妻の与え手」のなかの系譜の上で同世代の女性(親族名称はアナ・トヤ)であり、誰が結婚できないカテゴリーである「姉妹」なのか知っている。母方交叉イトコ婚という言葉が示すイメージをはるかに超えて、配偶者選択の範囲はかなり広いのである。さらに、今日のように進学や就職で人々の移動の範囲が広がると、遠く離れた地域で生まれた男女が出会い、結婚するケースも増えている。スンバの慣習では、男性がそれまでまったく縁組関係のなかった集団の女性と結婚することも可能なのである。ただし、一度、結婚が結ばれると、その関係をもとにして夫側と妻側の集団だけでなく、その双方と縁組関係を有する多くの集団を巻き込んで縁組関係が再編されることになる。

スンバ社会において一般交換という構造に従っているからといって、個々の男性にとって結婚相手が選択の余地なく決まるということではない。ある男性にとって、「妻の与え手」は二つ以上存在し、そのどれを選ぶか、またはそれ以外の相手(それまで縁組関係がなかった集団)を選ぶか、常に選択肢は複数あるのである。すなわち、レヴィ=ストロースの提唱する基本構造であっても、結婚相手の選択は、親族関係によって一義的に決められるのではない。誰と結婚するかという問題は、これまで述べてきた結婚の規則に反しない限りは、個人の容姿の好みとか、好き嫌いという感情が関わってくるし、また、結婚する当事者ではなく、その親とか親族などの経済的・政治的な思惑も介在してくる。とくに貴族層とか、経済的に裕福なスンバ人にとって、結婚は双方の利害関係を考慮して、最大限に戦略(24)が発揮される機会となっている。

スンバ人にとって、慣習に従い夫側と妻側の間で婚資の交換が行われ、初めて婚姻は正当なものとなる。婚姻儀礼において、夫側（妻の受け手）は馬・水牛（時には牛）と金属の装飾品を妻側に贈り、それと交換に妻側（妻の与え手）は、豚と布・織物を夫側に贈るのである。一般的にいって婚資の額は、同じ地域社会内の平民層の結婚では小さく、逆に地域社会を超えた貴族層の結婚では大きくなる。また、新たに縁組関係を結ぶ場合は、すでに縁組関係がある集団間の結婚よりも婚資の額は大きくなる。本稿で詳しくは取り上げないが、このような婚資のやり取りが慣習で定められているため、スンバ社会の結婚には当事者の親の思惑が大きく関わってくる。

4　複合構造におけるイトコ婚

複合構造の例として、最初にマグリブの父方平行イトコ婚を取り上げる。一九三四年から四〇年にかけてマグリブで調査したティヨンは人々が平行イトコ婚を望み、そしてそれが実践されていると書いている[25]。ただし、平行イトコ婚はスンバの母方交叉イトコ婚とは違い、結婚相手が親族名称体系で規定されているものではないし、また平行イトコと結婚しなければいけないという規則があるわけでもない。この点で平行イトコ婚は、まさに「経済的機構」と「心理的機構」に基づく複合構造における選好される結婚パターンの一つなのである。ティヨンが「理論的には息子はよそ者の花嫁を連れてくることができ、ときにはもめ事をおこさずに実現したこともある。しかしそれはかなり稀なことであり、千人以上の集団のなかで、他の部族の女性を半ダース以上見つけることはほとんどできない[26]」と述べていることが、複合構造の特徴を示している。また、ふさわしい第一イトコがいない場合は、近い親等のイトコとの結婚が望ましいのである。このような父系親族集団内の結婚が繰り返される結果、女性は結婚しても、父方のオバや父方のイトコの女性（親族名称上は実の姉妹と区別されない）など親密感をもつ親族女性とともに、結婚前と同様に暮らしていくのである。このような女性のネットワークが存在する結果、女性よりも男性の方が平行イトコ婚を嫌い、移民となって故郷を離れるケースがあるという[27]。

マグリブ社会と比較するために、日本社会のイトコ婚の例を紹介しよう。日本では民法上、三親等内の血族の結婚は許されていないが、イトコ同士の結婚は可能である。とはいえ、現在ではイトコ婚も含めて、「近親婚」に対する忌避感情はとても強く、イトコ婚の実例はきわめて限られている。その根拠となっているのが、「近親婚＝遺伝病」という観念の連想であろう。レヴィ＝ストロースは、インセストの禁止に関連して明確にこのような連想の問題点を指摘している。「近親相姦によって遺伝的に不良な特性が表面に出てくる確率が高まり、不良な個体は自然淘汰により自動的に抹殺されてしまっているだろう……近親結婚が危険なのは近親相姦禁忌の結果なのであって、近親結婚が危険だから近親相姦の禁忌があるのではないともいえる[28]」。「近親婚＝遺伝病」という思い込みの誤りは、医学の専門家も認めていることである[29]。

日本史上では、古代の天皇家の例だけでなく、近世になっても、さまざまなタイプのイトコ婚が見いだされる。ただし平行イトコ婚のみを選好するマグリブ社会とは違い、イトコ婚は多様な配偶者選択の一つとして、日本では古代から許容されていたのである。日本社会においては父系出自が重視されるが、内婚禁止を徹底する中国や韓国の父系親族集団とは違い、父系親族の内婚（たとえば平行イトコ婚）が許容される。たとえば、二〇一六年のＮＨＫ大河ドラマ「真田丸」の登場人物を取り上げれば、主人公真田信繁の兄、信之の正室（のちに側室）は父方平行イトコ（父親の兄の娘）である。ちなみに、信之は徳川家康の養女（本多忠勝の娘）をのちに正室に迎えている。また豊臣秀頼の正室は徳川秀忠の娘、つまり母方平行イトコ（母親の妹の娘）である。これらは歴史ドラマにも登場する有名な人物であるが、有名無名を問わず、大名家においてイトコ婚の事例は数多くみられる。当時の考え方でいけば、「御家」の存続戦略が最優先されるのであり、近い父系親族との結婚を選好することもあれば、その反対に政治的思惑から有力な「家」から妻を娶ることもある。

上記の例は近世の支配者層のイトコ婚の事例であるが、一九五〇年代の農民社会ではどうだったのであろうか。イトコ婚に関する先行研究全体について把握していないが、とりあえず蒲生正男が調査した結果に基づいて考えてみよう[30]。四つの調査地（長崎県・奈良県・宮崎県・鹿児島県）の調査結果から明らかなことは地域差が大きいということである。もっともイトコ婚の率が高いのは鹿児島県のある大字で、二七件中八件、つまり二六・三％がイトコ婚であった。そのうち母方交叉イトコ婚が三件、父方交叉イトコ婚が三件、父方と母方の平行イトコ婚が一件ずつである。次は宮崎県のある大字で、一八〇件中三三件、つまり一八・三％がイトコ婚である。とくに母方交叉イトコ婚がイトコ婚総数三三件中一四件になっている。また、宮崎県のある大字では、父方平行イトコ婚に対する禁忌があるが、他の調査地ではとくにイトコ婚は禁止されていないと報告している。蒲生は日本の農村社会において「身分的ないしは階層的通婚の形態は、一般的に身分ないしは階層内婚が支配的であり、身分ないしは階層が婚姻を規整していると言えよう[31]」と書いている。特定のイトコが結婚相手として選好されるというよりも、「内婚（身分的・地域的・血縁的）[32]」が優先される結果として、イトコ婚の比率が高くなったということである。蒲生は書いていないが、「身分ないしは階層」が上位の家族では、村を超えた広い地域から配偶者が選択され、逆に下位の家族で狭い地域社会のなかで選択されることになると考えられる。

おわりに

誰が誰と結婚するか、つまり配偶者の選択という問題について、構造と感情という二つの概念を互いに相反するものしてとらえるのは、すこし単純であろう。これまで述べてきたことから明らかなように、レヴィ＝ストロースの提起する基本構造が生活のなかに実際に生きているスンバ社会においてさえ、男性が好きな女性にアプローチして結婚に至ること、つまり恋愛結婚は起こりうることである。ただし、男性が結婚の対象として想定する女性は、原則として親族名称で明確に区切られたカテゴリーに入る女性、つまり「母方交叉イトコ」に限定されている。このように、構造の拘束性のなかに当事者の感情が入る余地が残されている。ただし、階層が高いか、また経済的に裕福な家族ほど、子どもの結婚相手の選択に親や親族が介入する度合いが大きくなる。この点だけを取り上げれば、日本社会において「家」、とくに上層の「家」の存続と発展が、「家」を構成する個人の幸せ以上に優先された時代において、子どもの結婚が「家」の重大事であったのと、結婚をめぐる状況にさほど違いはない。

一方、スンバ社会とは、基本構造と複合構造、さらに外婚と内婚という点で対照的なマグリブ社会において、おもに財産の分散を避けるという経済的な理由から平行イトコ婚が選好されている。レヴィ＝ストロースが考える構造ではなく、経済的利害関係が最優先される結婚のパターンである。イトコ同士という近い関係の男女の間でどのような感情が抱かれるのかはティヨンの民族誌からは明らかでないが、以下のような記述は示唆に富んでいる。「その結婚の前に、若い娘がヴェールを纏うことなく従兄弟たちと会っていたことはいうまでもない。そして当然、しばしば身近で彼らと話もしていた[33]」。マグリブの父系親族集団は外部の者に対してきわめて閉鎖的であり、未婚の娘の名誉を守ることが優先されるという特徴を考えると、娘の素顔を知っている未婚男性（つまり平行イトコ）が彼女の配偶者として選ばれることになるだろう。複合構造と分類されるマグリブ社会であるが、父系親族集団の論理が最優先される結果、配偶者選択の自由がほとんどないことになる。世界中の多様な結婚のあり方のなかで、平行イトコ婚の事例はかなり極端な例であるが、配偶者選択の自由がある程度許容されている基本構造（スンバ社会）と、自由がきわめて制限される複合構造（マグリブ社会）という対比も、時には成立することになる。

注

(1) 山田［二〇一五］、一〇二頁。
(2) グッドイナフ［一九七七］、九〜一三頁。原文では「ナヤール」だが、一般的な表記に合わせて「ナーヤル」に直している。
(3) 同前、一七頁。
(4) 『文化人類学事典』で渡邊・杉島［一九八七］が執筆している「結婚」の項目では、定義の多様性を具体的に検討している。
(5) さまざまな事象の間に認められる共通の構成要素にもとづいて定義を試みる「単配列的分類」の考え方では、家族や親族という概念と同様に、結婚は定義できない概念（つまり単一の共通性を見出すことは不可能）となる。しかし、ニーダムが提起した「多配列的分類」（部分的な共通性の積み重ねによる集合）という枠組みで考えれば、結婚という概念は十分に成立できるといえる。
(6) 小池［一九八六］、二八〇頁。
(7) レヴィ＝ストロース［二〇〇〇］、五九〜一三五頁。なおフランス語の原著（第二版）の出版は一九六七年である。
(8) 同前、一五頁。
(9) 同前では全面交換という訳語が使用されているが、本稿では一般に広まっている一般交換という用語を用いる。
(10) 限定交換は分かりやすく書くと、二つの集団間の姉妹の交換であり、親族名称の体系では母方交叉イトコと父方交叉イトコ（父親の姉妹の娘）に対して同じ名称が使用されることになる。
(11) レヴィ＝ストロース［二〇〇〇］、三六〜三七頁も第二版序文のなかで、同様の趣旨のことを述べている。
(12) マグリブの住民はムスリムであるが、内婚制などの特徴は、イスラーム以前の社会構造に関連しているとティヨン［二〇一二］は考えている。
(13) ティヨン［二〇一二］、一〇一〜一〇二頁、一六一〜一六四頁、一七九〜一八一頁。
(14) 同前、一五〜一九頁。
(15) メア［一九七九］、二四〜二五頁。
(16) 船曳［一九九五］、二四頁。
(17) マリノフスキー［一九六〇］。
(18) ティヨン［二〇一二］、一〇四〜一〇六頁参照。
(19) レヴィ＝ストロース［二〇〇〇］、一七頁。

(20) 最初の調査は一九八五～一九八八に実施された（小池［二〇〇五］）。その後、二〇一〇年にも同じ調査地で世帯調査を行った（小池［二〇一三］）。

(21) 小池［二〇〇五］一三四～一四〇頁参照。

(22) 東スンバでも地域によって少し異なる言語が用いられている。本章では、筆者の調査地で使用されるスンバ語をカタカナで表記している。

(23) 縁組の単位については、氏族よりも「家」のほうがふさわしいが、この問題は複雑なので、本稿では父系親族集団として話を進める。詳細は小池［二〇〇五］一四〇～一四三頁参照。

(24) スンバ社会における結婚をめぐる戦略については、小池［二〇〇九］で詳細に論じている。

(25) ティヨン［二〇一三］、一六二頁。

(26) 同前、一六二頁。

(27) 同前、一八六頁。

(28) レヴィ＝ストロース［一九六八］、一八～一九頁。

(29) 岩田［二〇一六］、一〇四～一一〇頁。

(30) 蒲生［一九六八］一〇一～一〇二、一〇五、一〇七頁。

(31) 同前、一〇一頁。

(32) 同前、一〇二頁。

(33) ティヨン［二〇一三］、一八六頁。

主要参考文献

岩田健太郎［二〇一六］『感染症医が教える性の話』筑摩書房。

蒲生正男［一九六八］「日本の婚姻体系」祖父江孝男訳編『文化人類学リーディングス』誠信書房。

グッドイナフ、W. H.（寺岡襄・古橋政次訳）［一九七七］『文化人類学の記述と比較』弘文堂。

小池誠［一九九六］「近親婚」比較家族史学会編『事典家族』弘文堂。

小池誠［二〇〇五］『東インドネシアの家社会――スンバの親族と儀礼』晃洋書房。

小池誠［二〇〇九］「東インドネシアにおける家と婚姻戦略」國方敬司ほか編『家の存続戦略と婚姻――日本・アジア・ヨーロッパ』刀水書房。

小池誠［二〇一三］「インドネシア・スンバの父系社会における家族の多様性――『家族圏』再考」『比較家族史研究』第二七号。

ティヨン、J．（宮治美江子訳）［二〇一二］『イトコたちの共和国――地中海社会の親族関係と女性の抑圧』みすず書房。

船曳建夫［一九九五］「結婚――敵と結ばれる」吉川弘之ほか『東京大学公開講座六〇　結婚』東京大学出版会。

マリノフスキー、B．（寺田和夫・増田義郎訳）［一九八〇］「西太平洋の遠洋航海者」『世界の名著七一　マリノフスキー、レヴィ＝ストロース』中央公論社
メア、L．（土橋文子訳）［一九七九］『婚姻』法政大学出版局。

山田昌弘［二〇一五］「結婚と家族」比較家族史学会編『現代家族ペディア』弘文堂。

レヴィ＝ストロース、C．（原ひろ子訳）［一九六八］「家族」祖父江孝男訳編『文化人類学リーディングス』誠信書房。

レヴィ＝ストロース、C．（福井和美訳）［二〇〇〇］『親族の基本構造』青弓社。

渡邊欣雄・杉島敬志［一九八七］「結婚」石川栄吉ほか編『文化人類学事典』弘文堂。

第3部　日本の結婚の歴史的展開

第8章　十九世紀の越後国から陸奥国への遠方婚からみた地域変化

川口　洋

はじめに

本章では、十九世紀の陸奥国会津郡・大沼郡、下野国塩谷郡の一部を含む南山御蔵入領（みなみやまおくらいりりょう）に所属する会津郡鴇巣村（とうのす）（現・福島県南会津郡南会津町鴇巣）を研究対象地域として、遠隔地から配偶者を受け入れた社会経済的背景について検討する。

伝統社会における婚姻を契機とする人口移動（婚姻移動）は、村内婚、近隣婚、遠方婚に三分して論じられてきた。村内婚は同じ村落の者同士の婚姻、近隣婚は徒歩で日帰り可能な自村からおよそ四里以内の者との婚姻、遠方婚は日帰りできない自村から四里以上離れた者との婚姻を示す。村内婚、近隣婚、遠方婚では、婚姻の契機（＝出会い）が異なる。遠方婚は、年季奉公や出稼ぎといった労働移動を契機に成立する場合、仲人などの仲介によって成立する場合が想定される。いずれの場合でも、地域間交渉の活性化が遠方婚成立の必要条件とみられる。そのため、遠方婚の成立要因を解明するには、婚姻移動を地域特性ととらえ、人口構造、生産活動、労働需要、末端消費、および商品流通に関わる地域間交渉といった地域構成要素間の関係を読み解くことにより、研究対象地域に生じた地域変化を焙り出す歴史地理学の研究方法が有効である。

産業化・都市化が本格化する以前の遠距離人口移動に関する研究では、都市蟻地獄効果説（都市墓場説ともいう）の検証をめざして、村落から都市への労働移動と労働移動を契機として都市に定着する婚姻に焦点が当てられてきた。(1)すなわち、西日本一円から大阪・京都とその近郊村落への恒常的な労働・婚姻移動、(2)越後国から奥州街道の宿場町郡山とその近郊村落への労働・婚姻移動が分析されている。(3)他方、本章で研究対象地域とする南山御蔵入領の村々は、隔絶山村と位置づけられることが多い。南会津郡の自治体史なども、婚姻移動は村内婚と近隣婚に限られる、あるいは過去に遡るほど村内婚が大部分を占めたと説明している。(4)

南山御蔵入領では、十九世紀初頭に人口が最少を記録して、産子養育手当金の貸与、移住者引き入れといった人口増加を目的とする対策が実施された。会津藩と南山御蔵入領における人口政策を一書にまとめた松枝茂氏は、「人口減少が総て堕胎間引によるものではなかったと同様に、その増加も亦産子養育対策の効果のみに帰することは勿論出来ぬ」と慎重な姿勢を示しながらも、堕胎間引を「封建時代の特長（ママ）」と位置づけ、産子養育制度などを会津藩の人口政策として高く顕彰した。(5)このような見解は、史料を離れて一人歩きを始め、江戸時代後期の窮乏した民衆像を形成するとともに、人口・家族研究にも深い影を落とした。

松枝茂氏をはじめ戦前期から研究成果を公刊している世代の人口史家が依拠したのは、主として藩政史料であった。しかし、為政者の残した記録から、民衆の日常生活に迫るには限界がある。筆者が堕胎間引について再検討した旧稿では、十八世紀初頭の会津郡大橋村に住む富裕な商人の日記を史料として、占いとは異なる性別の「たがい子」が生まれた場合や父親の厄年に生まれた場合に、三人の嬰児を押返（おっかえ）した事例について考察した。(6)同時代の為政者や現代人と全く異なる心性に基づく「子返し」の実像から、窮乏した民衆像を導くことはできない。

移住者引き入れについて再検討した前稿では、移住者引き入れの立案・実施に当たった名主の言説を地方（じかた）史料によって追跡した。(7)会津郡叶津村（かのうづむら）名主と口留番所番人を世襲した長谷部家は、十九世紀初頭から三代にわたって「他邦者引入任役」を務め、越後国などから多くの女性を引き入れ、村々に縁付かせた。長谷部忠右衛門は、天明飢饉で発生した貧しい鰥寡孤独の百姓が家を継承できるよう「民勢引直」を目的に、移住者引き入れを会津藩田島陣屋・代官所に願い出た。しかし、忠右衛門の主張は、人口構造や移住者を受け入れた家の実態と大きく異なっていた。南山御蔵入領の百姓は、五両以上もの縁組祝金を支払い、領外から女性を女房や養女という名目で受け入れた。彼らは、祝金を支払う経済力を持ち、祝金に見合う価値を女性に見出していた。

本章では、前稿で遠隔地から女性を受け入れた真の要因と推論した労働需要の動向をとらえるために、婚姻移動に関する史料の保存状況が比較的良好な鴇巣村で遠方婚が行われた背景を検討する。まず、現在の結納に相当する祝金と人口構造に基づいて、研究対象地域における婚姻市場の動向を確認する。つぎに、「宗門改人別家別書上帳」に縁組を登録する手続きに関わる史料を用いて、越後国から鴇巣村への婚姻移動とその仲介者を復原する。さらに、十九世紀前半の生産活動と末端消費を観察することにより、越後国から入婚者を受け入れた村の社会経済的状況について検討する。最後に、地域人口が減少から回復に転じた十九世紀前半に生じた地域変化について展望したい。

本章で検討する主要史料は、福島県歴史資料館架蔵の馬場新家文書である。本文で翻刻しない史料は、同館の資料番号を示す。馬場家は、十八世紀末以降、陸奥国会津郡古町組鴇巣村名主を世襲した。

1　縁組祝金の高騰

まず、十九世紀初頭の縁談から祝言に至る手順を次の史料によって確認したい。

史料8-1　文化四年卯三月　風俗帳　伊南伊北郷（馬場新家文書、四四三号。傍線は筆者、以下同）

祝言　祝言致様、倅娘持候者ハ、似合を考、或者合家之身体をハ、仲人可致と存候者双方聞合、又者倅持候親の方ゟ何者之娘を嫁にもらい度と、仲人を頼ミ申族も御座候。如斯内証有増を仕置、書付を以縁組之次第御代官へ御披露致、無相違旨御暇申出候得者、其時縁定と申、娘持之方へ樽扇子相添仲人を以遣申候。其節身代宜者ハ、祝金之構無御座候。縁定仕迄御座候得共、内証不叶者之分ハ、金三分ニ木綿壱反も遣候得者、娘持之方ゟ申出、双方相対を以仲人立会相定、是を祝金と申候。先年右之通ニ御座候処、近来者女子共不足ニ相成、祝金等諸色高値ニ付相増、金壱両二分或者弐両も遣申候。又衣類ニ而遣候者も御座候。夫ゟ祝言致候筈ニ候得者、右祝金之内を以木綿古手物たり共調、嫁入為致候。尤も祝言致候日ハ、仲人前々ハ遠方ハ馬ニ乗せ候処、近来ハ無御座候。外に家見等近親類之内にて夫婦持、遠方ハ宵ゟ近所ハ其朝、娘持之処へ参り支度為致、朝飯を給べ、其娘召連夫の方へ参り候。始而縁付候女者、其日おはくろを付、華娘(ママ)と申候。祝言之日親類縁者若き者共、華娘(ママ)を送り申ニ付、嫁取之方ゟも迎ひと申右之通罷出、中途にて出合相互ニ目出度候等申請取召連参候。先年者請取渡と申を仕候由、只今ハ差出左様之わけ無御座候。華娘(ママ)夫ノ方へ参着致候得ハ、仲人之女房并家見一同勝手座敷罷有、其外近親類縁者相伴として相集メ夕飯を給べ、夜入華娘(ママ)舅げんざん等と申、或者諸親類之取合仕迄にも御座候。右仲人ハ嫁取之方ニ二夜泊り、三日目之朝祝ひ迄罷帰り候。其節祝儀と申、仲人男ノ方へ五百文ニ扇子相添ひ、又女房へハ三百文ニ茶成り共添ひ出申候。右体宜分ニて或者三百文ニ二百文、身体叶不申分ハ段々祝儀之印迄ニ仕候。

鴇巣村の所属する伊南伊北郷（古町組、和泉田組、黒谷組、大塩組）では、以下の手順で縁談が進められた。仲人を通じて縁談の内約束ができると、書付によって代官に縁談を届け出る。その時、嫁取り方から娘持ち方へ樽酒、扇子、祝金を仲人を通して贈る。これを「縁定(えんさだめ)」という。祝金で衣類を整え、嫁入りさせる。祝言当日は、娘持ち方に親戚が集まり、朝食を食べる。初婚の場合、娘におはぐろをつけ、「華娘（ママ）」と呼ぶ。娘持ち方の親戚が「華娘（ママ）」を送り、嫁取り方の親戚が迎えに行く。途中で双方が出会い、目出度候と挨拶を交わす。先年まで、「請取渡」という儀礼をしていたが、近年は行わない。「華娘（ママ）」が夫の家に着くと、親類縁者と夕食を食べる。夜に入ると「華娘（ママ）舅げんざん」を行う。仲人は、「三日目之朝祝」まで嫁取り方に二泊する。仲人には扇子、仲人の女房には茶を添えて祝儀を贈る。

史料８‐１から確認できる縁組の内約束が成立すると代官に届け出、「縁定」に仲人を通して娘持ち方に祝金を贈り、祝言に至る過程は、大谷組、野尻組、松川組、楢原組、弥五島組、小出組、田島組、高野組、川島組、熨斗戸組の「文化四年　風俗帳」や「貞享弐年丑ノ五月三日　会津郡郷村品々書上ケ申帳　伊南古町組」からも確認できる[8]。縁談から祝言に至る過程は、一六八五年（貞享二）から一八〇七年（文化四）まで、南山御蔵入領で百年以上続く風俗であった。

娘持ち方に送られる祝金は、「身代宜敷者ハ、祝金之構無御座候。……内証不叶者之分ハ、金三分ニ木綿一反」であったが、「近来者女子共不足ニ相成、祝金等諸色高値ニ付相増、金壱両二分或者弐両」に達した。南山御蔵入領各組の祝金を整理した表８‐１によれば、十七世紀末に二分から二両であった祝金が、十九世紀初頭には一両二分から四両にのぼった。貨幣改鋳を勘案しても、祝金の高騰は、南山御蔵入領全域に共通の動向とみられる。

次の史料のように、十九世紀初頭の祝金が、四両にのぼる事例も確認できる。

史料８‐２　乍恐以書付奉願上候（馬場新家文書、三二二号）

高三石七斗七升壱合　此高不残当村市左衛門処へ内質地ニ入置候

一、御金四両　　　　　　惣太郎年四十八　〆壱人男

表８－１　南山御蔵入領における祝金

組名	1685（貞享２）年	1807（文化４）年
楢原組	娵取申候ニは祝金と申三分、壱両出シ貰申候、品により、壱両弐三分迄も出貰申候。	身躰相応の者縁組候へハ、祝金無御座、不叶者の縁定ニ者、弐両三四両の祝金ニて調候ものも御座候。
小出組		同上
松川組		同上
弥五島組		同上
田島組	娵ヲ取ニ娵ノ方へ金子弐分ヨリ弐両迄遣貰、嫁入之支度或身代ノ助成ニスル者モ有。	雙方共に身代宜者は祝金の構無御座候。……不叶者之分は金二両より三四両に木綿一反も遣候。……其金子の内に而、木綿或は古手たり共調嫁入為致候。
高野組	同上	同上
川島組	同上	同上
熨斗戸組	同上	同上
古町組	祝金と申男之方より金子弐分、三分、或ハ身退不叶者之娘を貰候ニハ、壱両余も出シ貰申候。	身代宜敷者ハ、祝金之構無御座候。……内証不叶者之分ハ……金壱両二分或者弐両も遣申候。又衣類ニ而遣候者も御座候。
和泉田組		同上
黒谷組		同上
大塩組		同上
大谷組		双方ともに身躰宜敷ものは、祝金之構無御座候。……不叶者の分は金何分に木綿壱反も遣候。……其金子の内にて木綿或ハ古手物成とも調娵入為致候。
野尻組		双方共ニ身躰宜者ハ祝金之構無御座候、不叶者之分ハ金何分ニ木綿之壱反も遣候。……其金子之内ニ而木綿或ハ古手物成共調嫁入為致候。

出所：庄司［1979］、［1980］。福島県歴史資料館架蔵、馬場新家文書、四四三号、「文化四年卯三月　風俗帳　伊南伊北郷」。

右者鴇巣村惣太郎義、極貧之者ニ御座候処、是迄数年来病身ニ而、御百姓も相成不申罷有候処、当村助治次男常四郎与申者、拾年以前大新田村助兵衛姪婿ニ縁付罷有候處、右常四郎女房子共病死仕、当三月中親元助治方へ立帰り罷有候ニ付、私養子ニ貰受候得共、無妻ニ而御百姓不相成候間、大石組三更村傳治右衛門娘、野尻組中津川村武右衛門仲人ニ而、祝金四両ニ而貰受候筈ニ内縁申合候処、兼而極貧之者ニ御座候得者、高金之祝金ニ而婚礼可仕様無御座候間、以御哀隣書面之通り祝金御手当被仰付被下置度奉願上候。右願之通御手当被成下置候ハヽ、女引受御百姓相続ニ罷成、難有仕合ニ奉存候。
以上。

亥十一月

鴇巣村　願人　惣太郎
同　五人組代　市郎治
同　百姓代　助左衛門
同　組頭　善兵衛
同　名主　馬場与八

御代官様

鴇巣村の惣太郎は、女房子供と死別して親元に帰っていた常四郎を養子に貰い受け、中津川村の武右衛門を仲人として、三更村の伝治右衛門娘を常四郎の妻に貰う内約束をした。しかし、祝金が高額で婚礼ができないので、一八二七年（文政十亥）十一月、惣太郎は、代官に祝金の手当を願い出た。極貧の惣太郎が養子に嫁を取る場合にも、祝金が四両にのぼり、惣太郎は代官に祝金の手当を受けて、嫁取りを進めようとした。鴇巣村の村役人一同も、代官宛の願書に連署して嫁取りを支援した。史料８-２は、会津藩の縁組祝金貸与制度が、南山御蔵入領においても実施された可能性があり、代官・会津藩も百姓の嫁取りを支援したことを示唆している[9]。

史料８-１に祝金高騰の理由として強調されている「女子共不足」とは、どのような状況であったのか、次節で鴇巣村周辺における人口構造について検討したい。

２　人口構造の特徴

南山御蔵入領の総人口は、十七世紀後半に増加したが、十八世紀初頭を頂点として減少を続け、一七八〇年代から

図8－1　南山御蔵入領における人口と性比

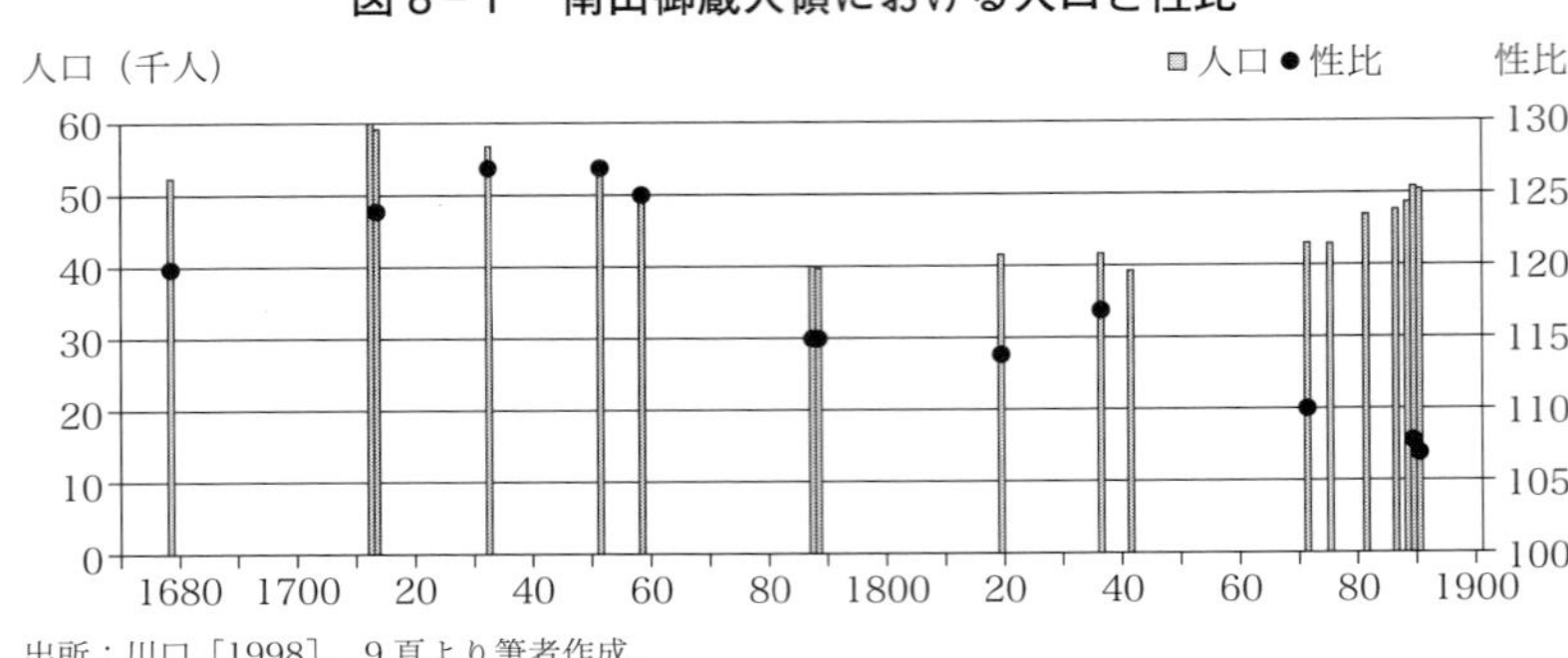

出所：川口［1998］、9頁より筆者作成。

一八四〇年代まで最低を記録したのち、回復に転じた（図8－1）。この地域における人口構造の特色は、男性が異常に多いことである。女性人口を一〇〇とした場合の男性人口を示す性比は、十八世紀中期まで一二〇を超えていたが、人口回復に先行して改善を始め、十九世紀末に正常値に近づいた[10]。

南山御蔵入領における長期的な人口変動のなかで、人口減少期に入った一七五八年（宝暦八）、人口回復が本格化した一八七一年（明治四）については、全村の人口規模や性比を復原することができる。図8－2(a)に示した一七五八年の総人口は、四万九三六五人、性比は一二五と男性が異常に多い。五から二五カ村で構成される村の上部に設けられた行政組織である組の性比は、一〇一（弥五島組）から一三六（大石組）の間に分布している。西部に位置する古町組、和泉田組、大塩組、大石組、および野尻組の性比は一一〇を超え、とくに男性が多い。木地屋集落を含む二六九カ村のうち、性比が一一〇未満の村は四四（一六％）、一一〇以上一三〇未満の村は一一九（四八％）、一三〇以上一五〇未満の村は七一（二六％）、一五〇以上の村は二五（九％）である[11]。

一八七一年（明治四）の下野国塩谷郡六カ村を除く二六五カ村における総人口は四万三〇七四人、性比は一一〇である（図8－2(b)）。組の性比は、一〇一（永井野組）から一二一（和泉田組）の間に分布する。西部に位置する古町組、和泉田組、大塩組、黒谷組、高野組、野尻組、瀧谷組、大石組、および松川組の性比は一一〇を超えている。二六五カ村のうち、性比が一一〇未満の村は一

図８－２　南山御蔵入領における村・組の性比

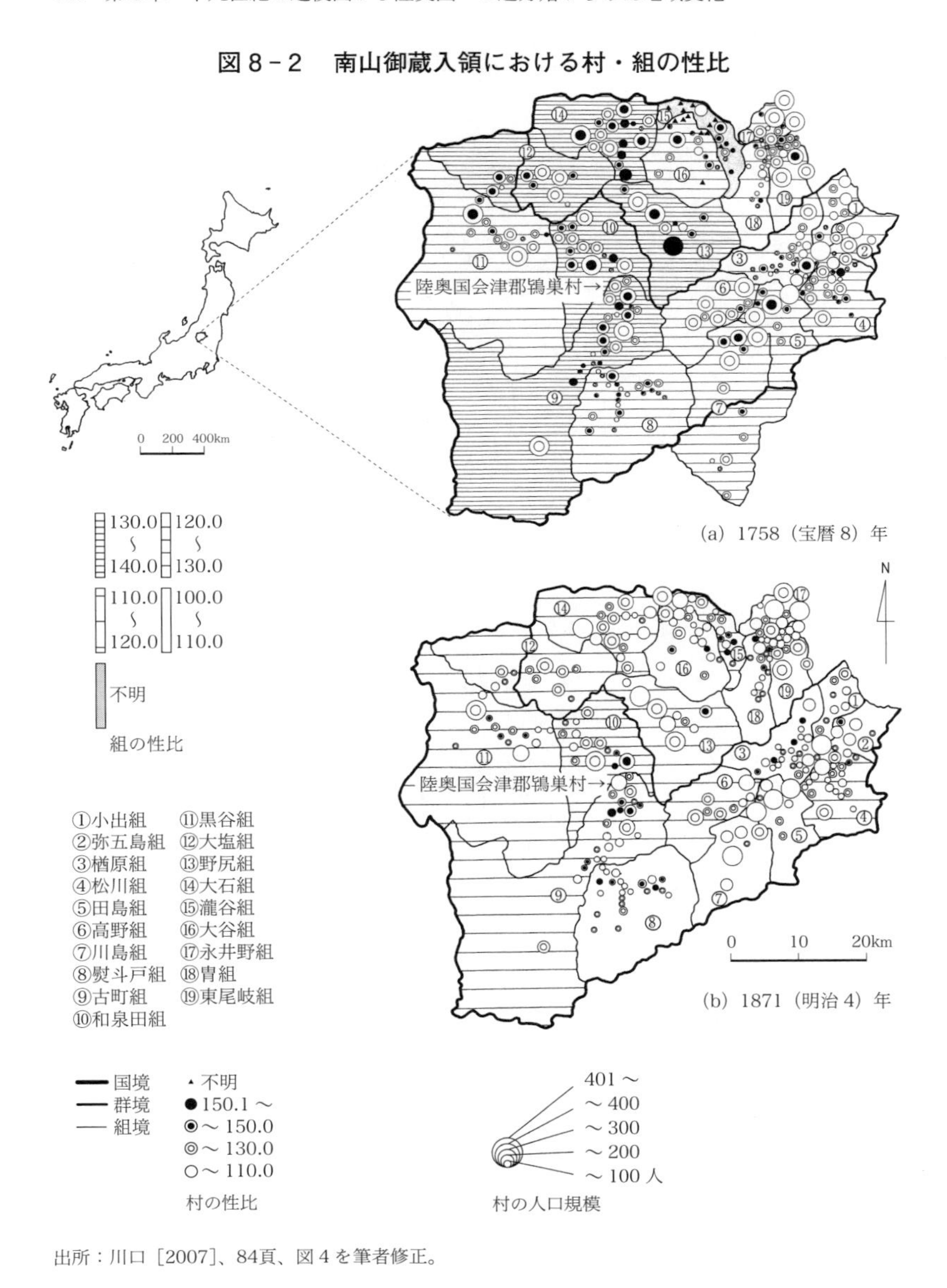

出所：川口［2007］、84頁、図４を筆者修正。

図８－３　陸奥国会津郡鴇巣村の人口と性比

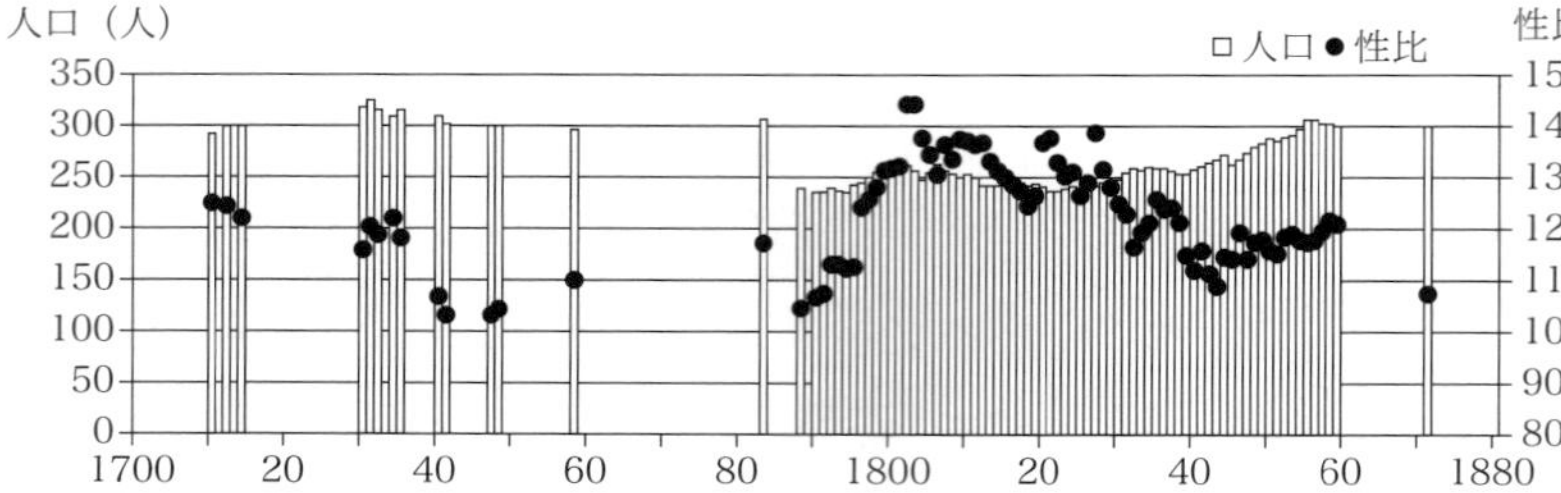

出所１：1790－1859は、「江戸時代における人口分析システム（DANJURO）」により作成した。（Kawaguchi［2009］、川口［2015b］）。

出所２：1710－1788は、安藤孝寛編『鴇巣郷土誌　第弐号　鴇巣同窓會』［1915］、旧南郷村教育委員会架蔵、稿本より作成した。

二二（四六％）、一一〇以上一三〇未満の村は一〇七（四〇％）、一三〇以上一五〇未満の村は二三（九％）、一五〇以上の村は一二（五％）である。[12] 一七五八年と一八七一年を比較すると、村や組ごとにみても性比の改善が進んだが、南山御蔵入領西部の性比がとくに不均衡であったことが確認できる。

南山御蔵入領西部に位置する古町組鴇巣村の人口は、十八世紀初頭から一七八三年（天明三）まで三百人を超えていたが、天明飢饉を経て一八三九年（天保十）まで二五〇人程度に減少した後、回復を始め、一八五四年（嘉永七）に三百人を超えた（図8-3）。「宗門改人別家別書上帳」によれば、人口が最低となった一七九六年（寛政八）から一八三七年（天保八）まで、性比は一二〇を超えていた。

鴇巣村で一七九〇年（寛政二）から一八一九年（文政二）の期間に出生した者のうち、結婚を確認できる男性五八人、女性三三人の平均初婚年齢は、男性が約二五歳、女性が約一九歳である。平均初婚年齢を超える年齢階層の未婚者と離・死別者数は、一八〇〇年から一八三二年まで男性が女性を大きく上回った（図8-4）。越後国から女房を迎えた事例が確認できる一八一〇年（文化七）には、二〇歳以上の未婚女性一人に対して、二六歳以上の未婚男性は一一人にのぼった。

鴇巣村が所属する古町組と隣接する和泉田組の人口も、十八世紀末から十九世紀前期に最低を記録した。両組の性比は、十八世紀中期から改善傾向が

図８－４　陸奥国会津郡鴇巣村における平均初婚年齢を超えた未婚・離死別者数

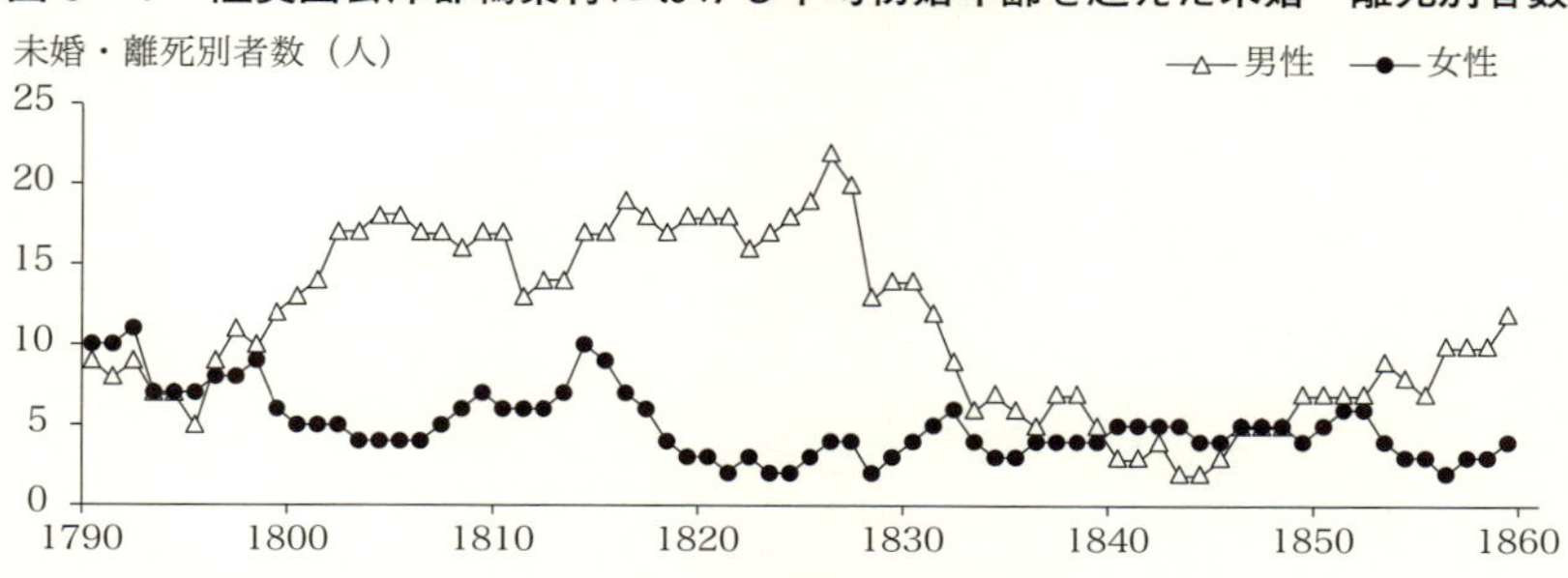

出所：「江戸時代における人口分析システム（DANJURO）」より筆者作成。
注：男性は26～50歳、女性は20～50歳の未婚・離死別者数である。

みられたが、十九世紀中期まで不均衡な状態が続いた（図8-5-1、2）。そのため、十九世紀前半の鴇巣村の近隣村落でも、平均初婚年齢を超える未婚男性が未婚女性を上回っていたとみられる。

南山御蔵入領における性比は、一六七八年（延宝六）に一二〇であったが、十八世紀中期を頂点に改善を始め、一七八八年（天明八）には一一五、一八三六年（天保七）に一一七に低下した（図8-1）。鴇巣村の所属する古町組の性比も、一六六五年（寛文五）に一二〇、一七一三年（正徳三）に一二五であったが、一七八八年に一二二、一八三一年（天保二）に一一七に、古町組に隣接する和泉田組の性比も、一七一三年に一二七、一七八八年に一二二、一八三八年（天保九）に一一七と改善した（図8-5）。第１節で分析した一六八五年の風俗帳が編まれた十七世紀末と一八〇七年の風俗帳に描かれている十九世紀初頭を比較すると、鴇巣村周辺における性比は改善傾向がみられた。そのため、史料8-1に強調されている「女子共不足」を適齢期の男性人口に対する女性人口の不足と解釈するだけでは、祝金高騰の要因として十分ではない。

3　縁組の手続き

南山御蔵入領外からの縁組を「宗門改人別家別書上帳」に登録するには、次の手続きが必要であった。まず、嫁の居住地の肝煎から嫁ぎ先の名主に宛てた

図８－５－１　陸奥国会津郡古町組における人口と性比

出所：川口［1998］、10頁より筆者作成。

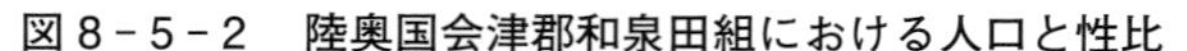

図８－５－２　陸奥国会津郡和泉田組における人口と性比

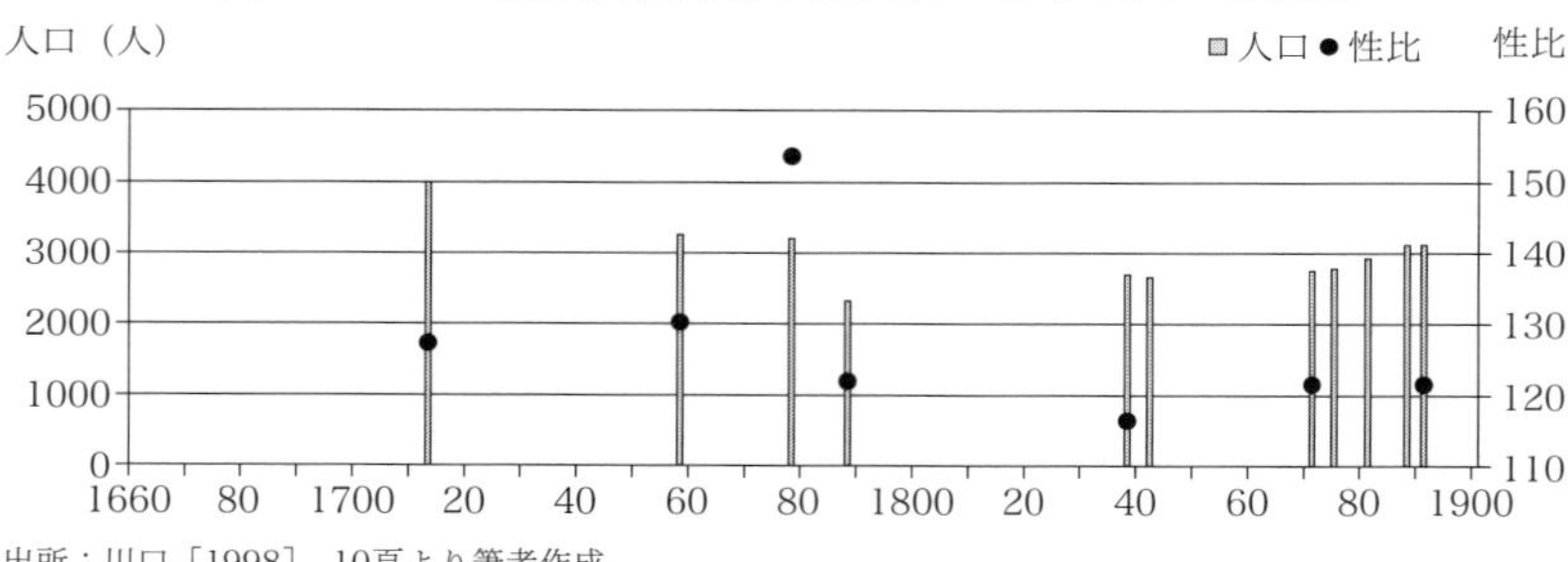

出所：川口［1998］、10頁より筆者作成。

分限送状（ぶんげんおくりじょう）と、嫁の旦那寺から嫁ぎ先の旦那寺に宛てた寺送状が送付される。つぎに、分限送状と寺送状を添えて、嫁ぎ先の名主から代官所宛に縁組願書が提出される。最後に、代官所から名主に宛てた御用状によって縁組が承認される。分限送状、寺送状、縁組願書には、夫妻の名前・居住地・宗派・旦那寺・旦那寺の所在地、夫の家族構成・持高、仲人の名前や居住地が記録されている。

越後国蒲原（かんばら）郡下大浦村権右衛門の娘「ちよ」が、鴇巣村の熊治に縁付いた時には、分限送状（馬場新家文書、二七〇号）と寺送状（馬場新家文書、二六四号）が一八三一年（天保二）三月四日に書かれ、縁組願書（馬場新家文書、三〇七号）は八月に代官所宛に作成され、代官所は九月二十八日付の御用状（馬場新家文書、二四四号）で縁組を承認した。「ちよ」が熊治の女房として「宗門改人別家別書上帳」に登録されたのは、一八三二年（天保三）であった。分限送状と寺送状の作成から「宗門改人別家別書上帳」登録までの期間は、およそ一年以内であった。

鴇巣村における寺送状や縁組願書の初見は、一八一〇年（文化七）である。一連の縁組登録手続きは、旧稿で検討した他邦者引入任役が他領から引き入れた女性の縁組登録手続きと同一であるため、他領からの縁組登録手続きが整備された時期は、長谷部忠右衛門が他邦者引入任役に任命された一八〇四年（文化元）と期を一にしていた可能性がある。[13] 一八〇五年（文化二）に、八十里越を挟んで南山御蔵入領と隣接する松村藩が、領外への他所稼ぎを禁止するなかで、会津藩田島陣屋・代官所は、厳密な手続きを整備することにより、領外からの縁組を容認・推進したとみられる。[14]

4　越後国出身の女房を迎えた家

鴇巣村の「宗門改人別家別書上帳」などによれば、一七九〇年（寛政二）から一八二四年（文政七）までの期間における婚姻九三件のうち、移動先が判明するのは、村内婚二九件、近隣婚六件（鴇巣村からの出婚四件、入婚二件）、遠方婚五件（入婚五件）である。一八二五（文政八）年から一八五九（安政六）年までの期間における婚姻一二〇件のうち、移動先が判明するのは、村内婚四七件、近隣婚一三件（出婚一二件、入婚一件）、遠方婚五件（入婚五件）である。

村内婚の半数近くは、婚家、実家ともに持高五石未満の家同士の婚姻である。持高一〇石以上の家から五石未満の家に嫁ぐ者、五石未満の家から一〇石以上の家に嫁ぐ者もみられる。名主、組頭を務める長百姓の家では、村内との婚姻関係はみられない。

近隣婚を行った家は、持高五石未満が一四件（入婚三件、出婚一一件）、五石以上一〇石未満が三件（すべて出婚）、一〇石以上が二件（すべて出婚）である。移動先が記録されている近隣婚一九件のうち、鴇巣村から直線距離一〇キロメートル以内の村々との通婚は一八件である。鴇巣村と同じ伊南川左岸の村々との通婚が九件、対岸に当たる伊南川右岸の村々との通婚が九件である。鴇巣村の所属する伊南郷古町組の村々との通婚が一一件、隣接する伊北郷和泉田組の村々との通婚が七件、伊北郷黒谷組の村との通婚が一件である。

遠方婚は、一〇件すべてが女性の入婚であり、出身地は越後国蒲原郡と古志郡である。越後国出身の女性を配偶者として迎えた家を「宗門改人別家別書上帳」で追跡した表8-2によれば、夫の結婚歴は、一〇例のうち四例が再婚、六例が初婚である。夫の結婚年齢は、一八歳から四八歳（一〇代：二人、二〇代：三人、三〇代：三人、四〇代：二人）にわたる。初婚の場合、夫は二〇歳前後である事例が多いが、伊八のように四〇歳で結婚した事例もみられる。一方、女房の結婚歴も、次項で検討する「そわ」のように、再婚の場合もみられる。妻の結婚年齢は、一四歳から三七歳（一〇代：四人、二〇代：三人、三〇代：三人）と広範にわたっている。一七九〇年（寛政二）から一八一九年（文政二）までに結婚した夫婦のうち、妊孕可能年齢とされる満四九歳まで一五年以上結婚が持続した二八組の平均最終出産年齢は、約三五歳である。三七歳で縁付いた蒲原郡出身の「つよ」は、婚姻時点で平均最終出産年齢を超えていた。

結婚持続期間は、一年から三二年以上（五年以内：四組、一〇年以内：一組、二〇年以内：二組、二〇年以上：三組）にわたっており、妻または夫の死亡によって終了する。子供をもうけなかった夫婦が五組、一人もうけた夫婦が二組、二人もうけた夫婦が二組、三人子供をもうけた夫婦が一組である。越後国から配偶者を迎えることによって、子供を含めて少なくとも一九人の人口が増加した。

越後国出身の女房を迎えた一〇組の夫婦には、平均最終出産年齢を超えた女性を迎えた事例も含まれ、子供をもう

表8－2　鴇巣村における遠隔地からの入婚者の家族形成

夫婦の名前（年齢）	縁組直前の世帯構成（年齢）	夫の結婚歴	結婚持続期間	出産児数	結婚終了理由
伝助(48)・つよ(37)	女子(7)	再婚	23年	0人	伝助死亡
繁治(18)・こと(14)	父(60)・母(54)・姉(28)	初婚	6年	0人	こと死亡
作治(23)・いつ(23)	父(44)・弟(19)	再婚	17年	3人	不明（いつ死亡か）
政七(18)・ねん(19)	祖父(67)・祖母(67)・妹(7)	初婚	3年	0人	政七死亡
新蔵(23)・そよ(29)*	祖父(76)・祖母(77)・父(51)・母(54)・伯父(41)・弟(11)・弟(8)	初婚	3年	1人	不明（そよ死亡か）
孫四郎(38)・そわ(31)	母(64)・伯父(51)・男子(18)・女子(8)	再婚	23年以上	0人	
文左衛門(35)・女房(30)	母(65)・弟(22)	初婚	1年	0人	女房死亡
倉治(30)・ふじ(15)	父(70)・兄(37)	再婚	32年以上	2人	
熊治(22)・ちよ(19)		初婚	5年	1人	熊治死亡
伊八(40)・のや(26)	母(68)・兄(61)	初婚	17年	2人	不明（のや死亡か）

出所：「江戸時代における人口分析システム（DANJURO）」により筆者作成。Kawaguchi［2010］、川口［2015B］。
注：*縁組後、新蔵とそよは和蔵方へ名跡に行った。

けなかった夫婦も半数を占める。そのため、鴇巣村の百姓が、適齢期を超えた女性を遠隔地から迎えた理由をさらに検討する必要がある。

5　仲人の役割

分限送状や縁組願書に現われる仲人の役割を検討するため、鴇巣村の孫四郎が越後国蒲原郡馬場村弥助の娘「そわ」を女房に迎えた経緯について、一連の史料をみたい。

史料8－3　乍恐以口上書奉願上候（馬場新家文書、三〇六号）

鴇巣村孫四郎女房、去酉正月中疫癘ニ而死去仕、御百姓相続相成兼、去秋中越後国村松御領馬場村弥助与申者娘、山口村定蔵仲人ニ而孫四郎女房内約致、其砌り親弥助義も仲人定蔵へ付添罷越、祝金抔も相究貰請候処、右女先夫金蔵与申者、當二月中罷越申候様ハ、孫

四郎処へ縁付候女之義ハ、私女房ニ候処、去七月中離別致候得共、約談等茂有之候間、国元江連帰り不申候而ハ不相成等申、始末及兼當人孫四郎私方へ申出候ニ付、組頭善兵衛、倅作治へ申付教諭為致、漸得心仕送り之者両人相添ひ在所へ送り届、其節馬場村肝煎へも及対談、女分限送り並弥助菩提寺ゟも茂宗門送り共ニ両通持参仕、依之別紙相添分限引入奉願上候処、猶又當月十七日先夫金蔵罷越、色々不当成義申懸ケ、現ニ刃傷ニも可及由ニ付、一先孫四郎五人組共江預ケ置、昼夜番人申付差置候処、甚不容易義ニ而、於村方ニ而茂時節柄与申迷惑至極存、無余義御伺申上候間、此段厚以御考弁、金蔵義右縁段相障り不申様奉願上候。全筋通り候義ニ而、最初親人も付添参り、勿論分限等迄送遣候得ハ、此度之義者於村役人金蔵差抑不罷越様可致義ニ候処、是以一円不相分、兎ニ角難捨置御願申上候間、此末孫四郎無難ニ相続仕様奉願上候。以上。

戌三月　　右村名主　与八　印

御代官様

史料8-4　差上申一札之事（馬場新家文書、二五六号）

一、當所孫四郎女房ニ縁付候女之義者、元来私女房ニ而御座候得共、去六月中離別致シ候義相違無御座候得共、乍然、内縁之義有之候ニ付、国元へ連帰不申候而ハ不相成義ニ付、女延引致シ候ハハ刃傷ニも可及抔与、甚不当之筋申上、現ニ御訴被下御召捕にも可相成之處、深々御考弁被下御徳之義納得仕、此末孫四郎女房対シ、決而相拘り申間敷候。為証後、一札依而如件。

文政九年戌四月　　越後国馬場村　金蔵　印

会津鴇巣村名主　与八様

一連の事件は、次のように要約できる。孫四郎は、一八二五年（文政八）正月に先妻が死亡したため、同年秋に蒲原郡馬場村弥助の娘「そわ」との婚姻を内約した。同年秋、仲人の古町組山口村定蔵と父親が、「そわ」に付き添って鴇巣村まで来て、祝金を受け取った。「そわ」の先夫である金蔵は、同年六月に「そわ」を離別したにもかかわらず、一八二六年に二度、鴇巣村を訪れ、「そわ」を連れ帰りたいと主張した。二月に金蔵が来村した時には、組頭善兵衛とその倅作次（せがれ）に金蔵を説諭させ、馬場村まで金蔵を護送した。金蔵を護送した二人は、文政九年二月付の分限送状（馬場新家文書、二六七号）と寺送状（馬場新家文書、二六一号）を持ち帰った。鴇巣村名主馬場与八は、両状を添えて代官所に分限引き入れを願い出た。

金蔵は、三月十七日に再度、鴇巣村に来村した。不当なことを主張して、刃傷沙汰に発展する可能性があったために、とりあえず五人組に預け、番人をつけて昼夜監視させた。「そわ」は、父親に付き添われて縁付いて来たのであり、分限送状、寺送状も馬場村から送られている。そのため、馬場与八は、孫四郎と「そわ」の婚姻を正規の手続きを踏んだものと認め、代官所あてに孫四郎が無難に相続できるように願書を書いた。馬場与八の願書を受けた代官所は、三月二十一日付の御用状（馬場新家文書、四〇三号）によって、金蔵が納得するように説諭して、それでも金蔵が納得しなければ、再度申し出るよう指示した。馬場与八は、金蔵が得心したので越後国へ送り返した。三月付の書状（馬場新家文書、二五五号）で、馬場村脇立肝煎目黒石左衛門に事件の概要を伝え、金蔵が孫四郎の縁組を妨害しないよう説諭するよう依頼した。目黒石左衛門は、馬場与八宛の四月十五日付の書状（馬場新家文書、二五六号）で、金蔵が帳外（ちょうはず）れになっている不届き者であり、馬場村とは関わりないと述べている。一八二六（文政九）年四月、金蔵が鴇巣村名主宛に、孫四郎の女房に今後関わらない旨を誓約して、事件は落着した（史料8-4）。

一八二五年（文政八）秋、「そわ」は、父親である弥助と仲人の定蔵に付き添われて鴇巣村孫四郎との縁組を内約した。その時に弥助が祝金を受け取った。孫四郎と「そわ」は、初対面であった可能性が高い。「そわ」に関する分限送状と寺送状が書かれたのは、一八二六年二月であった。「そわ」は、縁組を契機に、分限送状と寺送状が作成される半年前に越後国蒲原郡馬場村から陸奥国会津郡鴇巣村に移動した。

仲人である定蔵は、「そわ」の先夫金蔵との諍いに関して、一連の史料に現れない。鴇巣村名主の馬場与八は、「そわ」の実家の所在地であり、金蔵の住む馬場村で脇立肝煎を務める目黒石左衛門に金蔵の説諭を依頼しているが、縁組によって生じた諍いの事情聴取や調停を定蔵に期待していない。仲人である定蔵の役割は、縁組の仲介、祝金の調整、祝言の立会に限定されていたとみられる。

6　越後国から鴇巣村への縁組を仲介した商人

ここでは、越後国から鴇巣村への縁組を復原した表8-3に基づき、縁組を仲介した仲人について検討を進めたい。鴇巣村へは、一八一〇年（文化七）から一八三二年（天保三）までの二二年間に、越後国蒲原郡・古志郡出身の女性一〇人が縁付いた。越後国出身の女房を受け入れた家の持高は、一石から一一石にわたっており、特定の階層に限定されていたわけではない。

表8-3に示した事例のうち八例の女房の出身地が「宗門改人別家別書上帳」に記録されていない。政七女房だけが、「越国より縁付増シ」と注記されている。弥惣治女房については、寺送状だけが保存されており、「宗門改人別家別書上帳」に弥惣治女房は記載されていない。他方、一八二八年（文政十一）の「宗門改人別家別書上帳」には、文左衛門女房に「越国引入増シ」と注記されているが、登録手続きに必要な史料は散逸している。したがって、表8-3の事例は、遠隔地から鴇巣村に縁付いた者の一部にすぎず、寺送状、分限送状、縁組願書、御用状が全て保存されていれば、より多くの事例が確認できる可能性がある。

嫁の出身地は、村上藩領、松村藩領、長岡藩領にわたっている。嫁を送り出した実家の宗派は、時宗、浄土真宗、浄土真宗高田派、および真言宗であり、実家と異なる宗派の家に縁付いた場合が多い。そのため、領主や特定の宗教者が縁組を仲介したとは考えにくい。

表8-3には、入婚者の実家に近い越後国蒲原郡に住む仲人がのべ五人確認できる。越後国から鴇巣村に縁付いた女性と仲人の出身地を図8-7（後掲）に示した。蒲原郡に住む仲人が記録されている縁組は、労働移動などを契機に鴇巣村周辺に来ていた越後国出身の女性が、「宗門改人別家別書上帳」への登録手続きに必要な書類を整えるために、形式的に仲人を立てたのではなく、前節で検討した「そわ」と同様、仲人が仲介した縁組を契機に、越後国から鴇巣村に移動した事例とみられる。

「乍恐以書付奉願上候」（馬場新家文書、三〇二号、三一四号）に「数年来出入商人」と記されている蒲原郡三条町の又左衛門と「乍恐以書付奉願上候」（馬場新家文書、三〇〇号）に「数年来當国出入之商人」と記されている蒲原郡石上村の五左衛門は、五年間に二度ずつ仲人を務めている。「乍恐以書付奉願上候」（馬場新家文書、三〇四号）に「越国へ商ニ罷越候」と記されている鴇巣村の利右衛門も仲人を務めている。越後国蒲原郡・古志郡の女性と鴇巣村の百姓の縁組を仲介したのは、領主や宗教者ではなく仲人であり、少なくともその半数が越後国と南山御蔵入領を往来する商人であった。

7　生産活動の活性化

一七八八年（天明八）五月十九日、幕府から派遣された諸国巡見使に随行した古川古松軒は、鴇巣村の対岸に位置する伊南川右岸の古町組や和泉田組の村々を通過した。古松軒は『東遊雑記』に、「十九日古町発足、三里十四町梁

鴇巣村における遠方婚

妻			仲人			移動年	文書番号**
宗派	旦那寺	旦那寺の所在地	名前	居住地	属性	(登録年)*	A, B, C, D
浄土真宗	専養寺	越後国蒲原郡村上領燕町	五左衛門	越後国蒲原郡村上領石上村	商人	文化７年(文化８年)	257, …, 300, 245
…	…	……	又右衛門	越後国蒲原郡村上領三条町	商人	文化10年(文化11年)	…, …, 302, 314
…	…	……	利右衛門	陸奥国会津郡鴇巣村	商	文化10年(文化11年)	…, …, 303, 304
…	常福寺	越後国蒲原郡村松領牛野尾村	…	…	…	文化11年…	274, …, …, …
…	…	……	五左衛門	越後国蒲原郡村上領石上村	…	文化11年(文化12年)	…, 266, …, 243
時宗	連光寺	……	又右衛門	越後国蒲原郡村上領三条町	…	文化12年(文化14年)	276, 275, …, …
真言宗	延命寺	越後国蒲原郡村松領下大浦村	定蔵	会津郡山口村	…	文政９年(文政10年)	261, 267, …, …
真言宗	妙国寺	越後国古志郡長岡領下塩村	富治	会津郡鴇巣村	…	文政10年	263, 269, …, …
…	…	……	…	…	…	…(文政11年)	…, …, …, …
浄土真宗	西福寺	越後国蒲原郡高崎領大崎村	又四郎	会津郡鴇巣村	…	天保２年(天保３年)	264, 270, 307, 244
高田宗	浄覚寺	越後国蒲原郡村松領見附元町	乙蔵	越後国蒲原郡村松領見附元町	…	天保３年(天保４年)	308, …, 309, …

表８－３　陸奥国会津郡

夫							妻		
名前	年齢	居住地	持高	宗派	旦那寺	旦那寺の所在地	名前	年齢	居住地
伝助	48	鴇巣村	6.846石	高田宗	安照寺	会津郡宮床村	つよ	37	越後国蒲原郡村上領栗林村
繁治	18	鴇巣村	3.771	真言宗	不動寺	会津郡片貝村	こと	14	越後国蒲原郡村松領棚鱗村
作治	23	鴇巣村	5.028	高田宗	安照寺	会津郡宮床村	いつ	23	越後国蒲原郡村松領棚鱗村
弥惣治	…	鴇巣村	11.103	高田宗	安照寺	会津郡宮床村	とめ	…	越後国蒲原郡村松領濁沢村
政七	18	鴇巣村	10.513	高田宗	安照寺	会津郡宮床村	ねん	19	越後国蒲原郡村上領栗林村
新蔵	…	鴇巣村	1.991	時宗	照国寺	会津郡古町村	そよ	24	越後国蒲原郡村松領棚鱗村
孫四郎	38	鴇巣村	7.331	時宗	照国寺	会津郡古町村	そわ	31	越後国蒲原郡村松領馬場村
倉治	30	鴇巣村	1.885	高田宗	安照寺	会津郡宮床村	ふじ	15	越後国古志郡長岡領山屋村
文左衛門	35	鴇巣村	3.771	高田宗	安照寺	会津郡宮床村	女房	30	越後国
熊治	22	鴇巣村	3.771	高田宗	安照寺	会津郡宮床村	ちよ	19	越後国蒲原郡村松領下大浦村
伊八	40	鴇巣村	3.771	時宗	照国寺	会津郡古町村	のや	26	越後国蒲原郡村松領西新潟村

出所：福島県歴史資料館架蔵、馬場新家文書。
注：１* 登録年は、「宗門改人別家別書上帳」に縁組が登録された年次を示す。
注：２** 文書番号のうち、A は寺送状、B は分限送状、C は縁組願書、D は御用状である。

取、三里半布沢止宿。……この辺の田畑は、何にても生ずべき所なれども、寒中雪深きゆえ諸品生じ難く、緒にする唐むしという麻にほぼ似たるものを作る、この辺にて多く作りて布に織るなり。この草およそ三年も過ぎざれば、糸の如くして縮に織ることもならず、もっとも価の賤しからぬものなり。麻も多く作るなり」[15]と記している。前日通過した田島から駒止峠を経て古町に至る田島組や高野組（こうやぐみ）では、畑作物として麦、粟、稗があがっているにすぎないため、古町組や和泉田組では、十八世紀末から青苧（カラムシ）や大麻の作付が卓越していたとみられる。

「文化四年卯三月　風俗帳　伊南伊北郷」は、鴇巣村を含む伊南伊北郷の農間余業として、麻、伊北晒（いほうさらし）と呼ばれる麻織物、蚕糸、紙漉、莚、雪舟、箕、ざる、わらじ、馬沓、煙草、蝋、漆、勝栗、鱒、ぜんまい、きのこ、中附駑者などを挙げている。このうち、蚕糸と伊北晒は、次の史料のように「當郷第一之産物」であった。

史料8-5　文化四年卯三月　風俗帳　伊南伊北郷（馬場新家文書、四四三号）

農業之間男女稼方

一、蚕養　是者毎年福島ゟ右種売ニ参候を買求メ置、四月中之頃桑之具起を戻あたた免むやし、桑の葉を養ひに仕、夫ゟ段々成長致次第、養ひ之掛ヶ引見合有之、四十日目頃、棚ニ揚まぶしと申て、松の枝葉を懸ヶ置、七日目ニ者蛹に相成候。天気能時分ニ三四日も干し、女共農隙ニ糸に引、商人方へ賣拂申候。

一、麻せせり方　是ハ七月中ニ伐取能干家ニ入置、八月節ニ至リ川へひたし、三四日程差置、川ゟ取上ケ皮をはぎ、図のことく成る板刃を以引せせり、上苧をうみ苧に取置候。中ゟ下苧ハ皆売拂申候。引せせり候事、日数三十日程昼夜共ニ女の業ニ御座候。

一、麻うみ布織伊北晒之次第　是ハ右之麻を十月頃ゟ三月中迄、昼夜女共業御座候。よりを懸ケ候をつむくと言、男の夜之仕事なり。木綿機之ことく布に織立、ふと布ハ手前之着用ニ致シ、細布家毎に弐疋位も出来、其内宜を清水ニてさらし、夜者あく水ニ入置、又翌日さらし、如斯する事日数廿日計にて出来上り申候。
右二處之品當郷第一之産物にて、金方上納並年中小入用之助仕候。商人買集、江戸出ニ仕候。

「貞享弐丑ノ五月三日　会津郡郷村之品々書上ケ申帳　伊南古町組」は、大麻の生産過程を次のように描いている。[16]
麻畑を耕して畝を作る「農之打立」は、伊南川上流の内川郷では旧暦三月土用初めに、川下では土用半に行う。大麻の種子は、内川郷では三月土用末に、川下では土用明け二日目から一〇日目に播種する。大麻は、七月土用過ぎ一五、六日目に刈り取る。男性は麻を伐り、女性は善悪を選別する。大麻の刈り取りは未明から始め、日暮れから菜を播種するため、最も忙しい時節である。

史料8-5によれば、刈り取った大麻の茎を天日に干し、夜は屋内に入れることを六日から七日繰り返す。八月に入ると三、四日ほど川に浸した後、麻引台の上に茎を乗せ、麻引金具を用いて表皮を剥ぐ。これは女性の仕事であり、約三十日を要した。中・下苧は布にせず、売却した。上苧によりを掛ける作業は、男性の夜なべ仕事であった。十月から三月まで、女性が上苧を布に織り立てた。太布は自家用の着物や野良着にする。細布は家ごとに二疋余生産される。上質の細布を、夜は灰汁、昼は清水に浸けて二十日ほど晒し、伊北晒が完成する。伊北晒は、伊南伊北郷第一の産物で、年貢上納や生活物資の購入に充てられた。細布や伊北晒は、商人が買い集めて江戸に移出した。

大麻の播種から細布の織り立てに至る作業過程のうち、男性は大麻の刈り取りや麻糸によりを掛けるオツムギなどを、女性は、麻の選別、表皮剥ぎ、オウミ、麻布の織り立てなどをそれぞれ分担した。大麻の栽培・加工過程における性別による役割分担は、十七世紀末から昭和戦前期まで続く慣習であった。[17]

古町組に隣接する高野組における麻苧、麻布、麻糸の販売による入金は、一八〇九年（文化六）の「他所払之品」一〇〇七両の九％に相当する九五両にすぎなかったが、一八六四年（元治元）になると「他邦より入金」二一九〇両

表8－4　会津郡高野組における諸産物入金

	1809年（文化6）	1810年（文化7）	1862年（文久2）	1863年（文久3）	1864年（元治元）
他邦払いの品					
麻苧	50両（350貫匁）	56両（450貫匁）	520両	585両	750両
布麻糸	45両	65両	250両	280両	310両
煙草	362両（4万6千斤）	322両（5万8千斤）			
狗背（ぜんまい）	5両（150貫匁）	5両（150貫匁）	16両	19両	20両
干きのこ類	5両	5両	16両	18両	20両
他所励屋上葺、木挽	540両	540両	750両2分	950両	1050両
鞘木羽木			56両	38両	40両
種人参			29両2分		
蚕子（ママ）			90両	80両	100両
小計	1007両	993両	1730両	1970両	2190両
御私領・御城下払いの品					
木地	60両	50両	384両	432両	480両
木材	3両2分	3両2分			
板			16両	18両	20両
松朴材			96両	110両	120両
麻布			24両		
小計	63両2分	53両2分	520両	560両	620両
合計	1070両2分	1046両2分	2250両	2530両	2810両

出所：室井哲之輔家文書「文化八年未二月　交易書上帳　会津郡高野組」（田島町史編纂委員会［1987］、272-274頁）。細井敬介家文書「戌亥ケ子諸産物入金幷他邦出金書上帳　会津郡高野組控」（田島町史編纂委員会［1987］、274-277頁）。

の四八％に当たる一〇六〇両に達した（表8－4）。高野組では、十八世紀末の『東遊雑記』に大麻の作付が記録されていないため、十九世紀以降、麻糸や麻布の移出額が急増したとみられる。大麻や青苧が古川古松軒の目にとまった古町組でも、高野組と同様、麻糸や麻織物などの移出額が十九世紀前半に急増したとみてよい。

『南会津郡誌』には、「明治維新前ニ在リテハ本郡ノ大麻ハ野洲大麻ト竝ヒ稱セラレ、東京及大阪ノ市場ニ歓迎セラレタリ。當時本郡ノ大麻ハ、伊北大麻ノ名ヲ以テ野洲大麻ト共ニ京阪ノ市場ニ取引セラレタルモノナリ。……又明治維新前ハ裃ノ材料トシテ需要多カリシ為メ製品モ優良ナルモノヲ産シ、従テ價格モ廉カラス相當ノ収益ヲ得タリ。本郡西部ノ各村ハ當時大麻織物ノ産額尠ナカラス。年々数千匹ヲ産セリ。」とある。[18] 麻を素材とする裃の需要が、大麻・麻織物の生産活動を刺激して、伊北大麻が江戸・大坂で野州大麻と競合するほど取引されたとの指摘は重要である。奥会津の百姓は、中央市場の需要に敏感に対応して、大麻や麻織物を増産したとみられる。

十九世紀の鴇巣村における大麻の栽培・加工は、土地利用からも裏付けられる。一八八二年（明治十五）の地籍図と丈量帳（福島県歴史資料館所蔵）によれば、伊南川沿いの小字「下夕河原」に、「稲干場」と注記のある草地が六八筆、「麻浸場」と注記にある池が五〇筆みられる（図8-6）。「稲干場」の面積は、合計二町三反余、一筆平均三畝、「麻浸場」の面積は、合計五反五畝余、一筆平均一畝である。「稲干場」は、一七七二年（明和九）七月に作成された「差上申一札之事」（馬場太一家文書）で説明されている伊南川が対岸の山口村に欠け込んだために現れた「古川跡」、すなわち旧河床とみられる。[19] 史料が作成された当時の土壌は砂地で、耕作には向かず柴地となっており、鴇巣村と山口村両村入会の稲麻干場として利用されていた。

馬場新氏によれば、「稲干場」と「麻浸場」は、昭和初期まで利用されていた。八月下旬に「稲干場」で大麻や青苧の茎を一尋余の長さの藁縄の上に広げ、天日で一週間程度干す。雨が降りそうになると、藁縄で大麻や青苧を束ねて、小屋にかたづける。「稲干場」は、小石混じりの砂地で草が生えており、一軒ごとに利用できる場所が決まっていた。十分乾かした大麻や青苧を「麻浸場」に浸す。「麻浸場」の水深は膝よりも少し深い。「麻浸場」で十分表皮をふやかしてから表皮を剥いだ。

安藤孝寛編［一九一五］『鴇巣郷土誌　第弐号　鴇巣同窓會』（旧南郷村教育委員会架蔵、稿本）第十四章・経済、第六節・物ノ輸出入及生活費には、「明治初年頃マデ　輸出　麻、青苧、細美、もぢ、繰糸、しな縄。輸入　塩、反物、日常ノ必要品。明治中年頃ヨリ　輸出　生糸、米、麻。輸入　反物、塩、石油、酒、醤油、大豆等。明治三十三年度輸出品　一、生糸　八拾貫目、参千弐百円也、一、麻　五百貫目、四百八拾円也、一、青苧　六貫目　弐拾弐円也、

図８－６　陸奥国会津郡鴇巣村小字下タ河原の土地利用（1882年（明治15））

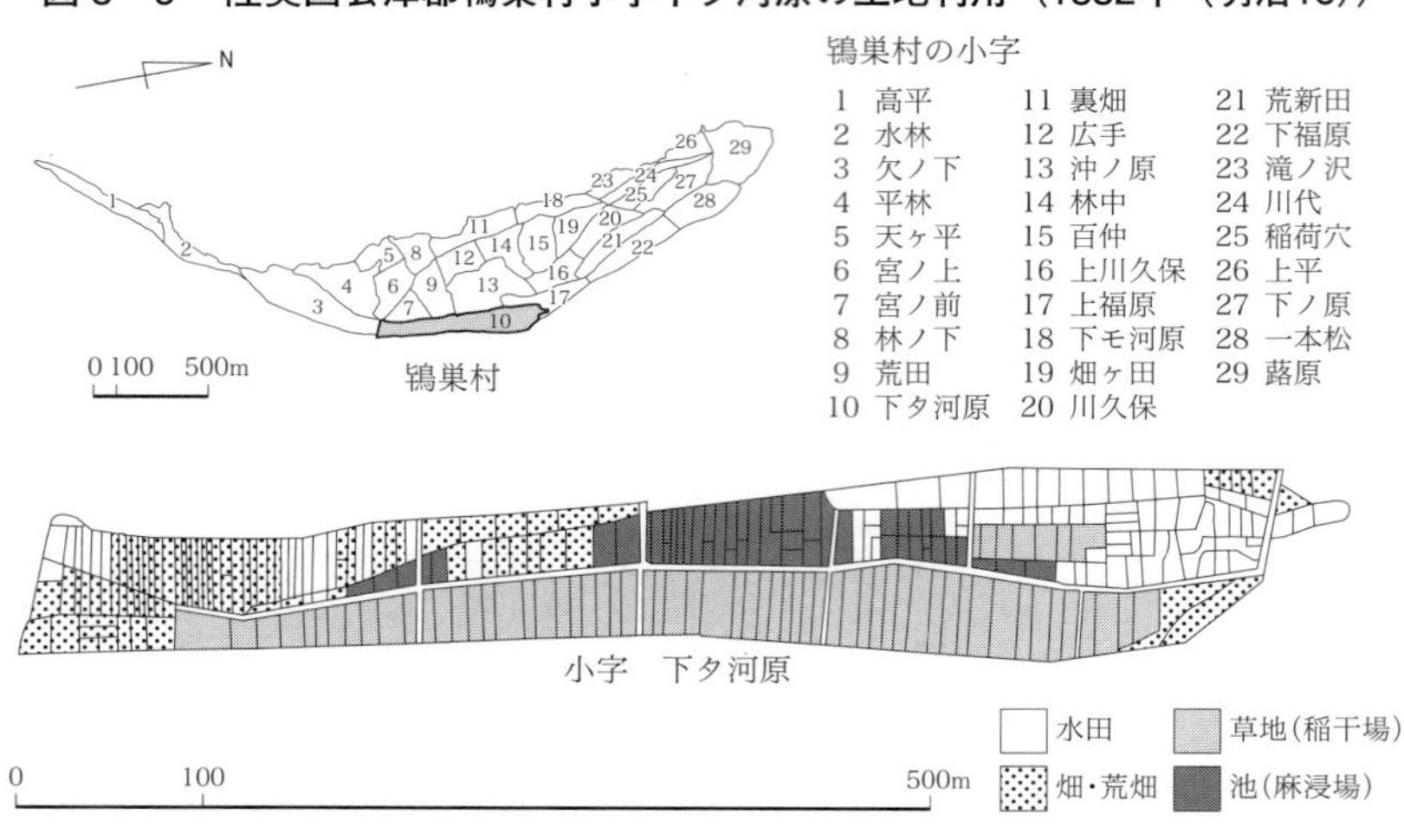

出所：福島県歴史資料館架蔵、地籍図、丈量帳により筆者作成。

一、米　四拾弐石　五百円也、一、細美　二百反、弐百六十円也。（二〇六頁）」、第十三章・風俗習慣、第三節・休日及労働上ノ習慣には、「女子モ麻織物盛ニ賣レル頃（サイミ、モジ）、明治廿年頃マデ、秋ヨリ春ニ至ルマデ、全力ヲ注ギ機織糸拵ヲナシ、男モ之ニ助力スル如キナリシ。（一八二頁）」と記されている。

十九世紀末まで鴇巣村では、本来は女性の仕事である「機織(はたおり)糸拵(いとこしらえ)」を男性が補助した。主要移出品が大麻・麻織物から生糸に転換した一九〇〇年（明治三十三）に至っても、大量の大麻・麻織物が生産されていた。十九世紀末まで、麻糸や麻織物の生産量が増加したため、鴇巣村では女性労働力が不足していた。

鴇巣村を含む伊南伊北郷周辺では、十九世紀初頭から全国的な裃の需要に応じて、麻糸や麻織物の移出額を急増させた。人口が最少を記録したこの時期に、麻糸や細布、伊北晒、サイミ、モジと呼ばれる麻織物を増産するには、女性の仕事である「機織糸拵」を男性が助けるだけではなく、大麻の加工技術に長けた女性を急遽、確保する必要があった。娘持ち方に贈られる祝金の高騰、越後国からの女性配偶者受け入れは、大麻・麻織物生産をめぐる女性労働需要の急激な拡大を背景に生じた。

8　末端消費の拡大

鴇巣村では、一七八六年（天明六）七月に明光院他一四名が夫食代上納に滞ったため、伊南川の対岸に位置する古町組大新田村の善右衛門から四両二分を借用し、麻ができ次第、元利ともに麻で返済する契約を結んでいる（橘善一家文書「借用申麻入金證文之事」[20]）。善右衛門は、大新田村名主長右衛門から、伊北布と推測される布や麻を預かって値段をつけ、長右衛門に番茶、塩といった食品、紙、ちり紙、ふのりといった雑貨、および染嶋、浅黄といった反物を販売した日用品の代金を差し引いて、年末に清算していた（酒井一家文書「明和六年丑一二月吉日　善右衛門　差引帳　長右衛門殿」[21]）。十八世紀末の鴇巣村周辺では、大麻や麻布を買い取り、日用品を売る商人を確認することができる。

古町組に隣接する高野組の触継忠右衛門は、一八〇九年（文化六）、高野組八カ村のうち六カ村で十軒の「店商売仕来之者」を書き上げている（表8-5）。金井沢村では、四軒もの「見せ」が確認できる。一七五〇・六〇年代から商売を始め、塩、茶、味噌、肴といった食料品、細物、太物、古手といった衣料品を扱う「見せ」が多い。取り扱う商品に加えて「其外時々見合を以商売仕来申候」と記されている四軒は、求めに応じて品々を仕入れ、売買したとみられる。十八世紀中期から山奥の村々に現れた「見せ」は、末端消費の拡大傾向を裏付けている。

次の史料も、十八世紀末の鴇巣村周辺における商品流通の状況を示唆する。

表8－5　1809年（文化六）の会津郡高野組における出店者

村落名	出店者	開店時期	商売の内容
金井沢村	忠右衛門	1767（明和4）年	細物、太物、古手、荒物、塩、茶、味噌、油、農具＊
	勘之丞	1768（明和5）年	細物、太物、荒物、塩、茶、味噌＊
	新右衛門	1778（天明8）年	細物、太物、荒物、塩、茶、味噌、肴＊
	孫右衛門	1805（文化2）年	細物、太物、荒物
大豆渡村	彦右衛門	1778（安永7）年	細物、太物、荒物、塩、茶＊
針生村	庄兵衛	1766（明和3）年	細物、太物、荒物（当時相止）
福米沢村	千右衛門	1779（安永8）年	細物、太物、塩、味噌
高野村	大竹庄治郎	1750（寛延3）年	荒物（此者祖父吉左衛門、居村之内馬頭と申所へ出店仕候而、寛延三午年より明和元申年迄商売仕候。其後右店引払、当時者居宅ニ而荒物等少々商売仕候）
	孝太郎	宝暦年中	茶、塩、味噌（宝暦年中より明和七寅年迄……其後相止）
下塩沢村	善左衛門	1778（安永7）年	小間物、塩、茶（当時相止）

出所：室井哲之輔家文書「文化六年巳十月　店商仕来名前書上帳　会津郡高野組」（田島町史編纂委員会［1987］、288-289頁）

注：＊を付した者は、表にあげた商品に加えて、「其外時々見合を以商売仕来申候」と記されている。

史料8－6　天明五年　金井沢村御用留書帳（室井哲之輔家文書、田島町史編纂委員会［一九八六］、一九七頁）

伊南古町村之義、前々之通月並六斎之市場ニ有之候処、数度之火難ニ而衰微いたし、自然と是迄之市立中絶いたし候処、右相止候而者、産物捌方ニ付郷中不勝手之筋有之候ゆへ、月並之市日有之候得者、追々他所者等も入込可申、左候得者所々繁盛候者勿論、郷中迄之潤ニも可相成義ニ付、前々之通市日相定、郷中産物之麻苧布之類賈買為致度旨任申出候。前々之市場ニ而新規之義ニも無之候得者、別而差障之筋ニも有之間敷候得共、中絶之義候間、組々村々差障之有無早々被相尋、右当月廿日迄御申出可在之候。以上。

七月　　　　御蔵入役所

別紙之通申来候間被得其意、日限之通有無可被申出候。以上。

七月六日　　　　樋口覚右衛門

会津藩田島陣屋に提出されたとみられる古町六斎市の再興願いは、火事で中絶していた月並市を再開して、「郷中産物之麻苧布之類」を売買させることにより、「他所者」を引き入れ、

「郷中迄之潤」となることを目指している。丸井佳寿子氏は、「在々の活発な商業活動が、市の再興を必要としたというのではなく、むしろ市を経由しない脇々の、そして新しい商業活動に対して、かつて町場として公認され、栄えていた場所の人々が、その在々の状況を自分の方へひきつけようとした」と解釈している。[22]

一八四〇年代には、鴇巣村でも大新田村の善右衛門と同様、大麻や麻布を買い取り、日用品を売る商人を確認できる。一八四六年（弘化三）、一八五四年（嘉永七）の「大福帳」や一八五六年（安政三）の「万覚帳」（旧南郷村教育委員会架蔵、山内惣一郎家文書）によれば、山内徳兵衛は、天保期から大麻や麻布を預かって値段を付け、茶、塩、糀などを売っていた。大福帳には、鴇巣村のほかに、古町組小塩村・宮沢村・白沢村・大橋村、和泉田組界村・虻の宮村・片貝村・富山村・小野嶋村の百姓との取引が記されている。先に見た『鴇巣　郷土誌　第弐号』第十五章・生業、第六節・商業にも、「酒井惣次郎家ニテ、明治維新以前ヨリ日用品ヲ賣リ、産物買入レ当区唯一ノ商家ナリシガ、明治季年ニ至リ全然廃業シ（二九六頁）」と書かれている。

南山御蔵入領外から高野組に移入された「買入品」の金額は、一八〇九年（文化六）に九一四両であったが、一八六四年（元治元）になると二二三七両にのぼった（室井哲之輔家文書「文化八年未二月　交易書上帳　会津郡高野組」、細井敬介家文書「戌亥子諸産物入金並他邦出金書上帳　会津郡高野組控」）。[23]「買入品」の内訳は、両年ともに、米、塩、茶、肴、味噌といった食品が約四割、太物、古手、木綿、絹といった衣料品が約三割、鎌、包丁、斧、山刀、釘、鍬、針といった鉄製品が約一割であった。会津藩領を除く他邦からの買入品の金額は、移入物資全体の六六％（一八〇九年）から七六％（一八六四年）に増加した。他邦からは塩と衣料品、会津藩領からは米が主要な買入品であった。

一八六七年（慶応三）九月一日から十一月十一日までに、八十里越を越えて叶津口留番所から南山御蔵入領に入った旅人の出身地や目的地を「往来入人改帳　叶津口関所」から知ることができる。[24]南山御蔵入領に入った人数は、九月に一六七人、十月に一〇一人、十一月に二一人、合計二八九人（男性二六五人、女性二四人）である。入国者の出身地は、越後国蒲原郡、古志郡、三島郡、魚沼郡、刈羽郡、頸城郡と越後平野全域にわたっており、遠く越中国新川郡から来たものも確認できる（図8-7）。目的地は、下野国一三五人、南山御蔵入領一二一人、上総国七人、陸奥国八人、江戸四人、上野国三人、下総国二人、不明九人であった。南山御蔵入領を目的地とした一二一人の内訳は、商人六四人、大工一五人、百姓一五人、木挽三人、九六鍬三人、牛馬喰二人、背子二人、不明一七人である。商人には、青苧の買い付けに来る者、太物商人、旗屋、金物・鉄物商人、合羽売、桶屋、魚・いさば商人が含まれている。

越後方面には、六十里越を越えて魚沼郡から南山御蔵入領へ入る田子倉村にも口留番所が設けられており、阿賀野川を津川まで遡行して、大沼郡瀧谷組西方村に至る野沢街道も利用されていた。新発田藩が会津藩境に設けた山内番所を通過して西蒲原地域から会津に出稼ぎに出た者は、一八三六年（天保七）に七二六人を数えた[25]。「往来入人改帳叶津口関所」から確認できるのは、越後国と南山御蔵入領を往来した人数の一部に過ぎない。

八十里越を往来した商人のなかには、行商から身を起こして、大商人に成長した者もいた。石田利八は、一七七〇年（明和七）、蒲原郡新発田領入蔵村重吉の二男として生まれた。一七九三年（寛政五）に三条に出て、寺男、酒造若衆、日用取り、六さい船の若衆などを務めた後、二年間、三条から鱒、塩引き、鯡、烏賊など十八・九貫目の荷を背負って八十里越を越えて、会津地方で行商した。さらに、十月から三月の冬季には、紙類や茶を三条周辺の村々で売り、四月から九月までは会津地方に行商する周期を繰り返した。一八〇二年（享和二）には、鎌、小刀、鋏といった三条特産の刃物を背負って、常陸国への行商を始め、数年で販路を関東一円に拡大した。一八三一年（天保二）には、三条町の鉄物仲間議定書に名前を連ねるまでに成長する[26]。

『八十里越』には、一八三一年（天保二）に越後国長岡の武次右衛門娘「とら」が、黒谷組泥島村の徳次郎を仲人として金山谷の若右衛門に縁付いた事例、長岡大工町の「きん」が、泥島村の半兵衛の世話で大塩組山入村の太吉に

図８－７　陸奥国会津郡鴇巣村への入婚者・仲人・1867年（慶応３）９月１日～11月11日に叶津口留番所から南山御蔵入領に入国した人々の出身地

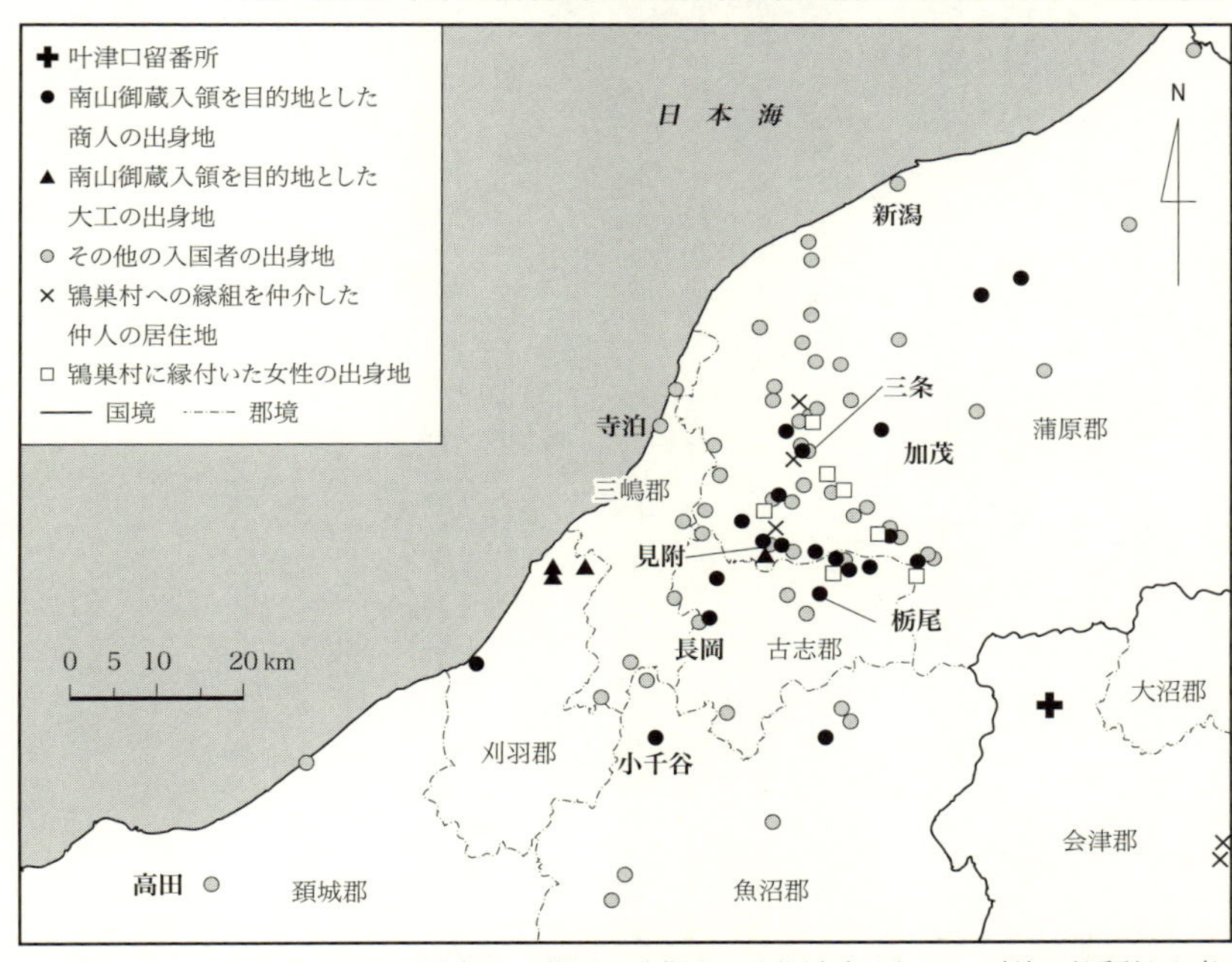

注：このほかに、越中国、下野国、陸奥国、下総国、武蔵国、三河国出身の人々が、叶津口留番所から南山御蔵入領に入国した。
出所：表８－３と新潟県［1984］、433–450頁より筆者作成。

縁付いた事例が紹介されている[27]。縁組を仲介した徳次郎と半兵衛は、いずれも越後国に青苧を移出する商人であったという。南山御蔵入領の特産物である青苧の売買に関わる商人が、越後国からの縁組を仲介した事例であるため、今後、裏付けとなる史料調査を急ぎたい。

鴇巣村周辺では、十八世紀後期から村々で店商売を始める者が続出して、末端消費が拡大する兆候が顕われた。十九世紀前半、南山御入領では領外との移出入額が増加して、多くの商人が越後国と南山御蔵入領を往来した。商品流通に関わる商人のなかに、会津郡黒谷組泥島村の徳次郎や半兵衛、第６節で述べた蒲原郡三条町の又左衛門、同郡石上村の五左衛門、あるいは鴇巣村の利右衛門のように、越後国から南山御蔵入領への縁組を仲介する仲人も現れた。

おわりに

本章では、前稿で検討した他邦者引入任役による移住者引き入れに続き、越後国から陸奥国会津郡古町組鴇巣村への遠方婚が生じた社会経済的背景について検討した。その結果、先行研究の示す窮乏した民衆像とは異なる百姓の姿をとらえることができた。

天明飢饉後に人口が最少を記録した十九世紀初頭の南山御蔵入領では、十七世紀末と比較して縁組祝金が高騰した。しかし、十七世紀末と十九世紀初頭を比較すると、南山御蔵入領や鴇巣村周辺の古町組・和泉田組の性比は、改善傾向がみられた。そのため、史料に強調されている「女子共不足」を適齢期の未婚男性人口に対する未婚女性人口の不足と解釈するだけでは、祝金高騰の要因として十分ではない。高額にのぼる祝金の助成を代官に申請して、女性を家に迎えようとした百姓も確認できる。

鴇巣村では、平均初婚年齢を超える未婚男性が未婚女性を大きく上回っていた一八一〇年（文化七）から一八三二年（天保三）までの期間に、越後国蒲原郡・古志郡から少なくとも十人の女性を配偶者として受け入れた。このなかには、縁組を契機に蒲原郡から鴇巣村に移動した「そわ」のような事例も確認できる。越後国から鴇巣村への縁組を仲介したのは仲人であり、その半数が蒲原郡や会津郡の商人であった。

人口が最少を記録した十九世紀初頭以降、鴇巣村を含む伊南伊北郷周辺では、女性労働力を必要とする大麻や麻織物の移出額が急増した。嫁取り方から娘持ち方に贈られる祝金の高騰、越後国からの女性配偶者受け入れは、大麻・麻織物生産をめぐる女性労働需要の急激な拡大を背景に生じた。一方、十八世紀中期から特産物を買い取り、日用品を売る「店商売仕来之者」が村々に出現して、領外から移入される食品、衣料品、および鉄製品などが十九世紀前半に増加した。越後国と南山蔵入領を往来して移出入物資の流通に関わる商人のなかに、越後国から南山御蔵入領への縁組を仲介する仲人も現れた。

十九世紀前期の鴇巣村の百姓が、越後国蒲原郡・古志郡から女性配偶者を受け入れた背景に、生産活動の活性化、女性労働需要の急激な拡大、末端消費の拡大、商品流通に関わる地域間交渉の活性化といった地域変化が観察された。旧稿で指摘したように、一八四〇年以降の鴇巣村における人口回復は、自然増加によるものであり、出生後「宗門改人別家別書上帳」登録まで生存した乳児の性比改善、平均世帯規模の拡大、世帯構造の複雑化といった一連の人口現象が顕著となった[28]。鴇巣村の人々は、本章で描いた社会経済的状況のなかで人口回復への道程を自ら選択したとみられる。

各組の「文化四　風俗帳」によれば、本章で検討した麻や伊北晒に加えて、煙草、勝栗、火縄、柄杓、馬衣を作る赤錦が江戸、下野国をはじめ関東地方へ移出されていた。青苧、とりもち、楮（和紙）、杉材を買い付けに、越後国から多くの商人が訪れた。ぜんまい、うど、蕨、真綿、炭、柴薪、下駄、足駄、朴材、砥石、曲物、雪舟（そり）は、南山御蔵入領内や若松城下をはじめ会津藩で売り捌かれた。「尤、近来ハ所産物為商買余力有之もの一村之内より壱弐人も江戸越後へ出入仕候」という「文化四年卯三月　風俗帳　伊南伊北郷」の一文は、十九世紀初頭の経済動向を的確・敏感に捉えている。物を作れば直ちに売れる状況が、百姓の眼前に広がり始めていた。

遠隔地から配偶者を受け入れていた村は、鴇巣村にとどまらず、南山御蔵入領全域で確認できる。入婚者の出身地は、越後国蒲原郡を中心に、東は陸奥国標葉郡、西は越前国丹生郡や山城国京都、南は相模国愛甲郡・大住郡、北は陸奥国閉伊郡に及ぶ東日本全域にわたっていた。越後国出身者は南山御蔵入領全域で、関東地方や中通り・浜通り出身者は、会津西街道に沿った下野国境の川島組や田島組の村々で確認できる。明治初期の川島組藤生村（とうにゅうむら）では、遠隔地出身の配偶者を迎えた夫婦が、寡婦鰥夫を除く全夫婦の二六％に達した。

明治初期の戸籍が保存されている会津郡川島村、中荒井村、関本村、長野村、大沼郡仁王村で遠隔地から配偶者を迎えた夫妻の年齢は、二〇代から六〇代までほぼ均等に分布している。そのため、婚姻の時期は、生産活動の活性化が顕著となった一八三〇年代から一八七〇年代とみられる。すでに紙数が尽きたため、南山御蔵入領全域における遠方婚、生産活動、末端消費、および商品流通については稿を改めたい。

謝辞　本研究にあたり、福島県歴史資料館、旧南郷村教育委員会、馬場新氏をはじめ、史料保存機関、史料所有者、鴇巣の皆様には、多くの御教示、激励をいただきました。田中圭一先生と石井英也先生には、長年にわたって懇切な御指導をいただきました。篤く御礼申し上げます。本研究には、平成二八～三一年度科学研究費補助金・基盤研究（Ｂ）、研究代表者・川口洋、課題番号・１６Ｈ０２９１８を利用しました。

注

（1）速水・内田［一九七二］、二一七～二五六頁、速水［一九九二］、斎藤［二〇〇二］。

（2）浜野［二〇〇七］、川口［二〇一二］、一四〇～一七一頁などで検討されている。

（3）高橋［二〇〇五］。

（4）地元の自治体史などでは、婚姻移動に関して、「通婚範囲は伊南川の上流と下流、一里くらいの範囲である」（会津民俗研究会［一九七二］、二四四頁）、「本村は山深い隔絶村であったため、部落婚を主体としていたことは考えられる。……それでも部落婚が大部分なので血族婚になりやすく、いとこ同士の結婚は珍しくなかった」（檜枝岐村［一九七〇］、三六五頁）、「同一部落内の婚姻を部落婚といい、他部落の住民とのそれを遠方婚とした。これも時代を追って遠方婚が支配的となった」（石川編［一九七七］、一七八頁）、「昔は交際範囲が限られており、同じ職業内か集落内結婚が多かった。特に、交通の不便な山間地では、部落内婚が多く、長い間繰り返されているうちに、近親血族結婚となり、その弊害もみられた」（下郷町史編纂委員会［一九八二］、四〇四頁）、といった記述がなされている。

(5) 松枝［一九六六］、一六三頁。
(6) 川口［一九九四］、一～一七頁、川口［二〇〇三］、四五～七一頁。
(7) 川口［二〇一五a］、一二五～一五一頁。
(8) 庄司［一九八〇］所収の各組の「文化四年　風俗帳」と庄司［一九七九］、二一一～二一二頁による。
(9) 松枝［一九六六］、一四七～一五二頁。
(10) 川口［一九九八］、五～二五頁。
(11) 川口［二〇〇七］、七九～九〇頁。
(12) 同前。
(13) 川口［二〇一五a］、一三九頁。
(14) 八十里越の越後国蒲原郡側登り口に位置する葎谷村と吉ヶ平村に口留番所を設けていた村松藩は、大庄屋への届け出により許可していた他所奉公、とくに「会津稼ぎ」を一八〇五（文化二）年に禁止したが、養子と縁組については、郡奉行に届け出れば転出が認められた（川口［二〇一五a］、一四六～一四七頁）。
(15) 大藤［一九八四］、一九頁。
(16) 庄司［一九七九］、二〇四～二〇七頁。
(17) 会津民俗研究会［一九七二］、一六三～一六四頁。
(18) 南会津郡役所［一九一四］、三二七頁。
(19) 南郷村史編さん委員会［一九八五］、五八九～五九〇頁に翻刻されている。
(20) 同前、六六四頁に翻刻されている。
(21) 同前、七一九～七二二頁に翻刻されている。
(22) 丸井［一九八八］、五一八頁。本論文は、丸井［一九八〇］、三六九～四〇一頁を改訂増補した労作である。
(23) 田島町史編纂委員会［一九八七］、二七二～二七七頁に翻刻されている。
(24) 新潟県［一九八四］、四三四～四五〇頁に翻刻されている。
(25) 中村［二〇一〇］、一三二～一六〇頁。
(26) 三條史料調査会［一九五四］、四〇二～四〇四頁、宗村［一九七九］、九～二五頁。石田利八以外にも、見附町の織物問屋坂田屋藤蔵は、

会津回りの藤蔵と呼ばれていた時期、塩魚や生活必需品を売り歩いていたと推測されている（北陸建設弘済会［一九六九］、三四～三五頁）。

（27）北陸建設弘済会［一九六九］、三六頁、四八～四九頁。

（28）川口［一九九八］、一二五～一五一頁。

主要参考文献

〈日本語〉

会津民俗研究会［一九七二］『奥会津南郷村の民俗』南郷村教育委員会。

石川純一郎編［一九七七］『田島町史　第四巻　民俗編』歴史春秋社。

大藤時彦編［一九六四］『東遊雑記　奥羽・松前巡見私記』平凡社。

川口洋［一九九四］「一八世紀初頭の会津・南山御蔵入領における『子返し』」『史境』第二九号。

川口洋［一九九八］「17～19世紀の会津・南山御蔵入領における人口変動と出生制限」『歴史地理学』第四〇巻第五号。

川口洋［二〇〇二］「一八世紀初頭の奥会津地方における嬰児殺し」速水融編著『近代移行期の人口と歴史』ミネルヴァ書房。

川口洋［二〇〇七］「人口と社会・経済からみた近代移行期における地域変化」石原潤・金坂清則・南出眞助・武藤直編『アジアの歴史地理（一）領域と移動』朝倉書店。

川口洋［二〇一三］「江戸時代後期の近畿地方における婚姻移動」黒須里美編著『歴史人口学からみた結婚・離婚・再婚』麗澤大学出版会。

川口洋［二〇一五a］「一九世紀初頭の奥会津地方における移住者引き入れ」落合恵美子編著『徳川日本の家族と地域性――歴史人口学との対話』ミネルヴァ書房。

川口洋［二〇一五b］「一八・一九世紀を対象とした人口・家族研究のための情報システム――宗門改帳・過去帳・戸籍を入力史料として」落合恵美子編著『徳川日本の家族と地域性――歴史人口学との対話』ミネルヴァ書房。

斎藤修［二〇〇二］『江戸と大坂――近代日本の都市起源』NTT出版。

三條史料調査会［一九五四］『修訂　三條市史資料』国書刊行会。

下郷町史編纂委員会［一九八二］『下郷町史　第五巻　民俗編』歴史春秋社。

庄司吉之助［一九七九］『会津風土記・風俗帳　巻二　貞享風俗帳』歴史春秋社。

庄司吉之助［一九八〇］『会津風土記・風俗帳　巻三　文化風俗帳』歴史春秋社。

高橋美由紀［二〇〇五］『在郷町の歴史人口学――近世における地域と地方都市の発展』ミネルヴァ書房。

田島町史編纂委員会［一九七七］『田島町史　第六巻（下）近世Ⅱ』歴史春秋社。

中村義隆［二〇一〇］「近世越後蒲原地方の他所稼ぎ」中村義隆『割地慣行と他所稼ぎ』刀水書房。

南郷村史編さん委員会［一九八五］『南郷村史　第二巻　自然・考古・中世・近世史料』歴史春秋社。

新潟県［一九八四］『新潟県史　資料編一〇　近世五　流通編』。

浜野潔［二〇〇七］『近世京都の歴史人口学研究』慶應義塾大学出版会。

速水融［一九九二］『近世濃尾地方の人口・経済・社会』創文社。

速水融・内田宣子［一九七二］「近世農民の行動追跡調査」『昭和四六年度　徳川林政史研究所研究紀要』。

檜枝岐村［一九七〇］『檜枝岐村史』。

北陸建設弘済会［一九八九］『八十里越』。

松枝茂［一九六六］『会津藩の人口政策』大東文化大学東洋研究所。

丸井佳寿子［一九八〇］「会津南山御蔵入地方の商品流通――買次問屋細井家の分析を中心として」豊田武編『日本近世の政治と社会』吉川弘文館。

丸井佳寿子［一九八八］「在方商業の展開」庄司吉之助編『田島町史　第二巻』歴史春秋社。

南会津郡役所編［一九一四］『南会津郡誌』東京國文社。

宗村彰夫［一九七九］「江戸期三条金物について」『三条市史研究』第四号。

〈英語〉

KAWAGUCHI, Hiroshi. [2009] "Data Analysis System for Population and Family Studies on Japan in the 17th–19th Centuries", *Japanese Journal of Human Geography*（人文地理）, Vol. 61, No. 6.

第9章　近代移行期における西南日本型結婚パターンの変容

中島満大

はじめに

本章では、徳川時代の西南海村の事例を通して、晩婚を特徴とする西南日本型結婚パターンを析出し、結婚のはじまりに何が起きていたのかを明らかにしていく。また近代のはじまりにおいて、西南日本型結婚パターンがどのようなかたちへと変容していたのかを考察していく。

宗門改帳に記された人びとが生きた時代から、もうすでに二五〇年もの時間が流れている。現代社会の基層に位置する人びとの歴史は私たちに何を伝えてくれるのだろう。近年、「伝統的家族」や「伝統的な結婚」などの言葉を耳にする機会が多くなっている。だがこれらの言葉で指し示される家族や結婚は、どこか窮屈で画一的である。本当にそれこそが日本の「伝統」なのだろうか。つくられた人口や家族に関する「伝統」の正体を暴く力を、本章で紹介する徳川社会に生きる人びとの歴史は与えてくれるように思う。

1　徳川時代の結婚と西南日本型結婚パターン

(1)　地域性を土台とする結婚の多様性

本項では、徳川時代の結婚を分析するために必要となる前提や枠組みについて説明する。徳川社会における結婚の特徴として、家族社会学者の落合恵美子は、①地域的多様性、②婚姻の流動性、③「プロセスとしての結婚」をあげている。(1) 第一の結婚の地域的多様性については、東北村落における「早婚」と、西南村落における「晩婚」とのコントラストを示した結婚年齢の地域性が広く知られている。(2) また結婚年齢の地域性は、明治期の道府県別統計においても「西高東低」パターン、つまり東へいくほど結婚年齢が低くなり、西へいくほど結婚年齢が高くなる傾向が確認されている。(3) これらの経験的知見により、「昔の人は早婚だった」などに代表される画一的な早婚のイメージは、徳川社会を例にとるならば、地域性を土台とする結婚の多様性によって修正されることになる。

第二の特徴としてあげられた婚姻の流動性は、結婚が一度結ばれると、「共白髪まで添い遂げる」ようなかたちではなく、離婚や死別によって婚姻が頻繁に解消していたこと、またその後の再婚も数多く生じていたことを示している。とくに徳川社会では離婚が多く、たとえば、そのなかでも離婚率の高い東北地方の農村では、離婚を許容する「離婚文化」が存在していたことが指摘されている。(4) またこの村落の結婚には試験婚的特徴が付与されており、嫁(または婿)がイエの成員として共に生活していくことができるどうかについて結婚生活の初期に精査され、そこでうまくいかないと判断された場合は離婚に至った。その結果、離婚や離婚後の再婚が多くなり、婚姻の流動性の高い村落社会が形成されていた。

第三に「プロセスとしての結婚」とは、ヨーロッパのように結婚がある時点を境に成立するのではなく、日本では結婚が複数のイベントからなる過程として成立していることを提示した概念である。[5] 現代社会では結婚式や婚姻届の提出を境にして結婚が成立すると考える人が多いかもしれない。しかし徳川社会の結婚を分析するためには、結婚を一つのイベント＝「点」として観察するのではなく、結婚を複数のイベントからなる「プロセス」として観察することが大切になる。同じく結婚をプロセスとしてみることの重要性を説く民俗学者の八木透によれば、「日本の婚姻は、本来何段階もの儀礼を経て最終的に確定するものであり、よってそれ相応の期間を要するもの」で、「それが嫁入婚の形式に近づくにつれてその期間が縮小され」ていった。[6]

このように徳川社会の結婚を分析するためには、地域的多様性を前提として、さらに試験婚や離婚あるいは再婚などを含むプロセスとして、結婚をとらえることが重要となる。

(2)　晩婚の西南日本型から西南日本型結婚パターンへ

本章では、西南日本型結婚パターンの分析を通じて、近世後期から近代移行期における結婚パターンの変容を描いていく。西南日本型結婚パターンという言葉には、早婚の東北日本型に対する晩婚の西南日本型のように、結婚年齢という「点」から結婚を掴もうとするのではなく、交際や試験婚（あるいはそれらの解消）、宗門改帳へ夫婦として登録されること、子どもをもつこと、離婚、そして再婚などを含めた一連の「プロセス」として結婚をとらえ直そうとする意図が込められている。

はじめにその出発点となる早婚の東北日本型／晩婚の西南日本型の結婚年齢を具体的な数値から確認しておこう。歴史人口学における東北日本型の成立に大きく貢献した東北農村（下守屋村と仁井田村）の平均初婚年齢（期間：一七一六～一八六〇年）は、男子が二〇・八歳、女子が一六・七歳と、東北日本型の早婚を強く印象づけた。[7] それに対して、西南日本型の成立に大きく寄与し、本章でも取り上げる肥前国彼杵郡野母（のも）村（現長崎市野母町）の平均初婚年齢

表9－1　野母村における男女別・出生コウホート別初婚年齢に関する記述統計

	男子			女子		
	平均値	標準偏差	N	平均値	標準偏差	N
1756–79	34.0	7.1	413	26.5	6.6	339
1780–99	31.2	6.0	352	24.3	4.9	314
1800–19	29.8	5.5	394	24.1	5.1	384
1820–39	29.0	4.8	438	24.7	4.8	422
(1840–)	24.5	3.1	96	21.3	2.8	184
Total	30.6	6.3	1693	24.5	5.3	1643

は、男子が三〇・六歳、女子が二四・五歳と、とくに男子においては現代日本の水準と比べても遜色のないような晩婚の傾向を示していた（表9－1参照）[8]。野母村に関する先駆的研究の登場によって、徳川時代における結婚年齢の地域性は、早婚の東北日本型と晩婚の西南日本型というより鮮明な対比として描き出されるようになる[9]。もう一点、野母村の分析から導き出され、野母村さらには晩婚の西南日本型という印象をさらに強めた事象がある。その事象とは、野母村では、第一子出産時年齢の平均値よりも平均初婚年齢が高かったことである[10]。晩婚の西南日本型を支える野母村の事例は、徳川時代における結婚年齢の地域性の範囲（レンジ）をさらに拡張したといえるだろう。

それでは晩婚の西南日本型から、西南日本型結婚パターンと言葉を改めて考察する意義は何だろうか。早婚／晩婚という結婚年齢の地域性では、平均初婚年齢という数値を中心として議論が進められており、なぜ早婚なのか、なぜ晩婚なのかという問いへの接近がどうしても弱くなってしまう。野母村の先行研究のなかで、平均初婚年齢と第一子出産時年齢の平均値との関係性について言及されたことは、結婚と第一子出産という二つの時点から晩婚を考えており、なぜ晩婚なのかという問いへ向かっているといえよう。これらの研究を踏まえて、さらにもう一歩進むために、本章では、結婚を一連のプロセスとしてとらえることを徹底し、加えて晩婚の源泉となる行動規範や価値観を探ることによって、西南日本型結婚パターンの実像を素描していく。

2　野母村と歴史人口学

(1)　野母村と『野母村絵踏帳』

本章が分析対象とするのは、肥前国彼杵郡野母村である。野母村は、長崎半島の先端部に位置し、その三面を海に囲まれている。また徳川時代には、野母村に遠見番所が設置されており、外国船の監視を行っていた。徳川時代の野母村の生業は、カツオ漁を中心とした漁業であり、それに伴うカツオ節（野母節）などの水産加工業も栄えていた。野母村のカツオ釣りはカツオ群を追って移動するため、地先よりも沖合での漁が中心となっていた。

果敢に海へと向かう漁師たちの住処である野母村は、歴史人口学における西南日本型の成立に大きく貢献した。日本の歴史人口学は、宗門改帳や人別改帳を主たる史料として研究を進めている。野母村では、毎年二月に宗門改めが行われており、その際に宗門改帳『野母村絵踏帳』が上と下の二冊作成されていた。現在、残っている『野母村絵踏帳』で最も古いものは一七六六（明和三）年であり、そこから幾年かの欠年を挟むものの、『野母村絵踏帳』は一八七一（明治四）年までの約一〇五年間にもわたる大規模な史料群である。[11]『野母村絵踏帳』には、一筆と呼ばれる編集単位ごとに、名前、年齢、檀那寺、続柄などの情報が記されている。また史料の連続性によって、一筆や続柄の変更から、結婚や離婚などの情報も得ることができる。

一次史料である『野母村絵踏帳』は、日本の歴史人口学で多く用いられているベーシック・データ・シート（*Basic Data Sheet*）と呼ばれる形式へと整理されていく。ＢＤＳは、時刻表に着想を得て考案されており、個人のライフコースとその年の一筆に所属している成員の情報を同時に知ることができる。こうして緻密に整理されたＢＤＳをもとにして、データベースが構築されている。本章ではこのデータベースを用いて分析を進めていく。

⑵ 結婚の操作化

具体的な分析に入る前に、本章では、どのように結婚を定義し、またいかにして『野母村絵踏帳』から結婚という変数を取り出しているのかについて説明する。まず今回の分析では、『野母村絵踏帳』に一〇歳以下で登場した者が、史料の上で、初めて結婚した場合を初婚とみなしている。そして一筆や続柄の変更（たとえば、〇〇女房という続柄に変更していたり、所属する一筆が変わっていたりすること）から野母村の結婚の情報を抽出している。またどのタイミングで結婚が発生したのかを定義することは、初婚年齢の値に影響を及ぼす。今回は、一筆や続柄の変更があった年の前年に結婚が発生したと考え、その年から当人の出生年を引くことで結婚年齢を計算している。この定義を用いた理由は、後述する第一子出生時年齢との比較の際に、操作化の影響をできる限り排して、野母村における両指標の関係性を検討するためである。

結婚の操作化の難しさは、『野母村絵踏帳』では結婚の情報を区間でとらえるのに対し、出生の情報を点でとらえることに起因している。つまり、一筆や続柄の変更が起こった年に結婚が生じたとすると、その年から出生年を引いたものが結婚年齢となる。他方、その前年に結婚が生じたと仮定し、結婚年齢を計算すると、前述の定義による結婚年齢とは一歳の差が生まれる。とくに結婚と出生との関係を検討する場合、この差の影響をできるだけ取り除いた上で、あるいはそうした影響の存在を念頭に置きながら分析を行う必要がある。歴史人口学のなかで、どちらかの定義に統一されているわけではないが、今回は野母村における結婚と第一子出生との関係を明確化するために、一筆や続柄の変更が起こった年の前年に結婚が発生したと仮定して分析を進めていく。また本章では、この年を結婚発生年として、一筆や続柄の変更が起こった年を結婚登録年として定義し、議論を進めていく[12]。

3　晩婚と西南日本型結婚パターン

(1)　初婚と第一子出生との関係性

野母村は、同時代の他の村落と比べて、晩婚であった。本節では、野母村の初婚タイミングを確認することに加えて、第一子出生時年齢との関係性を検討していく。

先に示した表9-1は、野母村の初婚年齢に関する記述統計を示したものである。[13] まず男子では、一七五六〜七九年に生まれた者の平均初婚年齢は、三四・〇歳とかなり高い値を記録していた。続く一七八〇〜九九年出生コウホートの男子平均初婚年齢は三一・二歳と、先の出生コウホートよりも三歳程度低下している。一八〇〇〜一九年出生コウホートでは、低下の幅は小さくなっているものの、男子平均初婚年齢は二九・八歳とさらに低くなっている。最後に一八二〇〜三九年出生コウホートでは僅かに低下し、野母村男子の平均初婚年齢は二九・〇歳になっている。このように野母村では、十八世紀後半に生まれた者と、十九世紀中葉に生まれた者との間には平均初婚年齢の差があり、断続的に、とりわけ一七五六〜七九年出生コウホートと一七八〇〜九九年出生コウホートの間には鋭く、男子平均初婚年齢が低下していた。またそれに伴い、初婚年齢の標準偏差も小さくなっており、初婚が発生するタイミングの幅が狭まっている。つまり初めて結婚する年齢の散らばりが小さくなっていた。

次に野母村女子の平均初婚年齢をみると、一七五六〜七九年出生コウホートでは、二六・五歳であった。同じ出生コウホートの男子平均初婚年齢（三四・〇歳）と比較すると、七歳から八歳ほど女子の平均初婚年齢が低い状態にあった。一七八〇〜九九年出生コウホートでは二四・三歳と、先の世代よりも二歳程平均初婚年齢が低下していた。続く一八〇〇〜一九年出生コウホートになると、女子平均初婚年齢は二四・一歳となり、先の出生コウホートとほぼ

表9－2　野母村における男女別・出生コウホート別・親の記載状態別第1子出生時年齢に関する記述統計

男子	両親＋父親のみ			両親			父親のみ		
	平均値	標準偏差	N	平均値	標準偏差	N	平均値	標準偏差	N
1756-79	33.9	7.0	371	33.7	6.8	341	35.4	9.4	30
1780-99	31.4	5.9	318	31.5	5.7	286	30.5	7.3	32
1800-19	30.4	5.6	368	30.2	5.6	338	32.1	5.8	30
1820-39	29.8	4.5	354	29.7	4.5	310	30.0	4.8	44
(1840-)	25.1	2.9	52	25.0	2.8	48	26.0	3.9	4
Total	31.1	6.1	1463	31.1	6.0	1323	31.6	7.1	140
女子	両親＋母親のみ			両親			母親のみ		
	平均値	標準偏差	N	平均値	標準偏差	N	平均値	標準偏差	N
1756-79	25.6	4.8	334	25.7	4.4	236	25.5	5.6	98
1780-99	24.1	4.6	301	24.3	4.5	246	23.2	5.0	55
1800-19	23.7	4.3	367	23.8	4.3	308	23.3	4.4	59
1820-39	25.2	4.2	380	25.0	4.0	316	26.2	5.3	64
(1840-)	22.5	2.5	129	22.4	2.5	111	23.3	2.4	18
Total	24.5	4.4	1511	24.5	4.2	1217	24.7	5.2	294

同じ水準で推移していた。最後に一八二〇～三九年出生コウホートの平均初婚年齢は二四・七歳であり、先の出生コウホートよりわずかにその値が高くなっていた。野母村女子における平均初婚年齢の出生コウホート間の変化は、男子に比べると小さいものの、一七五六～七九年出生コウホートの値から、平均初婚年齢は低下していた。また男子と同様に、女子の初婚年齢の標準偏差も徐々に小さくなっていた。同じ時期の東北農村でも、十八世紀から十九世紀にかけて、特定の年齢層に初婚が集中するといった現象が観察されており[14]、遠く離れた西南海村でも類似した現象が起こっていたことは興味深い。

表9－2は、野母村男子における第一子出生時年齢についての記述統計を、出生コウホート別、第一子出生時に一筆内で子どもの父親と母親が特定できる場合と、子どもの父親しか特定できない場合に分けたものである。まず両親を特定できる場合の出生コウホート間の変化をみると、一七五六～七九年出生コウホートの第一子出生時年齢の平均値は三三・七歳であった。続く一七八〇～九九年出生コウホートでは、両親を特定できる場合の第一子出生時年齢の平均値は三一・五歳と、先の出生コウホートよりも二歳ほど低下していた。以降の出生コウホート

でも低下の幅は小さくなるものの、野母村男子の第一子出生時年齢の平均値は下がっていく。野母村の男子が第一子をもつタイミングは、十八世紀後半に生まれた者よりも、十九世紀に生まれた者の方が早くなっていた。それは男子における平均初婚年齢の低下の軌跡と類似していた。加えて第一子出生時年齢の標準偏差も、十八世紀後半に生まれた者と比して、十九世紀に生まれた者の方が小さくなっており、第一子をもうけるタイミングの幅も狭くなっていた。また父親のみ特定できる場合、第一子出生時年齢の平均値は、ケース数が少ないため、出生コウホートごとに異なる値をとっており、一貫した変化の傾向は観察されなかった。

次に野母村の女子が第一子をもつタイミングについてみていこう（表9-2参照）。一七五六〜七九年出生コウホートでは、第一子出生時年齢の平均値は、両親が特定できる場合が二五・七歳、母親のみ特定できる場合が二五・五歳であった。子どもの両親が特定できるか否かによっては、第一子出生時年齢の平均値にほとんど差がみられなかった。一七八〇〜九九年出生コウホートにおいては、両親を特定できる場合、一歳程度、先の出生コウホートから低下し、第一子出生時年齢の平均値は二四・三歳であった。同じく母親のみ特定できる場合も、第一子出生時年齢の平均値は、先の世代よりも二歳程低くなり、二三・二歳であった。さらに一八〇〇〜一九年出生コウホートでも、両親を特定できる場合の第一子出生時年齢の平均値の低下傾向は継続しており、二三・八歳を記録していた。他方、母親のみ特定できる場合の第一子出生時年齢の平均値は、同程度の水準で推移しており、二三・三歳であった。最後に一八二〇〜三九年出生コウホートでは、第一子出生時年齢の平均値は、双方のケースともに上昇しており、両親を特定できる場合が二五・〇歳、母親のみ特定できる場合が二六・二歳であった。このように女子の場合も、第一子出生時年齢の平均値は、平均初婚年齢の推移と似た軌跡を辿っていた。また男子でみられた第一子出生時年齢の標準偏差が小さくなる傾向は、女子においてはほとんど観察されなかった。

ここからは野母村における初婚年齢と第一子出生時年齢との関係性について検討していく。表9-1と9-2による

表9-3　野母村における男女別・出生コウホート別第1子出生時年齢と初婚年齢との差に関する記述統計

	男子			女子		
	平均値	標準偏差	N	平均値	標準偏差	N
1756-79	0.5	4.7	367	-0.6	4.5	300
1780-99	0.5	3.8	308	0.2	4.3	284
1800-19	0.9	3.3	358	0.2	3.7	341
1820-39	1.0	2.9	348	0.7	3.2	352
(1840-)	1.4	1.5	62	1.2	1.8	137
Total	0.8	3.7	1443	0.2	3.8	1414

と、まず男子の場合、第一子出生時年齢の平均値（両親＋父親のみ）を平均初婚年齢が上回ったのは、一七五六〜七九年出生コウホートのみであった。その差も〇・一歳と僅かなものであった。次に女子の場合では、第一子出生時年齢の平均値（両親＋母親のみ）を平均初婚年齢が上回ったのは、一七五六〜七九年出生コウホートと一七八〇〜九九年出生コウホートであった。とくに一七五六〜七九年出生コウホートは、一歳ほど平均初婚年齢が第一子出生時年齢の平均値を上回っていた。このことは、野母村の特徴として強調されてきた初婚よりも早く、第一子をもつ、つまり父親もしくは母親になるということを示唆している可能性がある。一方でそれ以外の出生コウホートでは、平均初婚年齢は第一子出生時年齢の平均値を下回っていた。ただしこれらの表のなかには、結婚したが子どもをもたなかった者、子どもをもったが結婚しなかった者が含まれている。では結婚し、なおかつ子どもを少なくとも一人はもった者に分析を限定すると、どういった初婚と第一子出生の順序が浮かび上がるのだろうか。

表9-3は、初婚と第一子の誕生をどちらも経験した者を対象として、彼（女）らの第一子出生時年齢から初婚年齢を引いた値に関する記述統計である。言い換えると、第一子出生時年齢と初婚年齢の差の平均値が、正の値をとる場合は、該当する出生コウホートにおいて、第一子出生よりも初婚が先行していたことを示している。反対にその差の平均値が、負の値をとる場合は、該当の出生コウホートにおいて、第一子出生が初婚よりも先行していることを意味している。表9-3をみると、

第一子出生時年齢と初婚年齢との差の平均値が負の値をとったのは、一七五六〜七九年に生まれた女子だけであった。つまり、この出生コウホートでは、平均初婚年齢よりも第一子出生時年齢の平均値が低い状態にあった。ただし同じ一七五六〜七九年出生コウホートでも、男子の場合には、こうした傾向はみられなかった。そして出生年が十八世紀後半から十九世紀へと移るにつれて、初婚年齢と第一子出生時年齢との間に、一年ほどの間隔が生まれていく。まとめると、平均初婚年齢が第一子出生時年齢の平均値を上回るといった関係は、野母村においては、十八世紀中葉に生まれた女子に限られた現象であった。

⑵　晩婚の源泉としての結婚パターン

これまでは、初婚年齢と第一子出生時年齢の平均値の比較から、野母村における結婚と第一子出生との関係性を、あるいはその順序を検討してきた。しかしながら、これらの数値の比較だけでは見落としてしまうケースがある。それは、結婚と第一子出生が同時に生じているケースである。どちらのイベントが先に発生したのかという問いをさらに進めて、本項では野母村の結婚のはじまりで何が起こっていたのかを問うていきたい。

図9-1は、野母村において、第一子が『野母村絵踏帳』に初めて記載された年と、母親の結婚が登録された年（結婚登録年）との関係を提示している。[15] 指標内の分類について、まず「同年」のケースから説明する。「同年」のケースは、第一子が初めて宗門改帳に記載された年と、母親の結婚登録年が同じ年であった場合を指している。つまり、母親が結婚により夫の一筆に移る場合、その夫が所属する一筆には、母親と第一子が同時に登場することになる。次に「翌年以降」のケースは、母親の結婚登録年の翌年以降に第一子が史料に登場する場合を示している。最後に「未婚での出生」のケースは、先の二例とは異なり、第一子が史料に登録された時点で、母親が未婚の場合を指している。今回の分類では、未婚で第一子を産んだ後に、結婚したかどうかの区別は行っていない。以上、「同年」、「翌

図９－１　野母村における期間別・第１子登録年と母親の結婚年との関係

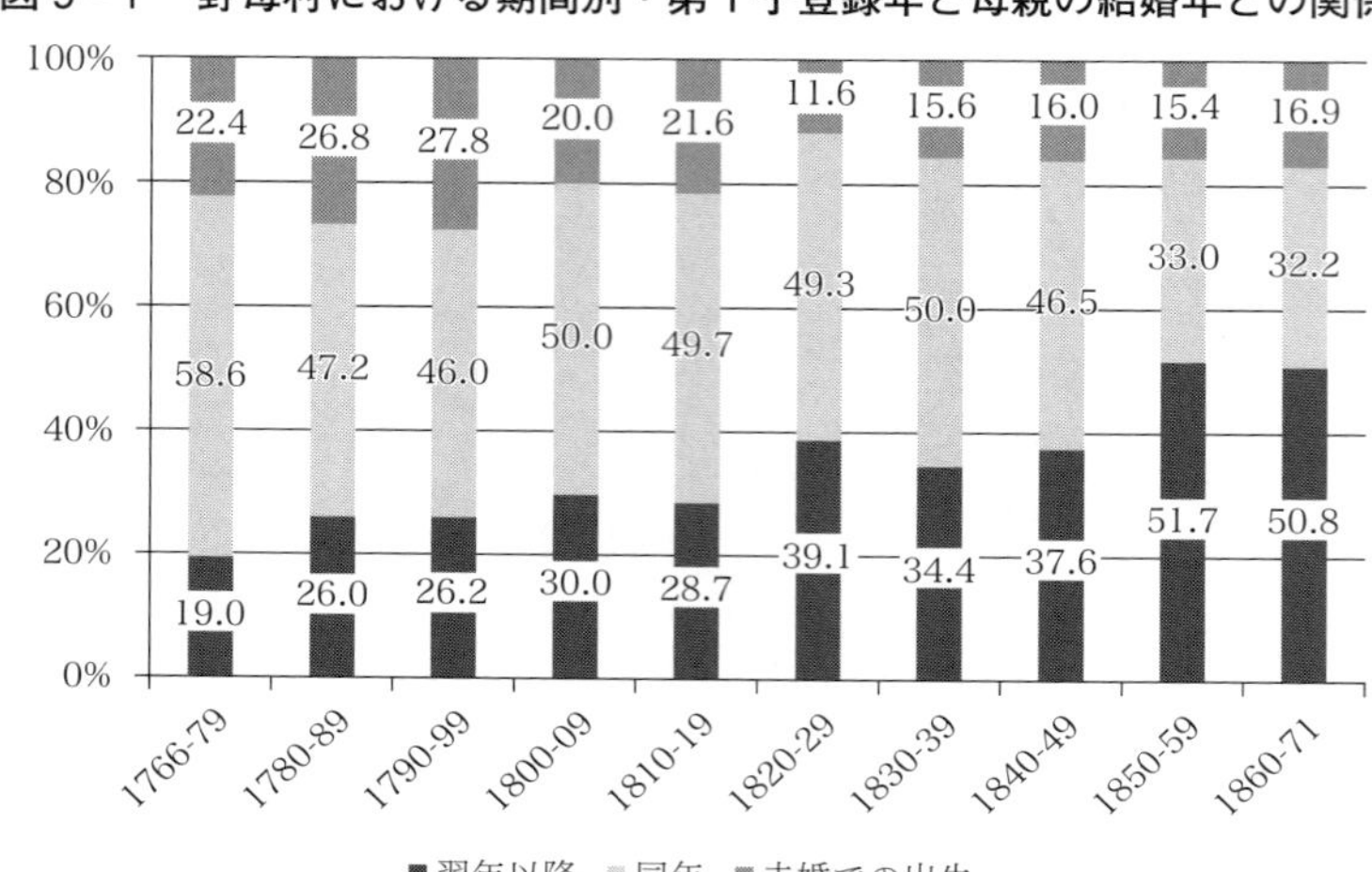

年以降」、「未婚での出生」という区分から、史料への第一子の登録と、母親の結婚との関係性を明らかにしていく。

一七六六～七九年をみると、「同年」が全体の五八・六％（度数：一〇二）を占めており、野母村では、第一子が初めて史料に登録されると同時に、母親の結婚に関する情報も記載されることが多かった。同じ期間において、次に多かったのが「未婚での出生」で全体の二二・四％（度数：三九）、そして「翌年以降」が一九・〇％（度数：三三）と最もその割合が少なかった。十八世紀後半の野母村では、結婚と第一子の誕生、そして史料への登録が強く結びついており、「第一子の誕生を契機として、夫婦の登録を行う」という結婚パターンが主流であったと言える。言い換えれば、第一子の誕生をもって、公の文書である『野母村絵踏帳』上での結婚が確定していた。野母村の平均初婚年齢や第一子出生時年齢の平均値の高さは、「第一子の誕生を契機として、夫婦の登録を行う」という結婚パターンと、第一子の誕生をもって結婚を確定するという行動規範をその源泉としていた。加えて野母村における平均初婚年齢と第一子出生時年齢の平均値の近接は、この結婚パターンの上に成立していたのである。

十八世紀後半の野母村では、母親が未婚の状態で第一子を出産することも珍しいことではなかった。一七九〇〜九九年においても、「未婚での出生」の割合は「同年」よりは下回るものの、「翌年以降」よりも大きい状態にあった。そして「未婚での出生」が、第一子出生時年齢の平均値を下げる方向へ引っ張っていた可能性がある。たとえば、第一子を未婚の状態で出産し、母親の所属する一筆にその情報が記される。その後、第一子の母親が結婚した場合、結婚することに先行して、彼女は第一子をもつことになる[16]。十八世紀後半における「同年」や「未婚での出生」が七〜八割を占める状況は、この期間に結婚し、子どもをもうけたであろう一七五六〜七九年出生コウホートにおける第一子出生時年齢の平均値が平均初婚年齢を下回るという現象と整合的である。

十九世紀に入ると、まず「翌年以降」のケースが「未婚での出生」よりも多くなっていく。また「同年」のケースも、三つの区分の中で最も多いことは変わらないものの、その水準は一七六六〜七九年と比べると低下している。さらに一八二〇〜二九年には、「同年」の割合は四九・三％（度数：一〇二）、次いで「翌年以降」が三九・一％（度数：八一）、「未婚での出生」が一一・六％（度数：二四）となっており、「翌年以降」の割合が増大したことによって「同年」との差が縮まってきている。実際に「翌年以降」のケースが「同年」を超えるのは、一八五〇〜五九年であり、「翌年以降」が五一・七％（度数：一二三）、「同年」が三三・〇％（度数：六〇）、「未婚での出生」が一五・四％（度数：四二）であった。このように野母村では十九世紀に入って、とくにその中葉以降、「翌年以降」のケース、すなわち「先に夫婦として登録を行った後で、第一子をもうける」という結婚パターンが拡がっていった。

野母村には、第一子の誕生を契機として宗門改帳に夫婦としての記載を行う結婚パターンが存在していた。この結婚パターンは、史料から計算される初婚年齢の値を、他の村落よりも高くなる方向へと導いていた。すなわち晩婚の源泉となっていた。けれども近世後期から近代へ向かう過程において、野母村の結婚の様相も変容していく。第一子の誕生を待つのではなく、先に史料に夫婦としての登録を行った後で、第一子をもうけるという結婚パターンへと移行していた。それでも第一子の誕生をもって、結婚を確定するという結婚パターンやそれに付する行動規範が一気に消滅してしまったわけではない。けれども十九世紀中葉から野母村の結婚パターンが大きく変化していた。それではその影響はいかなるものであったのだろうか。

(3) 離婚と結婚パターンの変容

野母村における結婚パターンの変容は、離婚にも波及していた。離婚への影響を検討する前に、徳川時代では、どのタイミングで、離婚が発生していたのかを確認しておこう。[17] 徳川時代において、離婚が発生するタイミングは、結婚後、五〜六年以内に集中していることが報告されている。[18] また東北農村では、結婚から離婚までの期間が十八世紀から十九世紀にかけて短くなっていたことも指摘されている。[19] 野母村でも、全期間でみると、離婚は、初婚後五年以内に発生することが多かった。[19] つまり徳川時代において、離婚の発生は、結婚生活の初期に集中していたと言える。それでは野母村で起きた結婚パターンの変容は、離婚にどのような影響を与えていたのだろうか。

図9-2と9-3は、野母村における結婚コウホート別結婚継続率を示したものである。[20] このグラフでは、初婚を経験した者を対象としており、彼（女）が離婚すると、結婚継続率が下がっていく。また結婚継続率を、結婚コウホート別に計算した理由は、先の結婚パターンの変容の影響を観察するためである。

まず野母村の男子においては、一七八〇〜九九年に初婚を経験した者の結婚継続率は、初婚から一年、二年と経過するなかで低下していく。すなわちこの期間で初婚が離婚によって解消する事例が多くなっている。しかし、初婚から五年経過すると、それまで低下していた結婚継続率は、〇・九五付近を境にして、低下の幅が小さくなっていく。もちろん、初婚から五年以上経過した場合でも、野母村では離婚は発生しているが、その頻度は少なくなる。こうした傾向は、一八二〇〜三九年結婚コウホートまで継続していく。変化の兆しがみられるのは、一八四〇〜五九年の結

図９－２　野母村男子における結婚コウホート別結婚継続率

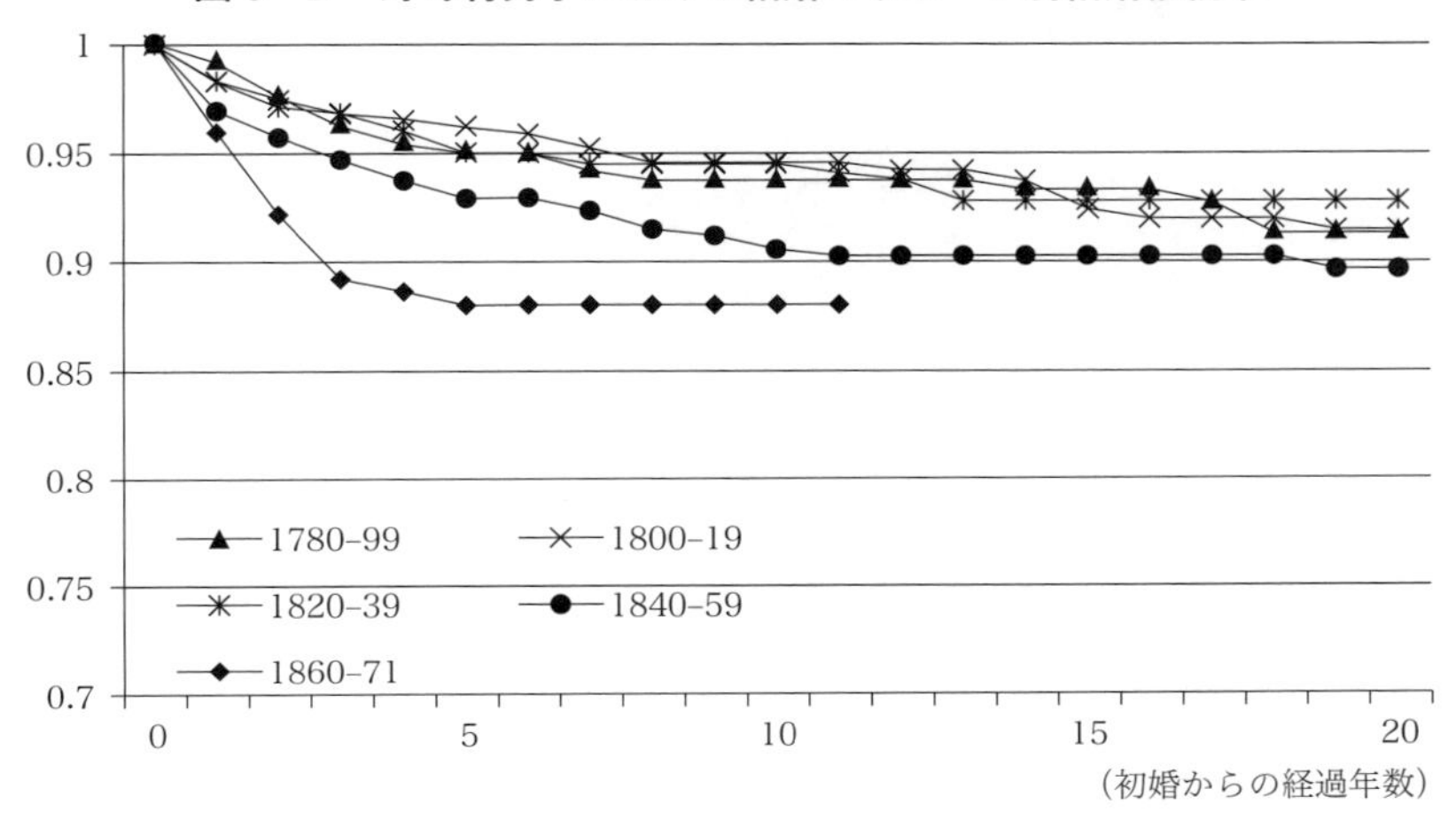

図９－３　野母村女子における結婚コウホート別結婚継続率

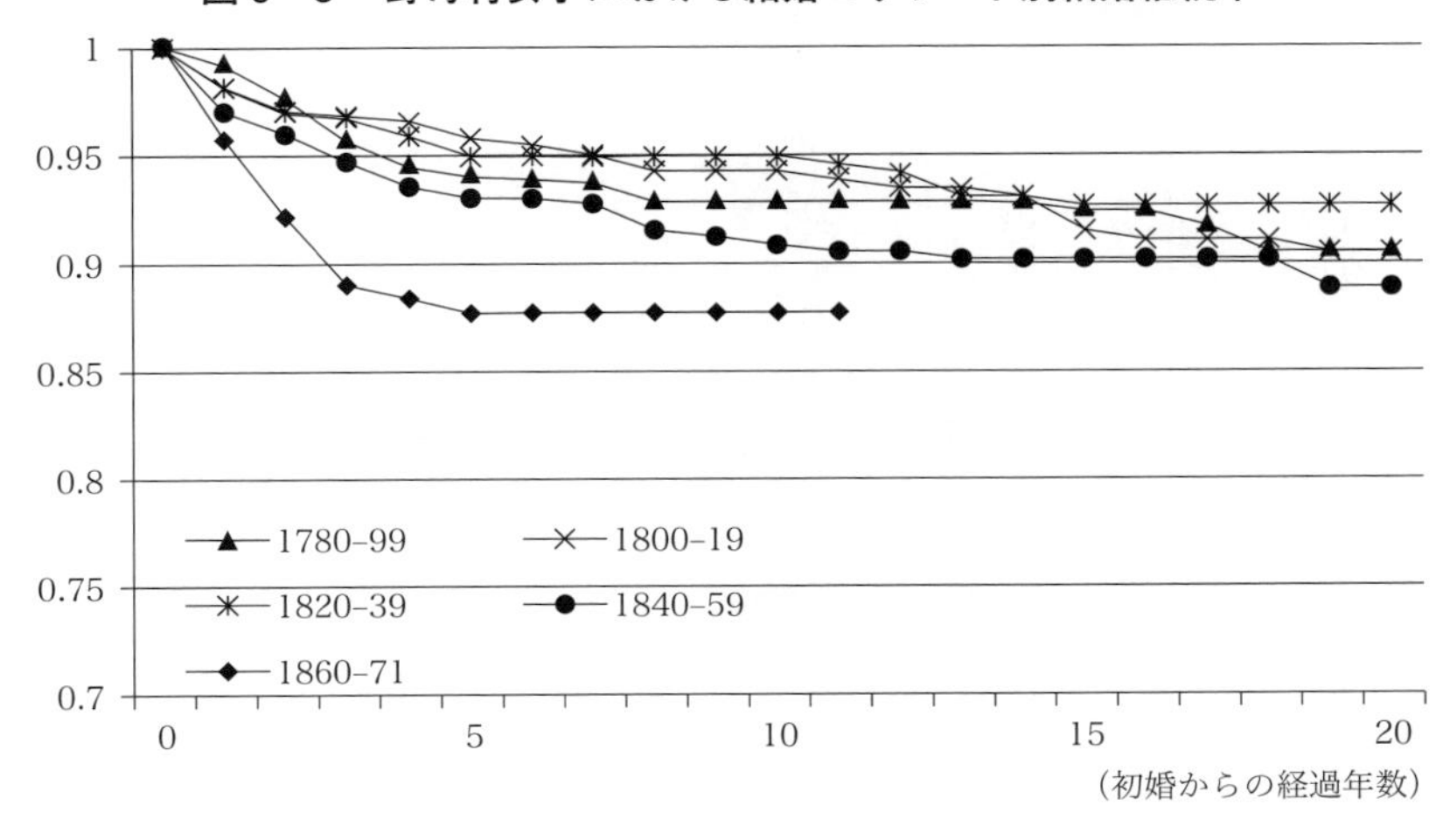

婚コウホートである。それ以前の結婚コウホートが初婚から五年経った時点の結婚継続率が〇・九五程度であったのに対し、一八四〇～五九年結婚コウホートにおける同時点の結婚継続率は〇・九三となっており、低下傾向が強まっている。さらにこの結婚コウホートでは、初婚から八年経過したあたりから、もう一度結婚継続率が低下している。さらに一八六〇～七一年結婚コウホートになると、初婚から五年時点での結婚継続率の低下が顕著になる一方で、離婚が初婚から三年以内に集中する傾向が表れている。

次に女子の結婚継続率をみていこう。女子の場合も男子と同様に、一七八〇～九九年、一八〇〇～一九年、一八二〇～三九年結婚コウホートでは、初婚から五年経過するまでは結婚継続率は低下していくものの、五年を過ぎるとその低下の速度は鈍くなっていく。また男子と比べてそこまで鮮明ではないものの、一八四〇～五九年結婚コウホートにおいて、初婚から五年経過するまでの結婚継続率は、それ以前の結婚コウホートよりも低い水準にある。そして明らかにそれ以前の結婚継続率と別の軌道を描くのは、一八六〇～七一年結婚コウホートである。この結婚コウホートでは、初婚から三年に経過した時点で結婚継続率が〇・九を下回っている。加えてこれまでは初婚から五年以内に分布していた離婚が、初婚から三年以内に集中している。

野母村においては、結婚パターンの変容に伴い（とくに一八四〇年以降）、離婚の領域でも変化が生じていた。まず離婚による初婚の解消が増加しており、とくに一八六〇～七一年に初めて結婚した者が離婚する割合は、他の期間に結婚した者に比べて高くなっていた。では結婚パターンが変化したことによって、離婚が増えたと直裁に言えるかというと、そうではない可能性が高い。なぜならば野母村では婚前出生や婚外出生が観察されること、それに加えて「第一子の誕生を契機として、夫婦の登録を行う」という結婚パターンの存在からもわかるように、宗門改帳に夫婦として記載される以前から、性交渉を伴う交際期間があったと考えられる。その交際が試験婚という意味合いを持つ場合もあったろう。そして史料に登録される以前の交際や試験婚の解消も一定数起こっていたと仮定すると、野母村では、先に史料に夫婦としての登録を行うようになり、それまで史料には記されなかった交際や試験婚の解消が史料上の「離婚」として検出されやすくなったのではないだろうか。したがって、東北村落に比して離婚率が相対的に低いとされている野母村でも、[21]史料に夫婦として登録される以前の交際や試験婚（あるいはそれらの解消）を経て、結婚が成立していたといえる。

次に野母村では、結婚パターンの変容後、離婚が発生するタイミングが早くなっていた。離婚の多くが男女ともに初婚から五年以内に発生していたが、一八六〇年以降に初婚を経験した者は初婚から三年以内に離婚が集中しており、離婚のタイミングの早期化と特定の期間に集中するという傾向が、近代移行期の野母村の事例から観察された。

本節では、野母村の結婚パターンを、結婚、出生、離婚というプロセスとして検討してきた。それによって晩婚の源泉となる結婚パターンを析出すると同時に、その変容を分析してきた。次節では、野母村で観察された現象が、地域性、あるいは近代への移行という文脈のなかでいかにして位置づけられるのかを考察していく。

4　西南日本型結婚パターンから標準的な結婚パターンへ

(1)　野母村の事例からみる西南日本型結婚パターンとその変容

本章では、野母村の事例を通じて、西南日本型結婚パターンの析出を試みてきた。西南日本型結婚パターンとは、第一子の誕生によって、結婚というプロセスが確定することを核とする結婚パターンであり、その結果として、晩婚という特徴が顕在化していた。野母村の事例からもわかるように、徳川時代における結婚は複数のイベントからなるプロセスであり、それを構成するイベントやその順序が異なることにより、地域的多様性が生み出されていた。たとえば、東北農村の場合、早婚の要因のひとつとして、史料の上での初婚に試験婚の意味合いが付帯されていた。[22]そうした結婚パターンが、東北農村における史料から計算された離婚や再婚の多さにつながっていたといえる。一方で野母村では、史料に夫婦として登録されるよりも前に、性交渉を伴う交際期間や試験婚の期間があり、その影響のひとつの帰結として、晩婚の傾向や、婚前出生・婚外出生が観察されることになった。このようにプロセスとして結婚をとらえることで、早婚／晩婚という地域性の対比をより立体的に把握することが可能となり、そこからその場所で暮らしていた人びとの生活意識や行動規範を導き出すことができる。

しかしながら、野母村で観察された西南日本型結婚パターンの核となる「第一子の誕生を契機として、夫婦としての登録を行う」結婚パターンは、十九世紀中葉以降、「先に夫婦として登録を行った後で、第一子をもうける」という結婚パターンへと移行していく。もちろん、完全にこうした結婚パターンが一掃されてしまうわけではない。けれども十八世紀後半には過半数近くを占めていた結婚パターンが、その座を譲り渡していたという事実は強く残る。

では近代移行期において、野母村で拡がった結婚パターンをどのように解釈すればよいのだろうか。本章では、西南日本型結婚パターン、すなわち地域性に基づく結婚との対比から、この変容後の結婚パターンを標準的な結婚パターンとして位置づける。西南日本型結婚パターンに対して、標準（的）という語を冠する理由は、第一に、近代のはじまりに生じていた「国内的地域差の縮小[23]」、「地域性の収斂[24]」という現象が、西南日本型結婚パターンの変容と強く結びついていると本論文では考えているからである。近年、歴史人口学や歴史社会学の領域では、結婚年齢や離婚の地域性の収斂が近代移行期に生じていることが報告されている[25]。本章でも示したように野母村の平均初婚年齢は、男女ともに低下していたが、男子の方が女子に比べて低下の幅が大きかった。同じ時期に、早婚の東北村落では、とくに女子の平均初婚年齢が上昇していた[26]。言い換えると、早婚の地域における初婚年齢が上昇し、晩婚の地域における初婚年齢が下降することは、結婚年齢の地域性の範囲（レンジ）が狭くなっていることを示している。また結婚年齢だけでなく、結婚や離婚、そして再婚を含めたライフコースの標準化が、西南日本でも、東北日本でも生じていた[27]。

近代のはじまりに遠く離れた村落で生じた結婚パターンの変容は、それぞれの土地で暮らす人びとが実践していた地域性に基づく結婚パターン（本章の場合は西南日本型結婚パターン）から、標準的な結婚パターンへの移行としてとらえられるのではないだろうか。したがって、日本における人口と家族の近代化の歴史を、地域的多様性に富んだそれぞれの地域が、異なる経路を通りながら、何らかの標準へと向かう複線的な過程として描くことができるのではあるまいか。

第二の理由としては、現代日本においても、標準的な結婚パターンやそれに付随する価値観が残っていると考えられるからである。先に何らかの結婚の登録を行った後で、子どもをもつという規範、それに加えてこれらの規範が「普通」や「当然」として扱われている現状もいまだに残っている。[28] 当初「できちゃった結婚」が「非伝統的」なものとして批判されたり、結婚してから子どもをもつという順序が強調されたりするところに、標準的な結婚パターンの浸透の根深さを見ることができる。

(2)　登録形式の変更と宗門改め制度の統治性

西南日本型結婚パターンから標準的な結婚パターンへの移行は『野母村絵踏帳』の上での結婚に関する登録形式の変化に過ぎないのではないかという疑問が浮かぶ。本項では、その点に関して、野母村における第一子出生時年齢の変化、一筆の様式の変更との比較、そして宗門改め制度ならびに宗門改帳には何が反映されていたのかという三つの視点から検討していきたい。

第3節でもみてきたように、野母村では、出生コウホート間における平均初婚年齢の変化と、第一子出生時年齢の平均値の変化の軌跡が類似していた。このことは間接的ではあるものの、平均初婚年齢の低下が単なる登録形式の変更のみに起因するのではないことを示唆しているといえる。

野母村では『野母村絵踏帳』の編集単位である一筆が、一八六八年から一八六九年にかけて、五三六軒から六一八軒へと増加するといった事象が観察されている。この増加は、それまで同一の一筆に所属していたキョウダイやイトコが別々の一筆に所属することで生じていた。つまり、この一筆の急増は、宗門改帳における一筆の登録形式が変更されたものとして推測することができる。この例のように、一年間に劇的に変化するのではなく、結婚パターンの変容は、時間をかけて徐々に進展してきたことを考えると、実態とかけ離れた登録形式の変更に過ぎないと片付けることはできないだろう[29]。

では宗門改め制度の下で作成された宗門改帳とは何を反映した史料なのだろうか。宗門改帳は、幕府がキリシタンの取り締まりを契機としてその作成を命じ、一般的に村役人の手によって毎年作られていた。ただし宗門改帳の記載内容は地域や時代によって異なることが知られており、その土地における結婚のとらえ方（何をもって結婚とするのか等）が知らず知らずのうちに史料に反映されている可能性が高い。その一方で、宗門改帳の雛形の存在によって、幕府領における記載項目の統一が進んでいくとの報告もある[30]。その土地の慣行や行動規範を反映する史料としての宗門改帳。また雛形などによって形式が統一されていく宗門改帳。その両者のせめぎ合いの記録として、宗門改帳は位置づけられるのではないだろうか。

さらに宗門改め制度が、その土地の結婚に対する規範や慣行を変えていく力をもっている可能性があることが指摘されている。落合恵美子は、人口と家族の地域差の縮小の議論を踏まえて、宗門改帳それ自体が、日本を均質化させる要因となっていたのではないかと述べている[31]。それは、宗門改め制度の統治性[32]とでもいうべき、宗門改帳に潜在している性質なのかもしれない。宗門改帳が、その土地における家族や結婚に関する行動規範や実態が映し出されている史料であり、他方、その土地の地域性を均質化させていく統治性をもつ史料であることを踏まえれば、やはり単なる登録形式の変更ではなく、その背景には行動規範や実態の変容があったと考えられる。

宗門改帳・人別改帳上の結婚は、それぞれの地域社会によって、その意味合いが異なる。この一文は、これらの史料を用いた比較研究の無効性を示すためのものではない。先の一文は人口学的指標に限らず、複数の指標から立体的に「プロセスとしての結婚」を析出することの有効性を示している。これらの史料と地域社会の民俗慣行や生活意識と重ね合わせることが、改めて今後の研究に要請されているのである。

おわりに

「昔の人は早婚だった」「昔の人は結婚に関する順番をきちんと守っていた」などの主張は、時に「伝統」として語られることがある。このような「伝統」は、昔の結婚は均質的で、画一的であったことを暗黙のうちに前提としている。しかし、本章でも示したように、これらの主張や「伝統」を解体する力を、歴史は与えてくれる。野母村から析出された西南日本型結婚パターンは、徳川社会には晩婚の地域も存在したこと、子どもの誕生をもって、結婚が確定していたこと、婚外で子どもをもつことも認められていたことなど、地域的多様性を土台とする結婚のかたちが柔軟であったことを私たちに伝えてくれる。

けれども近代のはじまりには、柔軟性を含んだ地域的多様性に基づく結婚のかたちが、標準的な結婚へと移行していた。またそうした近代のはじまりが、明治維新よりも早く、私たちが想像しているよりも早く訪れていたことにも驚かされる。「伝統」や標準に束ねられる前の社会、その社会における結婚に関する歴史は、そこから数百年後の社会を生きる私たちに、画一化された「伝統」を解体する力を、これからの結婚の多様性や柔軟性を考えるための礎を与えてくれる。

謝辞

本章は、文部省科学研究費創成的基礎研究「ユーラシア社会の人口・家族構造比較史研究一九九五―一九九九」（代表：国際日本文化研究センター速水融名誉教授）より作成されたデータベースを使用した。また本章の執筆にあたり、『野母村絵踏帳』の使用を認めていただいた速水融先生、ならびに史料を現代語に訳し、データベースの基礎となるベーシック・データ・シートを作成していただいた成松佐恵子先生、データベースを作成していただいた小野芳彦先生、そしてデータを入力していただいた東美由紀さん、仁田坂真弓さん、松浦早江子さん、花内じゅんこさんに心からお礼を申し上げます。

注

（1）落合［二〇〇四］、落合［二〇〇六］。
（2）黒須・津谷・浜野［二〇一二］。
（3）速水［一九八六］。結婚年齢の地域性を端緒として、歴史人口学は地域性研究を蓄積してきた。その集成として、また今後の研究を導くための壮大な仮説として、速水融は、歴史人口学的知見と地域性研究の系譜を結び合わせ、「東北日本」「中央日本」「西南日本（東シナ海沿岸部）」からなる人口、家族、そして世帯に関する三類型を提出した（速水［二〇〇九］）。本章で使用する西南日本型結婚パターンという概念は、歴史人口学における西南日本型をより結婚に特化させたものである。
（4）Kurosu [2011].
（5）落合［二〇〇四］、落合［二〇〇六］。
（6）八木［二〇〇一］、二六頁。
（7）黒須・津谷・浜野［二〇一二］。
（8）宗門改帳や人別改帳は、地域や時代によって記載内容や形式が異なるため、歴史人口学の領域では、結婚の定義や操作化の方法が複数存在している。下守屋村と仁井田村の研究では、五〇歳以下で史料に登場し、その際に配偶者も子どももいなかった者が結婚する場合を「初婚」として定義している（黒須・津谷・浜野［二〇一二］）。本章における野母村の初婚の定義ならび操作化について本論の分析のところで詳しく説明する。

（9）Tsuya [2001], 津谷［二〇〇二］。
（10）同前。津谷典子の先行研究では、一八〇二〜二一年出生コウホートの女子を抽出し、分析が行われている。その理由は、野母村に残る史料が大量であったことに加え、野母村の人口規模の大きいことによって、データベース化に時間を要したためである。加えて先行研究では、結婚が一年間の中間で発生した仮定して、定義・操作化を行っており、それに基づいて平均初婚年齢が算出されている。
（11）史料が欠損している年は、一七六七年、一七七〇年、一七七二年、一七八一年、一七八二年、一八一三年、一八三八年であった。加えて史料の情報がデータベースに収録されていない年（一七八六年と一七八九年）があるため、九カ年分のデータが欠損していることになる。しかしながら、欠年が複数年あるものの、近世後期から近代移行期を見通すことのできる『野母村絵踏帳』は、日本の歴史人口学の創始者である速水融が評すように「人類の遺産」であると言える。
（12）結婚登録年から平均初婚年齢を算出し、第一子出生時年齢の平均値と比較した場合、操作化の影響によって、一歳の差が生まれてしまうことがある。他方、結婚発生年から平均初婚年齢を計算した場合、その差は消滅するか、もしくは小さくなるだろう。このとき、平均初婚年齢と第一子出生時年齢の平均値との関係やその差が何を意味するのかを問うためにも、操作化の影響を踏まえた上で分析を行う必要がある。
（13）一八四〇年以降に生まれた者の平均初婚年齢は、他の出生コウホートに比べて、度数が少ないことに加えて、初婚のタイミングが遅い者を捉えられていないため、値が低く出ていることに留意してほしい。表9-2、9-3についても同様の点に注意して読み進めてほしい。
（14）平井［二〇〇八］、平井［二〇一六］。
（15）この指標は、野母村で生まれた第一子を対象とし、その子どもが『野母村絵踏帳』に初めて記載された年と、母親の結婚登録年が一致するのか否かを検証するために作成した。また母親の結婚は、初婚には限定していない。
（16）「未婚での出生」のケースのうち、その後、どの程度結婚していたのか、あるいは第一子はその母親と一緒に移動したのかどうかに関してはこの論文では分析できていない。
（17）黒須［二〇一三］、斎藤・浜野［二〇一二］。
（18）平井［二〇〇八］。
（19）中島［二〇一六］。

(20) ここでは、イベントヒストリー分析の記述的手法の一種であるカプラン・マイヤー法を採用し、結婚継続率を算出している。具体的には離婚による初婚の解消を一、それ以外のセンサーされたケースを〇としたイベント変数を作成し、分析を行った。
(21) 中島［二〇一六］。
(22) Kurosu [2011].
(23) 落合［二〇〇五］。
(24) 中島［二〇一六］。
(25) 離婚の地域性については、本章では深く論じることができなかったが、社会学者の坪内良博と坪内玲子が明治期の統計から発見した「東高西低」パターン、東へいくほど離婚率が高く、西へいくほど離婚率が低くなる傾向のことを指している（坪内・坪内［一九七〇］）。結婚年齢の地域性（「西高東低」パターン）との関係性やその収斂については中島［二〇一六］を参照のこと。
(26) 成松［一九八五］、成松［一九九二］、平井［二〇〇八］。
(27) 平井［二〇一六］、中島［二〇一六］。
(28) 宗門改帳に記載された結婚と、法律婚との間には大きな懸隔があることは忘れてはならないだろう。しかし「結婚してから子どもをもつ」という規範が現代社会においても根強いことは、法律婚の登場から徐々に浸透していったのではなく、徳川時代終盤からその浸透が始まっていたことと無関係ではないように思われる。
(29) 野母村における一筆の急増ならびに一筆に関する登録形式の変更は、より実態に沿ったかたちで、宗門改帳に記載されるようになった可能性がある。
(30) 松浦［二〇一五］。野母村は、徳川時代を通じて、幕府直轄領（天領）であった。
(31) 落合［二〇一五］。
(32) 中島［二〇一六］。

主要参考文献

〈日本語〉

落合恵美子［二〇〇四］「歴史的に見た日本の結婚」『家族社会学研究』第一五巻第二号。

落合恵美子［二〇〇五］「世界のなかの戦後日本家族」歴史学研究会・日本史研究会編『日本史講座　第一〇巻　戦後日本論』東京大学出版会。

落合恵美子［二〇〇六］「徳川日本のライフコース」落合恵美子編著『徳川日本のライフコース』ミネルヴァ書房。

落合恵美子［二〇一五］「徳川日本の家族と地域性研究の新展開」落合恵美子編著『徳川日本の家族と地域性――歴史人口学との対話』ミネルヴァ書房。

黒須里美［二〇一二］「婿取り婚と嫁入り婚――東北農村における女子の結婚とライフコース」黒須里美編著『歴史人口学からみた結婚・離婚・再婚』麗澤大学出版会。

黒須里美・津谷典子・浜野潔［二〇一二］「徳川期後半における初婚パターンの地域差」黒須里美編著『歴史人口学からみた結婚・離婚・再婚』麗澤大学出版会。

斎藤修・浜野潔［二〇一二］「離死別と家の継承」黒須里美編著『歴史人口学からみた結婚・離婚・再婚』麗澤大学出版会。

坪内良博・坪内玲子［一九七〇］『離婚』創文社。

津谷典子［二〇〇二］「近世後期漁村における人口増加と出生力の分析」速水融編著『近代移行期の人口と歴史』ミネルヴァ書房。

中島満大［二〇一六］『近世西南海村の家族と地域性――歴史人口学から近代のはじまりを問う』ミネルヴァ書房。

成松佐恵子［一九八五］『近世東北農村の人びと』ミネルヴァ書房。

成松佐恵子［一九九二］『江戸時代の東北農村』同文館。

速水融［一九六六］「明治前期統計にみる有配偶率と平均初婚年齢――もうひとつのフォッサ・マグナ」『三田学会雑誌』七九巻三号（再録：［二〇〇九］「結婚年齢からみた複数の「日本」――明治前期における地域的特性」『歴史人口学研究　新しい近世像』、藤原書店）。

速水融［二〇〇九］『歴史人口学研究　新しい近世像』藤原書店。

平井晶子［二〇〇八］『日本の家族とライフコース』ミネルヴァ書房。

平井晶子［二〇一六］「近世後期における家の確立――東北農村と西南海村の事例」加藤彰彦・戸石七生・林研三編著『家族研究の最前線①　家と共同性』日本経済評論社。

松浦昭［二〇一五］「支配形態と宗門改帳記載」落合恵美子編著『徳川日本の家族と地域性―歴史人口学との対話』ミネルヴァ書房。

八木透［二〇〇一］『婚姻と家族の民俗的構造』吉川弘文館。

〈英語〉

Kurosu, Satomi [2011] "Divorce in Early Modern Rural Japan: Household and Individual Life Course in Northeastern Villages, 1716–1870," *Journal of Family History*, 36, pp. 108–141.

Tsuya, Noriko. O., [2001] "Patterns of Nuptiality and Fertility in a Fishing Village in Southwestern Tokugawa Japan," in Liu, T., Lee, J., Reher, D. S., Saito, O. and Feng, W. eds., *Asian Population History*, New York: Oxford University Press, pp. 107–137.

第10章　近代日本の出会いと結婚——恋愛から見合へ

服部　誠

はじめに

筆者は『愛知県史』や『新修名古屋市史』など、主に自治体史の編さんを通じて民俗の聞き書き調査を行ってきた。一九八九年以降に収集したデータは三万五〇〇〇件ほど、そのうち、婚姻に関するものは約五五〇〇件である。収集地は愛知県を中心に三重県、岐阜県に及ぶ。話者の年代は明治後半から大正生まれを中心とし、最高齢は明治三十三年（一九〇〇）生まれである。この聞き書きデータからは、大正時代から昭和初期に至る一般庶民の出会いと結婚の状況をうかがうことができる。

1　恋愛による結婚

(1)　恋愛慣行の広がり

多くの人は、太平洋戦争以前の日本では見合結婚が当たり前であったというイメージをもっている。しかし、聞き書き調査では、恋愛によって結ばれた事例を数多く聞くことができ、明治以前の古い時代には、それがむしろ一般的であったと考えられる。

聞き書き調査で明かされた恋愛は、いきなり一対一の個人的関係で始まるものではなく、夜遊びとか娘遊びといって、若者仲間が夜間、娘の家を訪問し、世間話に興じるうちに個人間の恋愛感情が芽生え、ナジミと呼ばれる関係に発展するものである。その後は、若者が夜中に娘のもとに通うヨバイが行われ、男女関係を伴うために子供ができることもあり、そうすると結婚することになった。ヨバイの本義は「夜這い」ではなく、若者が娘の名を呼んだ「呼ばい」にあるとされる。夜遊びからヨバイに至った事例は次の通りである。

事例1　愛知県一色町佐久島（現西尾市）〈大正二年女性、大正二年女性〉

一人でこっそり行くのがヨバイ、仲間でないと入れないのが夜遊びである。ヨバイはもう少し上の衆（明治の人）の時代の話で、話者たちの頃にはあまりなかった。恋愛は多く、仲良くなって子ができるというのは昔はたくさんあった。親が先に寝るので、自分たち二人になって子ができることはあった。ヨバイで子供ができて、どうしようもなくて一緒になるということはあった。

事例2　愛知県稲武町黒田（現豊田市）〈大正二年A男性、大正七年B女性〉

Aさんの子供時分には、ヨバイもちょいちょいあった。お姉さんのところには、年中、若い衆が来ていた。「夜遊びも来ないとしょうがない」「ヨバイも来てくれない娘じゃしょうがない」と言うこともあった。親はヨバイに来るのを警戒している人もいたし、娘が多い家の場合は、早く片づいてくれるからということで歓迎していた。そのため、雨戸のカギを外しておく場合もあったという。ヨバイに若い衆が来たときは、親は黙認していることが多かった。若い衆は一人で来るときもあれば二〜三人で来る場合もある。複数で来るときは夜遊びといい、本当の目的を持ってモノにしようかというときは一人で来る。ムラ内で夜遊びに行くときはほんの二〜三時間で帰ってきたが、外から来る場合は、仕事が終わってからやってきて夜明けに帰っていったという。したがって、外から毎日通ってくるということはとてもできなかった。Bさんの知っている限りではうわさも聞かなかったので、何年かの間にヨバイは自然消滅したのであろうという。

事例3　愛知県東栄町小林〈明治四十一年男性〉

夜遊びには、本郷、中設楽、月、古戸、粟代（いずれも東栄町）くらいまでは出かけた。夜遊びには、大勢で行くことはあっても一人で行くことはなかった。ムラのうちなら遊びに来た者の顔も知っているので追い返すことはなかったが、本郷から来れば、ある程度は気にした。年頃の娘をいつまでも置いておくのも恥なので、娘のいる家では若い衆を入れてやった。娘はお針をしていた。うちの衆が認めてくれれば、お茶を出したり食事を出したりもした。親は遠慮して別の部屋にいた。行きたくても行っちゃいかんと言われた。若い者同士で行って、ツレが「どうもあの子に惚れたらしい」ということになれば、まわりでも遠慮して、「あの子はいい子だでもらえ」といったりする。親も気づいて近所の評判にでもなれば、話をつけて一緒にすることもあった。「お前んとこの息子がよくオラんとこに遊びに来るが」「どうもおかしいと思った」と親同士で察して、「年頃だで嫁っこもらわんといかん」「同年輩もみんな結婚しとるで」といってまとめた。

事例4　岐阜県宮村寺（現高山市）〈大正十年男性、大正十二年男性〉

大正の終わりから昭和の初め頃にはヨバイは当たり前のようにあった。宮村から八賀（高山の塩屋の方）まで行った人もいて、昼の三時頃に出ていって、向こうに行くと夜中になったという。昼につき合えないので夜に行く。遊びのことをゾメキといって、遊びのヨバイをゾメキヨバイと呼んだ。先輩について、夜、娘の家をまわってゆく。二〜三人集まっては話をして帰ってくるものである。娘は家で仕事をしていた。親は隠れている。ナジミヨバイは一対一のもので、恋愛のヨバイである。気に入っていれば扉を開けて待っていることもある。ヨバイで一緒になる人もいたし、子供ができれば一緒になることが多かった。ヨバイは半分認めていて、咎めると苗代の苗を混ぜてしまったり、ナスを切ってしまったりという悪さをした。若いモンをボッテはだめだぞという話だった。

これらの事例からは、夜遊びはもちろん、ヨバイも結婚相手を見つけるための正当な手段として公認されていたことがわかる。ここでは、配偶者の選択は当人任せにされており、婚前交渉によって「娘がキズものになる」という気持ちも感じられない。

(2) 篠島・答志島の恋愛慣行

夜遊び（娘遊び）からヨバイに発展し、やがては結婚に至るという流れは、大正時代以降は廃れてゆく。筆者がこれらの聞き書きデータを収集した地域は、尾張平野の一部を除けば、山間地や離島など交通不便なところが多かった。とりわけ伊勢湾に浮かぶ島には若者宿の制度があったことから、慣行として娘遊びが維持されていた。

愛知県南知多町篠島は、現在はコウナゴ漁を中心とする漁村で、六三四世帯、一七六三人が住んでいる（二〇一〇年）。ここでは、中学を卒業して島に残る男子は数人で集まり、同級生の中から一軒を選んでヤドを依頼し、夕食後はここに集まって過ごしている。かつては一緒に寝泊まりをし、このヤドを拠点に娘遊びに出かけていたのであり、次のように、恋愛に関する豊富な話が語られている。

事例5　愛知県南知多町篠島〈大正十三年男性、大正十四年男性〉

娘遊びはどこの家にでも無礼講で入ることができ、篠島中をまわった。そこの娘が了解すれば、「こんばんは。

娘遊びに来たぞえ」といってあがった。娘は一人でいることもあれば、集まっていることもあり、イタコ（有松絞の内職）やお針をやっていることが多かった。初めはゴウズリ（集団で行くこと）で行っても、慣れ始めるとそこの家に目的を持って行くようになり、娘の腰を抱いて「俺の彼女になれ」といって口説いた。こうなると、他の若い衆は遠慮するので一人で遊びにいった。

事例6　愛知県南知多町篠島〈大正十年女性、大正十一年女性〉

若い衆宿の気の合ったもの同士で娘の所に遊びにいった。遊びにいく娘は自分より二～三歳年上までで、年下は七～八つ離れていてもよかった。出かけるのはヨルゴハンを食べてからで、七時半から八時半くらいに来た。宿の仲間は相談して行く所を決め、「こんばんは、遊ばせてください」といって訪れた。娘の方は、姉妹やツレ同士など、二～三人で夜なべの絞りをやっていた。親は気をきかせて別のところにいるか寝てしまう場合が多かったが、時には母親がいっしょということもあった。若い衆は絞りの糸を巻いてくれたり、生地を揉んでくれたりと手伝いをしてくれることもあった。座ってみんなで話をし、仲が良くなった二人がいれば気をきかせて残しておいて、他の者はよそに行ってしまう。若い衆が宿に帰る時間はだいたい同じになり、一一時か一二時くらいだった。いい家の娘のところに行くのは「気がずすない（近寄りがたい、遠慮する）」ということもあった。

事例7　愛知県南知多町篠島〈大正十年女性、大正十一年女性〉

娘遊びなどで男女の気が合って恋愛関係になることをナジミになるといった。ナジミになれば、ちょうど戦争中であったこともあり、兵隊に行く前に一〇人のうち九人は娘に手をつけた。同級生の中でも結婚前に子供ができた人が五人いた。ホーバイ（朋輩）もナジミの関係を認め、ツレのために空いている部屋を提供することもあった。ナジミの関係の娘をとったりするとたいへんなことになり、違う宿のものにとられたりすると、娘をめぐって宿同士で喧嘩になったこともある。

事例8　愛知県南知多町篠島〈大正十三年男性、大正十四年男性〉

娘遊びは一五歳〜一六歳くらいから行き始め、二〜三年もすればナジミができる。ナジミになると娘の方でも若い衆が来るのを心待ちにしている。ナジミになると周囲も親もこれを認め、娘も若い衆もとくに親に打ち明けることはしないが、親の方でもナジミになった若い衆のことはわかっていた。娘の方では布団を敷いておくので、若い衆は泊まっていった。この間に子供ができることもあった。しかし、ナジミになった娘のところに他の若い衆が遊びに行くこともあり、ナジミの二人が別れることもあった。娘遊びの交際期間を経て、結婚するのは二〇歳〜二五歳くらいであった。

娘遊びから始まる恋愛結婚は、篠島では普通のことであった。ただ、事例6にもあったように、経済力のある家の娘のもとを娘遊びで訪れるのははばかられたため、そうした娘は見合で結婚することになった。

事例9　愛知県南知多町篠島〈大正十年女性、大正十一年女性〉

一〇人の内八人までは恋愛結婚だった。島の中で経済的に上の家では、見合をする場合もあったようだが、たいていは「こういう娘がいるがどうだ」と親が決める場合が多かった。

また、次のように、若者は仲間の恋愛を援助する関係にあった。

事例10　愛知県南知多町篠島〈大正十三年男性、大正十四年男性〉

相手のできない若い衆に対してはホーバイが援助をした。昔はホーバイのために一肌脱ぐという気持ちが強かった。結婚に反対されたとき、ホーバイが力になるということもあったかもしれない。

三重県鳥羽市答志島は三つの集落からなり、七一四世帯、二三七九人が住んでいる（二〇一〇年）。海女漁が盛んで、やはり若者によるネヤコ（寝屋子）制度がある。ここのネヤ（ヤド）は、島の中で「教育者」と目される人がネヤオヤを依頼されて引き受ける点が篠島とは異なるが、ネヤが娘遊びの拠点となることには変わりがない。

事例11　三重県鳥羽市答志島・和具〈昭和二十三年男性、昭和三十年女性〉

ネヤコで女の子のところに遊びに出かけた。年頃の娘のことをアネラと称し、ナジミになる者がいるとお膳立てをして他の者は先に帰ってしまった。盆や正月は藪入りで、よそに出ていた女の子たちが帰ってくる機会であり、娘遊びによく行った。盆踊りの時などは、「行ってもいいか」「邪魔してもいいか」といって誘いをかけた。

事例12　三重県鳥羽市答志島・和具〈大正十三年男性〉

この子がいいとなると、ホーバイで「アジョ、あそこに遊びに行こうかい」と話をまとめ、娘に「今晩遊びに行っていいか」といって、夜、娘のところに出かけた。断られることはなく、「遊ばして」というと、親も「遊べ遊べ」といって気をきかせて二階に行ってしまったりした。初めは四〜五人で娘遊びに行くが、行き来しているうちに二人だけになり、こうなると家の外の人目につかないところに遊びに行ったりした。もちろん、うまくいかないと別れてしまうこともあった。

事例13　三重県鳥羽市答志島・和具〈明治四十年女性、大正三年女性〉

女の子は破れなどをつがなくてはならなかったので、お針の夜なべをしていた。ここに若い衆が来て仲良くなって結婚することが多かった。本人がよければ、親は何もいわなかった。

事例14　三重県鳥羽市答志島・和具】〈大正十三年男性〉

結婚しようということになると、ネヤコのホーバイが親元に行って話をつけてくれる。誰が行くかはネヤコのなかで決まっていた。これで内々に結婚の話が決まった。

篠島や答志島の事例からは、瀬川清子が指摘したように、恋愛と結婚を若者仲間が統制する伝統がうかがわれる。

(3)　好まれる相手と無軌道な行為

篠島で、娘遊びで好まれる相手を聞いたところ、家の釣り合いや資産、働きぶりなどを気にすることはなく、個人的な好き嫌いがあげられた。今の中高生が恋愛をする場合、相手の家の資産を問題とすることはまずないであろうから、かつての若者や娘も、純粋に恋をしていたといえる。

事例15　愛知県南知多町篠島〈大正十年女性、大正十一年女性〉

男であれば、おもしろい人が好かれた。責任感のある人、無口な人など、好かれる人は人によっていろいろだろう。親はよく間に合う（仕事ができる）人がいいなど、それぞれに好みをいった。女であれば、やはりきれいな人が好まれた。性格の合う人がよい。家柄によって釣り合ったり釣り合わなかったりということもあった。

事例16　愛知県南知多町篠〈大正十三年男性、大正十四年男性〉

気の合う人、きれいな人、気だてのいい人など、その人ごとによって好きになる人は違う。親としては気だてのいい人、男らしい人などを好んだものだろう。

性格が重視される。

事例17　愛知県南知多町篠〈明治四十二年女性、明治四十二年女性〉

民俗社会における娘遊びやヨバイは、個人で勝手に行う自由恋愛とは異なる。基本的には若者仲間が管理し、ムラ人の目もあることから無軌道な振る舞いに対しては社会的な制裁が加えられた。それはムラという共同体から排除されることを意味する。その点で、娘遊びやヨバイでの恋愛は一種の社会慣行として位置づけられる。

事例18　三重県鳥羽市答志島・和具〈大正十三年男性〉

初めに好き同士になった人と一緒にならなければ、娘はキズモノといわれることになり、島のなかでは結婚しづらかった。そうなると町に出て行くことになった。昔はこういうことには厳しかった。娘が相手を二股かけるような場合は、それがわかれば誰からも相手にされなくなり、やはり町に出て行くことになった。好き同士で子供ができれば、結婚することが認められ、親が反対しても他の人が説得してくれた。

事例19　愛知県一色町佐久島（現西尾市）〈大正五年女性〉

親が反対すればナジミになっても別れさせられることはあったが、好き同士で別れた例はあまり知らない。別れるといっても今ほど簡単ではなかった。ナジミになればうわさがたつので、別れると他に行き場がなくなってしまう。ナジミになれば結婚するものであった。今の子はだらしがないし簡単に別れている。

(4)　農村の娘遊びと地域性

聞き書き調査では、娘遊びやヨバイは、大正から昭和初期生まれの話者たちにとって一昔前のこととして語られることが多く、地域によっては早くに衰退してしまっている。尾張平野西部を例にとると、一宮市を中心とする北部地域では明治生まれの話者からも娘遊びは過去の伝聞としてしか語られない。

一方、尾張平野西部の中部地域や南部地域では話者の実体験として娘遊びのことを聞くことが可能で、はっきりした地域性が存在していた。その背景として考えられるのは、北部地域は早くから機業が発達し、家ごとの階層差が大きかったため、事例6で示されたように、「いい家の娘のところに行くのは『気がずすない（近寄りがたい、遠慮する）』」という気持ちが働き、また、受け入れる家の方でも警戒をするようになっていたからだと思われる。これに対し、南部地域は小作農が多く、経済状況はどこの家も似通っていたことから、若者たちの訪問に抵抗がなかった。また、中部地域の場合は少し特殊で、蟹江刺繍の内職仕事がたくさんあり、娘たちが一か所に集まって夜なべをしていたため、こうしたところに若者たちが娘遊びに出かけていた。

次の資料は南部地域の事例であるが、夜遊びが若者と娘の話をするきっかけとなっていたことのほか、遊びに来る若者を拒むことはできないことが語られている。ここでは、昭和初期まで、夜遊びがムラのしきたりとして根付いていたことがうかがえる。

事例20　愛知県立田村山路（現愛西市）〈大正二年女性〉

戦争前には、夜、若い衆が娘さんの家に遊びに行く夜遊びが行われていた。山路の人ばかりでなく、佐屋（愛西市）の方からも歩いてきた。遊びに来るのは、たいていは娘よりも二つ三つ年上の人であり、年が似ている人同士で、多いときは五〜六人くらいで来た。若い衆たちは、娘の家で他の若い衆とかち合わないようにして訪れた。若い衆はダイドコロ（田の字型間取りの南東の部屋で居間として使われる）にあがるが、寒い時期であれば火鉢の縁に丸くなれる三人くらいの人数がいい加減であった。来る時刻は、ご飯を食べて風呂に入ってからであり、九時か一〇時には帰っていった。この間、娘は黙って針仕事をしていて、若い衆は「どこぞに連れてってたろか」などといったが、たいていは自分たちで賑やかしてしゃべっていた。青年会にいってツレがあれば話もできるが、家では若い衆と話はできなかった。それでも、夜遊びで知り合えば、道であったら話ができた。若いモンのなかに親がいるのはいいことではないので、親はキタデ（ダイドコロの北側の部屋で食事の場）にいて話を聞いていたが、ダイドコロを通ることができないので、この間、風呂にも入れなかった。姉が、「好きでもない人が遊びに来るので嫌だ」といっていたら、親が、「兄が青年会で遊びに行くのだから向こうもお互い様で来てもらわないと駄目だ」とたしなめられていた。話者の家は女の子が六人いたため、若い衆はよく来ていた。

(5) 不利益とならない離婚

ところで、娘遊びをきっかけとする恋愛結婚が多かった時代は、離婚もまた多かったと語られている。

事例21　愛知県東栄町月〈大正十年女性、大正十三年女性、大正十五年女性〉

明治から大正の初めくらいにかけては、風呂敷一つを担いで嫁に来ては、すぐに別れてしまうということも多かった。相手が嫌なら三日で帰るといっていた。「七とこめーの八ーとこせー」というのは、七回結婚してそのつど離婚し、八回目でやっと落ち着くという意味である。

事例22　愛知県東栄町古戸〈大正八年男性〉

三人目にやっとおさまったという人もいたし、同じ組のなかで結婚しても馬が合わないといって離婚した人もいた。離婚はありがちなことであった。また、夫が先に死んだ場合は、嫁を弟と結婚させる場合があり、それがいやなときは、山をつけてやって（山林を分与して）実家に戻すことがあった。

離婚は当事者たちにとって不利益にはならなかったのであろうか。次の話者たちは、離婚が簡単に行われたことに加え、再婚もまた容易であったことを語っている。ただ、そうしたことが許されるのは子供ができるまでの間であった。

事例23　愛知県津具村下津具（現設楽町）〈大正四年女性〉

昔は離婚は多かった。一人の人が離婚を繰り返して二〜三度嫁入りするということもあった。盆や祇園さんに知り合いのお嫁さん同士で里帰りするとき、「もういやになった」「あんたもか。一緒に戻らないでおこうか」「お前も行くか、おれも行く」といって、そのまま婚家に戻らない場合もあった。話者の両親の世代では、このようなことが多く、離婚して新たに嫁いだ先が、もとの嫁ぎ先の隣という場合もあり、それでも色気がなくて気にもしなかった。離婚する場合は、嫁の道具はオセワニンが立ち会って調べ、全部在所に持ち帰った。腕のいいオセワニンの場合は手間代としてお金を嫁に渡してもらった。もっとも、離婚がどんどんできるのは子供ができるまでであり、子供ができれば首っかせとなり、互いに泣き寝入りをすることになった。

事例24　愛知県豊田市川面（旧足助町）〈大正十二年女性、昭和四年女性〉

七〜八歳年上の人たちは自由に離婚する風潮で、破談になる人もあった。男の人で四回くらい結婚した人がある。三回離婚したことになる。子供がいると置いてきて自分だけ戻ったり、連れて行く人もあった。その後にまた結婚するので、その時の相手がやはり離婚経験者だと先妻の子がいたりして継母になる。子供がいない方が簡単に別れることができた。三回離婚した人は子供がいなかった。昔は嫁入り道具も箪笥や長持がなく、風呂敷包みだけだったので離婚も簡単だった。隣の家に嫁いでいた人が離婚し、二〜三軒向こうの家に嫁いでくるようなこともあった。

ただ、こうした風潮も次第に過去のものとなり、離婚は急減してゆく。

事例25　愛知県設楽町粟島〈大正十一年女性、大正十五年女性〉

少し前の世代の人は、嫁ぎ先から出たり入ったりしていたらしい。話者たちの世代は、離婚は恥ずかしいことという風潮であり、出入りはなくなっていた。

2　恋愛の衰退と見合の台頭

(1)　家制度の浸透と離婚率の低下

近代日本の家族の仕組みを家制度と規定することに異論はないであろう。家制度は個人の自由よりも家の存続を最優先とするもので、家産を維持・継承してゆくため、戸主には家族を統制する強い権限が認められた。近世では、武家や大きな商家に顕著に存在していたこの仕組みは、明治時代には一般にも浸透し、一八九八年（明治三十一）に明治民法が出されたことによって法的にも確立する。

本来、嫁という立場の人間は、嫁ぎ先で主婦の座を獲得するまでの間は不安定な立場にあり、婚家と実家の両方に帰属する存在であった。初子を実家で出産したり、その産育の儀礼に実家が深く関わったり、時として長期の里帰りが認められたりしたのも、そうした嫁の立場を示す民俗事例であると考えられる。しかし、明治民法では、婚姻によって妻は夫の家に入ることを規定するとともに法律上は無能力者とし、借財や財産の売買、贈与などの重要事項には夫の許可が必要とした。妻の財産は夫が管理したため財産権はなく、離婚の場合、財産分与がされないことも想定された。また、戸主は家族の居所を指定し、子供の結婚については男子三〇歳、女子二五歳になるまで同意権を持つ

図10-1　離婚率の推移（人口千対）

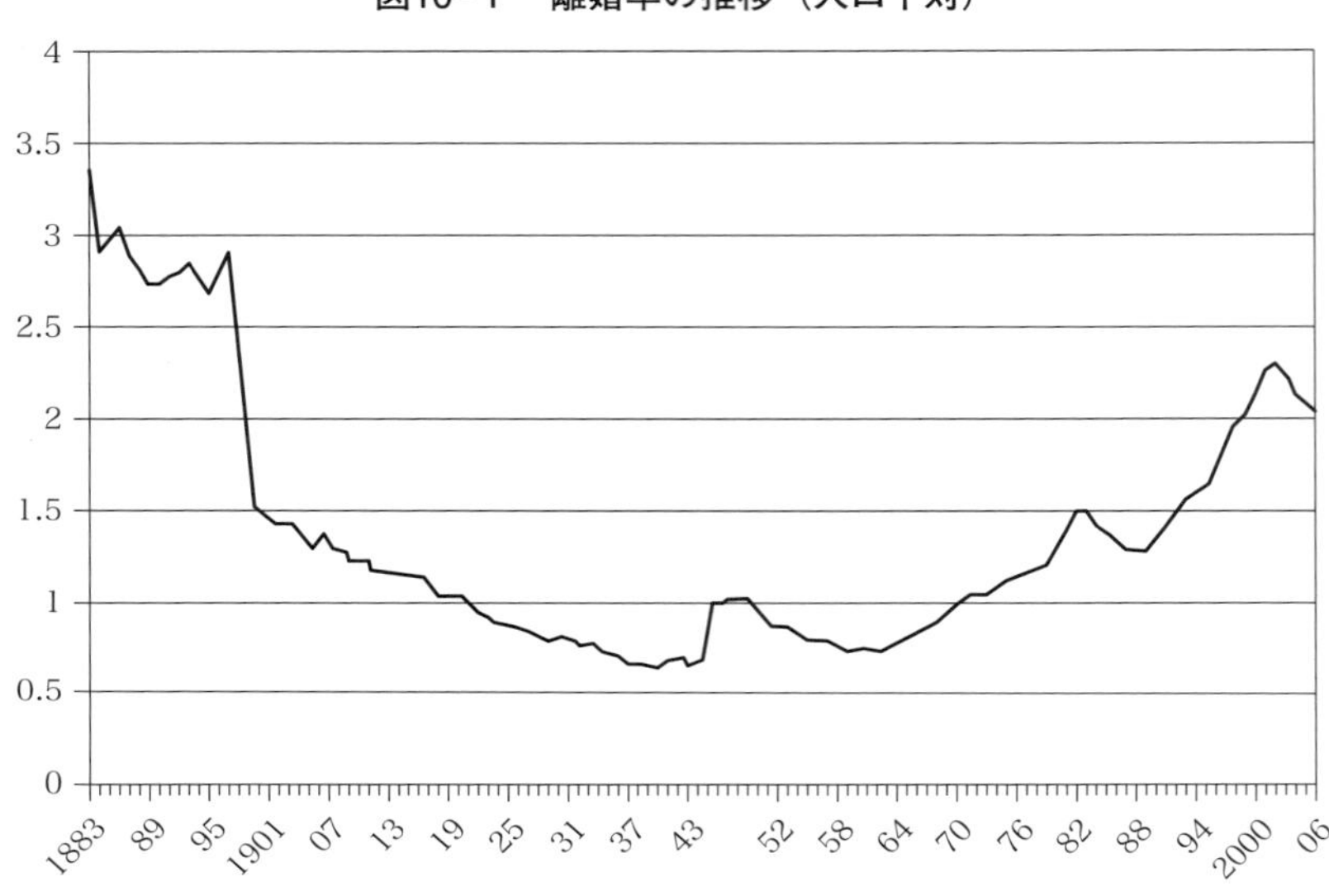

出所：総務庁統計局「国勢調査報告」ほか。

ことを定めたため、親の同意を得ない結婚は難しくなった。家制度の浸透は、離婚した場合の女子に著しい不利益を与えることとなる一方、子供が産まれてからの安易な離婚は、夫の家にとっても家の継承を不安定なものにすることとなった。この結果、離婚に対する忌避意識は高まり、図10-1のように、明治末期の離婚率は著しく低下することとなる。

事例26　愛知県西尾市行用〈大正六年女性、大正十年女性、昭和八年男性〉

相手がどんな人であっても辛抱するようにと親からいわれていた。離婚などということは考えられない。そこの家を守らなければいけないという精神が徹底していた。西を向いて泣いても東を向いたら笑えと親が言い聞かせていた。家から出ていけば人目が悪いし、恥であった。今の世の中とは違う。女の人の方が辛抱したものだった。

事例27　愛知県瀬戸市下半田川〈大正七年女性、昭和十年男性〉

女の人が辛抱したので離婚はなかった。たまによその人と出来てしまい、逃げられたというような話もあったが、まず離婚はなかった。女の人に経済力がなかったこともあって、一歩下がっているしかなかった。子供がいるし家事に追われて離婚などできない。

事例28　愛知県豊田市広幡〈大正十二年女性、昭和九年女性〉

当時は嫁に行ったら帰ることは絶対にだめだった。帰ってきたらキズものになる。その次にいいところに行けることはなかった。

事例29　愛知県立田村山路（現愛西市）〈大正二年女性〉

親が「この敷居をまたいだら二度と戻ってくるな」といっていたので、嫁さんはどこまでも辛抱した。

事例30　愛知県尾西市鞆江（現一宮市）〈大正四年女性、大正十年女性、大正十四年女性、昭和四年女性〉

「嫁の年季は十年、礼奉公十年」といい、これで部落のことが分かってくる。

これらの資料から読み取れるのは、婚家で辛抱を余儀なくされる「堪える嫁」の存在である。

(2)　親が決める結婚と恋愛の衰退

結婚がやり直しのきかないものとなると、相手をしっかりと見定める必要が出てくる。当人同士が相手を決める恋愛結婚は、親の目からみると危なっかしいものであり、この結果、親が全面的に結婚に介入し、親が相手を決めることが普通になってゆく。

事例31　名古屋市中川区大蟷螂〈明治三十六年男性、大正十年男性、大正十三年男性、昭和六年男性〉

恋愛結婚もあったが、多くの場合は親が結婚相手を決めた。世話焼きのばあさんがいて、いい娘がいるからと見合をさせた。この人がチュウニン（仲人）である。

事例32　名古屋市中川区下之一色〈大正五年女性〉

昭和十二年、二二歳になったとき、親から呼ばれて結婚するようにという話があった。相手の人は顔は知っていたが、話もしたことがない人であった。先方ではおかあさんが亡くなって、女手がなかったこともあり、親同士が話をしてすぐにでも来てほしいということであったので、親が決めたことならと承知をすることになった。結婚式までの間、顔合わせをすることもなく、結婚式の時に初めて顔を見た。

事例33　愛知県東栄町古戸〈大正八年男性、大正八年女性、大正九年女性、大正十一年男性、大正十二年女性、大正十三年女性〉

もとは恋愛結婚はごくわずかであり、恋愛自体が評判が悪かった。見合もやらなかったので、結婚相手は親が決めたようなものだった。親の言うことは聞かなくてはならないという風潮だった。オセワニンが話を持ってきても写真もなかったので、古戸の中同士で一緒になる以外は、結婚式まで顔を見たことがないということもあった。こんな状況でも、離婚をするということはなかった。

事例34　愛知県豊田市広幡〈大正十二年女性、昭和九年女性〉

結婚相手は親が決めた。親類にも影響するので父親が決める。親の目に狂いはない。親が主だった。近所であればだいたいわかる。取り持つ人も人を見て話しに来る。

こうした風潮が一般的となると娘遊びは警戒され、訪れる若者の家の資産状況を判断し、親が素っ気ない態度を取ることも出てくる。

事例35　愛知県瀬戸市菱野〈大正四年男性〉

夜遊びは二〇歳くらいの人たちが行った。親が警戒せず、入れてくれるところに行くものであった。娘が出てこないときもあった。この場合、小作は縁側で対応され、自作であれば家に入れてくれるというように、待遇に差があったともいう。

このような親の態度が若者にとって好ましいはずはない。自分たちの恋愛のしきたりに介入してくる親に対して、若者も抵抗を試みている。

事例36　名古屋市瑞穂区井戸田〈大正二年男性〉

話者の頃は行かなかったが、お兄さんの時は昼間から二～三人で遊びに行っていたようである。今は九〇歳くらいの人が若かったときの話である。これで結婚相手を見つける場合もあったが、相手の家の家柄を見て、親が反対する場合も多かった。また、娘のところに遊びに行っても、嫌われたり箱入りで相手にされなかったりしたときは、腹いせに娘の家の外にクソナワ（タメツボに縄を入れたもの）を張って親を困らせたりした。

事例37　愛知県旭町浅谷（現豊田市）〈大正九年男性〉

年寄りの人から、「夜中に寝てからヨバイにハンで（出かけて）、子供を作った人がいた」というような話を聞いた。ヨバイは泥棒の真似である。昔は何里も遠くに出かけ、帰ってきたら朝だったという話もある。夜遊びは、仕事がなくて遊んでいる冬に多く出かけた。娘を抱えた家では警戒していて、家に細工をしていたという。まともには行けないので、雨戸をそっと開けて入ってゆくが、見つかったら腹いせにヤボをして（嫌がらせをして）帰ってきたという。雨戸に水を掛けておくと、冬で寒いので戸が凍ってしまったり、出たところにバケツを置いておいたりした。

また、恋愛自体を排除する風潮も次第に一般化していった。

事例38　岐阜県可児市中恵土〈大正七年女性〉

恋愛をすると叱られるような風潮で、女の人も首筋か足首しか人目にさらさないようにしていたし、胸も小さくしていた。男の人も、娘の前は恥ずかしくて通れないようなことだった。

事例39　愛知県豊田市武節（旧稲武町）〈大正十四年男性、大正十四年男性〉

ヨアソビの習慣は知らない。恋愛もあったが、親が反対だった。お祭りやお盆などが知り合う機会で、青年団も二〇～二七歳くらいの男女が二〇〇人くらいで組織していて仲良くなることもあったが、人目を忍ぶのはたいへんである。親は見合で一緒にさせるつもりで、彼女ができても話をするのが怖かった。許されなかった。祭りの時、公会堂で疲れて一服していても、若い男女のことは見張られていた。

事例40　愛知県一宮市中島〈明治四十三年女性〉

機屋などで恋愛で一緒になったりすると、「あそこの子はしくじりゃあした」などといった。

このように、恋愛結婚は「失敗」であったと意識されるようになってゆくのである。もちろん、こうした話の一方で、まだまだ娘遊びを続けているところはあったのであり、一度に恋愛結婚がなくなったわけではない。それまでの結婚に対する規範意識が変わるには、しばしの時間が必要であった。それでも、家制度が浸透してゆく中で、次第に結婚相手は親が決めるのが普通とされてゆく。

(3) 好まれる相手の変化と上昇婚

結婚がやり直しのきかないものとなると、嫁いだ後、主婦の座を獲得するまでの間、嫁は「堪える」生活をしてゆかなくてはならない。そうであれば、少しでも生活がしやすい家に娘を縁付かせたいと考えるのは親心であろう。一方の若者の親の側では、家の継承のために働き者で従順で、子供をたくさん産める嫁を求めることになり、針仕事などの家事が得意なことも、結婚相手の条件になってきた。以下の事例では、恋愛結婚の場合に条件とされていた個人的な好悪が姿を消していることに注意したい。

事例41　名古屋市名東区高針〈明治四十二年女性、大正十三年女性〉

よく働いて丈夫な人、女の人であれば、器用でお針の上手な人が好まれた。

事例42　愛知県東栄町月〈大正十年女性、大正十三年女性、大正十五年女性〉

相手については親まかせだったが、まじめで財産があって、よく働く人が好まれた。また、家のツリアイ（釣り合い）を考え、平等でないと駄目であった。女性は丈夫で百姓ができる人がよかった。

事例43　名古屋市港区西福田〈大正八年男性、大正九年男性、大正十五年男性〉

よく働いて丈夫な人が相手としてはよかった。まじめでおとなしい人が好まれた。

事例44　名古屋市西区比良〈大正十三年男性、昭和三年男性〉

百姓であれば体の丈夫な人がよい。気だてがよくておとなしい人が好かれた。お針はみんなが習っていて、当然のたしなみであった。器量はよければいうことはないが、二の次になる。また、家のツリアイは大切で、家柄やシンショウ（身上）をみた。「釣り合わないのは不縁の元」といっていた。

家の釣り合いを条件としているのも、家制度のもとでの結婚の特徴であろう。あまりに婚家に経済力がある場合、嫁いだ娘は惨めな思いをするかもしれず、経済的に豊かな家とはつき合いがしづらい。したがって、結婚後の娘がそれまでに比べ、少しだけ楽な暮らしができる相手を探し、親は結婚話を勧めた。また、婚家では、嫁の実家が婚家に対して経済的に劣位であることを背景に、嫁いできた嫁が婚家に対して従順であることを期待した。これも家の継承を第一とする考えから出たものである。

次に挙げるのは、実家に対して婚家に経済力がある組合せを志向した事例である。

事例45　愛知県稲沢市片原一色〈大正十年男性、大正十三年男性〉

気だてがよくて器量好しで働き者であればいうことはない。結婚相手は家が釣り合わないと駄目であり、ツリアイを第一に考えた。だいたいは資産（田地）の同じくらいのところを選んだ。土地が一町あるところから、五反三反のところに嫁ぐのは滅多にないことであった。娘の方に資産のないのはまだよいが、この逆の場合、後妻であるとか娘が年をとっているとかの場合を除いては避けられた。

事例46　愛知県常滑市大谷〈昭和三年女性、昭和五年女性〉

両方のシンショウをみて相手を決めた。貧乏な人から嫁をもらうとうんと精を出す。上からもらうと嫁が威張ってしまう。

事例47　愛知県犬山市塔野地〈大正十年男性、大正十三年男性〉

シンショウは少し下からもらうようにした。嫁が上だと、鼻が高くなる。

娘にとっての上昇婚は、単に経済的な問題にとどまらない。山がちなところよりも平野のムラでの暮らしの方が楽であり、以下の事例では、山から里へという嫁の流れが認められる。

事例48　愛知県犬山市塔野地〈大正十年男性、大正十三年男性〉

鬼門から嫁をもらうのはよくない。鬼門に出すのはなおよくないといった。塔野地であれば、善師野（犬山市）が悪い方角であった。塔野地は、大八で物を運ぶことができたところであるが、善師野は肩ばかり（背負子など肩で背負って運ぶ）なので大変だった。したがって、善師野には嫁に出さなかった。善師野から嫁いでくる嫁は、「丈夫い（じょうぶ）」のでよいといった。犬山の町へは、嫁に出すことはあってももらうことはなかった。百姓仕事ができないので、役に立たなかった。

事例49　愛知県津具村下津具（現設楽町）〈大正四年女性〉

（平らな）上津具、名倉（設楽町）とは嫁が行ったり来たりしていた。（山間の）根羽や豊根からは、嫁は来るが向こうに嫁いで行くことはあまりなかった。津具は米が食べられるが、山は食べるものがまずいといい、津具が平らなのに対し、山では味噌を買いに行くのでも背で背負って行かなくてはならず、たいへんであった。振草、古戸（いずれも東栄町の山村）あたりでも、向こうから上がってくる嫁さんはいても、出て行く人はあまりいなかった。

事例50　愛知県設楽町和市〈大正四年男性、大正九年女性〉

和市や荒尾（設楽町）の家には、振草の人がよく縁づいている。振草では、日の入る方に嫁ぐと縁がいいといっていた。和市は田地のあるところで米所なので、振草の人からみればあこがれの場所だったといえる。田口（設楽町の中心地）に近く、ここには学校もあり、医者もあったので便利だった。「うちの経済はお父さんがやるで、女の人は蔵の中に米があるところがいい」といわれた。男の人はお金、女の人は蔵が楽ならよかった。逆に、和市から振草に嫁ぐ人はあまりいなかった。津具、名倉、田口とは、行ったり来たりがあった。

事例48では鬼門を問題としているが、それは一つの口実であり、実際には山がちなところに嫁がせることを忌避している。結婚話を断る場合、方角や年回りなどの悪さを理由にあげることが行われてきたが、それは迷信に基づくというよりも、上昇婚がかなわないなど、何らかの実際的な問題が存在していたため、一種の方便として使われたものである。

太平洋戦争後の食糧難の時代は、食べ物に困らない農家が上昇婚の対象であった。

事例51　愛知県豊田市鴛鴨〈昭和九年女性、昭和九年女性、昭和十年女性〉

食糧だけは自分のところで作っているところに行けといわれていた。

同じ農家でも、水田地帯と畑作地帯では農業の状況が異なる。都市近郊で蔬菜栽培に力を入れる農家は現金収入が入って経済力はあるが、主婦の座を獲得してサイフ（家計）を握るまでの嫁の時代は、現金を儲けても自分の自由にはならず、畑仕事で忙しい思いをしなければならないことが苦になった。次の事例はそうした事情を背景としたものである。

事例52　愛知県瀬戸市美濃池〈大正十年女性〉

美濃池の方は、（南の）日進からみれば畑百姓である。米が食べたかったら南の方に嫁げといわれていた。南だと米が食べられるが、北だと麦飯になる。北の方は、そばや粟、キビを食べなくてはいけなかった。しかし、日進ではカワキ場（亜炭鉱）のビク編みくらいしか現金収入がなかったが、美濃池では野菜でお金が入った。

事例53　愛知県日進市蟹甲〈昭和七年女性〉

おじいさんが猪高（名古屋市千種区）の出身だったことから、庄中（尾張旭市）にいい嫁ぎ先があるからどうだという話があった。しかし、百姓どこなのでたいへんで、野菜を作って名古屋に売りに行くことになる。そういうことをさせてないので「ようやらん」といって断った。畑どこは儲かるが一年中忙しい。田のところは麦を作っている時は少しは家にいられる。そういうところがよいと親は考えていた。

塩田をもっている三河湾沿いの農村は、朝早くに塩田に海水の混ざった砂を広げ、午後からこの砂を集めて塩水を抽出する。その合間には田の草取りをしなければならず、かなりの現金収入があった反面、休む間もなく働くことになる。このため、塩田の仕事のたいへんさがわかっている娘には、嫁ぎたくないところだった。

事例54　愛知県吉良町吉田（現西尾市）〈昭和二年女性、昭和三年女性〉

戦後間もなくは、兵隊が一度に帰ってきて、年が違っていても一度に結婚したような時代だった。百姓なら食べられる。百姓でないとだめだといわれた時代だった。塩浜は、みんな素人で嫁いできていた。「海苔は男でとってくる。塩浜も男が行く」といっていたが、実際には嫁ぐと約束通りにはならない。昔の娘は働くものだと思っていたので、塩浜に嫁いでも負担はいとわなかった。塩浜取りの娘は外に出る。違うところに行きたいといっていた。話者の母親は、「塩浜が嫌で山に嫁いだのに、娘は塩浜に出すのか」といわれたという。友達を浜の嫁にと誘ったら、「海苔と塩は嫌」といわれた。夫が早死にしても、一人でやれるところがよいといっていた。

(4) 仲介者型仲人の発展と見合

親が結婚相手を決めるといっても、親はたくさんの若者や娘を知っているわけではない。配偶者選択に間違いが許されない以上、きちんとした情報に基づいて結婚話を進める必要がある。そのためにクローズアップされたのが仲介者型の仲人である。

仲人には二つの機能があり、一つは結婚相手を紹介する仲介者の役割、もう一つは結婚した新夫婦の後ろ盾となり、結婚生活が円滑に送れるようにする後見者、または相談者の役割である。

娘遊びをきっかけとする恋愛により、近くに住む者が結婚相手に決定されていた時代、多くの者にとって仲介者としての仲人は必要がなかった。しかし、ムラの中に釣り合いのとれる適当な家のない豊かな家の子女の場合、遠方婚となるため仲介者は欠かせなくなる。こうして、仲介者としての仲人は、近世の上層階級のために発生したとされる。新夫婦とのつき合いは長くても数年ということが多い。

これに対し、後見者、または相談者としての仲人は、新夫婦の生活基盤が不安定な時代ほど必要なものとされ、いわゆる仲人親として生涯にわたってつき合いをした。図10-2で示したように、愛知県には仲介者、後見者（親方型）、相談者（親戚型）の仲人が地域性を持って分布し、後二者は婿方嫁方から立てる両仲人の形態を取る。これは、新夫婦間でもめ事が起きた場合、婿方嫁方それぞれを代表して解決にあたる必要があったためである。また、後見者、相談者の仲人は、仲介役を別に求めることがしばしばあり、三河地方ではこれをオタイコなどと呼んでいる。オタイコは結婚式までは出席するものの、その後のつき合いはなく、式の席でも後見者、または相談者としての仲人が上席に座った。後見者の仲人は本家、相談者としての仲人は親戚が務めることが多い。

話者の語る仲介者としての仲人は、次のようなものである。

図10-２　愛知県下の仲人の諸類型

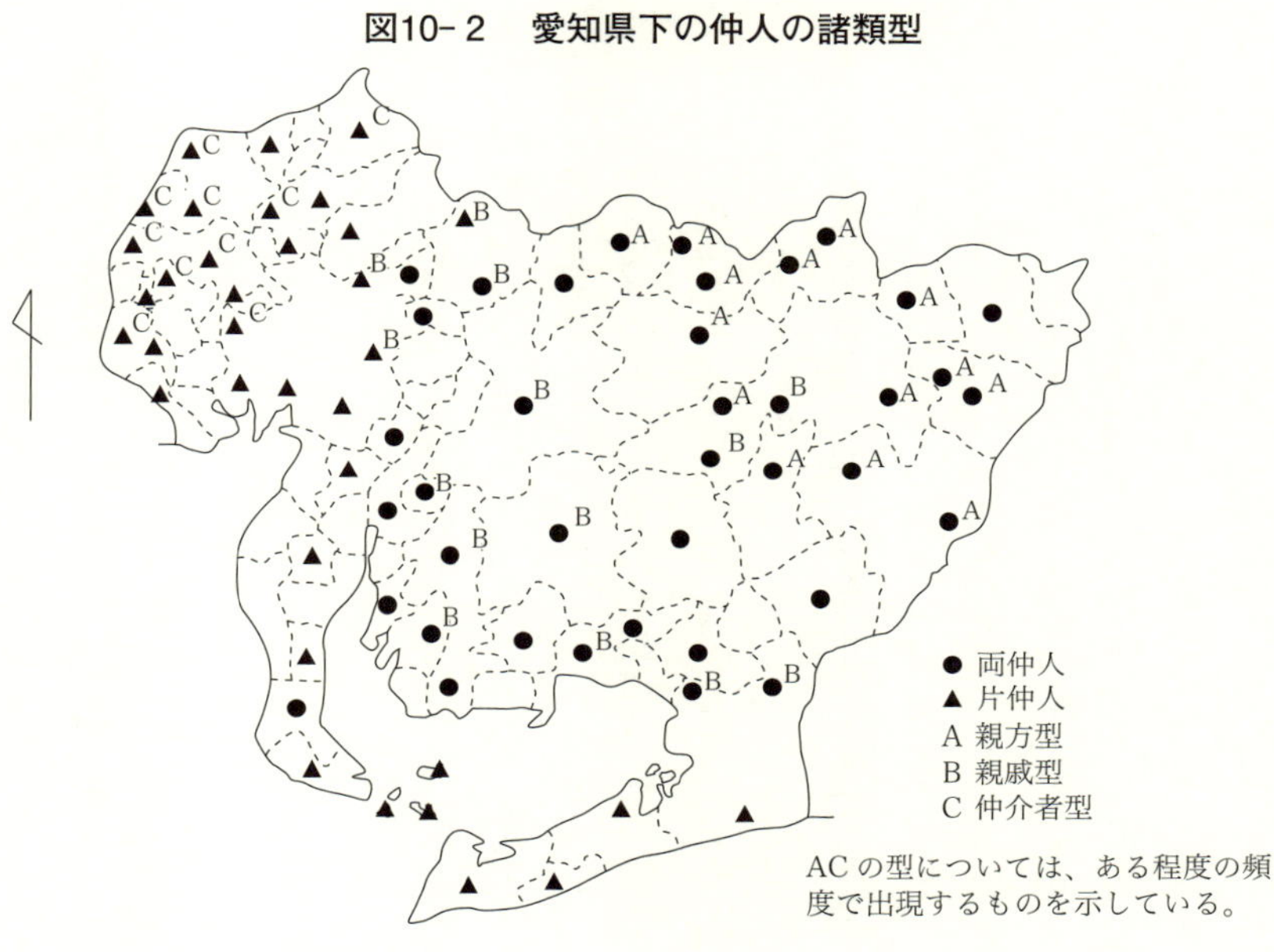

事例55　名古屋市緑区鳴海〈大正十五年男性、昭和三年男性〉

専門のオチュウニン屋さん、仲人屋さんという商売の人がいて、写真をいつも五～六枚持っていた。この人は、頼まないでもだいたい相手を探してきて、どこに娘がいるかということをよく知っていた。オチュウニン屋さんをするのは、女の人の場合も男の人の場合もあった。話がまとまればお礼をすることになり、また、三年間、盆暮れには何かを持って挨拶にいった。

事例56　七宝町伊福・鷹居（現あま市）〈大正二年男性、大正六年男性、大正十三年男性、大正十五年男性、昭和五年男性〉

世襲でオチュウニンをしている人がいた。結婚したいときはここに頼みに行く。プロに近いような人であり、あそこに行くといい話があるといっていた。シンセキに頼むよりも早いし、「こういう人で」というと紹介してくれた。婚礼当日も、オチュウニンはこの人が取りしきり、夫婦で式に出席した。いろいろなしきたりもオチュウニンが教えることになる。素人では難しい。

事例57　甚目寺町甚目寺（現あま市）〈明治四十四年男性〉

見合のときはチュウニン屋があり、娘がいるような家で頼みに行くと、田畑を一畝ももたない水呑百姓などでも、そこの家の格をみてうまく相手とくっつけてくれた。

仲介者としての仲人は、確実に結婚相手を見つけてくれる半ばプロの人であり、婚礼のしきたりにも通じていた。今でいえば結婚紹介所とウェディングプランナーを兼ねたような存在である。こうした人が恋愛によらない結婚を支えたのであり、とりわけ重要なのは、どんな人にも適当な相手を探してくれた点であろう。

さて、恋愛から始まる場合、夜遊び、ヨバイを通じ、相手のことをよく知った上で結婚に至ることになるが、仲介者としての仲人が紹介した相手とは、見合によって初めて顔を合わせることになる。しかしながら、その見合の実態は、次の事例で示したように、はなはだ心もとないものだったといわざるをえない。

事例58　愛知県甚目寺町石作（現あま市）〈大正六年男性、昭和二年男性、昭和二十四年男性〉

男の方では、オチュウニンに娘を紹介されると、「いついつに来い」といわれて娘を見に行った。出かけるのは夜であり、電気も暗かったので昼のようにはよく見えなかった。したがって、もらった後でこんなはずはないということがあったりした。見合の前に写真をやりとりするようになったのは戦後のことである。見合の時は親が一緒であり、本人同士が知らないうちに話が進められていることもあった。先方でも親が来ているので、親と話をしてくる。娘は途中でお茶を出しに来てくれるが、その瞬間に相手の顔を見るだけである。「鴨居のところまで背がどのくらいだから身長はこのくらいか」というように、この時だけで相手についていろいろと判断をした。

事例59　愛知県甚目寺町甚目寺（現あま市）〈明治四十四年男性〉

昔は相手がよく分からないで結婚するということがよくあった。兄の歳がいっている場合、見合のときは弟を代わりにしたという話も聞いた。結婚式をやっても行灯で明るくはないので、朝になって、考えていた男と違うものが夫だったということもあったという。こういう場合は泣き寝入りだった。

事例60　愛知県一宮市中島〈大正九年女性、大正十二年女性、昭和十七年女性〉

昔の結婚は親が決めてしまった。見合は家でやり、オチュウニン、親様（母親）、婿くらいで来た。婿だけが来るときもあれば、初めは母親が来て、婿が後から来ることもあった。見合の時は話もしない。娘はお茶を出すだけであり、ちょこっと見て恥ずかしいものだった。まともに顔を見ることはできない。結婚するまで相手の顔を知らないということもあった。替え玉で妹を見合に出し、姉が嫁いでいったということもあったと聞く。

事例61　愛知県豊田市川面（旧足助町）〈大正十二年女性、昭和四年女性〉

紹介してもらい、家や料理屋で見合をした。家の場合は娘のところである。男の人と女親が一緒に来る。一人では来れない。親が連れてきた。昼間である。娘さんは家でやることがあれば何かをしている。たいていは家にいた。おしゃれをしてくることはない。親同士で話をしている。娘の方はお茶とお菓子を持って出る。あまり話はしない。その時に見て、取り持ってくれた人にどうだといわれるので後から返事をした。たいていは親が決めてしまう。あそこならよいということになる。親のいうことを信じて一緒になった。見合の後は式まで会わない。親が押し付けるもので、デートもなかった。つきあうこともなくて結婚したので、どんな人か忘れてしまっていた。

図10-3　見合い結婚と恋愛結婚の推移（%）

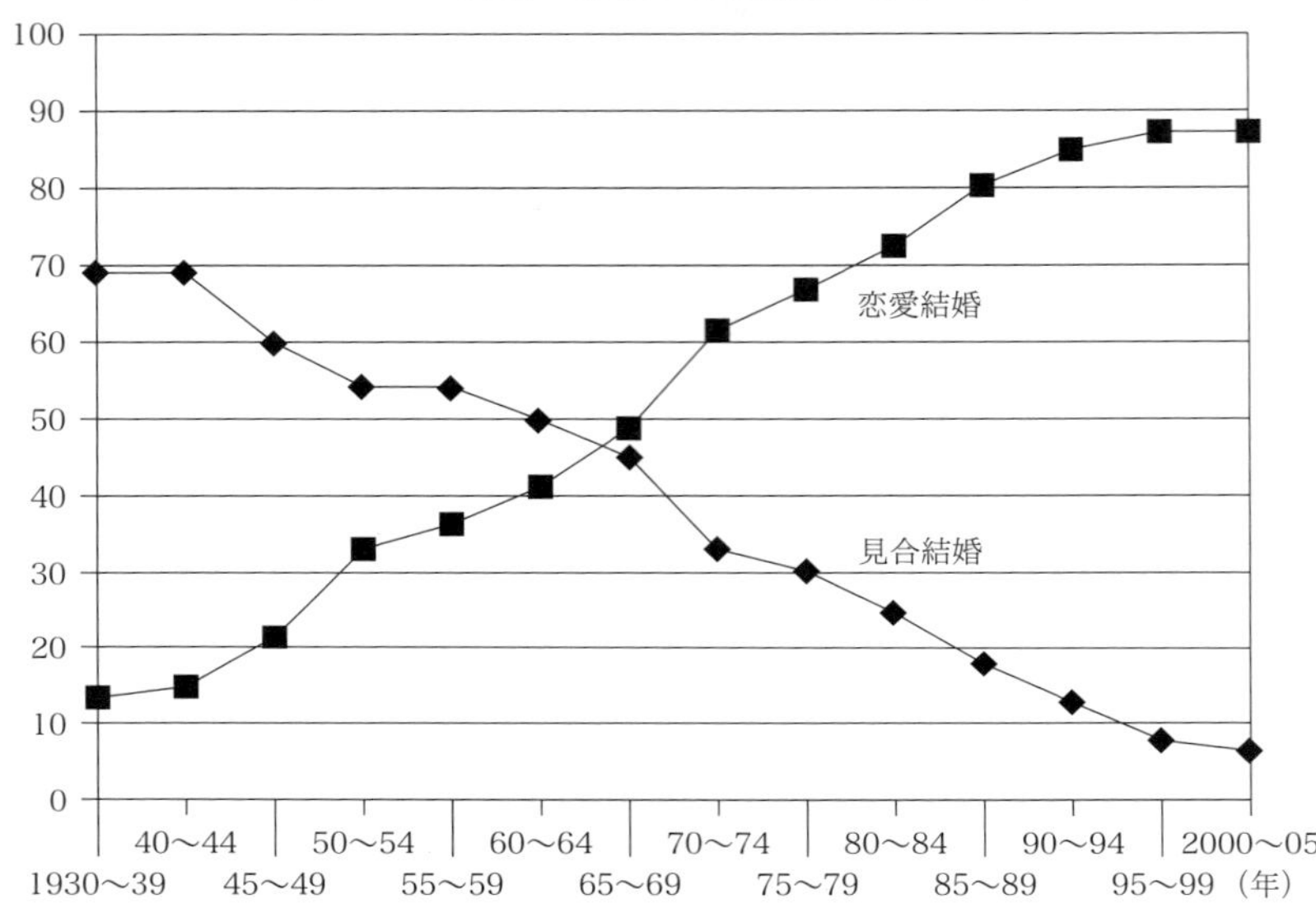

出所：国立社会保障・人口問題研究所　第13回出生動向基本調査（2006年）「結婚と出産に関する全国調査」

ここには詐欺まがいの話まである。近代日本においては、恋愛と結婚は別次元の話であり、見合の実態は親が決める結婚であった。しかし、こうして結ばれた話者たちの多くは幸せな結婚生活を送ったのであり、図10-1からわかるように離婚をすることもまれだった。女子は「堪える嫁」を演じた反面、結婚を通じてそれなりのステップアップを目指し、したたかに戦略を立てていた。そして、そこにはさまざまな問題があったにせよ、家族を作り、維持するという観点に限ってみれば、今よりも安定した時代であったのである。

おわりに

近代日本の出会いと結婚には、恋愛から見合へという流れが見て取れた。そしてそのなかで、ひとつの了解事項とされたのが女子の上昇婚志向であった。家制度のもとで「堪える嫁」を強いられた彼女たちは、その見返りとして将来の経済的上昇、当面の暮らしやすさへの脱皮を望んだのであり、それは女子を劣位に置く家制度のもとでは、当たり前の行為であった。

敗戦後、日本国憲法二四条で、家族生活における個人の尊厳と両性の平等が規定され、家制度は解体された。その結果、図10-3のように親が相手を決めた見合結婚は廃れ、恋愛結婚が急増することになる。しかし、実際には家制度の残影はまだまだ垣間見え、前時代に形成された女子の上昇婚志向もそれなりに残されている。近年の非婚化・晩婚化の進行には、非正規雇用の拡大などに起因する若い男性の経済力の低下が、上昇婚を目指す女子にとって、適当な結婚相手を不足させる事態をもたらしていることが背景にあると指摘されている。一度形成された結婚に対する規範は徐々にしか変わらない。女子の上昇婚志向に変化が表れ、非婚化・晩婚化が解消に向かうには、今しばらくの時間が必要なのであろう。

主要参考文献

瀬川清子［一九七二］『若者と娘をめぐる民俗』、未來社。

八木透・山崎祐子・服部誠［二〇〇八］『男と女の民俗誌』日本の民俗七、吉川弘文館。

柳田國男［一九四八］『婚姻の話』、岩波書店（ちくま文庫『柳田國男全集一二』に所収）。

補論3　明治民法と改正要綱における「出会いと結婚」

蓑輪　明子

本論では、一八九八年に制定された民法、いわゆる明治民法と、それを体系的に改革するために一九二五、一九二七年に発表された「民法改正要綱」（以下、改正要綱）において、「出会いと結婚」がいかなるものと規定されていたのかを紹介しつつ、それらを振り返る現代的意味を論じてみたい。

1　日本国憲法における婚姻・家族をめぐる動向

周知のように、日本国憲法二四条は、それまでの明治民法に定められた「家」を廃止し、その家族関係を改廃しようとして、規定されたものであるが、現在、その日本国憲法に定められている家族と婚姻に関わる規定を改変しようとする動きが出てきている。[1] その動きとは、言うまでもなく、二〇一二年九月、自由民主党が発表した「日本国憲法改正草案」（以下、一二年自民党改憲草案）である。その内容は次のようなものだ。

日本国憲法

二四条　婚姻は、両性の合意のみに基いて成立し、夫婦が同等の権利を有することを基本として、相互の協力により、維持されなければならない。

一　配偶者の選択、財産権、相続、住居の選定、離婚並びに婚姻及び家族に関するその他の事項に関しては、法律は、個人の尊厳と両性の本質的平等に立脚して、制定されなければならない。

一二年自民党改憲草案

二四条　家族は、社会の自然かつ基礎的な単位として、尊重される。家族は、互いに助け合わなければならない。

二　婚姻は、両性の合意に基づいて成立し、夫婦が同等の権利を有することを基本として、相互の協力により、維持されなければならない。

三　家族、扶養、後見、婚姻及び離婚、財産権、相続並びに親族に関するその他の事項に関しては、法律は、個人の尊厳と両性の本質的平等に立脚して、制定されなければならない。

（傍線部は変更部分）

この一二年自民党改憲草案は、次の二つの点で、「家」制度の廃止をめざして日本国憲法二四条を制定した時に込められた意図の根幹を後退させようとするものといえる。その一つは、家族を社会的自然的な単位であるとし、家族員間の相互の扶助義務を定めた点であり、一二年自民党改憲草案二四項第一項に新たに加えられた家族条項がそれにあたる。そして、二つめは、現二四条が、婚姻は両性の合意により成立することをつとめて強調しているのに対して、一二年自民党改憲草案はその論理を廃棄しないまでも、そのトーンを後退させているという点だ。たとえば、日本国憲法二四条第一項では婚姻が両性の合意に基づくことをとくに強調して「婚姻は、両性の合意のみに基いて成立」（傍点筆者）すると規定しているのに対して、一二年自民党改憲草案ではこの条文から「のみ」を削除している。また、現二四条二項で個人の尊厳と両性の平等に立脚して法が制定されなければならない事項の一つとして、「配偶者の選択」を列挙しているのに対して、一二年自民党改憲草案は「配偶者の選択」という文言をまるごと削除している。総じて、家族形成の出発点となる婚姻について、個人の合意を否定しているわけではないにしても、現行二四条に比べれば、その意義を強調しておらず、むしろ自然的社会的な単位としての家族という側面をより強く打ち出した改正構想といえるように思う。

現行二四条が、現在の目線でみれば過剰と思えるほど、婚姻が両性の合意により成立することを強調しているのも、そして現行二四条が一二年自民党改憲草案とは異なって家族条項を持たないことも、明治民法に定められた「家」制度の廃止を憲法上、明記したのが二四条であったことと関わっている。つまり、「家」制度の歴史を踏まえなければ、現行の二四条がなにを目指したかも明確にわからず、それゆえに一二年自民党改正草案が持つ意味もクリアに理解しにくいのではないかと思う。そこで、以下では明治民法の「家」および明治民法を体系的に変えようとした改革構想のなかでも、とくに「結婚と出会い」に関わる規定の構造を紹介して、この問題を考える材料を提供してみたい。

2　明治民法における婚姻と「家」の論理

前置きが長くなったが、明治民法における婚姻をめぐる法の構造をみていこう。明治民法は周知の通り、日本の家族制度の伝統を継承するとして、戸籍によって確定される戸主及び家族が構成する単位を「家」と定めて、それを家族の単位とした。「家」には戸主がおかれ、戸主が所有する財産は、次の戸主である家督相続人に単独で相続される一方、戸主は「家」に属する家族に対して、一定の権限を持つこととなった。ただし、明治民法の「家」は伝統的な家族制度の単なる引き写しではなく、近代的家族法が持つ諸原理に適合的なものとして編成されたものであった。これは比較的古くから法制史の分野で、家族制度の近代国家原理や近代財産法の諸原理への適合という視点から分析されてきた。また、近代の家族を性別役割分業に基づく男性優位の家族だととらえて、明治民法の「家」にもその性質を見いだす議論があるのも周知の通りである。(2)

婚姻についていえば、ヨーロッパ近代にみられたように、婚姻が家族の起点になるのとは異なり、婚姻が「家」に属する家族の、「家」への出入りとして位置づけられ、それだけに婚姻に関する法規定も「家」の論理に沿った形で規制されていた。すなわち「家」の論理から当事者の婚姻をめぐる権利を制限したのである。とはいえ、明治民法における「家」はあくまでも近代法の原理に適合する形で構成されたものであるし、「家」の論理の貫徹は当事者をいたずらに抑圧して、かえって「家」秩序の安定を壊すものにもなりかねないから、明治民法においても、家族制度の秩序を維持可能な範囲で、婚姻当事者の意思に対しても限定的に「配慮」が行われていた。(3)

まず、明治民法は家族の婚姻に際して、「家族カ婚姻……ヲ為スニハ戸主ノ同意ヲ得ルコトヲ要ス」（第七五〇条）と戸主の婚姻同意権を規定した。婚姻すれば「家」の成員が入れかわるので、婚姻の際に「家」の監督を掌る戸主の同意が必要なのは当然だとされたのである。しかし、戸主の婚姻同意を絶対的な要件にすると、「徒ニ私通ヲ奨励シ或ハ少年ノ男女ヲシテ一生誤マラシメ甚シキニ至リテハ為メニ情死ヲ促スカ如キコト」につながりかねない。(4) そこで、明治民法は、戸主の婚姻同意を婚姻成立の絶対的要件とせず、同意がなくとも婚姻は成立するとしていた。そのうえで、戸主の婚姻同意権に反した婚姻を行った場合、戸主はその家族を離籍し、または復籍を拒絶できるとする制裁を設け（第七五〇条）、「家」秩序の形骸化を避けてもいる。

また、婚姻同意権を持つのは戸主だけでなく、男性三〇歳、女性二五歳未満の者の婚姻には「其家ニ在ル父母ノ同意ヲ得ルコト」（七七二条）も必要とされた。父母の婚姻同意権については、明治民法だけでなく、各国の近代民法に広くみられた規定であり、「家」制度固有のものではないが、明治民法では家族が婚姻を行うにあたって、「家」の長たる戸主、父母と二重のハードルが設定されていたのである。

３　「家」の継承と家督相続人／戸主たちの婚姻

また、明治民法では、将来の戸主である法定家督相続人や戸主の婚姻に対して、「家」の論理による、さらなる制約が課せられた。家督相続人は他家への入家や一家創設はできないとされた（第七四四条）から、家督相続者が他家に入る婚姻（家督相続人同士の婚姻、家督相続人と戸主との婚姻など）にはやはりハードルが科せられることになったのである。「家」の継承者である家督相続人が「家」を出ることになれば、それは「家」の継承に関わるからだ。

他方、独身の戸主については、「家」の継承が図られる限り、他家に入る婚姻が可能とされた。戸主が婚姻して他家に入る場合については、戸主の隠居に対する年齢の制限の例外とし（明治民法は戸主の隠居が横行しないよう、隠居を戸主六〇歳以上に限定していた）、戸主の年齢にかかわらず、家督相続人を確保したうえで、裁判所の許可を得れば、戸主が隠居した後に、元戸主が他家に入って婚姻することを可能としたのである（第七五三、七五四条）。これは独身の戸主に対する「人情」に基づくものであり、戸主であるがゆえに「家」を離れることができず、婚姻ができなければ、「堪へ難キ情ヲ忍テ其希望ヲ達セス遂ニ動モスレハ終身不幸ノ者ヲ生ス」るからであった。(5)

また、女戸主の場合については、年齢や理由にかかわらず、家督相続人がいれば、隠居することができ（七五五条）、やはり婚姻の際に他家に嫁ぐことが可能であった。しかし、明治民法は独身の女戸主がすべからく他家に嫁ぐ婚姻をすることだけを想定していたわけではなく、婚姻した後に、夫が妻の「家」に入家する入夫婚姻も認められていた。その場合、原則として夫が戸主となり家督を相続するとされたが、婚姻の際、夫が戸主になることに反対の意思を表明すれば、妻が戸主であり続けることができた（七三六条）。こうした制度が設けられたのは、日本では「女子ニシテ戸主タル者ハ稀ナリトセス」からだとされた[6]。

ただし、入夫婚姻後も女が戸主の地位に止まり、かついわゆる「家の財産」も所有し続けるという法制が明確になるのは旧民法以降のことで、入夫婚姻は日本の「伝統」とはいえない。この点を明治初年以来の入夫婚姻に関する諸法令を分析して明らかにしたのが白石玲子である。白石は、明治民法にみられる入夫婚姻の制度は、資本主義的な財産制度が確立するなかで、「家」を保護するために形作られたのであり、この点では、日本の伝統的慣習というよりも近代家族財産法が確立するなかで制度化されたという性格を持つことを明らかにした。たとえば、資本主義的な市場ルールを形成するのに財産は「家」ではなく個人財産が基本となり、戸主である入夫が家督を自由に処分できるようになるが、その結果、「家」の財産は散逸する危険にさらされることにもなった。それを防ぐために「家」の論理を体現できる女戸主をそのまま戸主とする必要が出てきて、近代的な個人財産制が確立するとともに女戸主が入夫婚姻後も戸主であり続ける法制が確立したのである[7]。

総じて、明治民法における婚姻は「家」の論理の下で整序され、家族や戸主らの婚姻の意思への配慮があっても、それはあくまでも「家」の論理のなかで許容されるにすぎなかったということができよう。

4　改正要綱における「婚姻」

以上のように「家」の論理を最優先とする婚姻法制を持つ明治民法であったが、その後、改革が検討されることとなった。戦前の体系的な改正事業としてあげられるのが、臨時法制審議会における民法改正論議である。臨時法制審議会は、一九一九年に設置された審議会であり、民法改正については一九二五年に親族編、一九二七年に相続編の民法改正要綱（以下、改正要綱）が発表されている。この時期は、日本にとっての社会的政治的変動期であり、「家」や家族のあり方も大きな変容を遂げた時期であった。近代化に伴い、個人主義的が浸透し、諸個人が「家」との葛藤を高め、さらに第一次世界大戦による高度成長と産業化は、都市の膨張による都市家族の増大、農村をも含む家族関係の変化をもたらした。この状況に対して、国家秩序を安定させるための政策転換が国家にも求められたが、臨時法制審議会はそうしたなかで設置され、民法改正を構想したのである[8]。

改正要綱は、こうした社会的現実をふまえて「家」を作りかえつつ強化しようとするもので、①現実の家族生活に即して戸籍上の「家」を設定すること、②「家」の内部で、権利を制限されていた家族（妻、娘／二三男／子）の権利を伸長することを盛り込んだ。これは、「家」に単婚小家族家族をも含み込み、家族や妻の権利も一定の範囲で認めることで、家族間、夫婦間の結合を強めて、「家」の単位を強化しようとする構想であった。他方、改正要綱には、戸主や父母の権利を強化して、「家」を復古的な方向で強化しようとした面もある。長年、改正要綱に関する研究では、この二つの側面をいかに評価するかでさまざまな議論がなされてきたが[9]、明治民法でもみられた「家」制度の秩序と個人の権利との対立、および「家」の秩序を維持する限りでの個人への配慮という論理に着目してみると、改正要綱においてこそ、この二つの論理のせめぎ合いがより明確に表れていた。とくに婚姻をめぐる規定は、変化する社会的現実を踏まえて「家」を作りかえるというねらいと、復古的な「家」を強化するねらいが交差した領域の一つであり、改正要綱の性格をより典型的に表していたように思う。

まず、戸主の婚姻同意権についてみておこう。改正要綱では、家族の重大な非行の際、戸主が家族を離籍することができるようにするなど、それまでにない、新たな戸主権を設けて、戸主権の権限強化を図ろうとしていた。しかし、戸主権を存置・拡大すればするほど、その濫用は「家」の秩序を乱すことにつながりかねない。そこで、改正要綱では戸主権を存置・拡大する一方で、その濫用を防ぐための手立てを整備することで、「家族制度ノ強固ヲ図」っていた。[10] 戸主の婚姻同意権の改革案もその論理を踏襲し、婚姻同意権を存置しつつ、戸主の不同意に際し、戸主が離籍権を行使する場合、「家事審判所ノ許可ヲ得」る必要があるとした（「親族編改正要綱」第八）。

父母の婚姻同意権については、明治民法では、男性三〇歳未満、女性二五歳未満の者に求められていたが、改正要綱では「家」の秩序を重視して、全年齢での父母の同意が要件とされた（「親族編改正要綱」第一一）。しかし、先にみたように、婚姻当事者の意思を家族秩序の論理で抑圧することはかえって家族秩序の動揺を招きかねない。それだけに、改正要綱では、親は「正当ナ理由ナクシテ同意ヲ拒ムコトヲ得サルモノ」とされ、加えて婚姻について父母の同意がない場合でも婚姻は成立するとした（明治民法では、戸主が婚姻に不同意だった場合でも戸籍吏が届出を受理すれば婚姻は成立するとされたが、父母が婚姻不同意で戸籍吏が届け出を受理した場合は、親は婚姻を取り消すことができた）。ただし、父母が婚姻不同意にもかかわらず、婚姻した場合、子は相続上の不利益などの相当な制裁を定めるとすることで、「家」の論理の形骸化を防いでいた。

5　改正要綱における婚外子の扱い――法律婚主義の徹底

また、「改正要綱」のもうひとつの特徴として上げられるのは、改正要綱が夫婦の婚姻を重視して「家」を安定させようとした結果、婚外子の地位がより低下したことである。そのことを表すのが家督相続順位の変更である。明治民法は法定家督相続の順位について、嫡出子は非嫡出子よりも優先すると定めていたが、その志向は不徹底で、男系男子による相続を重んじ、戸主に嫡出子の女と庶子の男がいた場合、庶子の男が優先して家督相続人になるとされていた。（九七〇条）。これに対して「改正要綱」では、庶子が家督相続人となる可能性は残しつつも、その法定順位を下げて「嫡出子ハ女子ト雖モ庶子ニ優先スル」（相続編改正要綱第九）とした。これは男系男子による「家」の継承をひとまず措いて、婚姻を重視することで「家」の安定を優先させようとした結果であり、「婚姻関係ヨリ生レタル者ヲ重ンズルコトガ淳風美俗ノ上カラ考ヘマシテモ妥当」であり、明治民法の規定では「種々ノ所謂御家騒動ノ弊害ヲ生ズル」[11]と考えられたからである。

また、明治民法では、夫の庶子を「家」の戸籍に入れる際、妻の同意を必要としなかったが、これでは夫婦の安定は図れないとして、「改正要綱」では配偶者の同意がなければ庶子は入家できないこととするとされた（「親族編改正要綱」第三）。これも婚姻関係を重視して、「家」の安定をはかるために、非嫡出子の地位に変更が加えられた結果である。

こうした変更は、婚姻の重視すなわち妻や嫡出女子の地位の向上と非嫡出子の地位の低下が相伴って生じたことを示している。敷衍してみれば、こうした動向は、男女の「出会い」を、法律婚を頂点に序列化するものと言い換えることもできよう。

ちなみに、「改正要綱」は、このほかにも妻の地位を改善する改編を行っている。妻の無能力規定の緩和、夫婦財産制度の改廃（同第一三）、離婚後の元妻に対する扶養義務の設定（同第一七）、母親の親権行使に関する制限の整理縮減（同第二七）、家督相続、遺産相続における妻の相続順位の上昇（「相続編改正要綱」第一、六）などである。

また「入夫婚姻」についても、入夫婚姻に際して、明治民法では妻が隠居し、夫が戸主になることを原則としたのに対して、改正要綱では妻が戸主にとどまることを原則として、それに反対する場合に入夫が戸主となることが提案された（「相続編改正要綱」第四）。ただし、「入夫婚姻」に関わる変更は、臨時法制審が女戸主の地位が原則となるべきだとの考えをとくにうち出して、改正が提案されたわけではない。一八九八年に明治民法が制定され、入夫婚姻後、反対の意思がない限り、自動的に戸主の地位が入夫に変更するとなったことから、家族が知らない間に戸主が変更になり、入夫に女戸主の財産の全てが相続されてしまうなどの混乱がみられた。その混乱を避けるため、一九一四年の戸籍法では入夫婚姻で入夫が戸主となる場合には届出の際にその旨をとくに記載させることとして、「家」の家族が知らない間に入夫に戸主の地位が移ることを防いでいたが、「改正要綱」はこうした扱いの現状を追認したものにすぎなかった。

戦前の体系的な民法改正事業の構想を示した「改正要綱」は、「家」の秩序を存置した上で、家族や子の権利との調和も図ることで、「家」を強化する婚姻法制をめざしたものだった。また、法律婚の夫婦関係を重視して、「家」の結合を強化するという観点から、妻の地位の向上が図られたが、それに伴って、非嫡出の子の地位はさらに低下し、これは男女の「出会い」を、法律婚を頂点に整序することにもつながったのである。こうした方向性を持った「改正要綱」発表後、法改正に向けた作業は続けられたが、結果的に体系的民法改正は行われず、「家」制度の抜本的な改廃は戦後改革期にゆだねられたのである。

おわりに――両性の合意に基づく婚姻と家族条項

以上のように近代民法である明治民法は「家」を存置し、その下で家族の権利は制限されてきた。また、大規模な社会変動に直面して体系的な明治民法改正を試みた「改正要綱」は家族の権利に配慮して「家」を作りかえることで家族制度を強化しようとしたが、そこでもやはり「家」を存置することの限界が内包されていたことは明らかである。こうした明治民法とそれを変えようとする歩みを踏まえるならば、日本国憲法と改正民法が、男女を「家」への従属から根本的に解き放って、家族的結合の起点として「家」に代えて両性の合意を据えたという点にこそ大きな意義があったことは明らかである。ここではじめて、「家」の論理と個人の権利との調整という難問から、法起草者が、婚姻法制においては、解放されたといえるのかもしれない。

ちなみに、日本では、社会的単位としての家族の強調は、婚姻が出発点となる家族（ファミリー）ではなく、明治民法のような「家」としての家族の復活につながるのではないかと危惧されたため、憲法における家族条項を設定することに強い警戒がされてきた経緯がある。現代福祉国家形成の過程では、社会保障を給付する単位として「家族」が想定され、その根拠として、憲法に家族保護条項が盛り込まれる動きがあり、世界的にみれば憲法への家族条項の挿入は日本で想起されるような否定的な意味だけを持ったわけではない。そのため、日本でも社会保障政策の拡充期であった一九七〇年代に、この点に関して議論がなされたが、日本における家族保護条項の設定は「家」制度復活につながりかねないのでそれをすべきではなく、福祉国家的な意味での憲法における家族保護条項の趣旨は、日本国憲法においては二四条と二五条を組み合わせることで見いだすことが妥当ではないかとの提言もなされていた(12)。これは一研究者の見解であるが、社会保障による家族生活保護を憲法に定めることですら、「家」制度が個人の権利を抑圧してきたことへの強い警戒心のなかで検討されざるを得なかった、日本の歴史的事情をよく表しているように思われる（ちなみに、こうした「家」という日本的な文脈と、福祉国家が性別役割分業家族を社会保障の給付単位としたために、女性が男性に依存して生活せざるを得ない構造を生み出したこととは、同じ家族主義でありながらも区別して把握される必要があるだろう）。

現代は社会レベルでの共同的な諸関係が解体し、ともすれば利己主義が横行する時代であり、今ほど、共同的な諸関係の再建が必要とされる時代はない。それだけに家族の共同的な生活を社会的に保障することは重要な課題である。とはいえ、その際に、個人を基礎とする家族関係それ自体が否定されるべきではない。追求されるべきは、個人を基礎としつつ、そのなかで共同的な関係と生活を築くことである。その際、日本において、かつて「家」が優先して個人を抑圧した歴史を、現代を生きる人々がどう受け止め、後世にどう活かしていくのか。それは一人ひとりの思索にこそ、ゆだねられていると思う。

注

（1）近年の家族に関わる政策動向については、本田由紀ほか編［二〇一七］『国家はなぜ家族に干渉するのか』青弓社。

（2）法制史からの成果は多いが、初期の研究として、福島正夫［一九六七］『日本資本主義と「家」制度』東京大学出版会、利谷信義［一九六二］「「家」制度の構造と機能（一）：「家」をめぐる財産関係の考察」『社会科学研究』第一三巻第二、三号、同［一九六二］「「家」制度の構造と機能（二）：「家」をめぐる財産関係の考察」『社会科学研究』第一三巻第四号などがある。なお、本論が扱った明治民法から臨時法制審議会までの民法をめぐる動向について、入門書的なものとしては、利谷信義［一九八七］『家族と国家』筑摩書房をあげておきたい。ジェンダー視点を踏まえた近代家族法の分析としては、三成美保［二〇〇六］『ジェンダーの比較法学』大阪大学出版会などがある。

（3）明治民法における「家」については、白石玲子［一九九二］「シンポジウム　日本近世・近代における法構造と家父長権　近代の部二」『法制史研究』第四二号が概括的にその構造的特徴を明らかにしている。また、明治民法における「家」の構造については、利谷信義［一九七二］「明治民法における『家』と相続」『社会科学研究』第二三巻第一号。夫婦関係の財産法上の構造については近藤佳代子［一九九〇］「明治民法施行以後における夫婦財産関係の展開：判例の変遷」『宮城教育大学紀要第一分冊人文・社会科学』第二五号。婚姻法については、村上一博［二〇〇三］「日本近代婚姻法史」法律文化社、山中至［一九九〇］「明治八年太政官第二〇九号達（法律婚主義）についての一試論」熊本大学法学会編『法学と政治学の諸相』熊本大学法学会、山中永之佑［一九九二］「書評　明治八年太政官第二〇九号達（法律婚主義）についての一試論　山中至（「法学と政治学の諸相」所収）」『法制史研究』第四五号。

（4）梅謙次郎［一九〇四］『民法要義４』和仏法律学校、五〇～五一頁。

（5）同前、六二頁。

（6）同前、二二頁。

（7）白石玲子［一九八三］「民法編纂過程における女戸主の地位と入夫婚姻——「家」の財産をめぐって」『法制史研究』第三二号。

（8）この時期の家族状況については、鹿野政直［一九八三］『戦前・家の思想』創文社、大門正克［一九九四］『近代日本と農村社会』日本経済評論社、坂井博美［二〇一二］『「愛の争闘」のジェンダー史』ぺりかん社など。

（9）たとえば、磯野誠一［一九五七］「民法改正」『近代法発達史講座二』東京大学出版会、依田精一［二〇〇四］「大正デモクラシーにおける家族思想」『家族思想と家族法の歴史』吉川弘文館、利谷信義［一九七五］「戦後の家族法と家族政策」福島正夫編『家族政策と法　1　総論』東京大学出版会。

（10）「第一九回臨時法制審議会総会議事速記録」堀内節［一九七六］『続・家事審判制度の研究』中央大学出版、五九三頁。

（11）「第三三回臨時法制審議会議事速記録」、堀内節［一九七〇］『家事審判制度の研究』中央大学出版会、八八九頁。

（12）福島正夫［一九七五］「現代日本の家族政策と法」同編『家族　政策と法　1　総論』東京大学出版会。

おわりに

本書は、二〇一六年の比較家族史学会大会シンポジウム「出会いと結婚」での報告者らによる論考に若干の補論を付したものである。同シンポジウムでは、結婚の意義について、結婚する当事者の出会いのかたちの変化を軸に、時代的に、また地域的に比較し検証した。日本の結婚事情を社会学的・人口学的に総括するとともに、ヨーロッパ、アジアの国々の事情との文化的・法的比較、また歴史的視座から、結婚とカップル形成の意味を再考した。だれと、だれが、どのように出会い、いかにして結婚に至ったのか、結婚を点ではなく、プロセスとして考察し、「出会い」すなわち結婚のはじまりに焦点を当てた学際的結婚研究である。

結婚に至る過程では、離婚可能性の有無・強弱などその後の結婚のあり方に対する認識・社会慣行が結婚のはじまりから大きく影響するため、結婚の前後を含むさまざまな局面が議論の対象に含まれた。本書の各章・補論については、序章（平井晶子）で簡潔にその内容と本書での位置づけが整理されているが、ここで改めて、各論考およびシンポジウムでの全体討論の内容等も踏まえて、「出会いと結婚」をめぐって語られ、考えが交わされたいくつかの話題について、筆者（法学専攻）の感想も交えてまとめておきたい。

晩婚化から未婚化へ

かつて日本が皆婚社会であった時代、人々は一定の時期が来れば結婚するものであると思い、結婚することによってはじめて大人として認められるという意識があった。結婚は、人々にとって、いわば社会で安定した地位を得るための通過儀礼であった。とくに家庭の経営責任を担うべき男性にとってはそうであった。また、女性も、結婚して子を産み次世代を育成することが社会的に期待されていた。そういう時代には、周りの人々も、その生活する社会においても、若者の結婚に気を払い、結婚に向かわせるお膳立てがあった。個別に未婚者に対して婚姻相手の紹介がなされたり、ヨバイや娘宿、若者宿といった慣行（第10章〔服部誠〕参照）の存在は、社会が未婚者の集団に相手を見つける機会を与えたりしていたことを示す。

皆婚社会の存立基盤は、何よりも経済的安定への希求である。「割れ鍋に綴じ蓋」「蓼食う虫も好き好き」ということばがあるように、どんな人にも、その人に合う相手があり、好ましいと思える相手を見つけることができた。また、一人では生活が困難であるが、二人が一つになることで生活が成り立ち、社会的役割を発揮することができる。近世・近代において、「政略結婚」ということばが示すように、結婚は、上級階層・支配層にとっては、社会的勢力を維持・拡大するための道具であったが、一般庶民にとっても、異なる意味でその存立基盤を確保する手段であった。

戦後の高度経済成長は国民の所得を何倍にもし、生活の安定をもたらしたが、そこには男女差（性別役割分業）が組み込まれており、一定の年齢に達した女性は結婚すること（寿退社）を前提とし（昭和四十年代には結婚退職制が裁判所で争われ無効とされてきた）、新しい世帯を持つことで、夫の稼ぎによって将来の家庭生活（専業主婦婚）の安定を確保する社会構造であった。こうした状況が結婚を促進していたが、その後の日本経済の大きな変動（低成長、バブル経済、バブル崩壊）は、皆婚社会の基盤に亀裂を生じさせ、結婚を危機的状況に追い込んだ（第1章〔山田昌弘〕）。人の働き方の変化、とくに女性労働の一般化と経済力の向上は、一九九〇年代には専業主婦婚から共働き夫婦婚を多数派へと押し上げ、結婚＝永久就職（専業主婦婚）のイメージを壊した。未婚女性にはむしろキャリア形成と豊かな独身生活による幸福感をもたらし、結婚相手となる男性の経済力の低下・不安定化も著しく、男女ともに結婚から足が遠ざかることとなった。結婚の特性ともされた親密感情や性的満足も、結婚以外の場で満たされるようになり、独身者をターゲットとする消費構造・サービス産業が拡大した。山田（第1章）が語る結婚に代わる「親密性の分散化」と「バーチャル恋愛」の実相はきわめて印象的である。さらに結婚外での性の充足が可能になる一方で、結婚が当然の前提としていた性生活自体の魅力も薄れているという。全体討論では、若者のセックス離れ（絶食化）をめぐる西洋との違いも話題とされた。

　晩婚化は晩産化を伴うが、出産時期を見据えて駆け込み結婚することもある。しかし、人口動態の統計データからは、晩婚化と未婚化は同時進行ではなく、晩婚化が進む先（次世代）に未婚化が生じている（第2章〔中村真理子〕）。未婚化の進行は、個人にとって、結婚がライフコースの選択肢の一つにすぎないものとなってきていることを示す。

見合い結婚から恋愛結婚へ

　昭和初年から戦後間もない時期は見合い結婚が圧倒的に多かったが、昭和四十年頃から恋愛結婚が見合い結婚を上回るようになり、現在では見合い結婚はきわめて少数派となっている。中村（第2章）によれば、恋愛につながる出会いの場も職場・仕事関係、学校などに限定され、むしろ友人・兄弟姉妹を通じて知り合うということが少なくない。これは恋愛結婚に至る出会いのきっかけの一種となっているが、紹介者の意図によっては、こうした紹介結婚は見合い結婚に近い場合がある。婚活、街コン、といった出会いを求めるイベントが大きな話題となっているが、これも恋愛の一つのきっかけにすぎない場合もあれば、恋愛感情のたかまりまではないが、条件的に釣り合うし、悪い人ではないし、好意が持てるので結婚してもよいというような場合は、見合い結婚に近い。いずれにしても、婚活ビジネスの結婚に占める割合はわずかである。

　見合い結婚と恋愛結婚という対立の図式は、シンポジウム（全体討論）では、国際的文脈からこれを位置づけ直す試みとして、アレンジドマリッジとラヴマリッジという概念・用語の区別の基準とその意義についての議論に拡大した（伊達平和による整理を基にして）。日本でいう見合い結婚はアレンジドマリッジの典型であるが、結婚相手とするかどうかを判断するために相手と会うのであり、二度までは会っても断ることができるが、三度目は結婚を前提とするのでなければ会えないというような社会的縛りがあるものである。そういう場合でも、「お見合い相手に一目惚れ」ということもあろう。ましてや、現代では、見合いは交際のきっかけにすぎず、交際の中で子どもができたから結婚したというパターンも、少ないながら存在する（全体討論での中村発言）。アレンジとラヴは両立しうるものである。一方で、親同士が勝手に決めた縁談である、結婚式ではじめて会ったとか、一度だけ結婚前に顔合わせをした（日本の近代を扱う第10章〔服部〕では、弟や妹が身代わりで見合いの席に出たが顔はよく見ていなかったという伝聞の紹介がある）というような完全なアレンジドマリッジもある。単に見合い結婚か恋愛結婚かではなく、出会いのきっかけが紹介か自分自身での出会いかという要素（指標）と、結婚の決定に何らかのかたちでの強制（その源泉が親か、親類か、共同体か）があったか、恋愛感情によるかという要素（指標）の組み合わせで分析すべきという見解（全体討論での伊達発言）をめぐって、各分野からの活発な意見交換がなされた。ムスリム社会での家族の形成について研究する渡邉は、フィリピン（人口の九割がキリスト教徒）における、親・親族の意向が強く働き、イスラームの女性性規範を守る縁組結婚から、当人の主体性優位の自由恋愛に基づく結婚への移行を分析している（第7章〔渡邉暁子〕）が、全体討論では、ムスリムの場合の結婚の相手は、基本的にはイスラームを信仰している人であることが、最初から強制力として働いているので、全く強制力がない状態とはいえないことを指摘した。法学的には、結婚の意思の表示自体に強制が働いたときは、婚姻は無効である（全体討論で大島は、フランスでのイスラーム移民の強制婚が問題となっていること、それに対する法的対応について紹介した）。

プロセスとしての結婚

シンポジウムでは、出会いから、生活を共にし、そして子どもが生まれるという一連のながれを結婚のプロセスとしてとらえる考え方（落合恵美子）が取りあげられ、複数のイベントからなるプロセスのどの時点をもって結婚の成立とみるかに関して、時代性、地域性による差異（多様性）があることについて議論された。徳川時代における地域の絵踏帳・宗門改帳への結婚の登録と子どもの出生の登録の前後関係に関する変化についての分析（第9章〔中島満大〕）は、序章（平井）で指摘されているように、明治民法（家制度を基礎とする婚姻法と届出婚主義の採用）の社会への影響と浸透を考える上でも興味深い。もっとも、絵踏帳・宗門改帳の具体的な作成方法に通じない門外漢である一法学者の視点からは、村役人らが夫婦生活の実態を見て登録した報告書的記録と、当事者が婚姻の届出をすることで婚姻が法的に成立するという届出婚の法的発想とは差があるようにも思える。

「プロセスとしての結婚」論からは、ヨーロッパでは、日本とは異なり、ある時点を境に結婚が成立するという指摘がある。法学的には、西洋の結婚（婚姻）は市長（法を司る）の面前での婚姻の意思の表示（夫となり妻となる誓い）により成立する（民事婚主義）。日本法では、これを婚姻の届出（婚姻意思の表示）というかたちに変換した。ある時点を境に結婚の成否が決まるという点では西洋法も日本法も同じであるが、婚姻前の段階である婚約に関しては、たとえばドイツ法では現行法にも規定があるが、明治民法以来、日本には規定がなく、婚前関係の破棄については判例によって対処され、それが届出のない・できない結婚、すなわち内縁関係（経過的内縁、違法内縁、試婚関係など多様）にも婚姻予約として応用されてきた（現在は準婚理論に移行）。婚約のさらに前の段階である、出会い方についての法（実定法）は存在しない（第5章〔大島梨沙〕）。それでも、法律が婚姻を認められる当事者について定め（明治民法では、戸主または推定家督相続人同士の結婚は厳しく制限されていた。補論3〔蓑輪明子〕参照）、婚姻に対する戸主や父母の同意権を規定することは、人々の出会いから結婚への動きを制約し、結婚への主導権を戸主・親に与えることになる。それは逆に、戸主・親が子らに結婚相手を世話することを社会が想定して動くことにもなる。

結婚のかたちの多様化

グローバル化の進展により、国・文化・宗教を異にする者の間での結婚（国際結婚・トランスボーダー結婚・トランスナショナル結婚・異文化結婚）も増えている。日本の国際結婚の多数を占める日本人夫とアジア人妻の結婚では、従来の日本型標準家族が求められるという興味深い分析がなされている（第3章〔賽漢卓娜〕）。法学の分野では、日本人女性が、欧米人男性との結婚が破綻に瀕したとき、国内の結婚と同じように、子連れ別居を敢行することがハーグ子奪取条約との関係で問題になっている。他方で、国際結婚の場合の夫婦別姓をテコに、日本法の夫婦同姓強制を改めて批判する動きもある。また、日本人女性と外国人夫の家庭を含め、国際結婚家庭の子どものスポーツ、芸能の世界での活躍が注目されている今、目に見える国際結婚が新しいかたちの結婚を導くことも考えられる。

そして西洋では、異性間でも法律的な結婚にこだわらない結びつき（同棲、事実婚）が拡がり、同性者間では、登録パートナーシップ、シビル・ユニオンといった新しいカップルの形態が進み、同性婚もすでに二十数か国で法制度化されている（東洋でも台湾が同性婚を承認し注目されている）。シンポジウムでは、フランス法上の「結婚」制度につき、婚姻、パックス（民事連帯契約）、内縁（自由結合）の三形態からの選択が可能であること、その選択の上で、さらに自分たちの財産関係をどうするか選ぶことができ、多様なカップル関係が保障されていることなどが論じられた（第5章〔大島〕）。この三つの形態は、最初に選んだ形態にとどまらなければならないものではない。カップルの関係の進展に応じて、別の形態に移行することも、手続やその難度には差があるものの、当事者の選択の問題である。一定期間のパックスを経て婚姻に移行するもの（婚約型パックス）も少なくない。日本では、結婚の法的なかたちは民法上の婚姻のみであり、届出のない（夫婦としての戸籍を持たない）内縁・事実婚関係は、限定された範囲で婚姻に準じた法的取扱いがなされるにすぎない（民法上は判例による保護、社会保険や労働法の分野では立法による保護）。たとえば、夫婦別姓のためにあえて事実婚を選択する場合、子が婚外子となり、両親の共同親権となることができない、また相続権がないなど法的効果に重要な違いが生じる。同性者間には取り得る法的選択肢すらない。フランスやイタリア（第6章〔宇田川妙子〕）など西洋の柔軟で多様化する結婚法制から学ぶべきことは多いのである。結婚の多様化が拡大するなか、比較家族史学会に集う研究者による多角的・学際的研究の進展に期待したい。

床谷　文雄

執筆者紹介（章順．＊は編者）

平井（ひらい）　晶子（しょうこ）＊（序章）神戸大学（社会学・人口学）

山田（やまだ）　昌弘（まさひろ）＊（第１章）中央大学（社会学）

中村真理子（なかむらまりこ）（第２章）国立社会保障・人口問題研究所（人口学・社会調査法）

賽漢卓娜（さいはんじゅな）（第３章）長崎大学（社会学・移民研究）

床谷（とこたに）　文雄（ふみお）＊（補論１）大阪大学（民法学）

伊達（だて）　平和（へいわ）（第４章）滋賀大学（社会学）

大島（おおしま）　梨沙（りさ）（第５章）新潟大学（民法学）

宇田川妙子（うだがわたえこ）（第６章）国立民族学博物館（文化人類学）

渡邉（わたなべ）　暁子（あきこ）（第７章）文教大学（東南アジア研究・文化人類学）

小池（こいけ）　誠（まこと）（補論２）桃山学院大学（社会人類学）

川口（かわぐち）　洋（ひろし）（第８章）帝塚山大学（歴史地理学・歴史人口学）

中島（なかじま）　満大（みつひろ）（第９章）県立広島大学（社会学・人口学）

服部（はっとり）　誠（まこと）（第10章）愛知県立旭丘高等学校（日本民俗学）

蓑輪（みのわ）　明子（あきこ）（第11章）名城大学（歴史学）

家族研究の最前線②

出会いと結婚

2017年12月4日　第1刷発行　定価（本体5200円＋税）

監修　比較家族史学会

編著者　平井晶子
床谷文雄
山田昌弘

発行者　柿﨑均

発行所　株式会社　日本経済評論社

〒101-0062　東京都千代田区神田駿河台1-7-7
電話 03-5577-7286　FAX 03-5577-2803
URL：http://www.nikkeihyo.co.jp

装幀＊渡辺美知子　印刷＊藤原印刷・製本＊高地製本所

乱丁落丁本はお取替えいたします。　Printed in Japan

ISBN978-4-8188-2471-3